· 娱 乐 研 究 译 丛 ·

主编 | 晏青　支庭荣

娱乐劝服心理学

模糊娱乐与说服的边界

［美］L.J.什鲁姆（L.J.Shrum）／编著

陈广耀　李茂华　陈盈熙／译

The Psychology
of
Entertainment Media
Blurring the Lines Between
Entertainment and Persuasion

中国传媒大学出版社
·北京·

本书受到国家社会科学基金重大招标项目"互联网群体传播的特点、机制与理论研究"（15ZDB142）资助

作者简介
CONTRIBUTORS

拉希米·阿达瓦尔（Rashmi Adaval）：拉希米·阿达瓦尔是香港科技大学市场营销学的助理教授。她的作品包括一些专著的部分章节和数篇期刊文章。她在《消费者研究杂志》中发表的论文，获得2002年度罗伯特·费伯奖的最佳学术文章。她的研究领域包括情感在信息处理过程中的作用，叙述性信息对判断、决策和自动化的影响。

莱尔纳·阿克索伊（Lernan Aksoy）：莱尔纳·阿克索伊是土耳其伊斯坦布尔科奇大学市场营销学的助理教授。她在土耳其安卡拉的哈西德佩大学完成大学本科课程，获得富布莱尔奖学金并在乔治梅森大学攻读MBA学位。2001年，她在北卡罗来纳大学教堂山分校的Kenan-Flagler商学院获得市场营销学的博士学位。她的研究领域包括网络环境中的个性化对消费者决策质量的影响，跨文化研究，非传统媒体的功能以及营销公共政策的影响。她的本科与研究生教学范围包括营销管理、消费者行为与客户关系管理。

苏珊·奥蒂（Susan Auty）：苏珊·奥蒂是英国兰卡斯特大学管理学院市场营销学的讲师。她的研究重点关注消费者决策中品牌形象的作用。

科琳·碧（Colleen Bee）：科琳·碧是美国俄勒冈大学查尔斯·H. 伦德奎斯特商业学院的在读博士研究生。

纳米特·巴特纳格尔（Namita Bhatnagar）：纳米特·巴特纳格尔是加拿大曼尼托巴大学阿斯佩商学院市场营销学的助理教授，在北卡罗来纳大学教堂山分校的凯南-弗拉格勒商学院获得博士学位。她的研究兴趣包括范畴化、跨渠道的服务管理以及娱乐媒体中市场营销的非传统项目。

凯瑟琳·A. 布劳恩-拉托（Kathryn A. Braun-LaTour）：凯瑟

琳·A. 布劳恩-拉托是位于亚拉巴马州奥本的"营销记忆"品牌的主席。

蒂莫西·C. 布罗克（Timothy C. Brock）：蒂莫西·C. 布洛克是俄亥俄州立大学的心理学教授与消费心理协会的前任主席。他参与编辑了《态度的心理学基础》（1968），《说服中的认知反应》（1981），《广告反应中的注意力，情感与态度》，《说服：心理学洞察与视角》（1994）以及《叙事的影响：社会与认知基础》（2002）。

詹姆斯·E. 伯勒斯（James E. Burroughs）：吉姆·E. 伯勒斯是弗吉尼亚大学麦金太尔商学院的助理教授。他在威斯康星大学麦迪逊分校获得市场营销学的博士学位。他的研究领域是消费者行为，重点关注物质主义、象征性消费和消费者文化。

瑞克·伯顿（Rick Burton）：瑞克·伯顿是美国俄勒冈大学伦德奎斯特商业学院华沙运动营销中心的执行董事。他是德奎斯特商业学院营销系运动营销的高级教师。此外，他还为国内外运动社团组织提供咨询服务。同时，他也是ASCN电视台的节目《体育商业》的主持人。

乔治·康斯托克（George Comstock）：乔治·康斯托克是斯坦福大学的博士研究生，也是锡拉丘兹大学公共传播学院的教授。他为卫生部部长科学咨询委员会在电视与社会行为方面的研究提供了指导，该委员会于1972年发布了联邦报告《电视与未成年人：电视暴力的影响》。1991年至1993年，他担任香港中文大学新闻与传播学院的院长。他的研究包括艺术与科学的融合研究，媒体对儿童社会化和公众意见动态变化的影响。他最新的出版作品包括《电视：播放什么，谁在看，有什么意义》[与埃里卡·夏尔（Erica Scharrer）合著]和《电视与美国儿童》[与海容·派克（Haejung Paik）合著]。

马修·雨果·埃尔德伊（Matthew Hugh Erdelyi）：马修·雨果·埃尔德伊是耶鲁大学伍斯特学院的博士研究生，现任纽约城市大学布鲁克林学院心理学教授。他在潜意识加工和防御机制方面有大量作品，并出版了《精神分析：弗洛伊德的认知心理学》和《无意识记忆的恢复：记忆力增强与回忆》两本书籍。

詹妮弗·加斯特（Jennifer Garst）：詹妮弗·加斯特是马里兰大学帕克分校的传播学助理教授。她在密歇根国立大学获得社会心理学的博士学位，并获得俄亥俄州立大学的博士后研究职位。她的研究涉及媒体信息与修辞类型影响接收者的信念与态度的过程。

梅勒妮·C.格林（Melanie C. Green）：梅勒妮·C.格林是宾夕法尼亚大学的心理学助理教授。她在俄亥俄州立大学获得社会心理学的博士学位。她的研究领域包括叙事手法（包括虚构小说）对个人的信念与态度的影响和个人对社会资本构成的影响。她参与编辑了《叙事手法的影响：社会与认知基础》[2002年与杰弗里·斯特兰奇（Jeffrey Strange）和蒂莫西·布罗克（Timothy Brock）合著]。

达拉·N.格林伍德（Dara N. Greenwood）：达拉·N.格林伍德是马萨诸塞大学安姆斯特分校社会心理学专业的博士研究生。她的研究兴趣包括性别、性别歧视、媒体知觉和影响、亲密关系以及肢体形象问题。

苏珊·E.赫克勒（Susan E. Heckler）：苏珊·E.赫克勒是圣托马斯大学圣保罗分校商学院市场营销学的教授。她拥有明尼苏达大学商业管理的博士学位。她的研究重点是美学元素在广告中的作用，以及详细阐述与劝服的个体差异。她在营销与广告科学期刊上发表了许多作品，同时参与了ACP的出版。

斯科特·琼斯（Scott Jones）：斯科特·琼斯是美国俄勒冈大学查尔斯·H.伦德奎斯特商业学院的博士研究生。

林恩·R.卡尔（Lynn R. Kahle）：林恩·R.卡尔是俄勒冈大学市场营销学的教授。他的研究主题包括社会适应、价值和运动营销。他在《消费心理杂志》《消费者研究》《营销期刊》《运动营销季刊》《公众舆论季刊》《个性与社会心理学杂志》以及《儿童发展》等期刊上都发表过文章。他的著作包括《社会价值与社会变迁》《营销管理》以及《价值、生活方式与消费心态学》。他曾担任消费心理协会的会长，尤金市人权项目的领头人，以及俄勒冈大学营销学院的院长。

玛利亚·克尼亚泽娃（Maria Kniazeva）：玛利亚·克尼亚泽娃是乔治敦大学麦克唐纳商学院的博士研究生及客座讲师。她生于爱沙尼亚，有俄罗斯血统。她在俄罗斯的圣彼得堡国立大学获得新闻学硕士学位，曾在爱沙尼亚当过专业记者。在她开始博士生涯之前，她花费两年时间在加州大学欧文分校的管理学院攻读MBA学位，并获得了美国大学妇女联合会的国际研究员职位。她的研究领域包括消费者对生物技术的认知，以及大众媒体对态度形成的影响。她也是书籍《一个俄罗斯女性眼中的美国》的作者，这本书获得美国新闻处的拨款，资金由国际研究交流董事会管理。玛利亚·克尼亚泽娃的联系方式为：kniazevm@uci.edu。

查理·路易斯（Charlie Lewis）：查理·路易斯是英国兰卡斯特大学家庭与发展心理学的教授。他有两个研究兴趣，第一个研究兴趣是亲子关系研究，特别是父亲在现代家庭中的作用；第二个是幼儿的社会认知发展，特别是心理状态理解的发展。

斯蒂芬·D.利文斯顿（Stephen D. Livingston）：斯蒂芬·D.利文斯顿是俄亥俄州立大学社会科学与人类研究委员会的博士研究员，目前正在进行社会心理学方面的研究。他的研究领域包括态度的形成与改变，刻板印象与有目的认知。

塞林·A.马尔科（Selin A. Malkoc）：塞林·A.马尔科是北卡罗来纳大学教堂山分校的博士研究生。此前，她在土耳其比尔肯大学获得商务管理的本科学位，又在得州大学完成了硕士学业。

约翰·A.麦卡蒂（John A. McCarty）：约翰·A.麦卡蒂目前在新泽西大学商学院担任教师。他在伊利诺伊大学香槟分校获得社会心理学的博士学位，曾先后在伊利诺伊大学香槟分校、华盛顿的美利坚大学以及乔治梅森大学任教。

史蒂夫·R.麦克丹尼尔（Stephen R. McDaniel）：史蒂夫·R.麦克丹尼尔是马里兰大学运动学的副教授。他在佛罗里达州立大学获得传播学博士学位。他的研究重点是运动营销及媒体中的消费者心理。他曾在《消费者研究前沿》《想象、认知与个性》《服务营销杂志》《心理学与市场学》《个性与个体差异》《社会行为与个性》等期刊发表过作品。

安迪·T.诺曼（Andy T. Norman）：安迪·T.诺曼是德雷克大学市场营销学的助理教授。他的研究兴趣包括差异化与分类效果、态度的形成以及各种营销传播中的认知过程。他也研究了与营销促销活动相关的电视规划的运用。他在消费研究协会、美国营销协会与消费者心理协会都非常活跃。

保拉·R.彼得罗莫纳科（Paula R. Pietromonaco）：保拉·R.彼得罗莫纳科是一位博士研究生，目前在马萨诸塞大学安姆斯特分校担任心理学副教授。她的研究领域是亲密关系、情绪与社会认知。

阿里克·里德弗莱什（Aric Rindfleisch）：阿里克·里德弗莱什于1998年在威斯康星大学麦迪逊分校获得博士学位，是该校市场营销学的助理教授，其教学科目为产品管理。此前，他曾在亚利桑那大学任教五年。他的研究领域是理解公司间的合作和消费观念，已在《营销杂志》《营销研究期刊》《消费者研究杂志》《公共政策与市场营销杂志》《商业视野》等期刊发表作品。

贝弗利·罗斯科–艾沃森（Beverly Roskos-Ewoldsen）：贝弗利·罗斯科-艾沃森于印第安纳大学获得博士学位，是亚拉巴马大学的心理学副教授。她的研究方向包括心理模型、媒介、空间认知、意象以及创造力的认知基础。她曾在《实验心理学：学习、记忆与认知》《环境心理学》《心理意象》等期刊发表其学术文章。

大卫·R.罗斯科–艾沃森（David R. Roskos-Ewoldsen）：大卫·R.罗斯科-艾沃森于印第安纳大学获得博士学位，是亚拉巴马大学的传播学与心理学教授。他是期刊《媒体心理学》的编辑之一。他的研究范围是心理模型与媒体以及态度与劝服，曾在《人类传播研究》《传播年鉴》《个性与社会心理学杂志》《实验社会心理学杂志》《实验心理学应用杂志》等期刊发表学术文章。

克里斯特尔·A.拉塞尔（Cristel A. Russell）：克里斯特尔·A.拉赛尔是圣地亚哥州立大学市场营销学的助理教授。她主要研究娱乐与营销之间日渐模糊的边界。其作品针对视听媒体中产品植入的有效性进行研究，并将该研究成果发表在《消费者研究杂志》上。目前，她正在进行产品植入行业及消费者对产品植入反应的相关后续研究。她引入了电视连接（Televison Connectedness）的概念，将其视为能够解释电视节目如何影响观看者在使用媒体时产生的消费形象认知的重要因素。

大卫·W.舒曼（David W. Schumann）：大卫·W.舒曼是田纳西大学商学院的教授。他的研究重点是营销传播中的态度形成、劝服与信念结构。他是美国心理学会消费者心理学组与媒体心理学组的成员，曾经担任消费者心理学协会的会长。

L. J.什鲁姆（L. J. Shrum）：L. J.什鲁姆在伊利诺伊大学获得博士学位，是得州大学圣安东尼奥分校市场营销学的副教授。他研究了媒体影响下的心理过程，特别是媒体信息对价值观、态度与信念的建构的影响。他的作品发表在《消费者研究杂志》《人类传播研究》《广告学刊》《公众舆论季刊》等期刊。

罗伯特·S.怀尔，Jr.（Robert S. Wyer, Jr.）：罗伯特·S.怀尔，Jr.是伊利诺伊大学香槟分校心理学的荣誉教授，目前是香港科技大学市场营销学的客座教授。他撰写了四本关于社会信息处理过程的书（最新一本为《日常生活中的理解与判断：情景模型、叙事手法与暗示理论的作用》）。他是《社会认知手册》的联合主编，也是《社会认知前沿》系列的编者。他曾经担任《实验社会心理学杂志》的编辑，现任《消费者心理学杂志》的编辑。他获得了亚历山大·冯·洪堡研究奖的"杰出科学家"奖项，也因对社会认知领域的杰出贡献获得了托马斯·M.奥斯特罗姆奖。

杨文熙（Moonhee Yang）：杨文熙是亚拉巴马大学传播与信息科学学院的博士研究生。她的研究领域包括劝服性信息的心理模型、广告中的情境影响以及娱乐理论。

戴安娜·M.齐扎克（Diane M. Zizak）：戴安娜·M.齐扎克最近于纽约城市大学布鲁克林学院获得实验心理学博士学位。她的研究领域包括内隐加工和单纯暴露效应。

总　序
PREFACE

古登堡发明印刷机距今近600年，但在最近一个世纪里，娱乐功能才正式进入大众传播的功能序列，出现了哈罗德·门德尔松（Harold Mendelsohn）的《大众娱乐》(1966)、威廉·斯蒂芬森的《大众传播的游戏理论》(1964)等专门性的著作。媒介娱乐与大众媒介相伴而生，但人们对媒介娱乐进行较深入的研究还是近60年的事。娱乐很难下定义，因为它是一个常识性的概念。目前娱乐研究学者一般认为，娱乐是一种沟通性、需要外部刺激，能让一部分受众感到快乐的活动。

娱乐在不同媒介的认知逻辑中存在差异，并在文化变迁、技术迭代中积累成娱乐的当下样态。娱乐现象最先出现于报纸媒介，是大众传播历史上出现的一个新现象、新问题，受到较多关注。从20世纪初的"小报"，到硬新闻软化、故事化，娱乐新闻出现，直到当下，新闻娱乐化现象时时露头。相对其他媒介形式，因为娱乐潜能有限，报纸的娱乐化程度并不深，早期报纸作为资产阶段思想启蒙阵地，身负重担，同时因为它沿用的是文字逻辑，所以娱乐化现象一旦在报纸上出现便引发了很多关注。

电影似乎就没这么严重。电影娱乐在各种技术发展中越来越摄人心魄。当然电影的娱乐性施予，本质在于电影是一种虚构的、讲故事的媒介，它以假定为真，在奇幻的视听技术中满足人们的白日梦和造梦。1877年托马斯·爱迪生发明了留声机，它迅速成为该世纪最受欢迎的家庭娱乐设备。爱迪生试图给留声机提供视觉效果而让助理迪克森发明了"电影摄影机"，间接促成了19世纪末的电影。1902年，有了庞大的电影生产设施，可以实现电影的流水线生产。大概从1897年开始，早期电影考虑到观众新鲜感消退，而不得不频频更换放映场地，辗转各地的杂耍剧院、露天游乐场、马戏团帐篷、中学等，彼时电影成为一种日常生活偶发性、嵌入式的娱乐方式。直至十年后在巴黎建造了世界上第一座豪华电影院，电影的光学效应才成功造梦。20世纪，电影开始引入叙事、声音、特效等技法和技术，成为当下娱乐的典型形式。

20世纪60年代，电视成为主流媒介之后，娱乐开始成为一个媒介现象被广泛关注。中国的娱乐化问题于90年代从电视媒介开始受到广泛关注，电视媒介的功能承载很重，一方面因为其日常性、公共性，电视承担了更多公共价值。电视台作为国家经营的稀缺之物，是信息接受和认知的权威来源，电视被视为严肃的媒介。另一方面电视也是一个混杂的话语系统，其中有大量现实指向的内容（新闻、纪录片），也有大量虚构性、娱乐性的内容（电视剧、综艺节目）。所以，娱乐化作为一种问题域和方法域同时存在。

21世纪前后，基于电脑媒介的互联网成为大众追求娱乐的主要形式，媒介技术2.0时代的赋权带来的内容创生、传播过程的操控感，娱乐体验的丰富性以指数级的速度提升。如今，娱乐的阵地转向移动媒介、智能媒体。据CNNIC的数据，截至2021年底，我国使用手机上网的用户超过10亿。其中，短视频用户规模达9.34亿，成为目前最"费时"的媒介消费。如今娱乐方式更多元。"泛娱乐"一词辐射面过于宽泛，仅以电影、网络视频、网络直播、网络游戏、网络音乐、网络文学等几种业态来看，娱乐方式就五花八门了。比如，游戏的沉浸式、高卷入度的故事讲述和社交驱动的数字体验已成为21世纪的主要娱乐媒体。去年全球游戏市值超过1,984亿美元，全球32亿游戏玩家，其中亚洲游戏玩家占14.8亿。可以说，娱乐产业年产值何止万亿。

娱乐很少纯粹享乐至上，更多的时候是"复调叙事"，甚至被视为"注意力引擎"（attention engines）。信息娱乐（infotainment）、寓教于乐（edutainment）等做法深入人心。比如健康教育、信息教育、意识形态被整合到流行娱乐形式中，旨在积极影响意识、知识、态度或行为，而且一般认为，这种方式能有效减少人们对劝服性信息的抵触情绪而更有效。

综上可见，娱乐产业之巨、拥趸之多！阿萨·布里格斯（Asa Briggs）甚至认为，大众娱乐是现代产业的源头。整个社会似乎也泛娱乐化，它已渗透日常生活、社会结构。那么引发的问题是，为什么我们所处的时代是娱乐社会，或者说，为何娱乐在这个时代挥之不去？

古代社会的个体嵌入与他人、社会的关系中，与自然世界和宇宙整体的关系中，亦即在"人、神、自然"的统一秩序和整体的关系结构中。这种关系结构成为个体安身立命、意义感和价值结构的源泉。而现代社会发生了"个人主义转向"和"个人中心主义转向"。"人"被重新发现，个体的"自我"价值从各种整体性的关系和等级秩序中跳脱出来，并被赋予神圣性，作为权利承担者的个体被设计出来，个体的权利在现代社会原则里得到维护。各种宏大的、超验的价值秩序被解体，个体的私体验、自我主义甚至变成唯我主义，很容易追求"渺小和粗鄙的快乐"，变成尼采所说的"末人"（last man）。泰勒在《世俗时代》一书将类似现象概括为世俗社会的表征。我们生活在世俗时代，世俗性是关于理解当代整体问题的语境，而我们道德的、灵性的或宗教的经验与追寻正是发生在这一语境之中。在他看来，西方社会的世俗性首先体现在"公共空间的世俗性""宗教信仰与实践的衰落"，对宗教的不信任"已经成为许多人主要的默认选项"。

西方社会个人主义的兴起，容易引发追求渺小、粗鄙的快乐，放逐神性文化，从而追求当下意义的媒介享受，娱乐兴焉。在一定程度上，这种逻辑也可以用来解释中国情境下的娱乐问题。中国属于集体主义国家，个人主义无法描述中国问题的核心要素，但现代社会价值的共通性、市场经济的基本运作原则，使得世俗性、个体、自我在我国也是一个需要正视的问题。只不过中国社会的世俗性不是因为宗教性的衰落，而在于神性文化、公共性的某种衰落。

娱乐不仅产业之丰、是世俗社会的典型形态，它还符合人的生理心理结构。功利主义倡导者边沁认为，人类由痛苦和快乐主宰，道德最高原则就是使幸福最大化。娱乐带来快乐。神经科学揭示，快乐是复杂的奖赏系统的核心部分，其核心体验是脑部深处的腹侧纹状体（伏隔核是其主要组成部分）运作的结果。眶额叶皮层中部与腹内侧额叶还会对快乐进行编码。最后，我们也应该认识到，文化多元性的重要性。正如威廉·冯·洪堡（Wilhelm von Humboldt）所说的，人类最为丰富的多样性发展，有着绝对而根本的重要性。以上罗列的种种说明，娱乐在社会生活中的重要性、广泛性，呼唤研究者入场。

如果将娱乐比喻成一个天平，一端住着"真善美"，另一端藏着"煽色腥"。国内主要选择"煽色腥"这一端进行伦理批判。在具体实践中，"娱乐问题"这一口头禅将娱乐问题化，也是很多讨论的逻辑起点。可能是无意识的，也可能是惯性使然，将娱乐单维度、武断地问题化,一种"被治理、规制"或"我们要严阵以待"的隐含语义系统的表达方式和理解框架。比如,"娱乐至死"这一术语将娱乐框定为一种"不祥之物",而将娱乐者框定为一个"赴死者",同时它还将提供娱乐的媒体框定为"作恶者"。

几十年来的相关研究汗牛充栋,看似繁花似锦,实则基础不牢、风雨飘摇。可以这样描述国内娱乐研究的问题:一是娱乐本体理论研究的空缺。此现象甚是怪异,学界皆谈娱乐,可它究竟是为何物,如何发生,具体机制是什么等问题基本被漠视。可能因为人人皆知娱乐,无细究的必要?二是主体意识缺乏。娱乐理论被结构性搁置,娱乐现象广受关注。但缺乏由娱乐内部向外辐射的能力,娱乐往往成为流行文化、文化研究、媒介伦理等研究的"婢女"。三是受限于固有思维。研究陷于价值判断或不规范的规范。但大多数研究将娱乐视为冲毁主流价值堤岸的泥石流,而从价值层面建立一套大众媒介的规范准则,试图用"应然"去推断"实然"。

无法有效展开娱乐研究的原因包括:一是早期的传播学者选择研究大众媒体的劝服功能而非娱乐功能,这个侧重点被长时期保持了下来。二是娱乐虽占据人们的日常时间,俘获了他们的注意力,研究者误认为这对人类行为变迁没有决定性作用。这两条是娱乐研究者20多年前就提出来的。具体到国内,可能还要加上两条:一是中国忧国忧民传统,更让学者关注严肃、沉重的事件,而将娱乐视为"轻佻"之物。二是实证主义研究滞后,近十几年有所缓解,但仍任重道远,这影响了娱乐研究的质量。这一系列因素,造成国内外关注的理论问题、选取的理论文本、研究方法的差异。

宽泛定义上的娱乐研究可以上溯至古希腊,柏拉图的游戏理论、马斯·霍布斯之幽默的优越论、赫伯特·斯宾塞之笑的理论、弗洛伊德之幽默的精神分析理论等。现代娱乐理论,是从20世纪70年代开始的。世人大范围谈论娱乐,尤其以大众媒介为中介的娱乐现象成为一个被人广泛关注的对象,娱乐的媒介体验也开始成为理论的关切点。发展至今,娱乐研究已有扎实的基础,众多学者已搭建理论概念和体验,形成了娱乐研究的基本观念。

实际上,娱乐研究有两个学术传统,一个是受到法兰克福学派影响形成的批判传统。这些学者包括以利胡·卡茨(Elihu Katz)、大卫·福克斯(David Foulkes)、哈罗德·门德尔松等。这个视角的研究,为信息的内容和形式提供了精确的观察,并对符号系统和与观众对娱乐的解释情境做了丰富的描述。只不过这个视角的娱乐研究在国外学术传统中中断了，相反我国部分研究走的是这条道路，但其往往将娱乐视为一个材料或对象，"左顾而言他"。另一个是以道尔夫·齐尔曼为代表的研究，这是目前国外的主流范式。它在动机和情感心理学基础上发展而来，或者更近以来，依赖于从积极心理学、自我控制理论、道德心理学等理论资源，产生娱乐双因素模型、情感倾向理论、情绪管理理论、兴奋转移理论等娱乐理论，但这一传统在我国基本空白。

基于此，本译丛试图缓解我国这一困局："人们日益增长的娱乐理论需求和不平衡不充分的发展之间的矛盾。"

（一）丛书以娱乐本体理论为旨归，围绕"娱乐"这一内核事件的知识体系展开。《娱乐理论：牛津读本》一书去年在牛津大学出版社出版，近千页的篇幅，对娱乐理论的阐释不可谓不详。它为传媒娱乐提供了大量基于传播和心理学的理论和模型，可视为人文社会科学研究的知识资源。全书论及基础理论、心理体验、特定娱乐形式、特定娱乐现象等，对娱乐理论、心理过程有深入讨论，对经典小说、VR视频游戏、虚构故事、媒介体育等各种"旧"和"新"媒体娱乐做了梳理。（二）心理学是国外娱乐研究最重要的传统和路径。丛书选择《娱乐心理学》《娱乐媒体：劝服心理学》两本论著，聚焦娱乐的心理学机制。前者聚焦心理学的视角与范式，从娱乐选择、接收和处理的基本机制和过程，选择和接受的媒介讯息获得娱乐体验的机制和过程，以及娱乐理论中的心理学理论和模型等。后者从"劝服"这一新的视角，探讨娱乐媒体如何影响其受众，及其背后的心理加工机制。具体内容涉及植入式广告、品牌电影、电视节目和赞助活动等。（三）对社会的影响是我们反思娱乐的重要面向。《娱乐与社会》讨论社会与娱乐是如何互塑的，侧重于技术和文化融合对当代娱乐业的影响；讨论娱乐与经济、商业、文化、法律、政治、伦理、宣传、技术等之间的关系。（四）娱乐理论要落脚到具体平台和经验材料的话，迪士尼、社交媒体是娱乐在传统媒体和新媒体领域的两个典型现象。《迪士尼政治经济学：好莱坞的文化资本主义》关注娱乐世界中的资本主义、娱乐经济的崛起、休闲文明的陷阱、好莱坞叙事等问题，对电影娱乐生产的论述较精彩。《社交媒体娱乐》聚焦的是社交媒体平台催生的创意产业：社交媒体娱乐。社交媒体娱乐迅速扩张，传统娱乐业被迫将重要的权力和影响力让给内容创作者、粉丝和订阅者。数字平台为嵌入式广告创造了一个新市场，随之改变营销和传播领域。

译介这些论著，希冀国内的娱乐研究具有更多可资运用的理论资源，用以有效回答、解释当代娱乐文化现象。固然，这些理论、模型产于国外语境，有部分还需要辨析，尤其结合中国文化语境进行理论消化和运用，不提倡西方理论崇拜，但绝不漠视。这些著作对娱乐的内在心理机制以及各种理论的阐述，为国内娱乐研究提供一个好"手电筒"。

在译丛即将付梓之际，作为丛书的组织者，有许多发自肺腑的感谢之言。首先向这些著作的原作者致谢，他们原创性的成果为我们提供了宝贵的资源借鉴；其次，各位译者克服疫情期间的种种困难，因为有他们，这些思想才能得以最终呈现；最后感谢中国传媒大学出版社张毓强社长，他对丛书的优化提出了宝贵的建议。

娱乐研究需要我们重新理解日常经验和数字化生活，从现有的理论之林抽离，发展能够解释当下娱乐现象的理论体系。希望我们的工作最终能够得到广大读者的认可，以绵薄之力推动国内传媒研究的蓬勃发展。谨序。

晏　青　支庭荣
2022年6月12日

序言
PREFACE

自由市场商业体系的基本原则之一是信息自由流动,这为所有决策者提供一个公平的竞争环境。在这个框架内,由于缺乏更有创造性的术语,我所说的是一种知情同意的变体:只要观众被告知说服尝试,他们就同意被说服。这个假定至少对广告是有用的:一个可辨认来源的,付费的且非人际的劝服性传播(Sandage, Fryburger & Rotzoll, 1983)。事实上,这常常是广告并没有那么有效的原因之一(毕竟,人们知道他们正在被一个有偏颇的信息来源劝说,这就会在一定程度上削弱劝服的效果)。这也就解释了为什么消费者对阈下广告那么的恐惧和憎恨,因为消费者认为阈下广告会使得他们无法运用自己的知识,也无法抵抗广告的说服。

上文所述便是这本书的相关内容:即娱乐和劝服的边界是如何逐渐变得模糊的,并且这些模糊的边界又如何促进或抑制受众在态度、信念和知觉方面的改变。2002年5月16至18日,21世纪年度广告与消费者心理学会议在纽约市奥米伯沙尔广场酒店举行,会议的议题主要围绕上述主题进行。本书很荣幸地引用了几篇出自该研讨会的优秀文章。此外,本书中的几个章节来自该领域的著名心理学、市场营销和传播学学者的研究。这本书是新视角的代表,即用一个全新的视角来对劝服这个古老问题进行跨学科研究(如:产品植入、品牌影片、电视节目和赞助等)。本书旨在探究劝服行为是如何在语境中发挥作用(以及对劝服的形成进行更多理论研究)的,并且期望本书能促使消费者和业界对该领域有更多的认识和理解。

由于这本书与年度广告和消费者心理会议有紧密的联系,因此很难将会议的贡献与这本书的贡献区分开来。我由衷感谢来自SCP成员的支持,特别是库尔特·汉克维特(Curt Haugtvedt,我向他请教了无数操作性方面的问题）、会议举行期间的SCP主席玛丽安·弗里斯塔德（Marian Friestad，感谢她对会议提案的支持）以及苏珊·赫克勒（Susan Heckler，她建议将媒体娱乐作为会议主题）。最后我想感谢拉里·科莫（Larry Compeau）在各项会议安排与后勤工作方面提供的帮助。

这是我第一次编写这种类型的书，我也不知道为什么，做编辑对我而言并不折磨，并没有大家说的那样痛苦。我可以真诚地说，这是令人享受的，也是对人有所启发的经历。我万分感谢作者们愿意在极其紧迫的时间里让这本书得以按时完成。我同样感谢参与了会议的作者们，他们让会议和这本书都获得成功。我特别希望感谢邀约章节的作者鲍勃·怀尔（Bob Wyer）、拉希米·阿达瓦尔（Rashmi Adaval）、大卫·罗斯科-艾沃森（David Roskos-Ewoldsen）、贝弗利·罗斯科-艾沃森（Beverly Roskos-Ewoldsen）和杨文熙（Moonhee Yang），他们在极其紧迫的截止期限内完成了书稿。

最后，带着对编辑与出版工作的敬意，我想感谢来自劳伦斯·埃尔鲍姆协会的琳达·巴斯盖特（Linda Bathgate）提供的指导与建议，以及该协会后续对《广告与消费者心理学》系列的支持。我同样希望感谢我的助理朱莉·柯林（Julie Colin），她为这本书的索引编辑提供了巨大的帮助。最后，我想要感谢蒂娜·洛瑞（Tina Lowrey），她花费了无数个小时来阅读我撰写的材料，并以友好的方式指出我的疏漏。

L. J. 什鲁姆（L. J. Shrum）
2002年11月29日

目 录
CONTENTS

第一章　娱乐媒体有哪些特别之处，为什么需要用心理学方法来研究它？……………………………………………………… 1

第一部分　节目中的植入式促销：潜意识嵌入与植入式广告

第二章　超越小装置式潜意识………………………………………… 11
第三章　产品植入的操作特点与潜在的探究方法…………………… 31
第四章　如何测量产品植入的效果？………………………………… 46
第五章　品牌植入的心理模型………………………………………… 60
第六章　媒介内容中的品牌植入：信息、媒介和消费者个性对植入效果的影响……………………………………………… 78
第七章　"美妙的悖论"：儿童对产品植入的前意识加工………… 93

第二部分　广告间隙的节目：娱乐节目和叙事的说服力

第八章　图片、文字及媒体影响：语言和非语言信息对记忆与判断的交互影响………………………………………………… 111
第九章　虚构的力量：决定因素和边界……………………………… 128
第十章　消费者培养的加工模型：电视作为一种判断类型的功能……………………………………………………………… 143
第十一章　从电视暴力到现实暴力的路径：对证据的再次阐释…… 156
第十二章　广告之间：非广告类电视信息对消费行为的影响…… 172
第十三章　有助于限制接触多样性的媒体因素……………………… 189

第三部分　媒介使用中的个体差异及其在媒介效果中的中介作用

第十四章　娱乐需要量表······209
第十五章　观众与"他们"的电视节目：电视节目联结性概述···226
第十六章　依恋取向、理想化女性媒体形象和躯体不满之间的相互作用：基于社会心理学的分析······240
第十七章　体育娱乐营销：一种功能性的方法······256
第十八章　感官追求与电视体育消费······269

作者索引······280
名词索引······297

第一章 娱乐媒体有哪些特别之处，为什么需要用心理学方法来研究它？

L. J. 什鲁姆（L. J. Shrum）

得克萨斯大学圣安东尼奥分校（University of Texas–San Antonio）

这个标题提出了一个合理的问题。娱乐媒体到底有什么独特之处，让我们有必要用不同的方式研究人类的思维方式？更重要的是，娱乐媒体的独特之处在多大程度上可以影响其传达信息的说服力？当然，如果目前的劝服理论能够像解释娱乐媒体（如广告）的效果一样，轻易（且准确）地解释娱乐媒体（如电视节目、电影）的效果，那么奥卡姆剃刀定律（Occam' razor）将会砍掉不必要的娱乐媒体新理论。

答案是什么？引用埃德·格里姆利（Ed Grimley）的话，"这很难回答"①。一方面，正如玛西娅·约翰逊（Marcia Johnson）在《叙事的影响》（Green, Strange, & Brock, 2002）中指出的，有相当多的理论架构可以解释娱乐媒体的某些影响［例如，情境模型、易访问性、信源监控（Johnson, 2002）］。另一方面，在同一本书中，布罗克、斯特兰奇和格林（Brock, Strange & Green, 2002）也指出，当前的双加工劝服理论主要是用于解释修辞性的劝服效果，还无法解释某些叙事的劝服效果。事实上，本书的某些章节（参见第八、九章）强调人们通常以不同的方式处理娱乐的（叙事的）和促销的（修辞的）信息。因此，这似乎有道理，即娱乐和促销对受众产生影响的方式也会相应不同。

然而，这本书并没有回答我们是否需要娱乐媒体心理学。相反，它的目的是继续进行有关娱乐媒体性质的科学讨论，以及它们如何影响受众的思想、感情、观念和行为。在理想情况下，如果继续就此事进行对话，我们最终会得到答案。

这不是第一本探究娱乐媒体独特性方面的书。在此之前，已经至少有两本书出现在我的脑海里，第一本是齐尔曼和沃德赫（Zillmann & Vorderer, 2000）出版的《媒体娱乐：其吸引力的心理学》，第二本是前面提到的《叙事的影响》（Green et al., 2002）。虽

---

① 埃德·格里姆利是马丁·肖特（Martin Short）在 NBC《周六夜现场》（Saturday Night Live）中扮演的一个角色。

然这两本书与本书都有一些重叠，但还是有重要区别的。齐尔曼和沃德赫的书重点关注娱乐媒体吸引我们的是什么，以及在娱乐中，哪些内容会吸引我们的注意力，哪些内容使我们害怕，又有哪些内容使我们快乐。因此，它重点关注媒体娱乐提供的满足感。格林等人的书强调了叙事的影响，或者我们从书籍、戏剧以及电视等渠道中接触的故事的影响。像这样的讨论，它最终关注的是叙事效果问题。这两本书都很好地补充了本书的内容。本书与这些书的主要区别在于，本书关注的是促销和娱乐间的边界逐渐模糊。具体而言，本书试图去了解娱乐或叙事是如何进行信息加工的，以及这类信息加工和促销与修辞信息的信息加工是否存在本质区别。如果有的话，当加工娱乐信息和促销信息时，这些不同的信息加工又会在劝服效果方面产生什么样的结果？

章节概述

本书的章节分为三大部分。这些部分包括：节目中的植入式促销：潜意识嵌入与植入式广告，广告间隙的节目：娱乐小说和叙事的说服力；媒介使用中的个体差异及其在媒介效果中的中介作用。

第一部分：节目中的植入式促销：潜意识嵌入与植入式广告

第一部分主要关注那些至少我认为具有模糊边界的范例：娱乐媒体中的产品植入。产品植入一般指在故事中有意地包含品牌信息，通常会呈现在电视节目和电影中（见第六章有关小说情节中植入广告的示例）。然而，第一部分将以马修·埃尔德伊（Matthew Erdelyi）和戴安娜·齐扎克（Diane Zizak）的阈下知觉和劝服作为开始（第二章）。尽管在广告中嵌入潜意识刺激并不能作为模糊边界的直接案例（潜意识和意识刺激都是有说服力的尝试），但这或许是一个可以用来讨论产品植入效果背后心理过程的完美起点。埃尔德伊和齐扎克全面回顾了实验心理学中潜意识加工的现状，讨论了许多涉及这些过程的实验室研究，然后说明如何在这个框架内集成常见的现实世界的现象，如笑话、艺术和广告。他们提供了一个相对比较新的（至少对消费心理学而言），关于什么是潜意识的观点，并且认为当代实验心理学的重点几乎完全在于通过使用小装置——技术设备来减弱刺激强度进而使得被试进入潜意识，如埃尔德伊和齐扎克通过心理技术来减弱刺激的强度。在做这些研究的过程中，他们扩展了以往基于信息加工的认知理论和弗洛伊德（Freud）提出的概念之间的密切关系，如表征、抑制、重建和防御等随便举出的概念（Erdelyi, 1985, 1996）。

第一部分的其余内容（第三章至第七章）会专门讨论产品植入的问题。这五章的大部分内容以一般到具体的逻辑进行论述。在第三章中，约翰·麦卡蒂（John McCarty）回顾了影视中植入广告的现状。他先对该部分作了一般概述，然后讨论了许多实践中突出的例子（有些读者可能很熟悉，有些则不熟悉），并回顾了关于产品植入的学术研究。最后他在前述分析的基础上，勾勒出一些有前景的，且有助于推动这个主题在未来继续发展的研究图景，包括显著性、卷入度和产品特性等问题。

在第四章，沙米斯•劳（Sharmistha Law）和凯瑟琳•布劳恩-拉托（Kathryn Braun-LaTour）解决了在产品植入研究中最令人费解的问题之一：如何测量植入效果。正如劳和布劳恩-拉托指出的（在第三、五和七章也有提到），尽管业界吹捧了许多成功案例，但是在研究领域，产品植入的效果却是有成功的也有失败的。他们认为以前研究结果不一致的原因是过于依赖将回忆和再认作为关键的因变量指标。作者注意到，这些因变量的使用意味着（或者至少应该意味着）大部分测量是意识性的。然而，最近在潜意识学习的研究中，劳和布劳恩-拉托认为区分外显（意识）和内隐（无意识的）记忆（Graf & Schacter, 1985）可能是一个对研究产品植入效果有用的方法。他们基于这种对意识和无意识的区分提供了一种理论框架，并且讨论了一些自己的研究发现来支持这些观点。

在第五章，杨文熙（Moonhee Yang）、贝弗利•罗斯科-艾沃森（Beverly Roskos-Ewoldsen）和大卫•罗斯科-艾沃森（David Roskos-Ewoldsen）解决了产品植入和记忆之间的问题。然而，与劳和布劳恩-拉托相比，他们采取的方式稍微不同，他们的焦点较多集中在信息加工的早期阶段，尤其是理解阶段。他们认为，了解被试在观看阶段发生了什么至关重要，因为只有了解这些信息才能准确预测产品植入的效果。他们基于心理或情境模型的一般概念（Wyer, 2003; Wyer & Radvansky, 1999），特别采用景观模型框架（van den Broek, Risden, Fletcher, & Thurlow, 1996），以此来预测产品植入效果发生的条件。然后，他们呈现了一些实验数据验证了该模型的一些关键假设。最后，他们讨论了这些研究发现对于产品植入效果的影响。

在第六章，纳米特•巴特纳格尔（Namita Bhatnagar）、莱尔纳•阿克索伊（Lernan Aksoy）和塞林•马尔科（Selin Malkoc）讨论了产品植入方面的问题。他们尤其专注于语境因素，如节目和植入品牌之间的协调、植入的强度（即品牌被提及的次数、前景与背景）、消费者特征（例如，对植入的意识、卷入度），以及媒介的特性（例如，可信度）之间的契合度。他们还提供了一个在小说中进行产品植入的例子，这类例子是其他章节都缺少的内容。他们不但研究了读者对这种植入的反应（主要是负面反应）；而且还从小说和电视节目或者电影在语境问题方面的差异中抽取了加工这一概念的内涵。

最后，在第一部分的结论中，苏珊•奥蒂（Susan Auty）和查理•路易斯（Charlie Lewis）（第七章）解决了一个在产品植入效果方面仍有待研究的问题：产品植入对儿童的影响。奥蒂和路易斯首先简要报告了他们的实验结果，然后利用这些实验结果对内隐和外显记忆、单纯曝光效应（mere exposure effects）以及这些概念与选择行为之间的关系问题进行了理论分析。然而，他们的方法与其他产品植入的章节略有不同，几乎完全侧重于产品植入对儿童的影响。所以说这是一个重要的补充文献，因为大多数有关产品植入的研究被试都是成年人。虽然产品植入效果背后的过程不太可能因年龄的不同而不同，但由于认知发展，这种效果可能会有所差异。奥蒂和路易斯确实还指出，对于儿童来讲，娱乐和促销/说服之间的模糊边界甚至会变得更模糊。因为儿童的发育尚不成熟，即使他们知道什么是广告植入，他们也没有能力判断影视情节中是否涉及了产品植入。奥蒂和路易斯的研究结果还显示，广告植入可以在对记忆不产生影响的情况下，直接影响孩子的行为。此外，随着被试年龄的不同，广告植入对记忆的影响也会产生不同的结果。

第二部分：广告间隙的节目：娱乐小说和叙事的说服力

第二部分并非从娱乐媒体内容自身的促销及劝服效果入手。第二部分的前两章集中讨论了一些一般性问题，其中涉及视觉和口头信息的相互作用以及小说的说服力，这些都是影视娱乐的组成部分。在第八章，鲍勃·怀尔（Bob Wyer）和拉希米·阿达万（Rashmi Adaval）阐述了言语和非言语（视觉）信息在影响被试记忆和判断方面是如何相互作用的。他们提出了一个有说服力的论点：如果被试首先看到一个视觉图像，那么，这个视觉图像就会对被试如何加工后续接收的信息产生实质性的影响。作者认为这种影响发生在视觉信息和后续的加工判断存在关联的情况下；但是，作者同时也认为，即使二者之间几乎没有关联，这种影响依然存在。他们通过重新解释之前的一些工作以及讨论新的数据来支持他们的论点，并讨论这些发现对娱乐媒体如何影响观众的态度和行为的影响。

在第九章，梅勒妮·格林（Melanie Green）、詹妮弗·加斯特（Jennifer Garst）和蒂姆·布罗克（Tim Brock）大概地讲述了虚构的力量，包括非视觉叙事（如小说）和视觉叙事。他们首先明确了虚构和纪实之间的一些根本差异，尤其重点阐释了人们如何加工处理这两类文本之间的差异；然后，将这些差异同记忆与判断问题联系起来进行分析。他们的观点与传统观念相反，他们认为，不断出现的研究说明虚构可能比纪实更具有说服力。最后，针对虚构里面存在的有助于增强说服力的方法，以及这些方法的效果边界，他们进行了更为详细的介绍。

接下来的三章，我们把重点转移到电视消费对价值观、态度和行为的影响方面。在第十章，L. J. 什鲁姆（L. J. Shrum）、吉姆·伯勒斯（Jim Burroughs）和阿克利·林德弗莱施（Aric Rindfleisch）讨论了有关涵化效应方面的理论和研究（Gerbner & Gross, 1976）。涵化效应是指受众的电视消费和持有与电视信息一致的信念和行为之间存在正相关关系。什鲁姆等人特别关注这种关系背后的加工机制。他们详细描述了一个电视信息是如何影响受众判断集合的大小和概率的模型，然后利用最近收集的数据将这个模型扩展到其他领域，如个人价值（在本例中为唯物主义）的判断发展方面。他们认为，电视信息影响受众判断的方式取决于所作判断的类型以及判断的建构方式；而电视则会以完全不同的方式影响受众的不同判断。

在第十一章，乔治·康斯托克（George Comstock）研究了一种特定类型的电视效应，即观看暴力电视和侵略性行为之间的争议性关系。然而，对于这个话题，康斯托克做了许多与以往不同的研究。首先，他对包括他自己的作品在内的大量元分析研究进行了梳理，并且清晰地指出受众接触暴力影视和其侵略或反社会行为之间存在正相关关系。然而，正如他所指出的，真正的问题是如何解释这些正相关关系，他真的能说明这些行为与电视之间是因果关系吗，抑或其他关系？康斯托克认为观看电视是一个因果变量。他指出，对攻击性行为的元分析研究显示出非常一致（非常强大）的效果。即使个别研究可能因为在诸如构建的有效性和普适性方面遭到批评，但是这种研究一致认为电视是一个因果变量，特别是与同样一致的（尽管在效果大小上较弱）的调查（相关）结果相结合讨论。之后，康斯托克做了一个额外的贡献。在重新审查数据的基础上，他指出诸如态度、规范和价值观之类的性格倾向，与接触电视暴力和攻击性之间并不存在必要联系。尽管这一联系在许多研究中已被发现，但他也观察到电视暴力与攻击性之间存在直接关系。最后，他讨论了在攻击性行为背后的媒介效应方面的影响。

虽然媒体暴力对受众的影响可能是当今最著名的媒介效应，但是实际上观看电视内容也存在着其他方面的影响因素。在第十二章，玛利亚·克尼亚泽娃（Maria Kniazeva）指出，电视节目传达了大量有关消费行为的信息。这些信息可以作为关于什么是规范的、可取的和可避免的特定线索。这些信息可能与特定的品牌相关，也可能与一个通用的产品类别有关。此外，克尼亚泽娃认为，涉及电视影响的学术文献（至少在营销领域）几乎完全专注于广告本身的作用，而忽视了对广告间隙中的节目的研究；尤其是，在广告效果方面，这些节目起到了超过一半的影响。克尼亚泽娃对现有的关于非广告媒介效果方面的文献进行了综述，并讨论了发生在不同处理阶段（即编码、理解、提取）的心理过程。在综述的过程中，她补充了大量关于媒介效果机制方面的研究。

前几章重点讨论了人们观看特定内容时产生的效果。在第十三章，大卫·舒曼（David Schumann）着眼于讨论具有讽刺意味的另一面，那就是不看，或者至少不看特定类型的节目的结果。舒曼探讨了市场细分的后果，特别是其如何限制多样性接触这一方面。在约瑟夫·图罗（Turow, 1997）早期工作的基础上，他开发出一种限制多样性接触的复杂模型，并在此过程中提供了一个扩展研究计划的蓝图，尽管在当今这已经是相对被忽视的话题。他特别指出，即使是通过细分市场的共同消费活动来确定细分市场的行为背后也存在一个隐藏的假设，那就是该群体与其他细分市场的群体是不同的。事实上，营销人员感兴趣的不仅仅是要强化意愿群体及其喜欢的品牌之间的关联，而且还要强化回避群体及其不可做的事之间的关联（Lowrey, Englis, Shavitt, & Solomon, 2001）。舒曼的模型探讨了这种做法的前因和后果。

第三部分：媒介使用中的个体差异及其在媒介效果中的中介作用

在第二部分的前几章，我们以某种方式提到了特定的媒介效果，这些效果可能会因个体的某些（至少某种）特性而有所不同。在本书第三部分的章节中，我们会特别关注其中几种的个体差异。在第十四章，蒂姆·布罗克（Tim Brock）和斯蒂芬·利文斯顿（Stephen Livingston）断言，"娱乐需求"就是这些个体差异中的其中一种。他们认为有些人比其他人更渴望娱乐。如果是这样的话，通过决定如何加工媒介的方式来缓解消费娱乐的效应就显得可行。作为检测这一观点的第一步，布罗克和利文斯顿提供了他们在编制娱乐需求量表（Need for Entertainment Scale）过程中的数据，并详细描述了他们在开发和验证量表题目方面所做出的努力。

在第十五章，克里斯特尔·拉塞尔（Cristel Russell）、安迪·诺曼（Andy Norman），和苏珊·赫克勒（Susan Heckler）使用了同样的方法进行研究。然而，拉塞尔等人总体上探索了受众与特定节目或人物的关联程度，而不是个体与娱乐的关系。具体来说，他们探讨了个人在这种联系中的差异程度。他们讨论了他们的研究计划，其中包括联结量表的开发，以及前因和连接性结果之间的关键联结。他们进一步断言，这种联结可以作为电视节目效果的中介变量或调节变量。

在第十六章，达拉·格林伍德（Dara Greenwood）和保拉·彼得罗莫纳科（Paula Pietromonaco）解决了在媒体中频繁观看女性理想形象是否会导致受众（尤其是女性）对自己身体更加不满的问题。身体不满和饮食失调（如贪食症）的发展之间存在关联是一个特别令人不安的问题。格林伍德和彼得罗莫纳科走的路线与拉塞尔等人非常相似。具体而言，他们认为某些类型的女性可能比其他人更容易受到媒介形象的影响，进而更有可能发生饮食失调的状况。他们认为，对于媒介形象对女性的影响方面，女性自身的风格可以缓和这种影响。他们对研究项目中的数据进行了讨论，结果表明，依恋风格、媒体感知和身体形象关注度之间存在相互作用。他们还讨论了幻想和现实之间的暧昧关系，这是本书的主题，并指出这些模糊的边界确实可以引导年轻女性通过关注身体形象来表达她们的依恋需求。

第三部分的最后两章论述了媒体娱乐和体育娱乐的具体类型。在第十七章，斯科特·琼斯（Scott Jones）、科琳·碧（Colleen Bee）、瑞克·伯顿（Rick Burton）和林恩·卡尔（Lynn Kahle）讨论了使体育娱乐在营销传播方面成为独特媒介的因素。他们着眼于球迷与球队之间的关系，以及这些关系可能带来的后果，包括顺从、认同和内化。然后，他们讨论了这些关系的战略含义，这些可能是营销人员感兴趣的。

在第十八章，史蒂夫·麦克丹尼尔（Steve McDaniel）通过考察刺激寻求与电视体育消费之间的关系，归纳出了个体关注焦点的差异。麦克丹尼尔大体上回顾了有关刺激寻求和电视观看之间关系的研究，然后继续专注于电视体育的最新研究。他详述了自己的一些研究成果，结果表明刺激寻求确实和观看暴力好斗的体育运动存在相关关系，并且这种关系与性别无关。

娱乐媒体是特殊的

如前所述，本书至少不准备回答本章标题中提出的第二部分问题，即为什么需要采用心理学方法来研究娱乐媒体。然而，这本书确实回答了第一部分的问题，即娱乐媒体有什么特别之处。这本书中的所有章节都对我们了解娱乐媒体的本质提供了一个视角，以及这种视角是如何与公开的劝说尝试（比如促销）结合起来的。在事实的某种程度上，关于娱乐媒体是如何被处理的，其结论是媒体消费者确实倾向于以不同的方式处理娱乐（叙述）和促销（修辞）信息。如果没有别的影响因素，这就是使娱乐媒体变得如此特殊的原因。这至少是部分章节讨论的前提，也是它如此强大的潜在原因。因此，营销人员不但不置身事外，而且对这种特殊的信息处理活动表现出浓厚的兴趣，出现这种现象就显得很正常了。

或许这样处理是有好处的。娱乐和促销之间的边界逐渐变得模糊，这种情况是否一定是好的或者一定是不好的，我们不准备表达自己的立场。但是，为了使序言中提到的信息能够自由流通，我们希望有更多的消费者能够了解到本书的内容，然后让他们自己决定是否愿意被劝服。

参考文献

Brock, T. C., Strange, J. J., & Green, M. C. (2002). Power beyond reckoning: An introduction to narrative impact. In M. C. Green, J. J. Strange, & T. C. Brock (Eds.), *Narrative impact: Social and cognitive foundations* (pp. 1–15). Mahwah, NJ: Lawrence Erlbaum Associates.

Erdelyi, M. H. (1985). Psychoanalysis: Freud's cognitive psychology. New York: W. H. Freeman.

Erdelyi, M. H. (1996). *The recovery of unconscious memories: Hypermnesia and reminiscence*. Chicago: University of Chicago Press.

Gerbner, G., & Gross, L. (1976). Living with television: The violence profile. *Journal of Communication*, 26, 182–190.

Graf, P., & Schacter, D. L. (1985). Implicit and explicit memory for new associations in normal and amnesic subjects. *Journal of Experimental Psychology: Learning, Memory, and Cognition*, 11, 501–518.

Green, M. C., Strange, J. J., & Brock, T. C. (Eds.). (2002). *Narrative impact: Social and cognitive foundations*. Mahwah, NJ: Lawrence Erlbaum Associates.

Johnson, M. K. (2002). Foreword. In M. C. Green, J. J. Strange, & T. C. Brock (Eds.), *Narrative impact: Social and cognitive foundations* (pp. ix–xii). Mahwah, NJ: Lawrence Erlbaum Associates.

Lowrey, T. M., Englis, B. G., Shavitt, S., & Solomon, M. R. (2001). Response latency verification of consumption constellations: Implications for advertising strategy. *Journal of Advertising*, 30(1), 29–39.

Turow, J. (1997). *Breaking up America: Advertisers and the new world media*. Chicago: University of Chicago Press.

van den Broek, P., Risden, K., Fletcher, C., & Thurlow, R. (1996). A "landscape" view of reading: Fluctuating patterns of activation and the construction of a stable memory representation. In B. K. Brittion & A. C. Graesser (Eds.), *Models of understanding text* (pp. 165–187). Mahwah, NJ: Lawrence Erlbaum Associates.

Wyer, R. S. (2003). *Social comprehension and judgment: The role of situation models, narratives, and implicit theories*. Mahwah, NJ: Lawrence Erlbaum Associates.

Wyer, R. S., Jr., & Radvansky, G. A. (1999). The comprehension and validation of information. *Psychological Review*, 106, 89–118.

Zillmann, D., & Vorderer, P. (Eds.). (2000). *Media entertainment: The psychology of its appeal*. Mahwah, NJ: Lawrence Erlbaum Associates.

第一部分

节目中的植入式促销：
潜意识嵌入与植入式广告

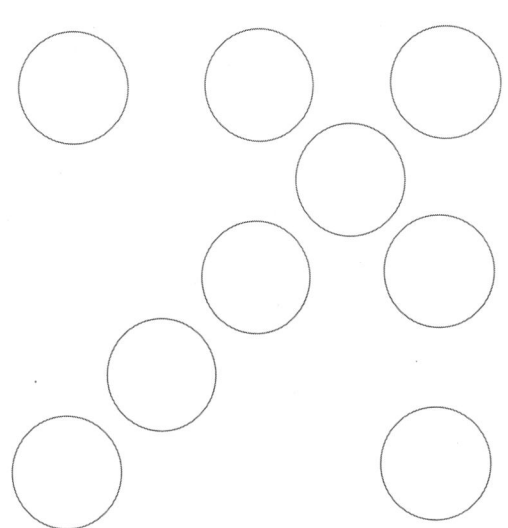

第二章　超越小装置式潜意识

马修·雨果·埃尔德伊（Matthew Hugh Erdelyi）
戴安娜·M. 齐扎克（Diane M. Zizak）
纽约城市大学布鲁克林学院和研究生院（Brooklyn College and the Graduate School, CUNY）

在大部分时间里，实验室心理学已经使用小装置（如视速仪）等物理设备将刺激降到阈限水平，并以此来探测阈下知觉。但实验结果一直都难以服众，而且还经常引起争议。本章提出，真正的心理学行为是在减弱刺激的心理技巧中出现的，其中包括艾宾浩斯式潜意识（遗忘减弱了刺激）、巴普洛夫式潜意识（信息是由联想引起的）以及弗洛伊德式潜意识（通过审查、错位、凝聚、象征等梦境分析技术将潜意识内容转化为缓和的显性内容）。即便小装置是被用于产生潜意识效应的，但未知的心理潜意识也可能对此种效应起到一定的作用。在本章中，我们首先回顾实验心理学中潜意识加工的现状，从实验研究中检验一些例子，然后以此来定义和说明现实世界中（例如，在笑话、艺术、广告中）普遍存在的一些用来弱化刺激或潜意识化刺激的心理学技巧。

小装置式潜意识

如果你阅读任何一篇主流的关于阈下知觉的实验性文章，在文章的实验方法部分一定会看到关于一个小装置的详细介绍，这个装置主要用于呈现潜意识刺激的物理设备和技术。视速仪就是这种装置，这个装置的使用可以与曝光持续时间（例如，10毫秒，1毫秒）一起描述。如果这个研究采用了掩蔽刺激的话，那么这篇文章就会对掩蔽的类型（图案掩蔽、能量掩蔽、偏对比现象）和配合使用的刺激呈现间隔时间（SOA、刺激发生的异步性）进行更加详尽的说明。人们也可能了解所涉及的亮度、视角、被试距离、显示器的距离等。

这种利用物理设备降低刺激输入的传统可以追溯到一个世纪前。例如，第一代现代潜意识的研究者之一奥托·波次（Pötzl, 1917），他使用一个照相机快门来获得0.01秒（10毫秒）的刺激照射，成功地再现了从视觉皮层持续受损的神经病患者中观察到的某些特殊效果。例如，其随后在边缘知觉的中央刺激中，检测到刺激（变形后的）的出现和恢复，甚至出现在了当晚的梦境中。在20世纪50年代，双通道和三通道的视速仪成为固定模式，尽管一些家纺装置也偶尔被使用，例如，复写纸——多次复印同一文本后，足够模糊的副本就可以被判断为低于意识的刺激，即阈下刺激。

当然，今天我们有电脑，特别是像素、刷新周期、光源的起伏特性、SOA的应用等。这一切都以高度科学的方式发挥作用，小装置有着科学的光环。但是，这些小装置是否是必要的，抑或相关的？在这篇文章中，我们提出这样一个观点，即一开始就被视作有用的实验辅助工具的小装置，在潜意识加工研究中占据了主导地位，具有扭曲甚至损害所涉及的潜意识的强大影响。弗洛伊德、珍妮特（Janet）、荣格（Jung）甚至冯·赫尔姆霍兹（von Helmholtz）等人（在无意识推论方面富有名望的学者）将无意识心理状态引入心理学的经典现象。他们认为，无意识心理从来都不是刺激闪现（stimulus flashes）或是其他物理刺激，而是意识无法触及的心理加工，或者通过心理技巧使人进行无意识加工。我们试图在本章中定义和强调这些减弱意识的心理技巧——我们称之为与小装置式潜意识对立的心理学潜意识。

波次-费舍尔效应（Pötzl-Fisher Effects）

然而，在我们讨论小装置式潜意识这个话题之前，让我们来检验一个用小装置（在这个情况下，是一个视速仪）产生心理效应的实验。这是一个令人惊奇的例子，由具有实验室思维的精神分析学家查尔斯·费舍尔（Charles Fisher）进行。费舍尔将波次的早期著作翻译为英文，并试图复制波次的发现，然后将这些发现从梦中延伸到其他软指标，如白日梦、幻想、自由联想和涂鸦（Fisher, 1954, 1956, 1988）。

在1956年的一项研究中，费舍尔进行了图2.1所示（鹦鹉栖息在两只暹罗猫之间）的闪现刺激实验（10毫秒）。尽管没有任何一个被试报告称看到一只鸟，但是有许多证据表明，这只鸟在被试处于完全意识的状态下已被表征。例如，有一个被试报告称，她看见了"两只白色和黑色的动物，类似于狗或者猪"（Fisher, 1956, p.22）。然后，该被试画了一幅画（见图2.2），尽管被试在口头报告中没有提到鸟，但这幅图似乎反映了这只鸟对被试的影响。该被试将图画和主试提供的刺激进行词汇连接测试时，对刺激词DOG（狗）产生了HOUSE（房子）的联想，同时描绘了一只站在房子前的看门狗。她尝试渲染这个相关的图像（见图2.3）。这一次，被试自己也注意到了这只鸟，并且对这只鸟的出现表示困惑："她想知道到底哪里出错了，她很清楚地知道如何画一只狗，并且在已经画了很多次的情况下，不明白为什么还会继续画一只鸟（Fisher, 1956, pp.25-26）。"如果广告商能够在不知晓其原因的情况下获得这种强迫行为，那确实是一个相当大的成就。

图2.1　费舍尔1956年的刺激实验：两只暹罗猫和一只鹦鹉①

图2.2　被试画的"两只白色和黑色的动物，类似于狗或者猪"②

另外一个被试也报告称，在刺激信息中没有看到一只鸟。他用FEATHER（羽毛）这个单词来回应刺激词PILLOW（鸽子），并产生了图2.4中上图的图像。在图中可以看到一只鸟（或者可能是两只鸟），还有一只猫嘴的轮廓（在顶部那只鸟头的右侧）。同样的被试，当呈现刺激词SICK（疾病）时，对应的联想词是PATIENT（病人），并画了一个生病在床的孩子的图画（见图2.4，中间图）。鸟儿的形状出现在覆盖孩子的毯子的褶皱中。这个被试被重新展示原来的刺激，这次是0.1秒（100毫秒），但是该被试仍然报告说没有在刺激中看到一只鸟。然而，被试画了一只在舔一些溢出的牛奶的猫（见图2.4，底图），再次显示了鸟的"强迫出现"（Fisher, 1956, p.22）。即使经历了整整1秒的曝光，这个被试依然说没有看到这只鸟。

---

① 图源于"梦、图像和知觉：一项关于潜意识和前意识的关系研究"，C.费舍尔，1956，《美国心理分析协会杂志》，第四卷，第24页。经利奥·戈德堡（Leo Goldberger）授予版权使用许可，允许再次印刷使用。利奥·戈德堡，博士，《心理分析与当代思想》杂志首席编辑。

② 图源于"梦、图像和知觉：一项关于潜意识和前意识的关系研究"，C.费舍尔，1956，《美国心理分析协会杂志》，第四卷，第24页。经利奥·戈德堡授予版权使用许可，允许再次印刷使用。利奥·戈德堡，博士，《心理分析与当代思想》杂志首席编辑。

图2.3 站在房子前的看门狗①

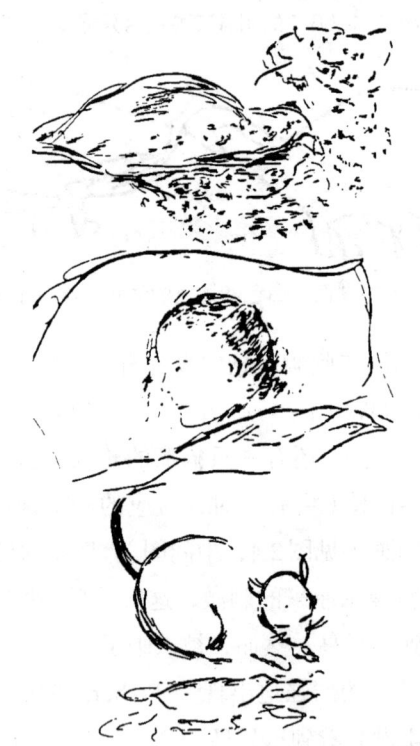

图2.4 上图：枕头右边有羽毛；中间图：病人在床上；底图：猫在舔溢出的牛奶②

---

① 图源于"梦、图像和知觉：一项关于潜意识和前意识的关系研究"，C.费舍尔，1956，《美国心理分析协会杂志》，第四卷，第24页。经利奥·戈德堡（Leo Goldberger）授予版权使用许可，允许再次印刷使用。利奥·戈德堡，博士，《心理分析与当代思想》杂志首席编辑。

② 图源于"梦、图像和知觉：一项关于潜意识和前意识的关系研究"，C.费舍尔，1956，《美国心理分析协会杂志》，第四卷，第24页。经利奥·戈德堡授予版权使用许可，允许再次印刷使用。利奥·戈德堡，博士，《心理分析与当代思想》杂志首席编辑。

实验心理学中潜意识效应的现状

费舍尔的证明显然未能获得广泛认同，大约30年前，实验心理学家对这些数据提出大量有关方法论的批评。那时候，专家们一致反对潜意识效应的存在。然而，近年来，在主流观点中发生了真正翻天覆地的变化，这些类型的效应以各种各样的名义在实验室中被接受和产生（Bargh & Chartrand, 1999; Bornstein & Pittman, 1992; Erdelyi, 1970, 1996）。时代思潮已经发生了从极端怀疑到日常接受的改变，但是这种变化在科学文献中还没有被完全统一。这种现象可以在《心理学和市场营销》中一个专门针对潜意识广告的专题中看到，其中，投稿专家一致地质疑（小装置）潜意识广告的有效性，同时强调实验室潜意识感知效应存在的现实性（Moore, 1988）。

近来，有关潜意识加工的实验心理学研究焦点已经从方法论转向概念论。包括波次-费舍尔效应在内的一系列潜意识效应可以通过严格的方法稳定地产生。但在这些情况下，我们所谓的"潜意识"是什么意思？例如，如果被试未报告刺激（例如，鸟），这是否意味着被试不知道刺激？意识是一个非此即彼的状态吗？换句话说，是否存在一个真正的阈值或阈限，使得低于这个阈限的刺激强度不能产生意识，但是在这个阈限和高于这个阈限的刺激就会产生意识？现在几乎所有的当代实验心理学家都支持这样一种观点，即除了统计抽象，没有真正的阈限。随着刺激的逐渐加剧，潜意识被感知的可能性逐渐增加（以一种尖锐的方式）。这里没有阶跃函数（step-function）能够将感知切割成两个不同的状态，即可检测状态和不可检测状态。因此，如果我们追求经典的阈值或阈限概念，就必须采用统计学概念，例如，阈值/阈限是检测概率达到50%的刺激值。通过这个不可避免的统计学概念，阈下知觉被定义为真实存在的，因为在达到这个刺激值或以下的刺激中，有50%的概率能检测到潜意识。那么，实际上，我们就会留下一个或多或少的意识概念：将阈限定义为相对被模糊了的意识区域。

现代心理物理学家基本上都选择了快刀斩乱麻，彻底放弃了阈限的概念（如果没有这个阈限，潜意识会发生什么），并且已经转向了信号检测理论（signal detection theory）的变体（Macmillan & Creelman, 1991; Swets, 1964; Swets, Tanner & Birdsall, 1961），其中通过接收者操作特征（Receiver Operating Characteristic, ROC）曲线来评估被试的感知灵敏度，该曲线绘制了命中率（当刺激出现时，被试说"是"的概率）作为虚报率的函数（当没有任何东西或非刺激干扰物被呈现时，被试说"是"的概率）。一个度量d'，或一些同系物，用于测量灵敏度，$d' = 0$定义为对刺激完全敏感。低灵敏度值（例如，$d' = 1$）可以任意定义阈限（Holender, 1986; Macmillan, 1986），这个实验再次强调阈下知觉的真实性，因为任何$d' > 0$表示大于"完全没有"灵敏度。尽管在阈下知觉的研究中，费舍尔的研究方法比信号检测理论的应用更为广泛。但可以肯定的是，费舍尔通过装置诱发的潜意识（未报告"鸟类"的被试）并没有反映出对未报告的刺激项目的零敏感性（$d' = 0$），而只有低水平的灵敏度（Erdelyi, 1970, 1996）。

心理学潜意识

要注意的是，有关阈限的观点已经从小装置转变为知觉。我们现在来关注被试的表现——50%的检测率，$d' = 1$——而不是用于校准阈限的物理设备的细节。潜意识的定义不是基于小装置的设置，而是通过被试如何表现来定义的。也就是说，潜意识应通过反应定义（response-defined），而不是通过小装置定义（gizmo-defined）。因为有许多降低反应效果的心理方式，所以我们应该清楚，我们并不拘泥于弱化的小装置技术手段。事实上，出于后面要提到的原因，小装置并不总是明智的选择，实际上还会破坏一些最重要的潜意识现象。

尽管存在许多弱化刺激反应的心理技术，但我们并不会对其进行过多的描述。我们不会穷举所有用于有意识地操作意识水平的技术，而是专注于呈现三种已知的技术，或者一类技术。

艾宾浩斯式潜意识

尽管这个概念是新的，但艾宾浩斯式潜意识可以追溯到实验心理学的起源。艾宾浩斯以他自己为被试做实验（Ebbinghaus, 1885）。结果发现，随着时间的推移，如果某些材料被被试忽略，那么这些材料就会被迅速遗忘。艾宾浩斯的数据图（见图2.5）成了广为人知的艾宾浩斯遗忘曲线（Ebbinghaus curve of forgetting）。正如我们所陈述的那样，因为没有判断潜意识的规范标准，由遗忘导致的足够模糊的范围就会变成潜意识。因此，遗忘让我们拥有潜意识。

但是，为什么说被遗忘的材料是潜意识的呢？也许被遗忘的材料并没有进入潜意识，而是消失了。正如艾宾浩斯（Ebbinghaus, 1885）的研究结果通常所暗示的那样，"记忆随时间流逝而消退"。一个直截了当的答案是：至少有一部分被遗忘的材料可能不是消失了，而是转到"意识阈值"之下，正如约翰·赫尔巴特（Herbart，1824–1825）在几十年前先于艾宾浩斯（Boring, 1950; Sand, 1988）提出的一样。图2.6显示了埃尔德伊和凯伦巴德（Erdelyi & Kleinbard, 1978）在实验文献中介绍的另一种记忆功能。如果被试不像艾宾浩斯的实验那样去回避记忆，而是积极主动地去思考，并且试图提取更多的材料，那么意识的可及性就会逐渐增加（记忆力增强），而不是逐渐减少（记忆力衰退）。

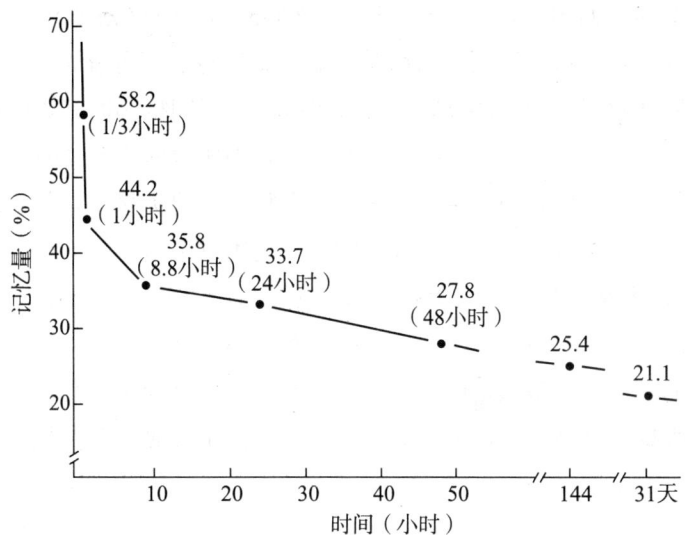

图 2.5　艾宾浩斯遗忘曲线[①]

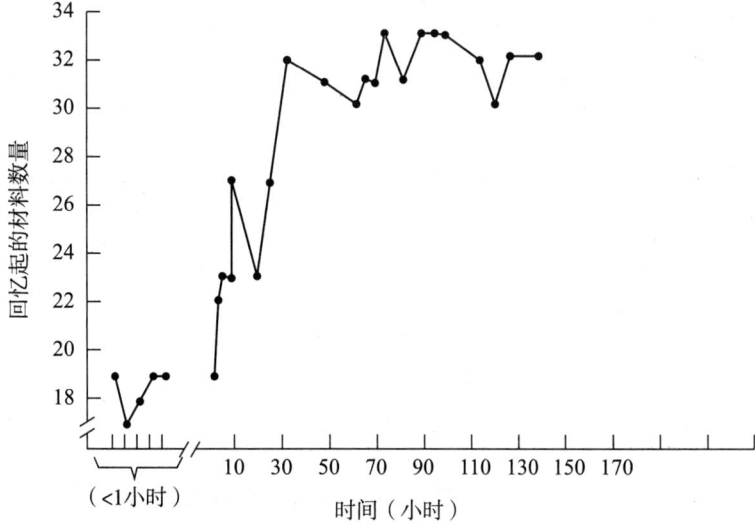

图 2.6　埃尔德伊与凯伦巴德（Erdelyi & Kleinbard, 1978）提出的记忆功能：回忆起的材料数量随着时间增加而增多（记忆力增强）[②]

除了对材料的处理方式不同（忽略或思考刺激材料），艾宾浩斯（Ebbinghaus, 1885）与埃尔德伊和凯伦巴德（Erdelyi & Kleinbard, 1978）的研究之间的一个重要区别在于使用的刺激类型是不同的。艾宾浩斯研究中的刺激是无意义音节，埃尔德伊和凯伦巴德研

---

① 图源于《无意识记忆的恢复：记忆增强与回忆》（第2页），M.H.埃尔德伊，1996，芝加哥：芝加哥大学出版社，版权属于芝加哥大学出版社（1996），获授权再版。

② 图源于《艾宾浩斯是否已经过时？数天以来回忆的增加（记忆力增强）》，作者：埃尔德伊与凯伦巴德，1978，《实验心理学杂志》《人类的学习与记忆》，第4期，第278页。版权属于美国心理协会（1978），获授权再版。

究中的材料则是图片。如图2.7所示（Erdelyi & Kleinbard, 1978），刺激变成了一个关键因素：当对一系列图片进行重复测试回忆时，记忆随时间推移而增加，即记忆增强；然而，当对单词做同样次数的回忆测试时，记忆没有随着时间推移而有效地递增。在文献回顾中，大卫·佩恩（Payne, 1987）的研究发现，几乎所有使用图片的多元回忆研究都产生了记忆增强的效果，但是使用单词列表作为实验材料的实验，只有不到50%的实验得到了相同的结果。不幸的是，实验心理学倾向于使用过于简单的刺激（如无意义的音节和单词列表）。因而无法发现具有上行趋势的记忆，巴拉德（Ballard）已经在1913年对此留下实验记录（Erdelyi, 1996）。事实证明，刺激不一定是图片。诗歌、吸引人的故事、苏格拉底式的刺激（在被试自己解答难题时产生）也可以成为实验刺激。因此，通过努力提取或忽视提取刺激，意识记忆的可及性可以被显著地提高或者降低。

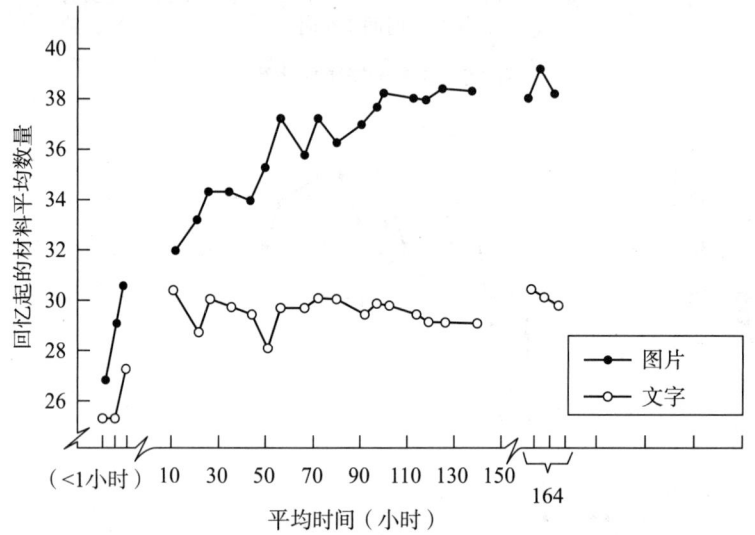

图2.7　埃尔德伊与凯伦巴德（Erdelyi & Kleinbard, 1978）提出的对图片和文字的记忆功能[①]

值得注意的是，传统的小装置式潜意识（例如由视速仪产生的潜意识）与这些记忆效应交织在一起。因为感知测试必然在刺激后的一段时间内进行（即使只有一秒钟的几分之一），所以遗忘和记忆的增强会改变小装置的效果。严格地说，我们永远不能测量阈下知觉，因为当我们测量它时，我们已经在测量记忆。这个难题之前已经被提及（Holender, 1986; James, 1890/1950），但可能因其带来不便，这个难题在主流文献中已不被提及。

[①] 源于《艾宾浩斯是否已经过时？数天以来回忆的增加（记忆力增强）》，作者：埃尔德伊与凯伦巴德，1978，《实验心理学杂志》《人类的学习与记忆》，第4期，第282页。版权属于美国心理协会（1978），获授权再版。

巴普洛夫式潜意识

我们现在简要地考虑一下意义的联想诱导（associative induction of meanings），这是一种在广告世界（和动物实验室）中无处不在的技术。但迄今为止，它还没有被概念化为心理学中的潜意识技术。这种条件反应型的系统性实验室研究方法要归功于伊万·彼得罗维奇·巴普洛夫（Pavlov, 1927）。在心理学中广为人知的巴普洛夫式（Pavlovian）经典条件反射包含条件刺激（Conditioned Stimulus，CS）与无条件刺激（Unconditioned Stimulus，US）的关联，无条件刺激是指实验步骤的开始可以稳定地激发任何特定反应的刺激；相应的特定反应就是无条件反应（UR）。因此，无条件刺激可以是放在饥饿的狗的舌头上的肉粉，而无条件反应则是随之而来的唾液。条件刺激是一种初始的中性刺激，也就是说，它不会产生像无条件反应这样的东西。因此，条件刺激可能是一种音调或铃声，但不会是奶酪（因为在出现任何条件之前，奶酪很可能会导致唾液的产生）。

无条件刺激 肉 ⟶ 无条件反应 口水
条件刺激 铃声 ⟶ ——

在经过条件刺激与无条件刺激多次配对之后，经典条件反射可能发生。也就是说，最初的中性条件刺激（通常）可以引起类似于无条件反应的反应。这种对条件刺激的学习反应被命名为条件反应（CR）。因此，在开始时条件刺激是中性的，在条件作用下，它产生了条件反应：

现在，这种实验在广告界是一项标准的技术。尽管肉和铃声不是常用的刺激物，取而代之的是，一些令人兴奋的刺激（例如性感模特）被用作无条件刺激（会导致被试产生分泌唾液等反应）并与产品（例如汽车）配对：

无条件刺激 迷人/强壮 ⟶ 无条件反应 口水
条件刺激 汽车 ⟶ ——

经过多次配对后，被试可能会对最初的中性产品产生内在反应，例如：

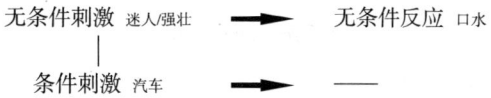

经典条件反射的传统观点是机械的，条件刺激以某种方式取代了无条件刺激。现代方法采用了更多的认知方法，并提出（基于大量研究）条件刺激对于被试（狗、大鼠或人）而言是预告无条件刺激的信息（Rescorla, 1988）。因此，在条件作用发生之后，最初的中性条件刺激成为无条件刺激的预告者。我们可以说条件刺激暗示无条件刺激（条

件刺激≥无条件刺激），然后导致适当的准备行为出现，即条件反应。

人类被试有时可能会意识到巴普洛夫式广告中隐含的信息（这款车意味着性感的美女/帅哥以及令人兴奋的可能性），但大多数时候，隐藏的交流存在于背景中。确实，如果关联的信息太明确——"拥有这辆汽车，诱人的事情将会发生"——这个被试者可能会批判性地拒绝这个信息。正如我们后面提到的那样，过多的意识会触发对信息的批判性或防御性评价，并可能导致被试拒绝这则信息。只要隐含的信息在背景中是隐含的，条件作用就不会导致人们对信息的有意识批评，那么被试很可能会以广告客户希望的方式（购买这款车没有非常明确的原因，只是因为车子很性感等）结束反应。

产品植入（又名"嵌入式广告"）技术可以被认为是巴普洛夫式潜意识的一个更隐蔽的版本。当产品出现在明显的广告中时，被试更可能意识到隐含的信息并拒绝它（"你把我当成什么""你以为我这么笨吗"）。然而，如果产品在叙事或电影的无缝语境中，与强大的非条件刺激相关联，那么经典条件反射更可能发生，同时被试不会意识到这是诡计，并且也不太可能拒绝该信息。

值得注意的是，艾宾浩斯式潜意识会进一步降低对联想交流的意识。如果在非条件刺激与条件刺激放在同一情景后立即进行询问，被试可能会报告他们意识到的意外事件。过了一段时间，广告商可能会希望这种微弱的明确意识能消失，就像被鸟迷惑的渔夫一样，留下一种无法解释但强有力的回应倾向（我知道"消费者报告"批评了这辆车，但我真的很喜欢它，它很性感，它让我感觉很好。我不知道为什么，但我想要它。我必须拥有它）。因此，诱发潜意识的不同技术之间存在重叠和相互作用。

弗洛伊德式潜意识

我们将讨论的基调从小装置式潜意识感知转向为感知本身，并以此开始讨论潜意识的加工过程。我们现在进一步将我们的重点，从单纯的感知到可见，再到不可见。我们关心的是意义的接收（例如，"你明白我的意思了吗"），而不是原始的感知（例如，"你看到光点了吗"）。这种类型的区分也许是精神分析最基本的特征，并被弗洛伊德呈现为外显内容（表层语义结构、文本）和潜在内容（深层的、通常是无意识的语义结构；潜文本）之间的差异。当然，诗人和艺术家一般都知道这种区别。弗洛伊德的贡献是将明显的心理深度强加于心理学派上。这些心理学派既包括那些早期不成熟的心理学派，也包括后来顽固不化的心理学派，如，行为主义。

释梦是一种技术，使得我们可以基于表层的、外显的内容获得其深层、潜在的内容。洞察力（insight）是一个人观察事物的能力。解析是一个困难的问题（Erdelyi, 1985, 1999, 2001），并且我们所获得的信息通常是不完整的、凌乱的、受到限制的甚至更糟。将潜在内容解释（或错误解释）为外显内容，这个反向的过程是弗洛伊德在梦境心理学中称为梦境分析的内容。对我们而言，我们感兴趣的不是梦本身或者释梦，而是所涉及的技术。对笑话来说，弗洛伊德（Freud, 1905/1960）将同样的过程称为笑话分析（joke-work）。在广告中，我们可以将它们称为广告分析（ad-work or advertising-work，Williamson, 1987，P.15）。

梦境工作及其同源笑话分析、广告分析等，基本上是用于产生包含外显内容的隐含交流的一套技术。这些用于掩饰或潜意识化交流的心理技巧被广告商、诗人、精神病患者甚至我们所有人广泛使用（尽管通常都是无意识的）。这些梦境分析技术（dream-work techniques），我们通常称为弗洛伊德式（Freudian）潜意识的技术，被弗洛伊德深入讨论（Freud, 1900/1953, 1905/1960, 1917/1961）（见表2.1）。

表2.1　梦境工作技术（弗洛伊德式潜意识技术）

Ⅰ. 审查 　（a）省略 　（b）暗示、修改、影射 　（c）重点改变
Ⅱ. 凝聚
Ⅲ.（原始的）意象
Ⅳ. 润饰词表征或戏剧化

第一种梦境分析技术是审查（censorship），以各种方式清除或弱化潜在内容中令人讨厌的部分。其中最令人感兴趣的是省略（omission），它彻底排除了来自外显内容中属于潜在内容（latent content）的某些特征。然而，审查通常会采取微妙的形式，在语义上弱化潜在内容的部分，而不是完全将它们删除。弗洛伊德将这些较为柔和的审查称为暗示（hints）、修改（modifications）、影射（allusions）等。弗洛伊德式潜意识技术被广泛应用于日常生活中，从笑话、艺术、精神病学思维到广告。

让我们来看几个例子。图2.8再现了格林威治村咖啡馆浴室墙上的涂鸦。表面的（外显的）内容没有多大意义。对于那些不熟知背景知识的人来说，这些潜在内容在线条之间通过暗示和影射表达出荒谬的命题。当然，这种潜在内容既愚蠢又下流。弗洛伊德（Freud, 1905）清楚地认识到人们需要笑话分析产生的喜剧效果。如果没有潜在内容的缓冲，这种交流会让人感到愚蠢幼稚，甚

图2.8　格林威治村咖啡馆浴室墙上的涂鸦[①]

[①] 源于《精神分析：弗洛伊德的认知心理学》（第171页），作者 M. H. 埃尔德伊，1985，纽约：W.H. 弗里曼（W.H. Freeman）。版权归 M. H. 埃尔德伊所有。获授权再版。

图2.9 "只有帕特（Pat）拥有大，美丽……"①

至是无礼。心理潜意识会使不被接受的潜在内容减少，让（我们中的大部分）成年人可以真正接受它。

图2.9再现了一张很久以前的广告，由一位曾从事空乘职业的学生带来（她与她的许多同事都对此广告抱怨不已）。"只有帕特（Pat）拥有大，美丽……"广告的表现内容没有任何明显的错误。然而，一系列暗示和影射——从象征生殖能力的飞机机头到"我的时间就是你的时间"再到"夜晚的美好事物"，最后到"我是帕特。我要使你飞起来，就像从未飞过那样"——表露出一个潜在内容："如果像你这样的人与我们一起飞翔，你就会拥有人生中的性快感。"太公开太明显地表述此类内容会使人厌恶（并且也可能是非法的）。因此，通过暗示和影射，广告（如果我们正确解释它的话）正试图通过心理弱化来摆脱令人无法接受的潜在信息，以产生充分模糊的（潜意识）表达。重点置换是巧妙审查的另一个版本，其通过模糊重点或将重点放在错误的地方（例如，将美国外科医生的警告置于香烟盒偏离中心的位置，并对其精美印刷），以此弱化令人不安的信息。

弗洛伊德式潜意识的第二种技巧是凝聚（condensation），指将两个或多个独立想法或图像融合，如半人马（人马）或狮身人面像（女人与狮蛇）的神话人物。②

弗洛伊德式潜意识的第三个关键部分是意象（symbolization），其中潜在内容并非直接表达，而是通过替代品或符号来传递信息。即使观察者清楚地了解（如委婉语的情况下）这个替代品，也可避免不必要的负面反应。弗洛伊德的意象是众所周知的，值得注意的是它们不需要费力记忆。因为意象是原始的：意象是类比的，通过外观或功能的相似性（例如，象鼻、飞机机头、飞行等）表达想法，找出其所代表的对象并不困难。润饰或戏剧化是一个相关概念。弗洛伊德认为，梦往往不是以抽象的、口头的形式表达，而是通过具体的图像或积极的形式（行为戏剧化）进行表达。

这些弗洛伊德式的技术通常串联在一起，一般情况下难分难舍。因此，我们还不清楚应该将马哥科隆（Macho Cologne）广告（见图2.10）定义为象征性陈述（symbolic statement）还是润饰表述（plastic-word representation）。类似地，黄油广告（见图2.11）

---

① 来自《纽约邮报》，1978年1月20日，第7页。
② 因文中有敏感内容，译者做了部分删除处理。

结合了所有弗洛伊德式的技术，传达一些对许多观看者来说具有冒犯性的信息（如果它是外显的）。著名的人物形象乔·卡蒙（Joe Camel）也是如此。原始意象（primitive symbolism）、整合（condensation）、暗示和影射表明了潜在信息。

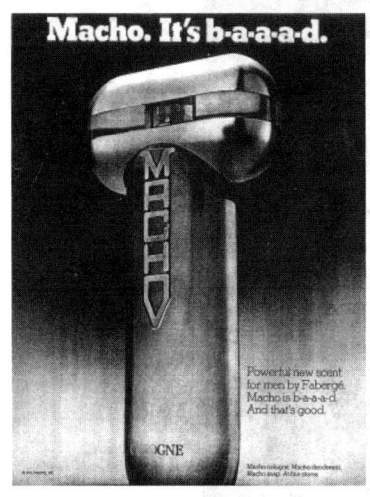

图2.10　马哥科隆广告

图2.11　黄油广告

出于自保式考虑，这些广告中的潜在内容被弱化。对潜在内容进行明确且阈上的表述，会导致大多数观看者对广告产生强烈的消极反应，并伴随对产品的拒绝。绝对伏特加（Absolut Vodka）最近的一则广告（见图2.12），巧妙地避开了公共广告中许多不被接受的因素。明确的描述会引起大多数观看者的愤怒和拒绝。通过用弗洛伊德式的技术使潜在的内容潜意识化，广告就可以表达禁止性内容了。

弗洛伊德把这些弗洛伊德式的潜意识技术放在了心理学图谱上，当然，这并不是新技术。在四个世纪之前，希罗尼姆斯·博施（Hieronymous Bosch）在他著名的三联画《欢乐花园》（*The Garden of Delights*）中，便利用所有的潜意识技术传达变态行为，简单来说，就是那些下地狱的禁忌想法。其表达并不太明显，因此不会显得无礼。图2.13与绝对伏特加广告有一些相似之处[①]。在左上角的两只耳朵和一把刀是外显内容。右边的一小部分是一个奇怪的风笛乐器。所有的学生都未能自发感知这些潜在内容——尽管这幅画令许多人

图2.12　绝对伏特加的广告

---

① 因文中有敏感内容，译者做了部分删除处理。

感动和茫然不安——但是当这些潜在内容被指出时，这些隐藏的信息很容易被识别出来。

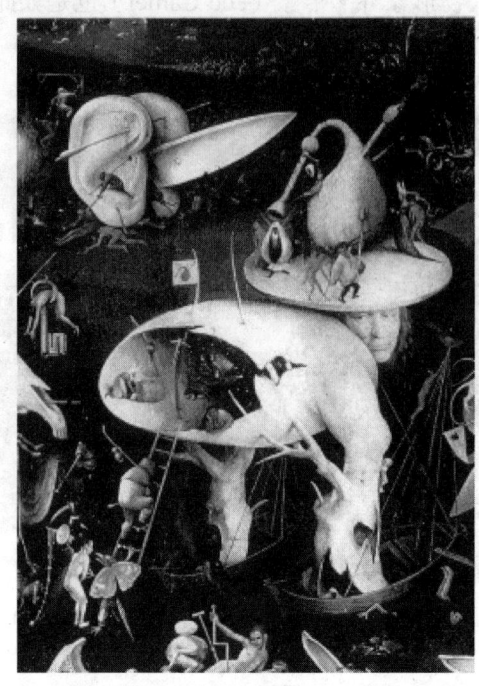

图2.13　希罗尼姆斯·博施（约公元1500年）三联画《欢乐花园》的细节①

影响和结论

小装置的优点与缺点。该领域引进了利用小装置将刺激降低至潜意识水平的简易方法。正如我们所见，波次成功地利用他的小装置（一种原始视速仪）模仿了另一个"小装置"（一个受损大脑）的效果。使用一个可用于日常生活中且相对便宜的物理装置来产生潜意识效应（例如，梦中输入的出现和恢复），显然是非常方便的。另外，这种装置在简短的实验阶段中操纵系统性输入，以评估不同水平的刺激掩蔽效果，也是非常有利的。

显然，利用小装置产生潜意识，有其优点，也有其缺点。一方面，小装置具有科学性特点。同时，研究者很容易混淆其研究重点，将研究重点从实质问题转变为仪器工具。正如我们所看到的，我们只能采用统计概念来定义意识的范围，这个界线相对比较模糊，也可能不存在具体的阈限值，而且这个阈限值也无法与小装置的具体参数进行锚定，比如持续时间、SOA、亮度等；但是阈限值锚定在被试的表现中（例如，50%命中率；$d' = 1.0$）。

---

① 版权属于埃里希·莱西（Erich Lessing）/艺术资源。纽约普拉多博物馆（NYMuseo del Prado），马德里，西班牙。获授权再版。

另一方面，小装置也有其固有局限性。通常能够被类似视速仪这种仪器快速闪现的材料都比较简单，比如一幅图片或一个词；然而，在日常生活中（包括一些广告），我们遇到的高度复杂的材料便不适用于这种心理模糊化技术。在实验论文中存在一种趋势，那就是借助小装置产生的东西来测量潜意识效应。因此，格林沃尔德和他的同事（Draine & Greenwald, 1998; Greenwald, Klinger, & Schuh, 1995）在追求具有统计技术的小装置的想象力结合时，隐含地假设这样证明的阈下效应与通常认为的阈下效应是一致的，他们得出了一个被广泛引用的结论，即无意识是"愚蠢的"或简单的（Abrams & Greenwald, 2000; Greenwald, 1992）。

从一个弱化的闪现刺激发送的信息量确实是有限的，我们不会期望能够在10毫秒的闪现中传输《大英百科全书》的内容，但是这个限制几乎不受潜意识过程的范围（和能力）的影响（Erdelyi, 1992, 1999）。因此，也许由于小装置的表述，我们倾向于将潜意识效应定位在一个人为设计的实验范例中，其有助于将简单且认知上有缺陷的刺激闪现进行潜意识化处理。正是在这里，心理学潜意识将重点重新转移到具有重要影响的位置——心理系统内部，其中包括记忆储存和程序，其范围和力量远远超过任何微不足道的百科全书。

小装置与心理潜意识的关联。在不使用小装置的情况下引出潜意识是有可能做到的，但是没有心理潜意识就不可能有小装置潜意识。当波次（Pötzl, 1917）或费舍尔（Fisher, 1954, 1956, 1988）进行闪现刺激，并随后对类似幻想、词汇联想和梦境这样的软认知进行评估时，他们不仅要注意视速仪的影响，而且还要注意其背后的心理过程影响，比如遗忘。视速仪的主要功能是在输入过程中加速心理弱化，这可能是造成上述情况的原因。有两个实验采用儿童作被试来研究这个问题（Erdelyi, 1996），在几个月的时间里让被试多次重新回忆故事，结果发现，被试可以产生"出现和恢复、置换、整合、符号表征"等效应。这些效应与波次和费舍尔在通过视速仪呈现刺激后出现的梦境与幻觉类似。视速仪弱化可能让心理过程领先一步，而不必等待几天或几周的遗忘（以及其他可能的心理过程）来弱化刺激。视速仪可以立即弱化刺激，并且可以在短暂的实验阶段产生效果。

为什么更少或更多？难道潜意识刺激会比意识刺激产生更强大的效应吗？ 一般说来，潜意识效应不会比意识效应更强大。然而，潜意识沟通有时更有效，或者它们产生的效果与清醒意识状况下产生的效果并不相同（更令人满意的）。在前面提到的各种笑话、广告和艺术例子中，我们可以看到，自保式考虑通常意味着弱化原始信息。如果沟通不被各种心理潜意识技巧所淡化，那么不良情绪反应可能会导致拒绝沟通，这通常会涉及令我们不可避免地感到矛盾的原始冲动的信息。我们往往同时被这些内容吸引和排斥。信息的潜意识化允许我们兼而有之：因此，我们可以在没有充分意识和责任的情况下接受禁忌。

这种矛盾心理符合大脑的真实情况。大脑的不同子系统代表不同的神经区域。例如，杏仁核可能会促进对下丘脑腹内侧核攻击中心的激活，而隔膜扮演着"鸽派"角色，试图让这个中心冷静下来。当然，情况比这更复杂，其他子系统也在这样的神经权力斗争中发挥作用（例如，海马体倾向于加入"鹰派"，而大脑皮层可以促进和抑制攻击）。理论上，我们可以考虑的是，不同程度的刺激清晰度会激活不同的脑区，从而产生不同的合成效应。

心理学家和神经科学家常常注意到意识的另一个重要方面：焦点意识（focal consciousness）具有常规的结构和防御性的抑制功能，其防御可能只是一个子系统（Spence & Holland, 1962）。如果焦点意识完全作用于那些粗略的广告诉求，那么被试可能会基于逻辑或现实拒绝接受这种广告。然而，如果被试的意识被弱化，那么它就无法去抑制那些更原始（以及更轻信）的认知子系统。丹·吉尔伯特（Gilbert, 1991）的实验结果表明，当某种沟通信息呈现在被试面前时，受众最初的（更原始的）反应是相信沟通。显然，认知的默认设置是信任。只有通过进一步的意识分析（这可能会揭示交流中的问题），受众才会在需要的情况下采取批判立场，并拒绝此类广告的诉求（如果这是欠缺的）。因此，这是劝服者的优势，劝服者可以弱化受众的第二层分析阶段，并且在第一阶段最大限度地发挥受众轻信的特征，这尤其适合在信息比较可疑的情况。

这种相对更原始同相对更高级的认知形式之间的区别是弗洛伊德心理学的核心。更原始的系统是初级加工思维（primary-process thinking），它充满情感和驱动力，具有原始的认知风格（其不符合现实或逻辑；容忍矛盾性及非线性时间；语言生动形象；无法做出具有区分、置换及整合性的想法和图像）。与意识相关的是更高级的认知风格，即次级加工思维（secondary-process thinking），它与初级加工思维相反：次级加工思维符合现实与逻辑，具有识别能力及约束力，其语言更加抽象（例如口头语言）。当次级加工思维被削弱了，无法抑制初级加工思维，那么更加原始的情形就会流露出来，比如梦境、精神病思维，以及或多或少的艺术、笑话和广告。艺术、诗歌和广告属于妥协的产物，它们更迎合我们原始的一面。潜意识化是通过降低意识（次级加工）功能来实现这种效果的，从而使我们的心理平衡向更原始的一面倾斜。因此，我们可以体会情感和想法，否则它们可能会被充分的意识所抑制。

关于单纯曝光效应（mere-exposure effect）的重要实验文献可能说明了这一观点。扎荣茨（Zajonc, 1968, 2001）记录了一种在过去几十年比较普遍的简单重复效应（simple repetition effect）：当被试被重复呈现一些中性（经常无意义）的刺激时，被试会更喜欢这种重复出现的刺激，在情绪上也更愉悦。如果这些重复的刺激呈现是潜意识的，又会发生什么呢？在一项影响深远的研究中，孔斯特·威尔逊和扎荣茨（Wilson & Zajonc, 1980）发现：当刺激只是简单地呈现给被试时，在随后的分辨任务中被试需要指出哪些刺激从来没有被闪现过。结果发现被试识别出那些从未被闪现刺激的概率与随机水平相当；不过，被试更喜欢那些在早期已闪现，但可能没被看到的刺激。近来，越来越多的文献记载，这种阈下单纯曝光效应（或KWZ效应）比阈上单纯曝光效应（supraliminal mere-exposure, Bornstein, 1989, 1990, 1992; Weinberger, 1992; Zajonc, 2001）的显著性强2~4倍。当然，这些数据与广告商有关（Aylesworth, Goodstein, & Ajay, 1999）。也有证据表明，艾宾浩斯式潜意识会产生以下效果：在某个时刻，单纯的曝光效果随着时间的推移明显增强（Bornstein, 1989, 1992）。

我们的主要立场并不是为了论证阈下相较阈上刺激的普遍优势，正如我们不会毫无理由地争辩黑夜比白天好：这取决于我们正在做什么，以及我们的意图是什么。我们假设出于不同的目的，存在着最佳意识水平。在一定程度上，我们显然可以通过大量的方法来调节意识水平。在许多情况下，可能在潜意识模糊的区域中，我们可以通过优化意识水平来最大化实现期望的结果。

从具体到抽象的潜意识知觉。实际上，本文的潜台词是把过于具体化的潜意识知觉概念，转向实验心理学所倾向的更抽象的层次。我们率先发现，潜意识不依赖于任何具体的物理装置（小装置），因为各种各样的心理技术（本文包含其中的三种）都能产生我们所期望的模糊意识。这种发现突破了单纯物理刺激消解技术的局限，使我们能够考虑高度复杂（而不是"愚蠢"）的阈下处理类型。

在弗洛伊德式潜意识中，一个重要的额外步骤是，感知不仅被认为是某种感官体验，特别对人类来说，它常常是一种对意义进行的高度概念提取。我们通过将深层洞察与浅层观察进行比较来强调这一观点。被试很可能感知到所有相关的因素，但无法正确地感知更高阶模式或格式塔（把点连接起来）。否认的防御机制正好对应这种高层次的感知退化：由于情感的脆弱性，被试不希望在情境中"看到"意义；因此，被试无法将充分感知到的情境要素组合在一起，或者将这些要素错误地组合在一起。因此，否认是一种洞察力的防御性失败（Erdelyi, 1985）。

高阶意义的提取使我们进入潜意识知觉的日常领域。因为，在人类几乎所有交往的领域——笑话、艺术、社会互动，当然，还有广告——潜台词的清晰度不断被调整，而且往往是向下调整的，以此获得成功的（如不总是最清晰的）交流。广告商与临床医生、艺术家、政治家和外交官（其主要通过真实世界交流而不是实验方法和控制），本该下意识地掌握这些复杂的、高层次的潜意识形式。因此，这也许并不令人惊讶。

参考文献

Abrams, R. L., & Greenwald, A. G. (2000). Parts outweigh the whole (word) in unconscious analysis of meaning. *Psychological Science*, 11, 118–124.

Aldridge, A. (1969). *The Beatles illustrated lyrics*. New York: Dell.

Aylesworth, A., Goodstein, R. C., & Ajay, K. (1999). The effect of archetypal embeds on feelings: An indirect route to affecting attitudes? *Journal of Advertising*, 28, 74–81.

Ballard, P. B. (1913). Oblivescence and reminiscence. *British Journal of Psychology, 1*(Suppl. 2), Preface-82.

Bargh, J. A., & Chartrand, T. L. (1999). The unbearable automaticity of being. *American Psychologist*, 54, 462–479.

Boring, E. G. (1950). *A history of experimental psychology (2nd ed.)*. New York: Appleton-Century-Crofts.

Bornstein, R. F. (1989). Exposure and affect: Overview and meta-analysis of research, 1968–1987. *Psychological Bulletin*, 106, 265–289.

Bornstein, R. F. (1990). Critical importance of stimulus unawareness for the production of subliminal psychodynamic activation effects: A meta-analytic review. *Journal of Clinical Psychology,* 46, 201–210.

Bornstein, R. F. (1992). Subliminal mere exposure effects. In R. F. Bornstein & T. S. Pittman (Eds.), *Perception without awareness* (pp. 191–210). New York: Guilford.

Bornstein, R. F., & Pittman, T. S. (Eds.). (1992). *Perception without awareness*. New York: Guilford.

Draine, S. C., & Greenwald, A. G. (1998). Replicable unconscious semantic priming. *Journal of Experimental Psychology: General*, 127, 286–303.

Ebbinghaus, H. (1885). *Memory*. (H. A. Ruger & C. E. Bussenius, Trans.). New York: Dover, 1964.

Erdelyi, M. H. (1970). Recovery of unavailable perceptual input. *Cognitive Psychology*, 1, 99–113.

Erdelyi, M. H. (1985). Psychoanalysis: Freud's cognitive psychology. New York: W. H. Freeman.

Erdelyi, M. H. (1992). Psychodynamics and the unconscious. *American Psychologist*, 47, 784–787.

Erdelyi, M. H. (1996). *The recovery of unconscious memories: Hypermnesia and reminiscence*. Chicago: University of Chicago Press.

Erdelyi, M. H. (1999). The unconscious, art, and psychoanalysis. *Psychoanalysis and Contemporary Thought*, 22, 609–626.

Erdelyi, M. H. (2001). Studies in historicism: Archeological digs will not resolve the scientific questions of validity and reliability in free-association and interpretation. *Psychological Inquiry*, 12, 133–135.

Erdelyi, M. H., & Kleinbard, J. (1978). Has Ebbinghaus decayed with time? The growth of recall (hypermnesia) over days. *Journal of Experimental Psychology: Human Learning and Memory*, 4, 275–289.

Fisher, C. (1954). Dreams and perception. *Journal of the American Psychoanalytic Association*, 3, 380–445.

Fisher, C. (1956). Dreams, images, and perception: A study of unconscious-preconscious relationships. *Journal of the American Psychoanalytic Association*, 4, 5–48.

Fisher, C. (1988). Further observations on the Pötzl phenomenon: The effects of subliminal visual stimulation on dreams, images, and hallucinations. *Psychoanalysis and Contemporary Thought*, 11, 3–56.

Freud, S. (1953). The interpretation of dreams. In J. Strachey (Ed. & Trans.), *The standard edition of the complete psychological works of Sigmund Freud* (Vols. 4–5). London: Hogarth Press. (Original work published 1900).

Freud, S. (1960). Jokes and their relation to the unconscious. In J. Strachey (Ed.&Trans.), *The standard *edition of the complete psychological works of Sigmund Freud* (Vol. 8). London: Hogarth Press. (Original work published 1905).

Freud, S. (1961). Introductory lectures on psychoanalysis. In J. Strachey (Ed. & Trans.), *The standard edition of the complete psychological works of Sigmund Freud* (Vols. 15-16). London: Hogarth Press. (Original work published 1917).

Gilbert, D. T. (1991). How mental systems believe. *American Psychologist*, 46, 107-119.

Greenwald, A. G. (1992). New Look 3. *American Psychologist*, 47, 766-779.

Greenwald, A., Klinger, M., & Schuh, E. (1995). Activation by marginally perceptible ("subliminal") stimuli: Dissociation of unconscious from conscious cognition. *Journal of Experimental Psychology: General*, 124, 22-42.

Herbart, J. F. (1824-1825). *Psychologie als wissenschaft neu gegründet auf erfahrung, metaphysik und mathematik* [Psychology as Science, newly grounded on experience, metaphysics, and mathematics]. Königsberg, Germany: Unzer.

Holender, D. (1986). Semantic activation without conscious identification in dichotic listening, parafoveal vision, and visual masking: A survey and appraisal. *Behavioral and Brain Sciences*, 9, 1-66.

James, W. (1950). *Principles of psychology*. New York: Dover. (Original work published 1890).

Kunst-Wilson, W. R., & Zajonc, R. B. (1980). Affective discrimination of stimuli that cannot be recognized. *Science*, 207, 557-558.

Macmillan, N. A. (1986). The psychophysics of subliminal perception. *Behavioral and Brain Sciences*, 9, 38-39.

Macmillan, N. A., & Creelman, C. D. (1991). *Detection theory: A user's guide*. Cambridge, UK: Cambridge University Press.

Moore, T. E. (Ed.). (1988). Subliminal influences in marketing. [Special issue]. *Psychology and Marketing*, 5(4).

Pavlov, I. P. (1927). *Conditioned reflexes: An investigation of the physiological activation of the cerebral cortex*. London: Oxford University Press.

Payne, D. G. (1987). Hypermnesia and reminiscence in recall: A historical and empirical review. *Psychological Bulletin*, 101, 5-27.

Pötzl, O. (1960). The relationship between experimentally induced dream images and indirect vision. (J.Wolff, D. Rapaport,&S. Annin, Trans.). *Psychological Issues, Monograph* 7, 41-120. (Original work published 1917).

Rescorla, R. (1988). Pavlovian conditioning: It's not what you think it is. *American Psychologist*, 43, 151-160.

Sand, R. (1988). Early nineteenth century anticipation of Freudian theory. *International Review of Psycho-Analysis*, 15, 465-479.

Spence, D. P.,& Holland, B. (1962). The restricting effects of awareness:Aparadox and an explanation. *Journal of Abnormal and Social Psychology*, 64, 163-174.

Swets, J. A. (Ed.). (1964). *Signal detection and recognition in human observers*. New York: Wiley.

Swets, J. A., Tanner,W. P., & Birdsall, T. G. (1961). Decision processes for perception. *Psychological Review*, 68, 301-340.

Weinberger, J. (1992). Validating and demystifying subliminal psychodynamic activation. In R. F.

Bornstein&T. S. Pittman (Eds.), *Perception without awareness* (pp. 170–188). NewYork: Guilford.

Williamson, J. (1987). *Decoding advertisements: Ideology and meaning in advertising*. New York: Marion Boyars.

Zajonc, R. B. (1968). Attitudinal effects of mere exposure. *Journal of Personality and Social Psychology*, 9 (Suppl. 2), 1–27.

Zajonc, R. B. (2001). Mere exposure:Agateway to the subliminal. *Current Directions in Psychological Science*, 10, 224–228.

第三章 产品植入的操作特点与潜在的探究方法

约翰·A. 麦卡蒂（John A. McCarty）
新泽西大学（*The College of New Jersey*）

随着消费市场愈加细分化，营销人员也将注意力投向细分市场，并且已经使用各种传播渠道来触达消费者。近年来，使用愈加频繁的传播渠道就是产品植入（product placement），即将标注品牌的产品放到影视节目中。产品植入被定义为"一种将品牌产品有计划地、不显眼地放置在电影（电视节目）中，进而影响电影（电视）观众付费意愿的产品信息"（Balasubramanian, 1994, p.29）。产品植入是在影视节目中植入不引人注意的商业信息，这种方式也使得产品植入与其他形式的营销传播不同。商业信息植入是一种另类的传播方式，处于商业传播与娱乐之间的模糊地带，这种传播方式在近年来也变得更加普遍（Solomon & Englis, 1994）。本章将深入探究产品植入作为营销传播工具的特征，然后将它与其他传播方式进行对比，最后讨论在操作过程中存在的复杂且多维度的具体方式。在本章里，我将简短地综述一下与产品植入相关的学术研究，梳理出这个领域尚未解决的问题，进而促进未来的研究，并提出一些可以更全面了解产品植入的方法。

产品植入：应用简述

通常来说，在电影或者电视剧里面植入产品可以为企业带来金钱回报，或者为营销人员带来其他促销方面的回报（Gupta & Gould, 1997）①。因此，根据产品在电影中植入形式的差异，产品植入的价格也不同（McCarthy, 1994），其价格可以从免费到几百万美

---

① 代替财务支付，产品植入是营销人员与电影制片厂之间相对复杂的促销手段。在这些情况下，往往有一种可能互利的促销手段。例如，在詹姆斯·邦德（James Bond）电影《黄金眼》（*Golden Eye*）中，宝马Z3跑车推出后，电影制作方便协议双方共同推广电影和跑车。宝马有一个政策，不为产品植入付费（Fournier & Dolan, 1997）。麦卡锡（McCarthy, 1994）认为，电影的宣传安排往往比金钱支付更可取，因为电影往往可以从这种安排中获得更多的利益。

元（Fournier & Dolan, 1997）。产品植入的价格可以看作某类产品的一种功能；某些类型的产品比其他类型的产品更容易被植入电影中（McCarthy, 1994）。在电影中，植入的凸显程度也会影响到价格。例如，相较于在影视背景中简单呈现产品标志的花费，在影视剧里面提及产品名称的花费更高。

尽管产品植入"基本上只是一个非正式的业务，对大多数营销人员来说也是最后一个考虑选项，并且对电影公司来说也是一个低优先级的选择"，但是产品植入早在20世纪40年代就开始存在于电影中了（McCarthy, 1994, p.30）。布伦南、杜巴斯和巴宾（Brennan, Dubas, & Babin, 1999）认为，在电影中植入现实中真实存在的产品最初源于电影制片厂的想法，它们这么做的目的也只是让电影故事显得更加真实。然而，随着时间的推移，电影制片人开始意识到产品植入可以带来商业价值，其应用也变得更加普遍。

在过去的十年左右，产品植入已经成为一项非常成熟的业务，产品植入广告代理也不断对影视脚本进行查阅，以便为营销客户寻得产品植入机会（McCarthy, 1994）。20世纪80年代就有几项非常著名的成功的植入案例，糖果品牌里斯巧克力（Reese's Pieces）在《外星人》（E.T.）中的植入最为成功，事后该品牌糖果的销售额增加了66%；雷朋眼镜在电影《乖仔也疯狂》（Risky Business）中进行产品植入，汤姆·克鲁斯在片中戴的太阳镜，销售额翻了3倍（Fournier & Dolan, 1997）。产品植入在今天十分常见，在很多情况下，产品植入会在电影方和产品方（包括了联合广告与促销）之间进行编排。例如，移动电话服务商斯普林特（Sprint）和汉堡王餐厅（Burger King）的品牌都被植入电影《黑衣人2》（Men in Black II）中。在电影开场期间，斯普林特的广告就以电影中的外星人形象出现；而汉堡王推出一款与电影主题相关的特制汉堡。今天，产品植入的应用并不局限于影视节目，也开始在音乐视频和视频游戏中普及（Karrh, 1998）。

在电影中植入产品可以简单到只在某一个场景中使用某一产品（例如，某个电影角色在剧中喝某一特定品牌的啤酒或软饮料），某个品牌被故事中的某个人物提到，或者在框架背景中呈现某个品牌标志（例如，在广告牌或卡车的侧面露出某个品牌的标志）。在另一种极端情况下，产品植入也可以成为电影的关键部分。在电影《电子情书》（You've Got Mail）中，AOL网络服务就成为电影的一个重要组成部分，它贯穿了整部电影情节，并且一直紧密联系电影情节。（在电影中，）当某个主角登录互联网服务时，人们就能听到"你收到了邮件"这句在电影中被提及上百次的耳熟能详的短语，此外，主角们传达故事内容时必须使用AOL这一项服务。很显然，一个产品在影视节目中植入的方式和层次是多样的。产品植入是一项具有多方面属性的市场实践活动，尽管（这种活动）是复杂的，但这也使人们对其进行理解或者策略性应用的时候变得有趣。

作为市场营销传播的产品植入

考虑到产品植入的形式多种多样,从在电影场景中偶然提到某个品牌,到在故事中扮演重要角色,在电影和品牌的联合广告和推广的证明下,将所有的产品植入描述为本质上是一致的,可能是不恰当的。产品植入的形式很可能存在比较大的差异,受众消化这些广告的方式和层次也会有所不同。说到这里,产品植入在很多方面可以与其他形式的营销传播做比较,因为,作为一种营销传播形式,所有的产品植入都有一些共同特点,但它们又不同于其他形式的营销传播。

巴拉苏布拉曼尼亚认为,产品植入是一种混合信息,是广告和宣传的结合。他解释道:

> 混合信息包括所有试图通过投射非商业性形象的媒介信息来影响受众,以获取商业利益的有偿尝试;在这种情况下,受众很可能无法察觉这种具有商业性影响意图的信息和/或以区别于处理商业信息的方式来处理这种信息内容。(Balasubramanian, 1994, p.30)

正如巴拉苏布拉曼尼亚(Balasubramanian, 1994)指出的,产品植入一般都是付费的,就像广告一样,但植入式广告与宣传类似,因为它们并不被认为是赞助商付费的劝服工作。因此,赞助商得到了这两种最佳的传统传播形式,即广告和宣传。也就是说,赞助商对传播的控制有限(取决于影视节目在编辑方面的考虑),但传播通常不会被明确地认定为一种劝服意图;因此,对观众来说,这种劝服效果并不突出。

在一个类似的讨论中,内本扎尔和杰菲(Nebenzahl & Jaffe, 1998)在描述不同类型的营销传播时讨论产品植入,以及产品植入如何与其他类型的传播存在可能性差异。他们认为,可以从两个维度讨论不同的营销传播:(1)信息由广告商赞助的,信息是一种付费广告的,或两者兼而有之的变相程度;(2)在传播中,说服性信息与主要信息在凸显程度方面存在多大差异。在这些维度上,产品植入可以与传统广告(和其他营销传播)形成对比。在广告中,产品赞助商是不加掩饰的,而且受众也都清晰地知道赞助商在努力劝服。就第二个维度而言,广告(劝服性)信息是传播的突出部分,其范围并不比任何其他信息低。相比之下,一个好的植入营销和广告在这两个维度中都是不一样的:在电影场景中植入的产品与公司并无关联,以此作为非明确的劝说,然后在故事背景中呈现品牌。尽管内本扎尔和杰菲的研究兴趣在于产品植入的传播伦理方面(例如,他们认为植入性营销比广告更不道德,因为产品植入代表了一种隐藏的、伪装的劝服意图);但是,产品植入如何将信息呈现给观众会涉及这两个维度,这些维度指明了受众可能存在的信息加工方式。

因此，巴拉苏布拉曼尼亚（Balasubramanian, 1994）与内本扎尔和杰菲（Nebenzahl & Jaffe, 1998）的讨论表明，产品植入的非商业性和稍微隐蔽的次要属性使得它们与传统广告有着本质不同，这表明受众可能不会像看广告一样看待它们。因为产品植入具有隐蔽性和次要性，弗里斯塔德和赖特（Friestad & Wright, 1994）关于消费者劝服知识的讨论与消费者如何以不同于广告的方式看待产品植入的考虑有关。弗里斯塔德和赖特认为，劝服知识是消费者持有的一套相互关联的信念，与营销人员的劝服意图有关。这些信念关注营销人员用于劝服消费者的感知性目标和策略，这些策略指在感知上的适当性和有效性，以及消费者对自己应对营销人员劝服努力的能力的认知。弗里斯塔德和赖特认为，当消费者面对一种交流，而这种交流被认为是一种劝服性意图时，意义就会发生根本性的变化。当消费者意识到这个交流是一种劝服意图时，他们对信息的处理方式与没有这种认识时不同。他们可能会被信息分散注意力，从交流中脱离，然后对信息相关的劝服工作和公司进行评估。例如，当消费者看到一个他们崇拜的发言人的广告时，消费者对信息、产品、发言人和公司的评价，与没有意识到这是一个付费劝服意图的广告，其评价是不同的，发言人所传达的信息含义也会发生变化。广告是一种有说服力的交流，这种意识产生了劝服知识，在这种意识的背景下，信息被解释。然而，对于在影视节目中出现的产品植入，消费者的劝服知识可能不会被激活，因为他们缺乏这种植入是一种劝服意图的认知。因此，在广告中，产品植入的隐蔽性和次要性可能不会激活那些通常让消费者警惕的信息加工过程。

因此，有人认为，产品植入的隐蔽性质可能是一个重要的属性，并使其成为一个促销工具。然而，尽管产品植入的促销本质常常被掩盖，但情况并非总是如此。通过联合广告和促销，消费者有时可以清楚地看到植入性营销和电影的联系。例如，007系列电影《黄金眼》中宝马Z3跑车的广告发布涉及电视和印刷广告，在中央公园举行的新闻发布会，尼曼·马库斯（Nieman Marcus）的商品目录报价，以及杰·雷诺（Jay Leno's）的《今夜秀》（Tonight Show）的宣传。他们所有的这些努力都明确地将宝马Z3与电影《黄金眼》（Fournier & Dolan, 1997）联系起来。因此，这些广告宣传活动都很明显地表明电影和产品之间存在着某种联系。还有许多其他的例子表明，电影中的产品植入是通过搭售广告来获得曝光的。因此，当受众看到产品植入的时候，通常不会让受众明显地注意到这种植入属于促销活动；但是，在广告和促销物料中将产品和电影联系起来的做法却非常普遍。事实上，一些专业人士认为，促销搭配是产品植入成功的关键。麦卡锡报道说，一位植入式广告公司的高管将伴随的促销活动归因于里斯巧克力在电影《外星人》中的作品的成功，他说，"好时巧克力（Hershey）在零售店花了很多钱让大家知道外星人吃的是什么"（M-Carthy. 1994，p.32），因为在电影的框架中可能看不到袋子和糖果。

因此，乍看之下，似乎存在着一种矛盾。一种假设认为产品植入的成功来自其隐蔽性质。另一种假设认为，许多成功的产品植入是通过后续的广告和促销使消费者认识到植入式广告的商业性质。然而，应该考虑到的是，在消费者看到或听到产品植入的时候，其商业性质并没有得到强调，即使这种联系是在另一个促销活动中建立起来的。产品被植入在一个故事情节的背景中，这个背景可能对成功植入很重要。

考虑到这种明显矛盾，值得注意的是，产品植入类似一种广告，因为它们涉及在一个故事背景下展示品牌。威尔斯（Wells, 1989）讨论了演讲式和戏剧式这两种广告形式。演讲式是向外呈现给受众的广告，类似于演讲者在演讲厅所做的，向电视观众讲话，并向他们提供论据和证据。根据威尔斯的说法，一个有效的演讲提出的事实应该被相信，并且在陈述这些事实时应该是可信的；一般来说，这种劝服意图很明显。相比之下，威尔斯认为戏剧广告把受众吸引到一个故事中。戏剧广告就像电影、小说和其他故事一样，可以提供一个关于世界如何运作的课程。戏剧广告的一个重要方面是，它们允许观众从广告呈现的故事中推断出广告品牌；这种推断可能比通过讲座形式告诉观众更有说服力。威尔斯指出，一个有效的戏剧广告必须吸引观众，且必须是一个可信的故事。戏剧广告之所以有效，部分原因在于它们将受众吸引到故事中，以致忘记这个故事具有劝服意图。在戏剧广告中，当消费者在故事背景中看到产品时，他们对广告的正常怀疑就会减少。这个想法与戴顿、罗默和麦昆运用戏剧劝服的研究是一致的。在戏剧广告的事例中，与论证性广告（即演讲广告）相比，他们发现受众"更少倾向于争辩和相信广告的吸引力，因为他们接受广告的逼真性，并在情感上回应它"（Deighton, Romer, & McQueen, 1989, p.341）。

因此，产品植入可以被认为是戏剧广告的终极形式。产品存在于故事背景下，而不是存在于一个30年代的故事中，产品在一个故事中通常持续超过一个小时。即使观众意识到，通过促销和广告，电影和产品之间具有促销关联，以这种方式思考植入性营销可能有助于解释产品植入的成功。在某种程度上，电影的情节吸引观众，就如一个戏剧广告，观众看到故事中的品牌时不会认为其具有劝服意图。

因此，正如一个好故事会让我们忘记主角是我们从其他角色中认识的演员一样，一个好的植入营销如果十分贴合故事情节，也可以让我们忘记其劝服意图。[①] 这种产品植入贴合故事情节的想法至关重要，并涉及无缝性（seamlessness）植入的概念，这是植入性营销从业者经常提到的。娱乐资源营销协会的迪安·艾尔斯（Dean Ayers）说：

> 在我们的工作中经常出现的一个词——无缝，巧妙地渲染。模糊了广告和娱乐之间的界限。这就是成功植入的必要条件。人们更喜欢看到一罐百事可乐

---

① 例如，当我们看到汤姆·汉克斯（Tom Hanks）扮演《阿甘正传》的角色时，我们并不希望把他当作汤姆·汉克斯，而要把他想成一个头脑迟钝、动机善良的故事人物。我们被这个故事所吸引，而汉克斯是一个我们在很多其他角色中都见过，对他的私生活也有所了解的人。

或其他一些熟悉的品牌，而不是一个只说"苏打"但是没有人愿意花钱去看的广告。你必须对产品投入适当的注意力才能达到这种效果（Fournier & Dolan, 1997, p.7）。

当植入式广告未达到无缝水平时，问题就会出现。正如研究独特植入式广告的加里·梅扎泰斯塔（Gary Mezzatesta）所说的，"当观众窃笑并说，'我想知道他们为此花了多少钱'，你就知道这个广告很差"（McCarthy, 1994, p.32）。因此，当一个产品植入变成一个明显的商业广告时，它可能会激活观众的劝服意识，同时分散他们对电视剧的注意力。

虽然植入性营销广告被比作戏剧广告，但是两者之间有一个重要的区别应该被强调一下。戏剧广告从头到尾都被当作广告进行设计，其故事情节的目的是销售产品。对于植入性营销来说，产品通常被植入在主要故事的次要部分。展开的故事并不是为某一特定产品设计的广告。虽然没有这样做的意图，但可能在一个适合的时间点，故事顺便带出了这个品牌的关键卖点。例如，在《电子情书》中提到的AOL在线服务就被认为是一种保持与其他人在线联系的有用且令人兴奋的方式。《外星人》中Reese's Pieces®被当作一种美味的零食，对人类和外星人均具有吸引力。无数的例子浮现在我的脑海中，电影展现的奢侈生活暗示那些过着奢侈生活的人会使用什么品牌，从而为产品植入提供了一个清晰却巧妙的卖点。

产品植入的多维本质

尽管所有植入式广告都有一些共同特征，但它们在许多方面还是有所不同。一个品牌能以视觉形式呈现在一个场景中，也可以在不被看到的情况下被提及。植入可以是简短的，或者是一个角色或故事中不可分割的一部分。因此，植入式广告很可能根据植入的性质，以非比寻常的方式运作。就如同广告可以在不同层次起作用一样（比如，告知、劝服、提醒），产品植入也可以在不同的层次起作用，这取决于产品在电影中植入的程度和方式。拉塞尔（Russell, 1998）将产品植入描述为三维框架：第一维度是植入式广告的视觉化程度。植入可以是纯粹的视觉效果，例如在场景背景中植入产品（如在一辆卡车的侧面植入产品标识）。视觉植入的程度也可以随着品牌在电影中被看到的次数或者是否被看到而变化。第二维度是听觉植入或语言性质。在故事对话中，可能根本没有提及品牌，可能多次提及，也可能是强调提及，等等。第三维度是植入与电影情节的联系程度。在一个层面上，一个品牌可以是一个仅在电影场景中可见的品牌，与故事主体没有联系。在这种情况下，它可能只是一个道具。例如，在电影中，我们经常在背景中看到一个广告牌或一个品牌名在一辆卡车侧面运动的场景。在这个维度的另一端，植入性营销可与情节紧密相连,就像《电子情书》中的情节一样;又或者与角色特征紧密相连,就像詹姆斯·邦德(James Bond)开的车或者他戴的手表一样。

心理加工与产品植入

在揭示消费者如何对产品植入进行加工的问题上,拉塞尔(Russell, 1998)提到了多个维度,这也说明想要弄清楚这个问题还是比较复杂的。一方面,产品植入具有的维度较多;另一方面,还需要弄清受众如何区分维度之间的不同。这些都说明当观众在电影或者电视剧中看到一个品牌后,需要经历一系列不同的心理加工。

在最基本层面上,当产品植入仅仅在故事情节中被看到或被提及时,这个过程可能就像情感经典条件反射作用或单纯曝光效应一样简单。正如贝克(Baker, 1999)的解释,情感经典条件反射作用就是让无条件刺激(例如,漂亮的风景)与条件刺激(例如,产品品牌)进行配对,从而将与场景相关的良好感觉传递给品牌。虽然在广告中也经常讨论这一点,但很容易看出,这种心理过程是如何应用在产品植入中的。拉塞尔(Russell, 1998)认为,如果在某个影视场景中出现了产品相关信息,往往会让观众在品牌与电影之间建立无意识的联系。这种条件反射加工过程比较简单,只需要观众对场景或电影的反应(即良好的感觉)与植入品牌建立联系即可。

如果简单而简短的产品植入确实是情感条件反射作用的过程,那么品牌植入的潜在复杂性就会出现。看影视节目时,观众常常在不同的故事情节中感受不同的情绪,包括喜悦、愤怒、恐惧、怀疑、憎恨和悲伤等,这些情绪有正面也有负面。有时候我们很难预测哪种情绪会与品牌建立联系。负面情绪与品牌建立联系也完全有可能。例如,在电影《沉默的羔羊》中,有这样一个场景,在朱迪·福斯特(Jody Foster)扮演的角色追捕的连环杀手居住的破旧房子里出现了皱巴巴的阿拜(Arby)包装纸和杯子。对焦点小组成员的访谈结果显示,他们将阿拜与电影中的人物建立了负面联系,如果他们吃阿拜快餐的话,就会想起那个杀手(Fournier & Dolan, 1997)。

单纯曝光效应的结构也可以解释简单的产品植入(Vollmers & Mizerski, 1994)。单纯曝光效应指观众会对接触的品牌产生更多好感,只是因为多次接触该品牌(Baker, 1999)。亚尼塞夫斯基(Janiszewski, 1993)的研究表明,不管观众能否记起来曾经接触的品牌的名称,单纯曝光都会使观众对该品牌更有好感。从上述研究结果来看,单纯曝光可以用来解释某些类型的产品植入,尤其是那些在一个或多个场景中被当成道具出现的品牌。

很显然,许多产品植入并不仅限于在对话中提及品牌,或在故事场景中呈现产品标识。正如拉塞尔(Russell, 1998)提到的,产品植入可能与更多的故事情节建立联系,而不仅仅是某个场景中使用的道具。产品植入通常与故事中的人物或者故事情节紧密相连。例如，与詹姆斯·邦德有关的品牌就与角色特性密切相关。事实上，詹姆斯·邦德使用的品牌有助于他的角色塑造：这些品牌是他人格特质的一部分。尽管条件反射理论和单纯曝光效应可能较好地揭示部分规律，但在此种情境下，则需要与产品植入相关的更加高级的认知加工进行解释。一种是转型加工（transformational process），它或许可以解决这个问题（Russell, 1998）。正如普托和威尔斯提到的，转型广告（transformational advertising）是一种转换和改变，这种转换和改变超出了该产品本身的使用体验，使这种体验变得"更丰富、更温暖、更刺激和/或更享受"（Puto & Wells, 1984, p.638）。许多转型广告的例子出现在笔者的脑海中，包括珠宝、香水、汽车和酒类等产品广告。

同样，观众使用某品牌的体验也可以因产品在电影中的植入而发生改变。对于一款产品的介绍不仅仅局限在其使用功能本身，而是应该将该产品放在某一故事背景下。正如普托和威尔斯（Puto & Wells, 1984）的讨论所言，产品被赋予了与电影相关的特征。宝马不仅是一辆制造精良的德国汽车，也是詹姆斯·邦德驾驶的汽车。美国在线（AOL）不仅是连接互联网的方式，也是时髦的纽约人接收邮件的方式。

与之类似的一个概念是生活方式广告（lifestyle advertising, Solomon & Englis, 1994）。所罗门和英格里斯认为，生活方式广告将产品与生活方式联系在一起，将产品呈现在看上去奢华和美好的生活环境中。这类广告可以为观众提供一种生活方式典范。电影中的产品也可以从故事所呈现的生活方式中获利。一个令人仰慕的角色使用的某一特定品牌产品会向观众传递一种信息，即在这个品类中，这是非常"流行"或"酷"的品牌，是能让观众通往美好生活的品牌。

因此，许多产品植入就不仅局限于在电影中被看到或被提及。品牌从与故事情节建立的联系中获益。情节关联似乎成为区分不同产品植入方式的基本特征。也就是说，植入的产品是否与情节有关，或者仅仅是一个道具，似乎是区分产品植入类型的一个质的区别。与故事情节的联系使产品植入成为一种不一样的现象，并带来一整套心理过程，这些过程在道具植入中可能并不存在。因此，这都表明产品植入是一个复杂的多维概念，它可以在不同层次上进行操作，并通过各种心理加工影响观众。在考虑未来有关产品植入的研究应该集中在哪个领域之前，我们将在下一节简要回顾有关产品植入的学术研究。

有关产品植入的学术研究

在过去的20年间，随着产品植入的应用案例逐渐增多，学术界也开始对该领域表现出越来越大的研究兴趣。截至目前，关于产品植入的研究主题主要有三个：产品植入在电影中的普遍性及本质性研究；产品植入实践层面的态度及信念研究；产品植入在影视中的效果研究（DeLorme & Reid, 1999）。最近，一项研究正试图考察产品植入的复杂性问题。我们在这一节并没有详尽梳理以往的学术文献，只是针对有关产品植入的研究内容进行总结。如果想更深入地了解产品植入领域以往的研究，可以参阅德洛姆和里德（DeLorme & Reid, 1999）的研究或者卡尔（Karrh, 1998）的研究。

关于产品植入普遍性方面的研究

有关产品植入普遍性方面的研究发现，产品植入在电影中的应用相当普遍（Troup, 1991; DeLorme & Reid, 1999; Sapolsky & Kinney, 1994）。艾弗里和费拉罗（Avery & Ferraro, 2000）发现产品植入在黄金时段的电视节目中也同样普遍。这两项研究都发现，大部分植入式广告涉及的都是低卷入度的产品。然而，萨波尔斯基和金妮的研究发现，虽然汽车是一种高卷入度产品，但其占据所有植入式广告的18%。

考察观众对产品植入的态度和感知方面的研究

几项研究调查了观众对植入式广告的态度和感知（Gupta & Gould, 1997; Nebenzahl & Secunda, 1993; Ong & Meri, 1994）。考虑到某些消费者群体认为产品植入具有偷偷摸摸和"欺骗性"的特征，这些研究的问题都集中在确认电影观众是否认为产品植入是令人反感的层面上。这些研究都发现了一个比较有趣的结果，大多数美国人通常不反感产品植入。事实上，内本扎尔和塞康达的研究结果显示，相对于传统广告，受访者更喜欢植入式广告。这些研究者对该结果做出了解释，传统广告会让观众感到侵扰，而植入式广告相对更加隐蔽的特性使它们更容易被消费者接受。古普塔和古尔德的研究表明，尽管人们普遍认为产品植入是一种可接受的做法，但这种看法会根据产品种类的不同而发生改变。换句话说，相对于有争议的商品（如，烟草和酒精），观众更容易接受无争议商品的产品植入。

关于产品植入效果方面的研究

在产品植入的学术研究中，最活跃的领域是产品植入对观众的影响效果。这些效果通常涉及记忆（再认和回忆）、品牌评估和购买意愿三个方面。翁和梅里（Ong & Meri, 1994）完成的一项研究发现，消费者对其中许多品牌的回忆率很低。巴宾和卡德尔（Babin & Carder, 1996）的研究发现，产品植入混合了使品牌突出于观众的内容，以及植入式广告的观看对品牌评估没有影响。在另一项研究中，巴宾和卡德尔（Babin & Carder, 1996b）研究了观众在刚刚看过的电影中辨认品牌的能力，并将这些品牌与电影中没有的品牌区分开来。结果发现，在通常情况下，被试能够区分他们看过的和没看过的品牌。沃尔默和米泽斯基（Vollmers & Mizerski, 1994）也发现，被试对电影中出场品牌的回忆效果非常好，但植入广告在品牌态度提升方面却不起作用。

在电影中植入产品的品牌认知和回忆方面，这些关于产品植入效果的早期研究出现了好坏参半的结果。这些研究普遍显示，产品植入对品牌评估的影响较弱或不存在。这些早期效果研究的结果不一，其部分原因是，这些研究通常未能认识到植入式广告的多维本质。也就是说，研究者倾向于认为植入式广告都是类似的，而不考虑植入形式（视觉或语言）和情节联系的程度。最近的研究试图考虑产品植入的复杂性。

古普塔和洛德（Gupta & Lord, 1998）进行了一项研究，评估了不同模式（视觉、听觉）和不同凸显程度的产品植入效果；该研究以回忆率作为有效性指标，对植入式广告和普通广告的效果进行比较分析。研究人员向被试展示了一段30分钟的电影片段，其中包含植入式广告；类似于电视上的插播广告，以此种方式编辑到电影中的广告；或者两类广告都没有（对照组）。被试需要观看以下条件的电影片段：明显的视觉植入、隐蔽的视觉植入、仅音频植入、仅视觉植入、视听联合植入和无产品植入或者控制条件广告。结果显示，植入式广告片段的记忆效果比插播广告更好，而插播广告的记忆效果比隐蔽式产品植入更好。明显的音频植入的记忆效果比视觉隐蔽式植入更好。

布伦南、杜巴斯和巴宾（Brennan, Dubas, & Babin, 1999）研究了植入类型（道具或者与故事情节整合）和曝光时间与识别植入产品之间的关系。结果显示：植入位置越处于故事的重要位置，记忆效果越好；曝光时间的作用不太明显，曝光时间与背景植入的识别效果无关，但有迹象表明，如果植入识别处于更靠近故事情节的重要位置，那么曝光时间与植入识别具有一定关系。

劳和布劳恩（Law & Braun, 2000）试图从测量层面（外显记忆和内隐选择），植入在故事情节中位置的中心性以及植入方式等变量来理解产品植入的效果。他们的研究发现了一个有趣的结果，那些被人们看到但没有听到的植入产品，其回忆率最低，但在产品选择方面的效果好于其他植入方式，如听到但没看到，或者既听到又看到的方式。研究人员认为，这项工作对观众处理产品植入的方式有一定的影响，那些不会被有意识地记住的植入可能会影响观众的品牌选择。

拉塞尔（Russell, 2002）将产品植入看作植入形式（视觉和听觉）和故事情节与产品植入之间关联程度的函数；研究重点考察植入方式和情节关联的一致性。拉塞尔认为，高情节关联的听觉植入或低情节关联的视觉植入使植入方式与情节关联达成一致；而不一致的情况是低情节关联的听觉植入，或是高情节关联的视觉植入。相对于视觉信息，她推测一致性的口头信息通常在推动故事情节发展方面具有重要作用。正如拉塞尔预测的，研究结果显示，产品植入的记忆效果在不一致的情况比一致的情况好；但在一致性条件下，受众对植入品牌的态度差异变化更大。

因此，劳和布劳恩（Law & Braun, 2000）以及拉塞尔（Russell, 2002）最近的研究指出了产品植入的复杂性和衡量方法。这两项研究的结果显示，产品植入的记忆效果可能与品牌评价没有关联。这些研究在考察受众处理不同类型的产品植入方面前进了一步。

潜在的研究路径

近来关于产品植入的研究开始不再局限于简单的记忆记录或是效果评价，研究重点开始关注植入式广告背后的心理加工机制。未来的研究应该集中于考察产品植入背后的心理加工过程和影响变量，这些会帮助研究者了解产品植入背后的工作机制。在这一部分将探讨潜在的研究领域。

产品植入的凸显性

正如上述所言，产品植入的从业者一直认为植入的无缝性是实践中的一个重要影响因素。这表明，观众越感觉不到产品的植入，植入就越成功。因此，植入的凸显性问题是一个潜在的重要领域，它将有助于研究人员更容易理解植入式广告对消费者评价产品方面的可能影响。产品植入的凸显性作为一种促销手段可以发生在不同地方。产品植入的无缝性指产品信息与故事情节衔接的无缝程度，或指在视觉方面与故事背景的匹配程度。

其他信息可以让观众确认他们看到的产品是一个植入式广告。例如，有些消费者团体提出，可以在电影放映前或在电影放映中出现产品植入的提示信息，这些提示信息会明确提醒观众该品牌在电影中呈现的付费促销性质（Bennett, Pecotich, & Putrevu, 1999）。广告和其他促销活动可以提醒观众，产品是有偿植入的。潜在的研究问题涉及作为付费促销活动的产品植入，其凸显性如何影响观众对这些广告信息的加工，以及加工这些信息后产生的结果（即记忆，对植入产品的评价）。

关于凸显性方面涉及两个研究主题。第一个研究主题是产品植入与故事情节的匹配程度，以及植入中是否存在能告知观众，其所观看的片段包含付费植入的提示；换句话说，就是产品植入在故事背景中的无缝性程度。拉塞尔（Russell, 2002）关于一致性的研究表明，作为付费促销出现的产品植入，其凸显性可以提升产品的记忆效果，但可能对产品评价产生负面影响。弗里斯塔德和赖特（Friestad & Wright, 1994）认为，植入信息的凸显性会激活受众的劝服性知识，并可能影响观众对品牌的评价。

第二个研究主题是关于明确提示性信息的存在对产品植入效果的影响。如前所述，消费者团体一直要求提示信息的呈现，因为他们认为产品植入是一种有意而为之的商业信息，观众有权知道这一点。这些提示信息应凸显植入式广告的存在。人们认为这样的提示信息会激活劝服知识。迄今为止的一项研究表明，在电影放映前出现植入提示实际上增强了观众对植入信息的记忆，这表明提示行为起到了记忆线索的作用（Bennett, Pecotich, & Putrevu, 1999）。研究没有显示提示信息对品牌评价的影响。研究的重点不仅要考察提示信息的效果，还要考察消费者在提示情境下如何加工这些植入信息。

随着广告和促销与产品植入的结合变得愈加普遍，理解以下问题是值得的，即在许多产品植入同时发生的促销活动下,消费者如何处理广告植入。正如本章所指,此类广告和促销可能不会影响广告植入的效果,因为广告植入很好地融入了故事。显然,这样的测试在具体操作方面会比较困难,因为它们研究的是在各种促销条件下真实存在的产品植入。

卷入度与语境

在电视节目语境下考察广告的研究显示,观众对故事情节的卷入度越高,对广告的卷入度就越低(Park & McClung, 1986)。然而,产品植入是影视节目的一部分。这就引出了产品植入与情节卷入之间关系的问题,不仅涉及与情节关联的产品植入,也涉及作为道具出现的产品植入。人们可能会认为,高度卷入的故事情节会提高产品植入的效果,因为植入产品在故事中的卷入度牵涉到该产品对故事情节的重要性。然而,如果产品植入的形式是与故事情节不相干的道具植入,卷入度对植入效果的影响就不清楚了。在这种情况下,高度卷入可能会降低产品植入的效果。范(Pham, 1992)考察了英国足球比赛中植入广告牌的广告效果,结果发现,观众对广告牌的识别效果与卷入度之间呈曲线关系;那些对赛事卷入度比较低或者比较高的观众对广告的识别效果都低于那些中等卷入赛事的观众。假设在体育赛事中植入的广告牌类似于电影中的植入道具,那么在电影中植入道具可能也会出现类似的情况。

植入与产品特征

一个潜在的实用研究领域涉及何种产品特性的产品植入将提供最大的利益。例如,植入式广告对一个相对不知名的品牌更有利(因为此类品牌与故事情节或人物的关联会使消费者建立对该品牌的认知和兴趣),还是对那些具有消费者先验认知的品牌更有利(因为此类产品的植入会强化消费者的现有信念)?例如,红条纹啤酒(Red Stripe Beer)是一个相对不知名的品牌。其在电影《糖衣陷阱》(The firm)的一个情节中被简单提及后,销量在3个月内增长了50%以上(Buss, 1998)。如果消费者对品牌有更多的了解并且对其相对漠不关心,那么简单的植入对销售的影响是否同样显著?

另一个令人感兴趣的产品特性就是产品的实用性或价值表现的程度。有些产品具有价值表现力,如酒、汽车和珠宝等,人们购买这些产品以彰显和表现自我。这类产品可以成为个人扩展自我的一部分(Belk, 1988)。还有些是实用主义产品,通常很少提及其使用者的类型。这两类产品的区别在广告中很常见,广告的种类通常因产品特性不同而不同。因此,了解产品植入如何根据情节关联程度和价值表达程度来进行处理,将会很有帮助。例如,对待与故事情节连接紧密的实用主义产品,其处理方式可能与价值表达产品不同。一个实用的产品,不管对故事来说有多重要,都不会像衣服、汽车或珠宝那样成为一个角色的典型特征。或者,当产品仅仅是场景中的一个道具时,产品的价值表达水平可能与植入效果无关。因此,更多地了解不同类型的产品植入将是有益的。

产品植入的长期效应

植入式广告可能对品牌评价产生短期和长期的影响。考虑到时间限制,学术研究只测量了产品植入的短期效果。也就是说,学术研究通常在被试看完一部电影或一段电影片段后,测量他们的回忆、再认、评价、选择行为或所有这些效果的总和。然而,与其他广告类似的是,植入式广告会对品牌形象和品牌资产产生长期影响。此外,产品植入可以带动其他对品牌有效果的事件。例如,一个产品植入可以创造一个口碑效应,其长期效果的覆盖面远远超过那些可能已经在电影中看到产品的人。产品植入的长期效果难以被衡量,但是这些都是对产品植入的重要贡献。

结　　论

在过去的十年中,随着市场营销人员不断尝试采用各种新方法以便与顾客建立联系,在影视节目中使用产品植入的现象也越来越多。虽然许多营销从业者似乎对产品植入在不同环境下的运用模式有直观的理解,但学术研究人员在系统研究这一实践的方面却落后了,对植入式广告的了解虽然比十年前多得多,但研究人员在最近的研究中才承认这一现象的复杂性。最近的研究工作已经开始考察受众观看植入式广告的心理过程,这可能对理解产品植入在各种情况下是如何工作的非常重要。然而,正如本章所建议的那样,未来还有更多事情要考虑。

参考文献

Avery, R. J., & Ferraro, R. (2000). Verisimilitude or advertising? Brand appearances on prime-time television. *The Journal of Consumer Affairs*, 34, 217–244.

Babin, L. A., & Carder, S. T. (1996a). Advertising via the box office: Is product placement effective? *Journal of Promotion Management*, 3(1–2), 31–51.

Babin, L. A.,&Carder, S. T. (1996b).Viewers' recognition of brands placed within a film. *International Journal of Advertising*, 15, 140–151.

Baker, W. E. (1999). When can affective conditioning and mere exposure directly influence brand choice? *Journal of Advertising*, 28(4), 31–46.

Balasubramanian, S. K. (1994). Beyond advertising and publicity: Hybrid messages and public policy issues. *Journal of Advertising*, 23(4), 29–46.

Belk, R. W. (1988). Possessions and the extended self. *Journal of Consumer Research*, 15, 139–168.

Bennett, M., Pecotich, A., & Putrevu, S. (1999). The influence of warnings on product placements. In B. Dubois, T. M. Lowrey, L. J. Shrum, & M. Vanhuele (Eds.), *European advances in consumer research*

(Vol. 4, pp. 193–200). Provo, UT: Association for Consumer Research.

Brennan, I., Dubas, K. M.,&Babin, L. A. (1999). The influence of product-placement type and exposure time on product-placement recognition. *International Journal of Advertising*, 18, 323–337.

Buss, D. D. (1998, December). Making your mark in movies and TV. *Nation's Business*, 86, 28–32.

Deighton, J., Romer, D., & McQueen, J. (1989). Using drama to persuade. *Journal of Consumer Research*, 16, 335–343.

DeLorme, D. E., & Reid, L. N. (1999). Moviegoers' experiences and interpretations of brands in films revisited. *Journal of Advertising*, 28(2), 71–95.

Fournier, S.,&Dolan, R. J. (1997). *Launching theBMWZ3 roadster*. Boston: Harvard Business School.

Friestad, M.,&Wright, P. (1994). The persuasion knowledge model: How people cope with persuasion attempts. *Journal of Consumer Research*, 22, 62–74.

Gupta, P. B., & Gould, S. J. (1997). Consumers' perceptions of the ethics and acceptability of product placements in movies: Product category and individual differences. *Journal of Current Issues and Research in Advertising*, 19(1), 38–50.

Gupta, P. B., & Lord, K. R. (1998). Product placement in movies: The effect of prominence and mode on audience recall. *Journal of Current Issues and Research in Advertising*, 20(1), 47–59.

It's a wrap (but not plain): From Budweiser to BMW, brand names are popping up more and more on screen. (1995, September 3). *The Los Angeles Times*, p. 4.

Janiszewski, C. (1993). Preattentive mere exposure effects. *Journal of Consumer Research*, 20, 376–392.

Karrh, J. A. (1998). Brand placement: A review. *Journal of Current Issues and Research in Advertising*, 20(2), 31–49.

Law, S., & Braun, K. A. (2000). I'll have what she's having: Gauging the impact of product placements on viewers. *Psychology and Marketing*, 17, 1059–1075.

McCarthy,M. (1994, March 28). Studios place, showand win: Product placement grows up. *Brandweek*, 35, pp. 30, 32.

Nebenzahl, I. D., & Jaffe, E. D. (1998). Ethical dimensions of advertising executions. *Journal of Business Ethics*, 17, 805–815.

Nebenzahl, I. D., & Secunda, E. (1993). Consumers' attitudes toward product placement in movies. *International Journal of Advertising*, 12, 1–11.

Ong, B. S., & Meri, D. (1994). Should product placement in movies be banned? *Journal of Promotion Management*, 2(3–4), 159–175.

Park, C. W., & McClung, G. W. (1986). The effect of TV program involvement on involvement with commercials. In R. J. Lutz (Ed.), *Advances in consumer research* (Vol. 13, pp. 544–548). Provo, UT: Association for Consumer Research.

Pham, M. T. (1992). Effects of involvement, arousal, and pleasure on the recognition of sponsorship stimuli. In J. Sherry & B. Sternthal (Eds.), *Advances in consumer research* (Vol. 19, pp. 85–93). Provo, UT: Association for Consumer Research.

Puto, C. P., & Wells, W. D. (1984). Informational and transformational advertising: The differential effects of time. In T. C. Kinnear (Ed.), *Advances in consumer research* (Vol. 15, pp. 638–343). Provo, UT: Association for Consumer Research.

Russell, C. A. (1998). Towards a framework of product placement: Theoretical propositions. In J. W.

Alba & J. W. Hutchinson (Eds.), *Advances in consumer research* (Vol. 25, pp. 357–362). Provo, UT: Association for Consumer Research.

Russell, C. A. (2002). Investigating the effectiveness of product placements in television shows: The role of modality and plot connection congruence on brand memory and attitude. *Journal of Consumer Research*, 29, 306–318.

Sapolsky, B. S., &Kinney, L. (1994). You oughta be in pictures: Product placements in the top-grossing films of 1991. In K. W. King (Ed.), *Proceedings of the 1994 conference of the American Academy of Advertising* (p. 89). Athens, GA: American Academy of Advertising.

Solomon, M. R., & Englis, B. G. (1994). Reality engineering: Blurring the boundaries between commercial signification and popular culture. *Journal of Current Issues and Research in Advertising*, 16(2), 1–17.

Troup, M. L. (1991). *The captive audience: A content analysis of product placements in motion pictures.* Unpublished master's thesis, Florida State University, Tallahassee.

Vollmers, S., & Mizerski, R. (1994). A review and investigation into the effectiveness of product placements in films. In K. W. King (Ed.), *Proceedings of the 1994 conference of the American Academy of Advertising* (pp. 97–102). Athens, GA: American Academy of Advertising.

Wells, W. D. (1989). Lectures and dramas. In P. Cafferata & A. M. Tybout (Eds.), *Cognitive and affective responses to advertising* (pp. 13–20). Lexington, MA: Lexington Books.

第四章 如何测量产品植入的效果?

沙米斯·劳(Sharmistha Law)
多伦多大学士嘉堡校区(University of Toronto at Scarborough)
凯瑟琳·A. 布劳恩-拉托(Kathryn A. Braun-LaTour)
营销记忆公司(Marketing Memories™)

随着产品植入,即有意识地将产品植入一个旨在影响观众的娱乐节目中的营销方式,变得越来越流行,对植入效果的研究也成了一个时兴的研究领域。在本章中,我们认为认知心理学家提出的外显-内隐记忆模型为这一领域的研究提供了一个很有前途的框架。我们首先描述最近发生的产品植入实践领域和研究领域的发现。然后,我们指出测量产品植入效果的传统方法的局限性。我们认为,如果通过外显-内隐框架来研究产品植入效果的话,研究的层次将提高不少。因为,该框架提供的概念有助于我们更好地组织经验性的观察,该框架也有助于研究者在某些研究领域建立研究假设,如产品植入在何时以及如何影响受众的想法和行为。

在斯皮尔伯格(Spielberg)的电影《少数派报告》(Minority Report)中,电影的大部分放映时间用于产品植入——电影中共出现15个品牌。报告显示,这些植入广告抵消了超过2,500万美元的制作成本(Grossberg, 2002)。产品植入不是一个新现象,它可以追溯到20世纪40年代,那时电影制作商在电影中植入产品,其目的是增加电影场景的真实性。然而,正是斯皮尔伯格在电影《外星人》中植入里斯巧克力引发了产品植入在电影圈的流行。十年后,斯皮尔伯格将淡雅薄荷香水(Junior Mints)等现象级产品成功植入电视中,导致了在电视中进行产品植入的流行。例如,《幸存者》(Survivor)突出展示了广告商的产品和标识,例如美国塔吉特公司(Target)和美国爽健公司(Dr. Scholl's)。最近,针对美国国家网络(ABC,CBS,NBC)的研究发现,每半小时的电视节目就会出现多达15种品牌产品,其中约40%是植入式广告(Avery & Ferraro, 2000)。目前,产品植入也从小屏幕转向电子游戏(Bannan, 2002)。

大多数影视工作室现在都设有产品植入部门,产品植入也被美国企业视为可行的宣传媒介。随着广告商寻求新出路，广播公司寻找新收入来源，产品植入的数量也在不断增加。实际上，对于制造商而言，产品植入似乎是一个很好的选择：它们的成本通常会低于传统广告，产品或标识的呈现环境不会过于杂乱，可以吸引全球观众，在节目中被重复使用，暗示名人代言人，并且可以在最佳的环境中出现（无须遥控器）。尽管有这些好处，营销人员关心的问题还是产品植入是否有效。如果有效，又是如何起作用的？迄今为止，关于产品植入的研究大多是案例的证据，但是这些证据并不总是可靠的。例如，《外星人》的植入成功是因为好时巧克力宣传部门的成功。事实上，其产品植入非常不显著，如在黑暗中放几个袋子，没有直接的证据表明产品植入本身会影响受众行为。电影行业也没有动力进行这方面的研究。直到最近，对于美国企业而言，专门用于产品植入的广告预算占总预算的比例还太小，也就无法进行任何严谨的研究。但如今，随着产品植入变得越来越普遍，再加上营销人员逐渐转向非传统营销领域，对这一领域的研究需求也日益增加。大家需要一个基于强有力的心理证据的统一理论来指导营销人员解决面临的实际问题。例如植入方式应该是视觉的，听觉的，还是两者兼而有之；产品植入是否需要与核心情节相关联，还是隐晦一点；低成本的产品植入是否有效？最重要的是，植入式广告真的比传统广告更有效吗？

这些问题的答案取决于研究采用的因变量指标。不幸的是，尽管越来越多的产品植入的使用表明了它们的有效性，但学术研究充其量也只能得出好坏参半的结果。例如，有一些研究证据支持产品植入可以提升受众对品牌的记忆效果（Babin & Carder, 1996; Vollmers & Mizerski, 1994）。相反，其他研究者却发现产品植入对于品牌记忆的影响是不一致或不显著的（Karrh, 1994）。值得注意的是，迄今为止，最常用于评价产品植入效果的方式是回忆和再认（见表4.1）。我们认为，市场营销研究（特别是植入效果研究）受到所采用研究方法的限制。具体来讲，我们认为回忆和再认无法测量产品植入中更加隐晦的效果。

传统上，营销研究人员一直依靠回忆和再认来评估广告效果。这种测量偏差是主流理论的副产品，其认为学习需要注意力、努力和专注。换句话说，只有有意识暗示才会影响行为。因此，产品植入研究人员的结论是，有效的植入应该是有意识的回忆。事实上，这一结论反映的是在行业中如何检测产品植入的效果；反过来，这些效果也会影响到营销人员为某一植入式广告所支付的费用。例如，市场调查机构影视评分（Cinema Score）拥有检测产品植入效果的研究系统，它将产品植入的观后回忆整合到一个预计票房收入的公式内，并输出植入式广告的价格。根据这个公式，其计算了在电影《鳄鱼邓迪》（*Crocodile Dundee*）中植入可口可乐需要28,130美元的植入费。然而，没有证据证明这个系统具有可靠性（Gupta & Lord, 1998）。

表 4.1 产品植入研究回顾

研究者	刺激	测量	实验指导语查看内容	测量类型
巴宾和卡德尔 (Babin and Carder, 1996)	两部电影中的1部《洛基3》或《洛基5》，每部包含多个产品植入	品牌再认	是	外显
达·阿斯托斯和沙尔捷 (d'Astous and Chartier, 1999)	18个电影片段，每段植入一个广告	品牌回忆("你能回忆到什么产品或者品牌")	是	外显
		品牌再认	是	外显
古普塔和洛德 (Gupta and Lord, 1998)	来自3部电影的39个片段，每个片段包含一个植入式广告	品牌回忆	是	外显
		品牌再认	是	外显
		回忆植入情境	是	外显
卡尔 (Karrh, 1994)	来自电影 Raising Arizona 中的33分钟的电影片段，片段包含5个植入广告（凯洛格的玉米片、好奇尿布等）。	第一提及	否	外显
		品牌熟悉度	是	外显
		品牌回忆	是	外显
		品牌评估	是	外显
劳和布朗 (Law and Braun 2000)	电视剧《宋飞正传》的两个10分钟片段中的1个，每个包含至少6个植入广告	品牌选择	否	内隐
		品牌回忆	是	外显
		品牌再认	是	外显
		品牌态度	是	外显
拉塞尔 (Russell, 2002)	27分钟的录屏实验材料	品牌态度	否	内隐
		品牌再认	是	外显
沃尔默和米泽斯基 (Vollmers and Mizerski, 1994)	两个电影片段，每部大约3分钟	品牌回忆("你在刚刚看过的视频中，看到一些植入的品牌吗")	是	外显
		品牌态度	是	外显

现代认知心理学最重要的发展之一就是认识到人们的过往经验会以多种不同的方式影响后续的行为表现。在关于记忆的表达方式方面，除了传统上的回忆和再认，人们还表现出先前经验的其他效果，这些效果独立于有意识地去回忆过往经验。这些效果可能表现在知觉、分类、反应准确性和推理上，甚至是运动行为的改变。本章目的是回顾心理学和市场营销文献中的证据。这些证据表明学习可以在无意识层面的情况下发生，区分关于内隐记忆和外显记忆的测量，区分那些用于挖掘不同类型记忆的研究方法，并且展示这些方法是如何应用于产品植入的研究。然后，我们概述这一领域未来的研究议程。

无意识学习的表现

记忆曾一度被科学家们视为信息进入大脑的单一系统，信息存储在短期记忆中，然后转移到长期记忆中。在1962年，这一切都改变了。黛布拉·米尔纳及其同事在她的病人HM（Milner, 1966）身上观察到一种新型的记忆。HM患有癫痫病，这种病导致根治性双侧颞叶损害（radical bilateral temporal lobe lesion），进而导致他无法学习新的陈述性信息，并且无法记住每天发生的具体事件（顺行性遗忘症）。换句话说，HM似乎没有功能性的情景记忆，因此也就不能再储存新的记忆信息。例如，HM无法再认手术后拍摄的照片，也不能告诉你现任总统的姓名。然而，他在其他通常来说不相关的记忆任务上的表现表明，信息一定以某种方式到达并储存在他的大脑中。例如，在HM的学习程序中有这样的一个部分，米尔纳会要求HM跟踪一个移动的物体。HM的表现跟记忆完整的正常人一样，表现越来越准确。不过，HM并没有意识到他已经完成了这个任务。

内隐记忆和外显记忆的区别：理论综述

在20世纪80年代，这些观察引发了重要的记忆分类：意识（或知觉的）和意图，这是区分外显记忆和内隐记忆的维度（Graf & Schacter, 1985; Roediger & McDermott, 1993; Schacter, 1987）。外显记忆既是有意识的，在某种意义上，人们可以意识到对先前事件的记忆；也是目的性的，从某种意义上说，人们想要或自愿回忆这些事件。相反，内隐记忆是无意识的，因为人们不知道自己正在回忆过去发生的事情，或其回忆行为会受到过往经历的影响，且他们的回忆是不自主或无意识发生的（Jacoby, 1984）。外显记忆的评估通常采用回忆和再认任务，这些任务需要从特定的先前学习情景中有意识地检索信息，而内隐记忆则不需要有意识地回忆特定事件。早期的一个显著记忆分离病例是HM，他在项目再认测试中表现出严重的损伤，但在一个内隐跟踪任务中却表现出能正常记忆新信息。

一个主要的问题是如何描述和解释记忆表达方式的多样性，有两个一般的视角来定义理论景观。最流行的观点是，不同的记忆表达反映了多个记忆操作系统。哈佛大学的丹尼尔·沙克特（Daniel Schacter）可能是多重记忆系统最强烈的倡导者，他建议采用认知神经科学方法来证明大脑存在不同的记忆系统，这些认知神经的方法包括脑损伤研究、功能分离、神经影像学研究和非灵长类动物研究等（Schacter, 1992）。在他的研究中，沙克特发现大脑中与这两种记忆有关的不同区域（见图4.1）：为了形成外显记忆，大脑额叶部分必须是活跃的，这是一个付出努力的过程。内隐记忆更依赖于大脑较老的部分，如皮质下区域，或小脑和边缘系统的另一部分——杏仁核，这是产生战斗-逃跑反应（Fight-or-flight response）的地方。外显记忆和内隐记忆都会涉及边缘系统——大脑的情绪中枢——尤其是负责储存和提取记忆的海马体。根据记忆系统观点，记忆是激活存储在特定系统中表征物的过程。一旦这些信息被激活，表征就能够影响一个人的表现，而这种影响的性质取决于表征中存在的信息或内容的种类。因此，对于系统方法来讲，记忆是通过参考结构化概念来解释的。

另一种记忆加工方法［由亨利·勒迪格（Henry Roediger）开创］假定不存在多个记忆系统，也不依赖于基于记忆表征或者储存系统的解释。相反，它将记忆视为个人的先前经历和环境情境（如，记忆任务需求和加工过程）共同交互作用产生的，它们一起决定了如何在随后表现中表达先前经历。

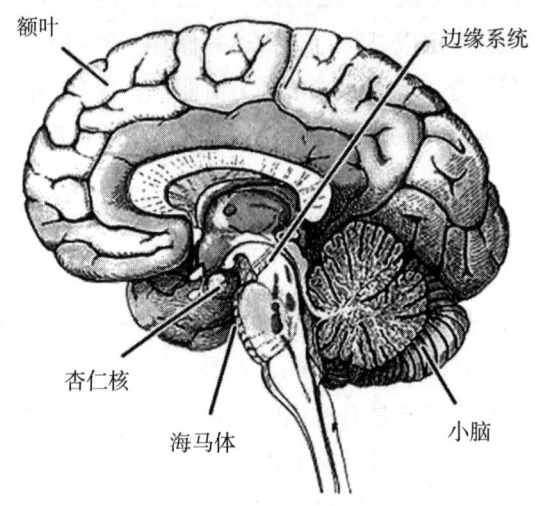

图4.1　大脑中的内隐记忆和外显记忆

如何测量内隐记忆和外显记忆

系统论与过程论的理论家之间存在争论，并且这些争论一直持续着。尽管如此，虽然这些不同的理论观点或多或少存在差异，但是它们一致认为外显记忆和内隐记忆对实验操作的反应是不同的。为了理解外显记忆和内隐记忆之间的实际区别，或许采用不同的测量方法有助于解决这个问题。外显记忆的测量方法对于营销人员来说已经非常熟悉。外显的测试通常采用纸笔调查的形式，在调查中，消费者可能会被问及他们在回忆电影的过程中看到了什么产品，或者他们认为在电影中看到过哪些类型的产品。相比之下，内隐测试表现不那么直接。在大多数情况下，其余依靠实际可观察的行为。这些测量已经从对不同任务的观察（例如HM案例中的跟踪物体任务）转变为更实用的残词补全任务，再到计算机反应测试。内隐测试的显著特点是对于正在测试的项目来说，没有直接可用于参考的信息。

对于营销人员而言，区分内隐记忆和外显记忆的测量特别重要，因为已有研究发现，内隐记忆测量的表现与外显记忆测试的表现不相关，或者说两种记忆之间产生了功能性的分离。事实上，心理学文献中大量例子表明，内隐测量和外显测量之间存在零相关或负相关关系（Puchinelli, Mast, & Braun, 2001），这些研究发现改变了心理学家以往认为学习发生的方式（Seger, 1994）。在"正常"消费者中也发现了这种分离，虽然他或她主观报告称自己并没有被影响，但是他或她的行为却表现出其确实受到了影响（这一点将在后面讨论）。迄今为止，这些内隐测试在市场营销中的应用还是很有限的。以下部分证据表明，为什么营销人员不愿意承认他们的努力可能会产生内隐方面的影响。然后，我们将展开有关启动效应的研究，以此来衡量产品植入对观众在内隐或者外显方面的影响。

无法意识到的事物会影响我们吗？

从历史上看，如果消费者的行为在没有意识的情况下产生影响，那么营销人员会将这个情况比作洗脑。1957年，在美国新泽西州市郊进行了一项有争议的研究，这项研究考察了内隐记忆的可能效果（虽然当时不叫内隐记忆）。詹姆斯·维卡里（James Vicary）在移动野餐会期间，以每隔5秒快速呈现1/3000s的速度，打出"喝可乐"和"吃爆米花"的口号。由于这些信息，他宣称，两周移动野餐使爆米花销售增长了58%，可乐销售增长了18%。在朝鲜战争后的偏执世界中，这一发现引发了全国性的激动情绪。美国心理协会迅速反驳了维卡里的说法，因为他没有提供任何支持性证据，人们也对这个发现的有效性提出了疑问。他们说，潜意识广告是混乱而模糊的，不如传统广告有效（Moore, 1980）。

来自启动研究的确切证据

这个声明大概早来了十年。启动（priming）指最近呈现的刺激可以促进随后的判断或行为倾向，但是这种现象尚未被发现。研究表明，这种独特的记忆系统生物学基础刚刚被发现。在实验室实验中，研究启动（内隐记忆的指标）的习惯方式是这样的：研究者在初始阶段给被试接触材料（例如，一系列的词汇、图片、一段话）；在随后的阶段，被试需完成一项表面上不相关的任务，比如再认不完整的图片或残缺的单词。启动或内隐学习是通过比较被试在早期（已启动）项目上和新（未启动）项目上的表现来确定的。典型的研究发现是，如果被试先前已学习过项目，那么被试在单词或图片再认方面表现更好，尽管被试对先前暴露的信息一无所知。

在实验环境之外已经发现了启动效应。例如，思考下前披头士成员乔治·哈里森（George Harrison）的"无意"抄袭事件。他在20世纪70年代创作了《我亲爱的主》（*My Sweet Lord*），这首歌听起来很像60年代雪纺乐队的歌曲《他很好》（*He's So Fine*）。于是，雪纺乐队把他送上法庭。哈里森承认他之前听过雪纺乐队的这首歌，但他强烈地感觉到他的歌是自己的原创。最后，法院得出结论，哈里森根据他的潜意识记忆进行了无意识复制（Schacter, 1996）。

当我们接触到的先前信息在我们无意识的情况下影响我们的行为时，启动就会发生。心理学文献已经提出了几种启动效应：知觉启动、概念启动和情绪启动。以下各节将对此进行讨论。

知觉启动。当我们只对启动词的模态或表面属性做出反应，而非其本身意义时，知觉启动就会发生。这项研究的一个分支被称为单纯曝光效应（mere-exposure effects）。这些研究人员发现，当人们在短时间内（下意识地）接触物品会导致对这些物品的偏好，即使他们没有意识到已经见过这些物品（Borstein, Leone & Galley, 1987; Zajonc, 1968）。在一项关于多边形图形选择的研究中，博恩施泰因等发现，如果给被试在短时间（阈下刺激）呈现某个多边形图形后，在随后的多个多边形选择任务中被试会偏好选择看到过的图形。沙克特（Schacter, 1996）认为人类具有知觉启动效应是由于知觉表征系统PRS（Perceptual Representation System）的存在。通过这套系统，即使PRS不"知道"当前单词或者对象是什么，也可以帮助人们再认熟悉的对象和熟悉的单词。为了检验他的假设，沙克特向人们展示了两类物体的图画，一类是可能存在的物体，比如人们可以用黏土来建造的物体（熟悉的物体）；另一类是不存在的物体，比如埃舍尔的绘画，这些东西不可能存在于三维世界中（不熟悉的物体）。在实验中，沙克特在屏幕上快速闪现这些图像，每个被试都必须判断这些绘图是否可能存在。结果发现，被试只对可能的（熟悉的）物体产生启动效应；实验者认为，人类大脑无法对一个不可能的物体形成统一的图像，所以也就无法产生启动效应。一般而言，启动效应会随着启动刺激与测试刺激之间的感知相似性的提升而增强。当应用于产品植入领域时，这些发现表明，为了评估知觉启动效应，被测试的刺激需要尽可能在知觉上贴近植入的产品。换句话说，对视觉植入的检测最好呈现产品图片，听觉植入的检测最好让被试听到产品的名字，比如电话调查。

概念启动。概念启动与知觉启动不同，概念启动更多地基于语义记忆。在概念启动中，词汇的意义可以激活人们已有的信念，并影响其随后的行为。约翰·巴格、巴奇、陈和伯罗斯（John Bargh, Bargh, Chen, & Burrows, 1996）曾进行了一项实验，他们向人们展示了两类词语，一类与老年人相关；而另一类是与老年人无关的中性词。实验结束后，那些接触了与"老年人"相关词汇的被试比接触到中性词的被试在走廊中走得更慢。这些词启动了被试对老年人的刻板印象，并对自己的行为产生了影响。在潜意识广告领域存在这样一种争论，潜意识植入是否可以引发某种特定行为，比如（看完广告后）购买可口可乐；或者只是引发更普遍的口渴感。有一种可能性是，这种产品植入可能同时激活两种情况：一种在概念上激发整体欲望，一种在感知线索方面触发受众选择特定品牌。

情绪启动。情绪启动实验使用的启动刺激是具有情绪内涵的启动词，例如一张具有微笑脸或皱眉脸的图片。实验中，启动刺激呈现非常短暂（约5毫秒），紧接着呈现掩蔽刺激，这能够抑制被试对刺激进行进一步加工——掩蔽刺激基本上阻止了被试的探测。经过一段时间的延迟，给被试呈现一个中性目标刺激，如图纸。罗伯特·扎荣茨和他的同事们（Zajonc et al., 1968, 1980）发现，被试对目标对象的喜好取决于阈下暴露是否包含皱眉或微笑。因此，这说明即使给人们呈现短暂的情绪情境也可能影响到人们对产品的感知。

支持消费决策中存在内隐记忆的证据

直到最近，市场营销研究才刚刚涉及无意识记忆的加工过程，以及这些过程对消费者决策的影响。一些研究人员已经报告了启动/内隐记忆效应——在没有刻意回忆先前事件的情况下，被试由于先前的接触而产生了行为方面的改变。例如，劳、霍金和克雷克（Law, Hawkins & Craik, 1998）报告说，被试在第二次观看虚构的广告宣传时会觉得广告真实性更高，特别是当他们在无法识别出当下呈现的刺激是先前呈现过的刺激项目时。消费者行为学方面的文献中提到的其他内隐效应还包括单纯暴露效应（Janiszewski, 1993）、错误熟悉效应（false familiarity effect，即曝光24小时后，被试会错误地将虚构品牌判断为知名品牌；Holden & Vanhuele, 1999）以及情感语境效应（emotional context effects，即当产品呈现正面音乐时，比呈现消极音乐时得到更高的评价；Gorn, Goldberg, Chattopadhyay, & Litvack, 1991）。

如果外显测量和内隐测量检测的是不同的记忆形式，那么人们就可以预期，被试在外显测试和内隐测试的表现，以及不同的实验操作对两者的影响也是不同的。目前，已有几位营销研究人员报告了这种发现。亚尼塞夫斯基（Janiszewski, 1990, 1993）的研究发现，即使被试并没有意识到自己已经接触过某品牌（外显测量），但在对品牌评估和喜好度方面显示出了积极且稳定的效应（内隐测量），表明这两个测量之间是随机而独立的。同样，夏皮罗和克里希南（Shapiro & Krishnan, 2001）让被试在充分关注条件下或者在分散注意条件下（如，在听短篇故事时）观看印有虚构品牌名称的日常产品（例如手表、牛仔裤）的平面广告。15分钟或7天后，被试要么进行外显再认测试，要么进行内隐的选择任务，在内隐选择任务中不会对被试提及任何有关平面广告的内容。结果发现，被试在外显测试和内隐测试任务方面的表现是相互随机独立的：被试在再认任务的表现与选择任务的表现并不相关。此外，虽然实验操作（测试延迟，注意）会对外显测试的结果产生显著影响，但对内隐测试的结果没有影响。这些结果提供的证据表明，被试偶然接触到的广告或品牌名称会以不同的方式影响后续的消费行为，并且有些影响并不会被消费者知觉到。

产品植入：需要内隐测量

在某些方面更加引人注目的研究中，我们证明了内隐测量和外显测量之间的双重分离，其中，被试在外显测量和内隐测量的表现是不同的，并且这种不同实验操作的反应以一种可预测的方式展现出来（Law & Braun, 2000）。我们通过让被试观看电视节目《宋飞正传》（Seinfeld）的片段来考察产品植入的有效性。在实验前，我们告知被试将要收集他们对节目评价的数据（这是个幌子）。在实验中，被试观看两个片段中的一个，每个片段至少包含六个植入式广告。一部分产品植入对故事情节至关重要［例如克莱默（Kramer）和伊莱恩（Elaines）的母亲对巧克力泡芙的讨论］，而另一些相对次要（例如垃圾桶里的一箱汰渍）。此外，一些产品既被看到又被提及，而其他产品要么仅被看到，要么仅被提及。因此，故事情节中心性和植入方式就是本研究的两个自变量。被试观看《宋飞正传》片段后，需要完成内隐的选择任务和外显的再认测试。在内隐选择任务中，没有被提及先前观看任务的情况下，被试需要从两个品牌中选择一个品牌（其中一个在《宋飞正传》中曾出现，另一个没有出现）。外显再认测试过程与此类似，同样包含一个看过的品牌和一个新品牌名称。不同的是，在外显测试中，被试需回忆视频中曾经出现过哪些品牌。我们期望通过植入中心性和植入方式可以对外显记忆测量和内隐记忆测量进行分离。实验结果证实了这些预期：那些与故事情节中心高度相关的产品最不可能被选中，但在回忆和再认方面表现最好。相比之下，植入形式产生了相反的结果：与听觉植入相比，视觉植入产品较少被回忆和再认，但是被选择的频率最高。也就是说，实验操作产生了强烈的双重分离：虽然中心性影响了外显测量，但是对内隐测量却没有影响；但是产品的植入形式却表现出了相反的结果。

像其他有关产品植入的研究一样，劳和布劳恩（Law & Braun, 2000）的研究有一个局限，那就是它依赖现有的素材来考察产品植入效果（Russell, 2002）。例如，我们不可能得到这样的《宋飞正传》剪辑片段，即在一个版本中看到百事可乐，而在另一个版本中提及百事可乐。虽然我们可以根据心理学理论来推测产品植入的效果，但很难从这些数据中得出明确的结论，因为这些数据被其他无关变量干扰（如对演员的喜爱、情节强度、暴露持续时间）。最近，我们使用更多的控制影视片段复制并扩展了这些结果（Law, Schimmack, & Braun, 2003）。我们导演并录制了两个15分钟左右的视频，视频中植入了各种包装商品（例如麦片、咖啡、饼干）。有些品牌很熟悉，有些则不熟悉。实验中，被试被随机分配观看两个视频中的一个。20分钟或一周后，他们要么进行外显记忆测试（回忆和再认），要么进行内隐记忆测试（品牌选择和偏好）。结果再次显示，作为自变量的品牌熟悉度和测试延迟时间的效果与采用的外显测试和内隐测试之间存在明显的分离现象。总而言之，这些结果进一步证明了内隐记忆测试衡量的是一种不同于标准外显测试的知识形式（或曝光效应）。更重要的是，这些发现证实了外显和内隐的区别与植入式广告有效性的研究方法有关。

那么，问题就变成了哪种才算是"正确"的测量方式？正如我们在其他地方所论证的那样（Law & Braun, 2000），答案取决于植入的目的：当测量的行为是必然的或有意时，外显的测量方法更好；当测量的是自发行为时，内隐测试的方式更好（Vargas, von Hippel, & Petty, 2001）。因此，如果营销人员的目的是提高品牌知名度并展示品牌利益，正如宝马汽车品牌在电影《007之黑日危机》（*The World Is Not Enough*）中的植入，外显测量方式或许更加有效。同样，对于高卷入度的购买决策，例如跑车，拥有詹姆斯·邦德（James Bond）汽车的地位可能会影响到消费者的购买决策。因此，消费者有意识地记住植入广告是关键，而外显的测量方式最能预测消费者的行为。但是，对于大多数的购买决策而言，这种外显的意识并不必要，甚至所起到的作用也可能会被打折扣，反而，那些更接近消费者实际行为的内隐测量方式则更为合适。对于这类决策行为，例如在超市通道中拿起可乐，消费者不太可能主动去搜索他们之前遇到过的品牌信息（因此，当顾客匆忙在杂货店完成购物时，在《宋飞正传》中植入的可口可乐广告不会被记起）。因此，内隐的测量方式可能更适合于这类现象。

营销人员可以通过多种方法来评估产品植入对消费者内隐记忆的影响。消费者的购买场景是一项内隐任务，接近消费者所期望的行为。但是诸如被拉塞尔采用的态度测量也可以用于间接评估植入效果。在测量产品的再认过程中，反应潜伏期仍然可能是另一种更加精妙的测量方法（Shapiro, MacInnis, Heckler, & Perez, 1999）。

产品植入的影响因素

考虑购买植入广告的公司要考虑以下几个问题。比如产品与剧情的安排如何；产品植入的形式，是视觉、听觉或两者兼而有之；产品出现的情节性质如何，是正面情境还是负面情境；以及如何最好地测量产品类别。基于关于外显记忆和内隐记忆的研究，我们提出以下几点建议。

- **产品中心性**：古普塔和洛德（Gupta & Lord, 1998）发现，在观众回忆中，突出的位置胜过隐约的描述。如果制造商的目标是有意识的回忆，那么情节的集中性是关键。这些产品很可能在电影评分和其他只使用外显记忆测量的方法上表现良好。
- **模式**：在关于产品植入的研究中，我们发现很难区分中心性和模式之间的效果。通常那些被看到和听到的产品对于情节更为重要（Law & Braun, 2000）。然而，一般而言，来自认知心理学文献的证据表明，模式对知觉内隐记忆任务有很大影响（Blaxton, 1989），但对外显记忆任务影响很小或没有影响（Roediger &

Blaxton，1987）。相比之下，其他研究显示，同时拥有两种模式呈现对记忆有好处。佩维奥（Paivio，1986）提出的双加工理论指出，如果产品同时被看到和听到，那么，就会在曝光时形成两条不同的记忆痕迹。这种更强大的记忆痕迹更可能通过外显的记忆测量表现出来。但是，如果营销人员面临着在模式方面的选择，而植入目标是对受众施加更微妙的影响，那么视觉形式是优选。我们生活在一个视觉主导的世界，我们处理这类信息的能力得到增强。此外，消费者需要做出选择时更容易获得视觉信息（例如最近刚在《宋飞正传》中看到麦片盒）。有关知觉启动效应的研究表明，这种模式匹配将有利于视觉植入。

- **情感语境**：根据定义，产品植入指将产品浸入节目的情感语境中。这种情感语境会转移到品牌上。通常情况下，在消极语境中的信息更容易被回忆。因此，出现在负面语境中的产品比出现在正面语境中的产品的回忆效果更好。然而，在这种情况下，当涉及行为时，外显和内隐测试之间就可能出现分离现象，转移到产品的态度也产生与节目一致的情感因素。因此，外显测量可能显示出负面情境的记忆增强；但是，内隐测量在预测情绪是如何影响实际行为方面更加有效。

- **产品类别**：在许多研究中，相对于外显测试，内隐测试的表现结果更加稳定。（Gibbons, Neaderhiser, & Walker, 2000; Law et al., 2002; Shapiro & Krishnan, 2001）。这表明，对于消费者被要求在一段时间后做出品牌选择的低参与度购买时，使用内隐措施比外显措施更为合适，例如在超市选择不同品牌的苏打水。

结　论

本章的总议题已经被不断增加的关于人类记忆的不同表达方式所重塑，即在产品植入效果的测量方面，需要同时进行内隐和外显测试。认知心理学家以及最近的营销研究人员正在试验各种方法，以便测量和理解不同的刺激暴露方式是如何影响受众随后的判断、情绪情感和行为，以及这种影响是在意识层面还是无意识层面的。鉴于产品植入研究人员主要侧重于外显测量，即在测量过程中要求消费者有意识地回忆产品植入，但我们认为，研究人员能够对内隐测量感兴趣，并且系统地探索对受众无意识的植入及其影响的话，那将是有益的。因此，我们也建议使用内隐测量——实际上，我们认为后面这些测试更适用于消费者领域。

目前的研究框架和相关文献为今后的研究提出了许多方向。首先，考虑到营销人员认为产品植入比传统媒体更划算，因此调查这一情况是否属实是很重要的。一方面，弗里斯塔德和赖特（Friestad & Wright，1994）认为，一旦人们意识到别人正在对他们进行劝服尝试，他们就会沉迷于心理反驳、消息审查。接触过传统营销传播形式（例如，节目之间的商业广告）的消费者通常都知道这些有劝服意图，而这种意识可能抵消了这些信息的说服力。然而，就产品植入而言，大多数受众的意识性可能很低，这表明后者可能是一个更有说服力的媒介。另一方面，广告对产品植入的控制明显较少，并且可以通过传统节目更有力地吸引观众的注意力。其次，使用受控制的刺激时，一旦人们清楚地识别了节目赞助商，重要的是要确定植入效果是否可以识别出来。一些消费者权益保护组织（例如公共利益科学中心）对电视节目中的客串品牌表现感到担忧，他们认为强制明确标识产品的赞助商是保护公众利益的必要步骤。因此，有必要研究赞助商标识的存在是否会抵消植入效果，以及在何种情况下呈现信息是最有效的。未来的研究应该试图解决这些问题。

参考文献

Avery, R. J., & Ferraro, R. (2000). Verisimilitude or advertising? Brand appearances on prime-time television. *The Journal of Consumer Affairs*, 34(2), 217–244.

Babin, L. A., & Carder, S. T. (1996). Viewers' recognition of brands placed within a film. *International Journal of Advertising*, 15, 140–151.

Bannan, K. J. (2002, March 5). Companies try a new approach and a smaller screen for product placements: Video games. *New York Trmes*, p. C6.

Bargh, J. A., Chen, M., & Burrows, L. (1996). Automaticity of social behavior: Direct effects of trait constructs and stereotype activation on action. *Journal of Personality and Social Psychology*, 71, 230–244.

Bornstein, R. F., Leone, D. R., & Galley, D. J. (1987). The generalizability of subliminal exposure effects: Influence of stimuli perceived without awareness of social behavior. *Journal of Personality and Social Psychology*, 53, 1070–1079.

d'Astous, A., & Chartier, F. (1999). How should we plug our brand? A study of factors affecting consumer evaluations and memory of product placements in movies. In Y. Evrard, W. D. Hoyer & A. Strazzieri (Eds.), *Proceedings of the third international research seminar on marketing communications and consumer behaviour* (pp. 104–117). d'Aix-en-Provence: IAE.

Friestad, M.,&Wright, P. (1994). The persuasion knowledge model: How People cope with persuasion attempts. *Journal of Consumer Research*, 21, 1–31.

Gibbons, J. A., Neaderhiser,B. J.,&Walker,W.R. (2000). *Forgetting and implicit memory.* Unpublished manuscript, Kansas State University.

Gorn, G. J., Goldberg, M. E., Chattopadhyay, A., & Litvack, D. (1991). Music and information in commercials: Their effects with an elderly sample. *Journal of Advertising Research*, 30, 23–32.

Graf, P., & Schacter, D. L. (1985). Implicit and explicit memory for new associations in normal and amnesic subjects. *Journal of Experimental Psychology: Learning, Memory, and Cognition*, 11, 501–518.

Grossberg, J. (2002, June 21). *Minority Report*'s product placement. E!Online. Retrieved August 29, 2002, from http://www.eonline.con/News/Items/0,1,10138, 00.html

Gupta, P. B., & Lord, K. R. (1998). Product placement in movies: The effect of prominence and mode on recall. *Journal of Current Issues and Research in Advertising*, 20(1), 47–59.

Holden, S. J. S., & Vanhuele, M. (1999). Know the name, forget the exposure: Brand familiarity versus memory of exposure context. *Psychology and Marketing*, 16(6), 479–496.

Jacoby, L. L. (1984). Incidental versus intentional retrieval: Remembering and awareness as separate issues. In L. R. Squire & N. Butters (Eds.), *Neuropsychology of memory* (pp. 145–156). New York: Guilford Press.

Janiszewski, C. (1990). The influence of nonattended material on the processing of advertising claims. *Journal of Marketing Research*, 27, 263–278.

Janiszewski, C. (1993). Preattentive mere exposure effects. *Journal of Consumer Research*, 20, 376–392.

Karrh, J. A. (1994). Effects of brand placements in motion pictures. In K. W. King (Ed.), *Proceedings of the 1994 conference of the American Academy of Advertising* (pp. 90–96). Richmond, VA: American Academy of Advertising.

Law, S., & Braun, K. A. (2000). I'll have what she's having: Gauging the impact of product placements on viewers. *Psychology and Marketing*, 17(12), 1059–1075.

Law, S., Hawkins, S. A.,&Craik, F. I. M. (1998). Repetition-induced belief in the elderly: Rehabilitating age-related memory deficits. *Journal of Consumer Research*, 25, 95–107.

Law, S., Schimmack, U.,&Braun, K. A. (2002). *Study of embedded commerce with explicit and implicit measures of memory*. Unpublished manuscript, University of Toronto, Canada.

Milner, B. (1966). Amnesia following operation on the temporal lobe. In C. W. M. Whitty & O. L. Zangwill (Eds.), *Amnesia* (pp. 109–133). New York: Butterworth.

Moore, T. E. (1980). Subliminal advertising: What you see is what you get. *Journal of Marketing*, 26, 38–47.

Paivio, A. (1986). *Mental representativeness: A dual coding approach*. New York: Oxford University Press.

Puchinelli, N., Mast, F., & Braun, K. A. (2001). *What we know and don't know about what influences behavior: An examination of implicit predictors of behavior*. Unpublished manuscript, Mind of the Market Lab, Harvard Business School, Cambridge, MA.

Roediger, H. L., & Blaxton, T. A. (1987). Effects of varying modality, surface features, and retention interval on priming in word fragment completion. *Memory and Cognition*, 15, 379–388.

Roediger,H. L.,&McDermott, K. B. (1993). Implicit memory in normal human subjects. In F. Boller & J. Grafman (Eds.), *Handbook of neuropsychology* (Vol. 8, pp. 63–131). Amsterdam: Elsevier.

Russell, C. A. (2002). Investigating the effectiveness of product placements in television shows: The role of modality and plot connection congruence on brand memory and attitude. *Journal of Consumer Research*, 29, 306–318.

Schacter, D. L. (1987). Implicit memory: History and current status. *Journal of Experimental sychology: Learning, Memory, and Cognition*, 13(3), 501–518.

Schacter, D. L. (1992). Understanding implicit memory. *American Psychologist*, 47(4), 559–569.

Schacter, D. L. (1996). *Searching for memory*. New York: Basic Books.

Seger, C. A. (1994). Implicit learning. *Psychological Bulletin*, 115(2), 163–196.

Shapiro, S., & Krishnan, H. S. (2001). Memory-based measures for assessing advertising effects: A comparison of explicit and implicit memory effects. *Journal of Advertising*, 30(3), 1–3.

Shapiro, S., MacInnis, D. J., Heckler, S. E.,&Perez, A. M. (1999).Anexperimental method for studying unconscious perception in a marketing context. *Psychology and Marketing*, 16(6), 459–477.

Vargas, P. T., von Hippel, W., & Petty, R. E. (2001). *Using implicit attitude measures to enhance the attitude-behavior relationship*. Unpublished manuscript, Ohio State University.

Vollmers, S., & Mizerski, R. (1994). *A review and investigation into the effectiveness of product placements in films*. In K. W. King (Ed.), *Proceedings of the 1994 conference of the American Academy of Advertising* (pp. 97–102). Richmond, VA: American Academy of Advertising.

Zajonc, R. B. (1968). Attitudinal effects of mere exposure. *Journal of Personality and Social Psychology Monograph Supplement*, 9, (2, pt 2) 1–27.

Zajonc, R. B. (1980). Feeling and thinking: Preferences need no inferences. *American Psychologist*, 35(2), 151–175.

第五章　品牌植入的心理模型

杨文熙（Moonhee Yang）
贝弗利·罗斯科-艾沃森（Beverly Roskos-Ewoldsen）
大卫·R. 罗斯科-艾沃森（David R. Roskos-Ewoldsen）
亚拉巴马大学（University of Alabama）

产品植入是广告商在影视节目中向观众传达其品牌信息的一种方式，截至目前，已经被使用超过50年了（Babin & Carder, 1996; Sargent et al., 2001）。近期，一项采用内容分析方法的研究考察了1997年春季黄金时段播放的电视节目，结果发现：在黄金时段，平均每小时的电视节目中出现将近30个品牌（Avery & Ferraro, 2000; Ferraro & Avery, 2000）。很显然，大家普遍认为品牌植入是一种有效触达受众的方式。

不幸的是，因为许多有关品牌植入的数据是私有的，所以品牌植入的有效性测定就变得很困难。然而，许多作者引用好时在电影《外星人》中植入里斯巧克力的案例，并以此证明品牌植入是具有潜在有效性的（Babin & Carder, 1996; Gupta & Lord, 1998; Karrh, 1998; Ong & Meri, 1994）。电影中，因为外星人在自己的藏身之处和男孩的小房子之间留下了一条里斯巧克力的踪迹，观众便看到一名小外星人被拉进房屋。因此，在几个月内，里斯巧克力的销量增加了67%。尽管里斯巧克力取得了巨大成功，但关于品牌植入的实证研究结果却不那么令人鼓舞。这表明品牌植入在增加销售量方面所起的作用，可能并不如有些人想象的那样卓著（Karrh, 1998）。

当然，增加销量并不是产品植入的唯一目标。品牌植入也可以用来增加观众对品牌的熟悉度，使消费者更容易记住植入的品牌（d'Astous & Chartier, 2000）。目前关于品牌植入的实证研究主要集中在考察观众对影视节目中品牌的记忆效果。接下来我们将进行一个研究：品牌植入与品牌记忆之间的复杂关系。目前，还没有某个单一理论或模型能够揭示这种复杂关系。

在本章中，我们提出了一种用于理解产品植入的方法，通过该方法可以知道在何时进行植入能够让观众记住品牌。我们认为，当观众观看影视节目时，他们的注意力焦点主要放在故事情节上。研究者若想充分了解品牌植入，就必须充分理解观众是如何理解节目的。基于对文本理解的研究，我们知道人们在试图理解一个故事的时候，会构建一个心理模型（Wyer & Radvansky, 1999）。因此，在本章中，我们提出了一种心理模型方法来理解品牌植入对品牌记忆和态度的影响。这种方法，以及对记忆和判断之间关系的研究，为预测品牌植入在何时成功奠定了一定的基础。纵观全章，我们在本章的开始部分先回顾关于品牌植入的研究；然后讨论心理模型方法，包括最近的一项景观模型（landscape model）测试，研究者在测试中使用的刺激材料是视频媒体，而不是文本媒体。最后，我们讨论了心理模型方法对理解品牌植入何时有效的影响。

品牌植入的效果是什么？

为什么要使用品牌植入呢？如前所述，因为品牌植入被认为是有效的。具体而言，与传统广告相比，如15秒或30秒的广告，品牌植入具有许多优势。第一，品牌植入可能克服切换问题（Avery & Ferraro, 2000; d'Astous & Chartier, 2000）。在广告时间，观众很容易跑到厨房拿啤酒。但是当里斯巧克力被植入电影场景中的地面时，观众就不太可能跑去厨房喝啤酒了，因为观众可能想要看电影（Babin & Carder, 1996; d'Astous & Chartier, 2000）。第二，品牌植入通常会与知名演员建立关联，因此，植入可以被看作一种明星代言（Avery & Ferraro, 2000）。例如，德洛姆和里德在一项焦点小组研究中发现，那些年轻且欣赏某一特定电影男演员或女演员的观众更可能将植入品牌与演员联系起来，并产生购买欲望（DeLorme & Reid, 1999）。同样，其他研究表明，当电影主角在电影中使用了某个产品，观众对该品牌的记忆会增强，对产品的评价也比没被演员使用过时稍好（d'Astous & Chartier, 2000）。

第三，品牌植入使广告商瞄准特定的观众群体，因为好莱坞已经很好地掌握了哪类人群观看哪类电影的人口统计数据（Nebenzahl & Secunda, 1993）。第四，与普通广告相比，品牌植入的生命周期更长（Brennan, Dubas, & Babin, 1999; d'Astous & Chartier, 2000）。随着《外星人》上映20周年活动的到来，好时对里斯巧克力的投放可能在20年后仍然有效。此外，如果人们购买《外星人》的录像带或DVD，品牌植入的生命周期甚至进一步延长。第五，商业广告作为一种商业言论被规范起来。然而，品牌植入却存在很多模糊之处。品牌植入是商业广告还是电影，法院还没有给出明确的决定，如果算是电影，那么品牌植入就可以受到与电影同等的法律保护。因此，品牌植入目前比传统的商业言论享有更多的自由（Avery & Ferraro, 2000）。第六，观众似乎对品牌植入持积极态度（Nebenzahl & Secunda, 1993）。事实上，观众已经表示，品牌植入增强了观众的观看体验，因为它们使电影更加真实（Avery & Ferraro, 2000）。最后，与标准广告相比，观众对品牌植入的反应可能没那么挑剔（Babin & Carder, 1996）。当人们意识到有人试图说服他们时，他们倾向于对信息做出更批判性的反应（Petty & Cacioppo, 1986）。然而，当品牌植入发生在观众观看的节目中时，他们可能并不认为这些植入信息在本质上具有说服性，也不太可能对植入性信息做出批判性的反应（Babin & Carder, 1996）。

品牌植入对记忆和评估的影响

有了前面提到的关于品牌植入的优势，那么在影视节目播出成功后，该品牌产品的销售额增长基本上可以得到保证（Sargent et al., 2001）。然而，即使广告商在电视或者电影植入上投入大量资金，品牌植入也并不是每次都会成功的。此外，考虑到在影视节目中进行植入的品牌数量越来越多，但是对植入效果的研究却很少（Karrh, 1998; Ong & Meri, 1994），大多数相关研究都在考察品牌植入对受众记忆的影响。

有关品牌植入对受众记忆影响的研究普遍发现，相对于不被植入的情况，如果同一品牌被植入电影，受众对该品牌的记忆效果更好（Karrh, 1998）。然而，关于品牌植入对品牌记忆影响的早期研究结果却比较不一致（Babin & Carder, 1996; Ong & Meri, 1994）。例如，翁和梅里（Ong & Meri, 1994）发现，某些品牌植入不会增强记忆效果，而其他类型的品牌植入可以显著提高记忆效果。特别值得注意的是，在观看电影《城市英雄》（*Falling Down*）后，有77%的观众回忆起在看电影时看到可乐，但仅有18%的人回忆起在同部电影中看到哈姆啤酒（Ong & Meri, 1994）。

这些早期发现将研究问题转移到了品牌植入对品牌记忆影响的因素上。因此，最近的研究主要集中在探究植入特征，以及这些特征是否能调节植入式广告对品牌后期记忆的效果。这项研究已经考虑到产品植入是否具有创意（背景拍摄）和场景设置（前景），以及产品在屏幕上的大小和出现的位置。该研究的基本发现是，视觉上更突出的位置往往会比不那么突出的位置产生更大的品牌记忆（Brennan, Dubas, & Babin, 1999; d'Astous & Chartier, 2000; Gupta & Lord, 1998; Law & Braun, 2000）。正如我们随后讨论的，该问题在心理模型视角下是有意义的，因为突出的信息更有可能被注意到，并被编码进故事的心理模型。不幸的是，目前的研究还未对植入品牌卷入故事情节的程度因素进行探讨。我们认为，植入品牌在故事中所发挥的作用会影响到该产品在受众所生成的心理模型中的比重。

最近的一项研究表明，品牌植入会对品牌记忆产生额外的影响。具体而言，劳和布劳恩（Law & Braun, 2000）发现，品牌植入不仅会影响对受众再认和回忆任务等外显记忆的测量，还会影响到对受众内隐记忆的测量。在他们的研究中，劳和布劳恩让被试想象他们正在帮助一个朋友为他的新公寓购买物品。结果发现，相比于在剧集中没有出现的对照组物品，被试更倾向于选择购买最近观看的《宋飞正传》中出现的物品。结果表明，品牌植入可以使品牌在观众的记忆中占据上风；随后，这也可能会影响观众对该品牌的判断或者行为（Roskos-Ewoldsen, Klinger, & Roskos-Ewoldsen）；或者罗斯科-艾沃森和卡彭铁尔有关媒体启动的讨论（Roskos-Ewoldsen & Carpentier, 2002）。

品牌植入的另一个研究焦点是品牌植入对品牌评价的有效性问题。这一系列研究的结果是比较清晰的。除了少数例外，这些研究发现，品牌植入很少或根本不会影响受众对品牌的评价或购买意向（Babin & Carder, 1996; Karrh, 1998; Ong & Meri, 1994）。因为突出的位置可以提高品牌的记忆效果，这些研究结果显得令人费解。在德洛姆和里德（DeLorme & Reid, 1999）的焦点小组研究结果中可以找到品牌植入不会影响品牌态度的答案。被试表示，如果植入的品牌是他们已经喜欢和使用过的，他们更有可能会注意到这些品牌；该结果表明人们更倾向于关注那些在他们所处的环境中容易接近的东西，这个发现与调查结果一致（Fazio, Roskos-Ewoldsen, & Powell, 1994; Roskos-Ewoldsen, 1997; Roskos-Ewoldsen & Fazio, 1992）。如果人们对某品牌已经有强烈的态度，这表明他们的记忆中已经有一个固定态度，那么，他们的态度就不太可能会发生改变（Roskos-Ewoldsen, 1997; Roskos-Ewoldsen & Fazio, 1997）。因此，品牌植入可能有助于强化既存态度，但它不会使受众对植入品牌产生更高的评价或者更强烈的购买意向。

品牌植入的伦理问题

在有关品牌和产品植入的文献中，还有一项议题被广泛关注，那就是在影视节目中植入品牌或产品的伦理问题。具体地说，如果香烟品牌（在1990年烟草业自愿禁止品牌植入之前）或香烟作为产品（在1990年禁止之后）可能导致青少年开始吸烟，那么将香烟品牌或香烟作为产品出现在电影中是否道德？[①] 虽然伦理问题超出了本章的探讨范围，因为有人认为品牌植入和产品植入能产生比较强烈的效应，我们相信，这一领域的研究还是值得被特别关注的。

有几项研究采用内容分析法对影视作品进行了分析，结果发现，考虑到吸烟在一般人群中的普遍存在情况，影视作品中出现香烟的概率远高于应有水平（Christenson, Henriksen, & Roberts, 2000; Diener, 1993; Everett, Schnuth, & Tribble, 1998; Hazan, Lipton & Glantz, 1994; Roberts, Henriksen, & Christenson, 1999; Sargent et al., 2001; Stockwell & Glantz, 1997）。在一项内容分析研究中，研究者分析了四部影视作品中的42个镜头。在1998年秋季档中，这些节目在青少年和成人群体中都很流行。克里斯滕森等人（Christenson et al., 2000）发现约有22%的电视节目提及吸烟或吸烟行为，但与青少年节目相比，吸烟镜头在成年人电视节目中出现得更频繁。此外，在对1996年至1997年的200部电影的内容分析中，罗伯茨等人（Roberts et al., 1999）发现，89%的影片包含了吸烟或与吸烟相关的行为，尤其是有17%的吸烟者年龄在18岁以下。显然，香烟和其他烟草制品在当时的影视节目中很流行。

[①] 1990年，烟草行业自愿停止为电影的品牌植入付费。然而，香烟仍继续用于电影，其使用率与禁令启动前相差无几。其中几个原因包括，导演认为吸烟的男演员或女演员使电影更现实或符合人物形象等（Shields, Carol, Balbach, & McGee, 1999）。

一些研究人员认为，这种在影视中流行的吸烟行为和香烟至少在一定程度上导致了青少年开始吸烟（Basil, 1997; Chapman & Davis, 1997; Stockwell & Glantz, 1997）。确实，一些研究支持香烟的存在可能会影响青少年是否开始吸烟。例如，迪斯蒂芬、吉尔平、萨金特和皮尔斯（Distefan, Gilpin, Sargent, & Pierce, 1999）的研究表明，易受吸烟影响的青少年更可能喜欢在屏幕内外都吸烟的电影明星。迪斯蒂芬（Distefan et al., 1999）将这一结果解释为青少年容易受到吸烟影响，是因为他们喜欢的男演员或女演员吸烟。然而，我们应该谨慎对待这种解释。

烟草行业在1990年自愿停止在电影中进行品牌投放。然而，由于考虑到演员的吸烟状况、导演认为吸烟使影片更逼真或者更适合人物角色等原因，香烟在电影中的使用频次与禁令前的频次大致相同（Shields, Carol, Balbach, & McGee, 1999）。鉴于这项研究属于相关性研究，我们很难知道吸烟场景是否真的会导致青少年开始吸烟，或者考虑吸烟的青少年是否更容易注意并喜欢那些吸烟的明星。此外，吸烟风险与喜欢在屏幕内外吸烟的电影明星之间的关系属于弱相关的（$r < .09$），且无统计学意义。[①]最后，在吸烟的风险衡量方面，迪斯蒂芬（Distefan, 1999）高估了青少年成为吸烟者的概率。皮尔斯、崔、法卡斯、吉尔平和梅里特（Pierce, Choi, Gilpin, Farkas, & Merritt, 1996）对吸烟的易感性进行了相同的测量。结果发现，这群在1989年被认为是对吸烟易感的青少年，到了1993年，他们中仅有13%的个体成为真正的吸烟者。

两项关于电影吸烟行为对受众影响的研究也表明，电影中吸烟镜头会影响受众开始吸烟。海因斯、萨里斯和斯洛克莫顿贝尔泽（Hines, Saris, & Throckmorton-Belzer, 2000）发现，对那些经常或偶尔吸烟的男性而言，相较不含吸烟镜头的电影片段，观看含有吸烟镜头的片段会产生更强烈的吸烟欲望。此外，当他们观看包含吸烟镜头的短片时，偶尔吸烟者和经常吸烟者表示他们未来吸烟的可能性要高于那些观看不吸烟片段的被试。然而，不吸烟的人观看电影片段中的吸烟镜头，对他们在未来尝试吸烟的可能性没有影响，并且，观众对吸烟的女性角色比不吸烟的女性角色评价更负面。

在另一个实验研究中，吉普森和毛瑞尔（Gibson & Maurer, 2000）让被试观看电影《虎胆龙威》（Die Hard）中的两个不同片段。在第一个片段中，布鲁斯·威利斯（Bruce Willis）吸烟；而在第二个片段中，他不吸烟。那些低认知需要的非吸烟者认为自己在观看了布鲁斯·威利斯吸烟的片段后，更有可能与吸烟者成为朋友，而观看了布鲁斯·威利斯不吸烟片段的人则不那么认为。然而，在电影片段中呈现吸烟镜头对观众未来吸烟的总体态度或意愿并没有产生影响。对于那些高认知需要的非吸烟者来讲，这些片段也没有任何影响。

在有关影视产品植入伦理的研究中存在一个主要问题，那就是学者们往往不考虑产

[①] 相关系数是通过作者在表5中提供的频率进行计算的（Distefan et al., 1999）。

品植入在影视中操作的背景信息。然而，人们会认为对吸烟行为的描述方式不同，那么对观众的吸烟态度也会产生不同的影响。换句话说，吸烟发生的环境应该会影响观众对吸烟的反应。尽管影视作品对吸烟的描述大多是中性的，但总体上负面陈述要多于正面陈述。在包含吸烟场景的电视节目中，23%的节目对吸烟进行负面陈述，而只有13%采用正面陈述。在电影中，反派角色吸烟（38%）的可能性比正派角色（22%）高；22%的电影中对吸烟采用负面陈述，而只有7%的电影采用了正面陈述（Christenson et al., 2000; Roberts et al., 1999）。考虑到这一点，我们假设吸烟描绘会导致更多，而不是更少的吸烟行为，这真令人感到奇怪。

综上所述，现存的关于影视吸烟场景描述的效果研究结果与关于品牌植入更一般性的研究结果是一致的。这两种文献表明，品牌或产品植入对品牌或产品的态度没有产生影响。此外，品牌植入似乎对品牌产品相关的行为没有影响，除非这个人本身已经是吸烟者。

心理模型与媒体

当人们看电视节目或电影时，可能会带有许多不同的目的，比如娱乐、获取信息或者分散家庭或工作中的注意力。然而，所有观众都具有一个基本的媒体目标，那就是需要对所观看的节目产生一个连贯的理解。为了实现这一目标，观众需要在电影展开时建构与电影相关的心理表征。这种表征包括关于电影中的人物与情境信息，以及基于电影类型或电影主演的先验认知建立的期望。这种信息的结合为理解电影的展开和预测电影未来的情节提供了基础。不幸的是，很少有研究者关注到观众是如何对他们观看的信息建立一致的理解的（Livingston, 1987, 1989, 1990）。这种对电影理解或连贯性的关注，以及加强电影理解的认知表征，是心理模型方法的核心。在我们看来，理解个人话语、媒体或整个世界都需要构建一个连贯的心理模型来表征事件。如果一个人可以构建一个这样的模型，那么就代表这个人能够理解这一现象（Halford, 1993; Wyer & Radvansky, 1999）。我们认为，要想了解影视作品中产品植入的影响，那么就必须了解人们是如何对影视节目形成连贯的理解。

心理模型方法反映的是一种观察，即有关情境内部或者情境本身的典型思考（Garnham, 1997）。心理模型是一种心理表征，表征对象包括：(a) 真实世界、假想世界或虚幻世界中的情境，包括空间和时间；(b) 在情境中发现的实体以及这些实体所处的状态；(c) 各种实体与情境之间的相互关系，包括因果关系和意向性；(d) 在这种情境下发生的事件（Garnham, 1997; Johnson-Laird, 1983; Radvansky & Zacks, 1997; Wyer & Radvansky, 1999; Zwaan & Radvansky, 1998）。心理模型不同于记忆的网络模型，但心理模型内的实体和事件被假设为和语义网络内的相关表征是相关联的（Radvansky & Zacks,

1997; Wyer & Radvansky, 1999）。换句话说，心理模型假设与语义网络同时存在，而语义网络又是基于记忆网络模型的假设而存在的。

范·戴克（van Dijk, 1998）认为，心理模型是语义记忆（对世界的认识）和情境记忆（对过去经历的记忆）的结合。然而，这种说法可能具有误导性。特别是，它可能会给人一种印象，即心理模型只会涉及个人过去经历的表征（范·戴克称其为经验心理模型）。然而，当心理模型被定义为情境的认知表征时，"情境"（situation）这一术语被非常广泛地使用。例如，我们可以拥有属于我们自己的心理模型，这部分心理模型包括拥有者与被拥有物之间的相互关系（Radvansky & Zacks, 1997）。同样，心理模型也可用于推理任务。当论点的前提为真的世界，通过这种推理方法就可以表征可能存在的世界，并且通过操作可能世界来探索未来可能发生的事情（Johnson-Laird, 1983）。

心理模型方法已经被用来解释许多不同的现象，包括推理和解决问题（Greeno, 1984; Johnson-Laird, 1983）、语言加工（Garnham, 1997）、儿童对世界的理解（Halford, 1993）、文本理解和话语分析（Graesser, Singer, & Trabasso, 1994; Morrow, Greenspan & Bower, 1987; van Dijk & Kintsch, 1983; Zwaan & Radvansky, 1998）、儿童的内隐物理理论（Gentner & Gentner, 1983）、空间认知（Radvansky, Spieler, & Zacks, 1993）、媒介启动（Roskos-Ewoldsen et al., 2002）、政治广告（Biocca, 1991）和意识形态（van Dijk, 1998）。我们相信心理模型方法也可以用来理解影视品牌植入对人们的品牌记忆和态度的影响。

从更加广泛的层面来讲，心理模型方法为我们理解媒体提供了一个灵活的框架。第一，心理模型可以存在多个抽象层次（Johnson-Laird, 1983）。如果你是一个神秘小说的读者，那么你可能拥有一个有关阿加莎·克里斯蒂小说（Agatha Christie novels）的心理模型，对她写的关于波洛和马普尔小姐的神秘小说有更具体的心理模式，甚至对波洛或马普尔小姐系列的特定故事有更具体的心理模式。除非品牌是情境中不可分割的一部分，否则品牌植入不太可能出现在更加抽象层面的心理模型中。第二，新的信息可以整合进已有的心理模型（Wyer & Radvansky, 1999）。人们对什鲁斯伯里镇的心理模型，即关于埃利斯·彼得斯的兄弟卡德菲尔的神秘故事，将随着什鲁斯伯里和卡德费尔兄弟居住的修道院的信息更新而更新；同样，对心理模型内容的思考也将导致心理模型的更新（Zwaan & Radvansky, 1998）。例如，如果某个品牌的首次植入是不突出的（即不是故事的组成部分），那么该品牌就不太可能在观众的心理模型中得到体现。然而，如果随后的植入变得更加突出，并且与故事不可分割，那么这个品牌就更有可能被整合进心理模型，并且这个心理模型可以被进一步更新，进而将首次不太突出的植入也包括进去。第三，心理模型不但可以表征静态情境，例如关于对什鲁斯伯里镇的心理模型（时间状态模型；Radvansky & Zacks, 1997），也可以表征动态情境，例如发生在修道院的特定神秘事件的心理模型（事件过程模型；Radvansky & Zacks, 1997）。

关于心理模型的几类研究也证实心理模型在帮助人们理解媒体内容方面有作用。

研究发现，语言和图像信息的混合呈现有助于人们建构相应的心理模型（Glenberg & Langston, 1992; Wyer & Radvansky, 1999）。因此，媒体应对促进观众建构心理模型具有特殊的效用。与此相一致，古普塔和洛德（Gupta & Lord, 1998）的研究发现，口头提及的植入的记忆效果并不会高于简单视觉呈现的记忆效果。研究还表明，先前创建的心理模型不但会影响新信息的解码方式，还会影响因理解当前事件而建立的心理模型（Radvansky & Zacks, 1997; Wyer & Radvansky, 1999）。在电视节目方面，心理模型可以帮助我们理解同一节目的跨场景信息以及同一系列节目的跨集信息（Zwaan & Radvansky, 1998）。此外，观众对某一节目建构的心理模型将驱动观众对节目类型进行推断（Graesser et al., 1994）。最后，正如前面已经讨论过的，心理模型的抽象程度可能有所差异，所以那些经常观看某一特定类型影片的观众应该具有更加丰富的抽象心理模型，以便进一步理解该类型影片的细微差别。的确，研究发现，人们构建的心理模型取决于他们正在阅读的故事类型（Zwaan, 1994）。因此，媒介研究中的体裁差异可能很好地反映了人们对媒介事件建构的心理模型类型。

　　心理模型方法提供了一个框架，通过该框架可以使我们了解媒体对我们的知觉和行为方面的影响。例如，塞格琳和纳比（Segrin & Nabi, 2002）发现，观看浪漫电视节目的人比没有观看浪漫节目的人对婚姻有更多的理想期望。我们认为，观看这种类型的影视节目会产生一种心理模型，这种模型将媒体中的婚姻理想主义形象结合在一起。换句话说，我们对婚姻建构的心理模型决定了我们对婚姻的期望，这种心理模型至少在一定程度上受到我们所观看的电视类型的影响。怀尔和拉德万斯基（Wyer & Radvansky, 1999）提供了另一个例子。他们认为，媒体会对人们建构"卑鄙世界"（mean world）的认知产生影响，而这种影响可能源于一个人在尝试理解现实社会时使用了观看暴力媒介内容后所建构的心理模型。从我们的角度来看，鉴于电视上存在大量暴力事件，电视的重度观众很可能构建出一个包含暴力的抽象心理模型。此外，心理模型的抽象性将增加这部分观众将这类心理模型用于理解媒体之外情境的可能性。更概括地说，我们认为心理模型可以用来解释媒介效应，如媒体涵化及影响观众感知现实。

　　我们使用心理模型方法来研究人们如何理解电影（Roskos-Ewoldsen, Roskos-Ewoldsen, Yang, Crawford, & Choi, 2002）。在观看电影时，由于注意力资源和短期记忆的限制，观众很难对电影产生连贯的理解。实际上，电影有时候会专门利用这些限制来制造悬念。在电影《城市英雄》（*Falling Down*）中，迈克尔·道格拉斯（Michael Douglas）饰演一名被解雇的国防工程师（Defens）。电影一开始，他在洛杉矶市中心附近遭遇交通堵塞。他弃车步行回家。他遇到的每个人，大多是那些具有刻板印象的人物，如咄咄逼人的贫民区帮派、粗鲁的便利店老板以及白人至上主义者，都让他感到心烦意乱。他的反应越来越暴力。当他走过洛杉矶时，他打电话给前妻，告知他要回家为女儿过生日。前妻显然被电话吓坏了，这表明情况还可能更糟。在电影结束时，观众确信这名国防工程师疯了。

根据电影报道以及互联网上的影评信息，该电影存在三种解释。第一种解释是，该国防工程师是一个与疯狂社会斗争的普通人（英雄解释）。第二种解释是，这是一部关于男人处理夸张日常压力的喜剧（喜剧解释）。第三种解释是，这部电影讲述一个处于疯狂边缘的人，因社会的压力而走到疯狂边缘（疯狂解释）。

这样，导演就利用了观众短期记忆的限制，在电影中创造出了模糊性，或者说部分创造了模糊性。该国防工程师可以被解释为一个有爱心的父亲，因为他在女儿生日那天给家里打电话，告诉妻子他要回家参加聚会。然而，因为店主让他买了一瓶可乐来换打电话的零钱，但是可乐罐的收费太高了，没有留下足够的零钱打电话，因此他把街角杂货店砸了的剧情就让观众形成了两种相互矛盾的印象。由于短时记忆的局限性，观众可能只关注到他贴心的一面，进而将前妻的行为归因于其他事物。在这种情况下，心理模型与英雄解释相一致。另外，观众可能关注到前妻害怕的表情。在这种情况下，观众的心理模型就与疯狂解释相一致。

我们进行了一项调查来考察观众对这部电影所建构的心理模型（Roskos-Ewoldsen, Roskos-Ewoldsen, & Yang, 2002），我们邀请了89名被试观看这部电影。在电影结束时，我们让他们评价主角的相似之处。也就是说，对于每一个角色，被试以11点评分来评定他们的相似性。我们将相似性评级转换为相异性评级，然后将不相似性评级进行多维量表评级。最后结果呈现了一种描述，这种描述在被试对角色感知的多维空间中呈现。我们将此结果视为被试对电影建立心理模型的快照。在相似性评级之后，被试以11点评分来评定他们对每种解释的接受程度。几乎每个人都认为工程师很疯狂。然而，大约一半的被试认为他也是英雄，而另一半则不这么认为。我们分别分析了那些将工程师看作英雄和不认为工程师是英雄的被试的多维量表结果。简而言之，认为工程师是英雄的人与不赞同这种解释的人有着不同的电影心理模型。虽然这项研究是初步的，但我们认为这值得进一步关注。

文本理解的景观模型

在更广泛的心理模型方法中，我们一直使用景观模型（van den Broek, Risden, Fletcher, & Thurlow, 1996; van den Broek, Young, Tzeng, & Linderholm, 1999）。与一般的心理模型框架一样，景观模型关注人们如何建立对故事的连贯性理解。景观模型的名称源于一种信息观察，即观察信息在不同层面如何被激活，并且这种激活又如何随着时间的流逝而消散。如果观众要构建一个与影视场景相关的概念矩阵，一个人会激活一个景观。这个景观就形成了故事在记忆中的心理模型表征的基础。

我们喜欢景观模型超过了其他模型，因为它通过考察受众对故事的即时加工过程与故事建立的记忆表征之间的关系，集中研究连贯性问题。其他模型的关注点比较局限，并且使用的方法是考察被试在阅读文本期间是否做出了一个或两个推论。景观模型并不解释人们在阅读文本时产生的有限数量的推论，而更关注人们阅读文本所产生的记忆表征。已有研究明确发现这样一个规律，人们对特定概念的激活水平越高，对该概念的记忆就越牢固。而景观模型恰恰借助了这一优势。因此，当被试回忆这个故事时，我们可以通过不同概念的激活程度差异来推断未来被试是否更容易回忆起这些概念。

景观模型假设人们在理解故事时，头脑中激活的概念一般有四种来源（van den Broek et al., 1996; van den Broek et al., 1999）。第一，即时环境将激活记忆中的概念。具体来讲，即时环境将激活当前正在阅读的句子（如果读一本书）或正在观看的场景（看电影）中的概念。第二，由于激活随时间的推移而消散（Higgins, Bargh, & Lombardi, 1985），场景中正在加工的句子的概念会一直保持激活，尽管激活的程度较低。此外，当先前场景的概念是前一场景的焦点时，如果它们与前一场景中的主角或对手的主动目标相关，或者它们涉及随后发生的一些事件，那么就可以假设它们会保持更高的激活水平。第三，故事中早期概念可能会被重新激活，因为它们对于保持故事的连贯性很有必要。第四，用于理解故事所需的世界知识也将保持激活。

显然，并非所有在记忆中被激活的信息都是在同一水平上被激活的。景观模型假设，那些被明显提及或处在视觉场景中心的信息将在记忆中保持最高水平的激活。例如，当看到电影《城市英雄》中工程师破坏街角杂货店的场景时，工程师的整体激活水平将高于购买的可乐罐，因为与可乐罐相比，工程师在故事中更重要。然而，在这个过程中，工程师将一罐可乐放在额头上冷却。在这个特定场景中，可乐应该像工程师一样被激活。具有次高激活水平的概念是维持故事连贯性所需的概念。在杂货店的故事场景中，工程师进入商店的原因——他需要零钱来打电话——应该在记忆中保持激活，因为它使场景保持连贯。下一级激活是允许动作发生的概念（启动器）。可乐罐是杂货店情节的推动者，因为店主不会给工程师零钱，从而迫使他买一罐可乐来获得找零。最后，具有最低激活水平的概念涉及的背景知识虽然与使故事保持连贯无关，但由于其与记忆中的概念相联系而被激活。

基于某些原因，景观模型预测人们对可乐品牌的回忆可能源于电影《城市英雄》。我们先来回顾一下。首先，可乐在几个场景中在视觉上很突出，例如当工程师使用一罐可乐来冷却他的额头时。在电影的后期，可乐再次成为主角，观众看到工程师一边喝着可口可乐，一边穿过一个看起来像公园的地方。此外，在杂货店场景中，可乐罐是一个启动器，因为它推动工程师获取零钱打电话。此外，可乐的过高价格也为工程师破坏杂货店提供了一致的解释。最后，在电影中所有广告牌和餐馆中都可以看到可乐。因此，可乐被激活了很多次，并且由于可乐在电影中起到了各种不同作用，激活水平应该很高。有趣的是，翁和梅里（Ong & Meri, 1994）发现，他们采访了一批观看了《城市英雄》的观众，其中77%的观众回忆起在电影中看到可乐。这种回忆水平远远高于电影中被植入的任何其他产品。

用视频刺激来检测景观模型

在检测景观模型的研究中，研究人员使用的研究材料已经包含了基于文本的故事（van den Broek et al., 1996; van den Broek et al., 1999）。这种研究方式可以很好地测量被试基于文本故事的记忆。实际上，在预测参与者对文本的记忆方面，景观模型的预测效果超过现有的文本解释模型（van den Broek & Gustafson, 1999）。然而，用于测试景观模型的故事都是简单的短篇故事。例如，一个关于骑士和龙的故事只有13个句子，共26个概念。我们很好奇景观模型如何解释更复杂的故事，例如许多电影中的故事。因为文本（对话）和故事的视觉元素都可以激活概念并影响一个人对故事建构的心理模型，所以，视频元素增加了景观模型的复杂性。

我们使用了一个短片（2分17秒）来测试这个景观模型，这个短片来自动画片《星际牛仔》(Cowboy Bebop) 第五集。动画片共26集，每集约30分钟。该动画片讲述了三个来自未来的赏金猎人的故事。这个特殊的片段始于太空飞船穿越太空的场景。然后，它的镜头集中在两个穿着考究的犯罪团伙头目和他们的保镖之间的会议。为了结束两个帮派之间的冲突，他们达成了某项协议。会议结束后，其中一名犯罪头目坐着他的飞船准备离开。当他起飞时，飞船爆炸了。随后一名刺客进入另一名犯罪头目的公寓，杀死了他和他的保镖。

为了测试景观模型，我们首先必须把故事分解成连贯的意义单元（即片段）。以文本为基础的故事，其意义单位通常与句子对应。在电影中，把故事分解为意义单元要更加困难，因为视觉场景（即拍摄镜头）和对话通过相互作用来创造意义单元。例如，一个对话的单个句子可能对应单个镜头，或者多个镜头。相反，在一个镜头中可能出现几个对话。在我们的实验中，我们根据故事意义的变化将视频剪辑为23个片段。经核对，四名熟悉景观模型的评定者同意了这些操作。评委在23个片段中确定了89个概念。概念包括视觉概念和口头概念。

下一步要做的就是确定这89个概念中，每个概念在理论推导上的激活权重。为了实现这一目标，我们遵循范·登·布鲁克等人（van den Broek et al., 1996）的方法。[①]首先，我们挑选两名不知道实验假设的评定者，要求他们使用5分制对89个概念的激活程度进行编码。如果某个概念在对话中被明确提到，或者该概念处在视觉场景表达意义单元的中心，那么该概念被评定为5分。如果某个概念有助于被试对不同意义单元建立连贯理解，或者与正在发生的事情具有因果关系，那么该概念就被评定为4分。充当启

[①] 激活权重也可以凭经验确定，这样可以更好地拟合模型的预测和回忆数据。然而，我们决定使用范·登·布鲁克、瑞思登、弗莱彻和瑟罗（van den Broek, Risden, Fletcher, & Thurlow, 1996）的程序来更直接地比较我们对模型的测试结果与他们报告的测试结果。

动器的概念被评定为3分。例如，当第二个犯罪老板被谋杀时，用于割喉的剑是谋杀的启动器。在那个场景中，剑的激活分数为3分。最后，可以从场景或对话中推断的概念被评定为2分。例如，黑手党的概念可能会在早期场景中被激活，其中一个黑帮老大割下了自己的拇指，然后用它来签订合同，而另一个黑帮老大则在一旁观看。除了这些分配，景观模型还假设，如果这些概念在后面不再进行加强，那么它们的激活将在随后的片段中消散。因此，那些在下一个概念单元中没有被重新激活的概念被分配了一个值，它们的值是前一个概念单元的一半。在下一个概念单元中，这些概念的激活水平降低到0。两名评委的编码信度为86%。该编码的结果是理论上驱动的89个（概念）×23个（片段）激活值矩阵，其构成视频片段的激活景观（见表5.1）。

激活权重也可以凭经验确定，这样可以更好地拟合模型的预测和回忆数据。然而，我们决定使用范·登·布鲁克、瑞思登、弗莱彻和瑟罗（van den Broek, Risden, Fletcher, & Thurlow, 1996）的程序来更直接地比较我们对模型的测试结果与他们报告的测试结果。

接下来，我们将这个理论驱动的激活景观与经验推导的激活景观进行比较。为了发展以经验为基础的景观，我们从亚拉巴马大学的基础传播学课程上招募了15名学生。所有的被试都没有看过《星际牛仔》。这些被试观看了由两位训练有素的评委观看的23个片段。在观察每个片段之后，被试使用11点量表（0 = 一点也不，10 = 非常）来评估观看片段后让他们想到的每个概念。

为了确定理论驱动和经验驱动的激活之间的一致性水平，我们首先从经验驱动的激活中计算被试评分的信度。对于15名参与者的数据，我们计算了23个片段之间的科隆巴赫阿尔法系数。被试对各个片段评分的平均信度为0.77，这表明被试对不同概念的激活程度评定基本一致。鉴于这种一致性程度，我们就有可能通过模型有效地预测不同概念的激活水平。具体而言，我们计算了经过训练的评审在理论上推导出的激活度与被试评分的感知激活度之间的相关性（van den Broek et al., 1996）。结果发现二者的相关系数为0.66。在评估模型的预测性时，重要的是要记住被试评级（0.77）的信度是模型预测与参与者评级之间相关性的上限。最好的情况是，该模型可以解释被试评级总方差的59%。因此，该模型44%的解释力仍是一个令人鼓舞的结果。到目前为止，在我们的研究中，尽管增加了故事复杂性和视觉元素，但景观模型在预测故事中各种概念的经验衍生激活水平方面仍然做得非常好。

测试模型的最后一步涉及模型的假设，即在观看动画片段时激活概念有助于形成对故事的稳定记忆表征（van den Broek et al., 1996）。为了测试模型在多大程度上预测了故事的记忆，我们在同一批被试库中抽取14位被试观看《星际牛仔》的相同片段。但是，这段视频是完整的，而非剪辑成23个片段。观看短片后，首先，被试完成几项视觉和

表 5.1 选自《星际牛仔》的短片段中的激活概念（部分概念列表）

概念	片段																							评分
	1	2	3	4	5	6	7	8	9	10	11	12	13	14	15	16	17	18	19	20	21	22	23	
宇宙飞船	5	3	5	2.5	0	0	0	0	0	0	0	0	5	4	5	2.5	0	0	0	0	0	0	0	32.5
苍蝇	5	3	2	1	0	0	0	0	0	0	0	0	5	4	5	2.5	0	0	0	0	0	0	0	27.5
环形门	5	2.5	0	0	0	0	0	0	0	0	0	0	0	0	0	0	0	0	0	0	0	0	0	7.5
行星表面	5	5	2.5	1	0	0	0	0	0	0	0	0	0	0	0	0	0	0	0	0	0	0	0	13.5
城市	0	5	5	2	1	0	0	0	0	0	0	0	5	3	5	2.5	0	0	0	0	0	0	0	28.5
高原	0	5	2.5	0	0	0	0	0	0	0	0	0	0	0	0	0	0	0	0	0	0	0	0	7.5
行星	5	3	1.5	0	0	0	0	0	0	0	0	0	0	0	0	0	0	0	0	0	0	0	0	9.5
甲板	0	0	5	2.5	0	0	0	0	0	0	0	0	5	2	1	0	0	0	0	0	0	0	0	15.5
建筑	0	0	0	5	2.5	2	2	2	0	2	3	0	0	0	0	2	1	0	0	0	0	5	2.5	26.0
移动的云	0	0	0	5	2.5	2	0	0	1	0	0	0	0	0	0	2	1	0	2.5	0	0	0	0	17.5
窗户	0	0	0	5	2.5	0	0	0	0	0	0	0	0	0	0	0	0	0	0	0	0	0	0	7.5
血液	0	0	0	0	0	0	0	2	0	2	2	0	0	0	0	2	5	5	0	0	5	3	2	24.5
滴在地板上	0	0	0	0	0	0	0	0	0	0	3	0	0	0	0	0	0	0	0	0	5	0	1.5	9.5
站着的男人（角色）	0	0	0	0	0	0	0	0	0	0	0	0	0	0	0	0	0	5	0	0	0	5	2.5	7.5
斯派克	0	0	0	0	0	0	0	0	0	0	0	0	0	0	0	0	0	0	0	0	5	0	2.5	7.5
不要这样做	0	0	0	0	0	0	0	0	0	0	0	0	0	0	0	0	0	0	0	0	0	5	2.5	7.5
鸟人的笑容	0	0	0	0	0	0	0	0	0	0	0	0	0	0	5	2.5	0	0	0	0	5	5	2.5	12.5
黑色羽毛	0	0	0	0	0	0	0	0	0	0	0	0	0	0	2.5	2.5	0	0	2.5	0	5	2.5	0	15
尖叫	0	0	0	0	0	0	0	0	0	0	0	0	0	0	5	2.5	5	5	2.5	0	5	5	5	35.5

言语工作记忆的测量任务，以此作为一项干扰任务（这个阶段持续10分钟）；然后，被试完成一项自由回忆测试，写下一切能够记住的视频片段内容，两名已受训的编码员来判断每一位被试是否能够回忆89个概念中的每一个概念。由此，我们可以得出每位被试都回忆起了哪些概念，以及这些概念的数量。我们将此作为实验的因变量。根据理论推导的激活，我们计算了在每段中被激活概念的数量（总共23段）。此外，我们还将所有23个片段中的概念激活水平进行相加，计算出每个概念的总激活量。这两个变量作为我们的自变量。回归分析发现，每个概念被激活的片段数和每个概念被激活的总水平（节点强度）加在一起占被试对故事回忆的方差的19%（$R = .44$）。

基于这些结果，我们相信景观模型可以用来理解人们如何构建影视节目的心理表征。此外，有不少因素会影响受众从影视节目中回忆某些信息，而该模型在探究这些因素的解释力方面做得也还不错。显然，在这方面还需做更多的工作。

景观模型在产品植入中的应用

简单来说，观看一部电影或电视节目涉及对节目内容的再现。基于以往对文本理解的研究，我们已经在其他地方对媒体节目的理解涉及心理模型的构建进行讨论（Roskos-Ewoldsen, Roskos-Ewoldsen, & Yang et al., 2002）。然而，在一般的心理模型中，尤其是景观模型，似乎与在影视中研究品牌和产品植入的研究相去甚远。然而，我们认为，要了解品牌植入对观众品牌记忆的影响，了解观众如何理解植入就变得至关重要。正是通过这种理解过程，才创造出影视节目的心理表征。此外，影视节目的心理表征将决定品牌植入是否能被回忆起来。

我们认为对景观模型的研究有三个重要意义。第一个就是，景观模型清楚地说明了品牌植入在往后时间里被回忆起来的可能性。在观看电影时，品牌的激活程度越大，品牌在未来被回忆的可能性就越大。简单地在电影中多次展示该品牌会增加该品牌将来在某种程度上被激活的可能性，但是这种激活的程度是最小的，因此，随后的时间便不太可能回忆起品牌。如果一个品牌与理解该节目存在关联，那么，该品牌就会受到更高层次的激活。如果一个品牌处在场景中的中心焦点上，那么它将获得非常高的激活水平。在电影《外星人》中，里斯巧克力就处在场景的焦点位置，年轻的埃利奥特（Elliott）把巧克力放在地上，把外星人从藏身的地方拉到房子里。当某个品牌在电影故事中在某种程度上承担了某种角色或者动作时，这个品牌也会因为在故事中扮演一个推动者的角色，进而获得更高层次的激活水平。可乐就在电影《城市英雄》中以某种推动者的角色出镜。最后，如果某个品牌有助于观众理解故事，那么这个品牌也将会被激活。当在埃利奥特的房子中发现外星人时候，里斯巧克力应该会被重新激活，因为它们有助于理解外星人是如何（跟随糖果的踪迹）进入房子的。

我们认为这些例子突出了景观模型如何解释品牌植入对品牌记忆的影响程度。虽然以往研究主要关注植入的视觉效果是否突出；但是，我们认为问题的关键不在于视觉凸显本身，而在于该植入品牌有多大程度能够帮助受众理解故事。显然，使用任何普通糖果都能吸引外星人进入房子。好时通过将里斯巧克力放在现场，充分利用了糖果在理解电影一系列场景中的作用。

理解品牌植入的心理模型框架的第二个意义是，心理模型提供了一种模型框架。通过该框架，我们可以理解品牌植入情境如何影响植入效果。虽然我们还不知道有哪些实验研究了情境对品牌植入的影响，但从直觉上来说，语境应该在品牌植入的影响中发挥了作用。我们可以做一个假设，我们需要通过品牌植入的方式来开发和宣传一种新形式的酒精饮料。我们认为，如果植入的场景是某人在一夜大量饮酒后生了重病，那么生产这款新饮料的公司肯定不会为这样的植入付费。即使人们在影片中喝饮料表现得非常享受，但是这样的植入可能不会让大多数观众对该品牌产生积极的态度。植入的语境必然会影响植入的效果。基于心理模型的视角来考虑的话，产品植入需要集中观众的理解过程，并且对语境进行大量考量。

我们分析的最后一个意义是，品牌植入不太可能影响观众对品牌的态度。大多数关于品牌植入的研究并没有发现植入对品牌态度或购买行为方面有很大的影响。如前所述，观众已对产品有一定的态度，观众依赖于他们的既存态度，因此植入不太可能影响品牌态度（Roskos-Ewoldsen & Fazio, 1997; Roskos-Ewoldsen, Arpan-Ralstin & St. Pierre, 2002）。我们认为，只有在品牌相对新颖的情况下，品牌植入才会对品牌的态度或行为产生重要影响，就像里斯巧克力首次出现在电影《外星人》中一样。如果一个品牌相对较新，我们相信由植入而产生的品牌信念会影响受众对品牌的态度。此外，正如我们前面讨论的新酒精饮料的例子，我们认为，语境和理解过程在确定品牌信念中起重要作用。

参考文献

Avery, R. J., & Ferraro, R. (2000). Verisimilitude or advertising? Brand appearance on prime-time television. *Journal of Consumer Affairs*, 34, 217–244.

Babin, L. A., & Carder, S. T. (1996). Advertising via the box office: Is product placement effective? *Journal of Promotion Management*, 3, 31–51.

Basil, M. D. (1997). The danger of cigarette "special placements" in film and television. *Health Communication*, 9, 190–198.

Biocca, F. (1991). Viewer's mental models of political ads: Toward a theory of semantic processing of television. In F. Biocca (Ed.), *Television and political advertising: Vol. 1. Psychological processes* (pp. 27–91). Hillsdale, NJ: Lawrence Erlbaum Associates.

Brennan, I., Dubas, K. M.,&Babin, L. A. (1999). The influence of product-placement type and exposure time on product-placement recognition. *International Journal of Advertising*, 18, 323-337.

Chapman, S.,&Davis, R. M. (1997). Smoking in movies: It is a problem. *Tobacco Control*, 6, 269-271.

Christenson, P. G., Henriksen, L., & Roberts, D. F. (2000). *Substance use in popular prime-time television* (Contract No. 282-98-0013). Washington, DC: U. S. Office of National Drug Control Policy.

d'Astous, A., & Chartier, F. (2000). A study of factors affecting consumer evaluations and memory of product placements in movies. *Journal of Current Issues and Research in Advertising*, 22, 31-40.

DeLorme, D. E., & Reid, L. N. (1999). Moviegoers' experiences and interpretation of brand in films revisited. *Journal of Advertising*, 28, 71-95.

Diener, B. J. (1993). The frequency and context of alcohol and tobacco cues in daytime soap opera programs: Fall 1986 and fall 1991. *Journal of Public Policy and Marketing*, 12, 252-257.

Distefan, J. M., Gilpin, E. A., Sargent, J. D.,&Pierce, J. P. (1999). Domovie stars encourage adolescents to start smoking? Evidence from California. *Preventive Medicine*, 28, 1-11.

Everett, S. A., Schnuth, R. L.,&Tribble, J. L. (1998). Tobacco and alcohol use in top grossing American films. *Journal of Community Health*, 23, 317-324.

Fazio, R. H., Roskos-Ewoldsen, D. R., & Powell, M. C. (1994). Attitudes as determinants of attention and perception. In S. Kitayama & P. M. Niedenthal (Eds.), *The heart's eye: Emotional influences on perception and attention* (pp. 197-216). Orlando, FL: Academic Press.

Ferraro, R., & Avery, R. J. (2000). Brand appearance on prime-time television. *Journal of Current Issues and Research in Advertising*, 22, 1-15.

Garnham, A. (1997). Representing information in mental models. In M. A. Conway (Ed.), C*ognitive models of memory* (pp. 149-172). Cambridge, MA: MIT Press.

Gentner, D., & Gentner, D. R. (1983). Flowing waters or teeming crowds: Mental models of electricity. In D. Gentner&A. L. Stevens (Eds.), *Mental models* (pp. 99-129).Mahwah, NJ: Lawrence Erlbaum Associates.

Gerbner, G., Gross, L., Eleey, M. F., Jackson-Beeck, M., Jeffries-Fox, S., & Signorielli, N. (1977). TV violence profile no. 8: The highlights. *Journal of Communication*, 27, 171-180.

Gibson, B., & Maurer, J. (2000). Cigarette smoking in the movies: The influence of product placement on attitude toward smoking and smokers. *Journal of Applied Social Psychology*, 30, 1457-1473.

Glenberg, A. M., & Langston, W. E. (1992). Comprehension of illustrated text: Pictures help to build mental models. *Journal of Memory and Language*, 31, 129-151.

Graesser, A. C., Singer, M., & Trabasso, T. (1994). Constructing inferences during narrative text comprehension. *Psychological Review*, 101, 371-395.

Greeno, J. G. (1984). Conceptual entities. In D. Gentner & A. L. Stevens (Eds.), *Mental models* (pp. 227-252). Hillsdale, NJ: Lawrence Erlbaum Associates.

Gupta, P. B., & Lord, K. R. (1998). Product placement in movies: The effect of prominence and mode on recall. *Journal of Current Issues and Research in Advertising*, 20, 47-59.

Halford, G. S. (1993). *Children's understanding: The development of mental models*. Hillsdale, NJ: Lawrence Erlbaum Associates.

Hazan, A. R., Lipton, H. L., & Glantz, S. A. (1994). Popular films do not reflect current tobacco use. *American Journal of Public Health*, 84, 998-1000.

Higgins, E. T., Bargh, J. A., & Lombardi,W. (1985). Nature of prime effects on categorization. *Journal of*

Experimental Psychology: Learning, Memory, and Cognition, 11, 59–69.

Hines, D., Saris, R. N., & Throckmorton-Belzer, L. (2000). Cigarette smoking in popular films: Does it influence viewers' likelihood to smoke? *Journal of Applied Social Psychology*, 30, 2246–2269.

Johnson-Laird, P. N. (1983). *Mental models*. Cambridge, MA: Harvard University Press.

Karrh, J. A. (1998). Brand placement: A review. *Journal of Current Issues and Research in Advertising*, 20, 31–49.

Law, S., & Braun, K. A. (2000). I'll have what she's having: Gauging the impact of product placements on viewers. *Psychology and Marketing*, 17, 1059–1075.

Livingstone, S. M. (1987). The implicit representation of characters in Dallas: A multidimensional scaling approach. *Human Communication Research*, 13, 399–420.

Livingstone, S. M. (1989). Interpretive viewers and structured programs. *Communication Research*, 16, 25–57.

Livingstone, S. M. (1990). Interpreting a television narrative:Howdifferent viewers see a story. *Journal of Communication*, 40, 72–84.

Morrow, D. G., Greenspan, S. L.,&Bower,G.H. (1987). Accessibility and situation models in narrative comprehension. *Journal of Memory and Language*, 26, 165–187.

Nebenzahl, I. D., & Secunda, E. (1993). Consumers' attitudes toward product placement in movies. *International Journal of Advertising*, 12, 1–11.

Ong, B. S., & Meri, D. (1994). Should product placement in movies be banned? *Journal of Promotion Management*, 2, 159–175.

Petty, R. E., & Cacioppo, J. T. (1986). The elaboration likelihood model of persuasion. In L. Berkowitz (Ed.), *Advances in experimental social psychology* (Vol. 19, pp. 123–205). New York: Academic Press.

Pierce, J. P., Choi,W. S., Gilpin, E. A., Farkas, A. J.,&Merritt, R. K. (1996).Validation of susceptibility as a predictor of which adolescents take up smoking in the United States. *Health Psychology*, 15, 355–361.

Radvansky, G. A., Spieler, R. T., & Zacks, R. T. (1993). Mental model organization. *Journal of Experimental Psychology: Learning Memory and Cognition*, 19, 95–114.

Radvansky, G. A., & Zacks, R. T. (1997). The retrieval of situation-specific information. In M. A. Conway (Ed.), *Cognitive models of memory* (pp. 173–213). Cambridge, MA: MIT Press.

Roberts, D. F., Henriksen, L., & Christenson, P. G. (1999). *Substance use in popular movies and music* (Contract No. 277-95-4013). Washington, DC: U. S. Office of National Drug Control Policy.

Roskos-Ewoldsen, B., Roskos-Ewoldsen, D. R., Yang, M., Crawford, Z., & Choi, J. (2002). *Mental models of a movie*. Manuscript in preparation.

Roskos-Ewoldsen, D. R. (1997). Attitude accessibility and persuasion: Reviewand a transactive model. In B. Burleson's (Ed.), *Communication yearbook 20* (pp. 185–225). Beverly Hills, CA: Sage.

Roskos-Ewoldsen, D. R., Arpan-Ralstin, L. A., & St. Pierre, J. (2002). Attitude accessibility and persuasion: The quick and the strong. In J. P. Dillard & M. Pfau (Eds.), *The persuasion handbook: Developments in theory and practice* (pp. 39–61). Thousand Oaks, CA: Sage.

Roskos-Ewoldsen, D. R., & Fazio, R. H. (1992). On the orienting value of attitudes: Attitude accessibility as a determinant of an objects' attraction of visual attention. *Journal of Personality and Social Psychology*, 63, 198–211.

Roskos-Ewoldsen, D. R., & Fazio, R. H. (1997). The role of belief accessibility in attitude formation.

Southern Communication Journal, 62, 107–116.

Roskos-Ewoldsen, D. R., Klinger, M. R., & Roskos-Ewoldsen, B. (in press). Media priming. In R. W. Preiss, M. Allen, B. M. Gayle & N. Burrell (Eds.), *Media effects research: Advances through meta-analysis*. Mahwah, NJ: Lawrence Erlbaum.

Roskos-Ewoldsen, D. R., Roskos-Ewoldsen, B., & Carpentier, F. (2002). Media priming: A synthesis. In J. B. Bryant & D. Zillmann (Eds.), *Media effects in theory and research* (2nd ed.). Mahwah, NJ: Lawrence Erlbaum Associates.

Sargent, J. D., Tickle, J. J., Beach, M. L., Dalton, M. A., Ahrens, M. B., & Heatherton, T. F. (2001). Brand appearances in contemporary cinema films and contribution to global marketing of cigarettes. *Lancet*, 357, 29–32.

Segrin, C., & Nabi, R. L. (2002). Does television viewing cultivate unrealistic expectations about marriage? *Journal of Communication*, 52, 247–263.

Shields, D. L. L., Carol, J., Balbach, E. D., & McGee, S. (1999). Hollywood on tobacco: How the entertainment industry understands tobacco portrayal. *Tobacco Control*, 8, 378–386.

Stockwell, T. F., & Glantz, S. A. (1997). Tobacco use is increasing in popular films. *Tobacco Control*, 6, 282–284.

van den Broek, P., & Gustafson, M. (1999). Comprehension and memory for texts: Three generations of reading research. In S. R. Goldman, A. C. Graesser, & P. van den Broek (Eds.), *Narrative comprehension, causality, and coherence: Essays in honor of Tom Trabasso* (pp. 15–34). Mahwah, NJ: Lawrence Erlbaum Associates.

van den Broek, P., Risden, K., Fletcher, C., & Thurlow, R. (1996). A "landscape" view of reading: Fluctuating patterns of activation and the construction of a stable memory representation. In B. K. Brittion & A. C. Graesser (Eds.), *Models of understanding text* (pp. 165–187). Mahwah, NJ: Lawrence Erlbaum Associates.

van den Broek, P., Young, M., Tzeng, Y., & Linderholm, T. (1999). The landscape model of reading: Inferences and the online construction of a memory representation. In H. van Oostendrop & S. R. Goldman (Eds.), *The construction of mental model representations during reading* (pp. 71–98). Mahwah, NJ: Lawrence Erlbaum Associates.

van Dijk, T. A. (1998). *Ideology: A multidisciplinary approach*. London: Sage.

van Dijk, T. A., & Kintsch, W. (1983). *Strategies of discourse comprehension*. New York: Academic Press.

Wyer, R. S., Jr., & Radvansky, G. A. (1999). The comprehension and validation of information. *Psychological Review*, 106, 89–118.

Zwaan, R. A. (1994). Effects of genre expectations on text comprehension. *Journal of Experimental Psychology: Learning, Memory, and Cognition*, 20, 920–933.

Zwaan, R. A., & Radvansky, G. A. (1998). Situation models in language comprehension and memory. *Psychological Bulletin*, 123, 162–185.

第六章 媒介内容中的品牌植入：
信息、媒介和消费者个性对植入效果的影响

纳米特·巴特纳格尔（Namita Bhatnagar）
曼尼托巴大学（*University of Manitoba*）
莱尔纳·阿克索伊（Lernan Aksoy）
科奇大学（*Koc University*）
塞林·A. 马尔科（Selin A. Malkoc）
北卡罗来纳大学教堂山分校（*University of North Carolina at Chapel Hill*）

企业需要克服营销信息的杂音，不断地瞄准消费大众，这激发了人们对企业传播这种非传统方式的兴趣。正因为这样，商业劝说和娱乐媒体的融合促使产品植入经常被归类于模糊传播的范畴（Selon & Englis, 1996）。品牌赞助商通过付费的方式将自己的品牌植入特色娱乐节目中，但是其赞助商的身份会被隐藏起来。在过去的20年间，随着品牌知名度的上升和行业组织的巨大增长，市场营销研究人员开始重视对品牌植入现象的研究。考虑到该领域当前的知识水平，本章我们对一些值得进一步探索的问题进行了广泛的讨论。各种信息、媒体和消费者特征都会对模糊传播的有效性产生影响，因此，本章将具体探讨这方面的研究。

模糊传播最基本的形式是在视觉媒体内容中植入或嵌入与产品相关的信息。这种传播利用了不同类别促销方法的元素，其中最突出的是广告（即由品牌赞助商控制的信息内容）和宣传（传播媒介也将其当作消息源）。目前，当大家将大部分注意力投向影视节目的植入时，模糊传播正日益扩展到其他流行的媒体中，如书籍、杂志、报纸，甚至电子游戏和音乐。

近年来，产品植入越来越受到研究人员和市场营销从业者的关注（DeLorme & Reid, 1999; Gupta, Gould, & Lord, 1998; Karrh, 1994; Magiera, 1990）。然而，产品植入的实际效果还没有得到充分的经验层面的检验。现有证据是含糊不清的，这些证据往往

不会超出品牌记忆和评价的范围。在实际营销环境中，联合促销活动是错综复杂的，这使得研究人员很难将产品植入的影响从其他形式的营销活动的影响中剥离出来。虽然有时会使用诸如票房销售等量化指标来标识影响次数，但这种估算结果充其量只能近似地反映产品植入的真实效果。一个成功的产品植入概念涉及面肯定更丰富，一定会涉及更多的指标，而不仅仅局限于简单曝光、品牌记忆和态度这三个指标。大多数的学术推测并没有获得实证的支持，这些研究领域主要围绕怀疑或信任这两个概念，研究视角也局限在消费者欺瞒和公共政策语境方面（Rothenberg, 1991）。怀疑和信任会对品牌赞助商（尤其是参与媒体）提出的主张产生影响，这种现象为植入效果的构建增加了有趣的方面，也是值得进一步调查的。

关于模糊传播比传统营销方式更优越的观点，以往研究从几个方面对其进行了论证。在这些论证中，最明显的是特色娱乐的广泛触达性和持续性。研究者们还有另外一个共识，即如果信息隐藏了本身的商业意图，那么该信息的劝服效果会增加（Balasubramanian, 1994）。换句话说，人们不知道公司通过付费的方式在大众媒体上植入了品牌。除非消费者意识到营销人员在试图说服他们，否则，消费者将降低建立心理屏障、怀疑和仔细审查品牌主张的可能性。因此，一些研究人员认为，品牌植入具有欺骗性，需要加以监管。他们得出这样结论的理由是，他们认为这种植入误导消费者，让消费者以为植入的品牌属于媒体的一部分，是一种无偏见的代言。这就引发了一个问题：观众是否知道产品植入背后的商业动机。关于产品植入的大量证据被行业刊物收录，在娱乐节目内容中植入品牌也越来越常见。考虑到这一点，如果营销人员还认为受众是完全天真的话，那么这个营销人员本身也就太天真了。如果消费者确实意识到了产品植入的商业性质，那么广告的可信度会受到严重影响，更重要的是，媒体的可信度也会受到影响。

如果将信任问题也纳入产品植入有效性范畴的话，这会在拓宽产品植入的有效性方面起到一定的作用。这将有助于营销人员理解，在哪些情况下，广告投放可能会或多或少地成功；而在哪些情况下，广告投放实际上是有害的。当注意到一些没有预期偏见的信息时，在通常情况下，观众会认为来源越可靠的信息也就越可信。可以想象草根阶层强烈抗议在媒体中（尤其是备受尊重的可靠媒体）进行产品植入的情况。围绕费伊·韦尔登（Fay Weldon）的著作《宝格丽连线》（*The Bulgari Connection*）的批评说明人们对过于明显的产品植入可能产生抵触反应，尤其是那些出现在被认为无商业偏见媒体的产品植入。例如，在批评这本书时，金（Kim, 2002）提出了以下断言："一份'委托出版书'代表了对一个社会领域的侵犯，这个领域内不需要企业部门推销其标志或者品牌。随着企业营销的大手伸入流行文学领域，一股新的犬儒主义浪潮肯定会席卷我们。"

拉斯金（Ruskin, 2001）在一封在线的公开信中向书评人谈到了关于《宝格丽连线》的看法："它是一部需要书评的小说，还是一个在商业版上发表评论的广告？《宝格丽连线》是一则广告，就像柯达时刻或百威的广告一样。我们应该把它称之为广告，并相应地以广告的标准来对待它。"

在书籍中过分植入宝格丽珠宝品牌的行为招致了大量批评，给书本带来了敌意，并且成为传播媒体都需要警惕的潜在后果的例证。研究者仍需进一步调查那些影响消费者降低媒体信任度的因素，例如，当人们高度参与并主动为自己加工信息时。综上所述，我们提出了那些影响植入效果的因素，并提出了对不同群体具有广泛影响的主张：（1）对于市场营销从业人员（对公司的影响，例如，成功植入；对选用媒体的影响，例如，产生潜在的消费者的抵制）；（2）对营销理论家（考虑到信息、媒体和消费者特征的变化，对品牌主张和媒体信任的影响）；（3）对公共政策制定者来讲（当存在消费者欺骗的情况下，如何对产品植入进行监管）。

本章的其余部分安排如下：下一节将探讨劝服性传播对公司的重要性。然后，我们正式描述产品植入的实践及其带来的优势。接下来我们对植入效果进行探讨，包括品牌记忆，对品牌和品牌主张的态度，对品牌主张的信任以及对植入媒介的信任。然后考察产品植入在什么条件下产生作用。我们在最后部分考察信息、媒体和消费者特性对植入效果的影响。最后，基于本章提出的各种关系得出更加广泛的结论。

劝服性传播的意义

在利润和长期生存受到威胁的情况下，公司努力让消费者产生兴趣、尝试并最终采用其不得不提供的产品和服务。考虑到当前的市场竞争相当激烈，公司不断用有说服力的信息轰炸消费者，试图创造、强化或改变他们的态度和随后的购买行为。因此，为了公司的利益，公司必须充分了解为达到这些目标而进行的劝说性尝试是否有效。

理解态度改变和说服的一种方法是研究传播信息的过程（Kotler & Armstrong, 2001）。简单来看，传播过程可以被分解成不同的组成元素（即信息源、内容、传递消息的媒体、受众以及随后的反馈）。我们必须考察所有要素的特征，以便确定每种要素对总体效果的影响。

在可供选择的几种传播媒体中，公司可以任选一个或多个可用的媒体（例如电视、广播、杂志、报纸）。每一种媒体都有自己的特点。例如，某些联想可以由印刷媒体产生，但是无法在视觉媒体中产生。有一些读者可能选择相信报纸媒体，他们认为上面的内容大体上是没有偏见的，而大多数电影观众则认为电影是提供娱乐的媒体。在某一种特殊的媒体中，这些独特的个性可以与特定媒体的特殊介质相关联。举个例子，电视肥皂剧，比如《新飞越情海》（*Melrose Place*）和电视新闻节目，比如《20/20》；小报杂志，如《国家调查者》（*National Inquirer*）和新闻杂志，如《美国新闻与世界报道》（*U. S. News and World Report*）；主流电影，如詹姆斯·邦德的电影与非主流电影，如《意外边缘》(In the Bedroom)。在每一种情况下，前者的内容更可能被认为是无意义的，而后者则更可能被认为是实质性的。在商业动机方面，相比于前者，人们对后者的怀疑可能更弱。例如，出现在《美国新闻与世界报道》中的文章比出现在《国家调查者》上的文章更可能与独立无偏见的报道相关联。因此，媒体本身的特性会影响消费者如何感知所植入的品牌。

在解码植入消息时，受众根据他们对信息来源、信息内容和信息传播媒体的理解来解读信息。如果受众没有注意到赞助商，传递消息的媒体也会被认为是信息源，就像植入广告。如果在反馈环节中可以捕捉观众对信息的反应，研究者就可以了解信息源在说服受众的过程中起到了多大作用。我们将在本章进一步阐述这些传播要素的各种特征（例如，信息源及媒体可信度，信息强度，信息与媒介内容的匹配度，受众卷入度与劝服知识）在记忆、态度形成和说服中发挥的作用。

什么是产品植入？

虽然模糊传播跨越了所有的娱乐媒体，但在电影中出现产品植入这种最常见的模糊传播形式，并不是什么新现象。在20世纪80年代的电影《外星人》中，外星人还在吃里斯巧克力（Winski, 1982）；而烟草公司早在20世纪20年代的电影中就植入了男女演员吸烟的镜头（Schudson, 1984）。在这个价值数百万美元的行业中，好莱坞高管和品牌赞助商之间的非正式合作，已经形成了一种有组织的共生关系。品牌通常以商业利益作为回报，悄悄将品牌植入媒体内容（Gupta & Gould, 1997），这使得媒体生产者能够创造收入，同时公司也可以推广品牌。更正式的说法是，模糊或混合消息是需要品牌赞助商付费的但是不会被识别出来的传播形式（Balasubramanian, 1994; Sandler & Secunda, 1993; Solomon & Englis, 1996）。其中，产品植入指的是在影视节目中植入品牌产品的商业动机（Balasubramanian, 1994）。正如一些媒体可用于信息传播，品牌植入也可以出现在任何媒体上。为了便于理解，我们将"产品植入"这个术语定义为出现在任何媒体中的品牌植入，而不仅指影视节目中的品牌植入。本章在后面将简要地介绍过去文献中提出的关于这种非传统的传播方法的一些优点。请参阅麦卡蒂（McCarty）的研究以便获得更为详细的实践评估。

产品植入的优势

过去的文献已经提出了产品植入的几个关键优势，即积极的品牌联想和积极的定位（DeLorme & Reid, 1999; Gould, Gupta, & Grabner-Krauter, 2000）。一些优势涉及成本效益、信息触达范围、信息生命周期、隐含的代言，以及一些可以超越类似广告（如较少融入生态化设定）和宣传（对信息内容的控制较少）等传统促销形式的优势。这里我们简要阐述支持产品植入的观点。

第一，在节目中整合品牌提供了一种比广告更好的潜在成本效益选择（Magiera, 1990）。虽然我们很难量化产品植入的价值，但是植入成本却只是大多数普通广告的一小部分。第二，娱乐媒体拥有广泛的观众基础，这些观众可以来自各个地区、各个国家或全球（Balasubramanian, 1994）。虽然目前还没有为该行业专门开发出一套标准的效果测量评价系统，但是创意娱乐服务中心（Creative Entertainment Services）曾经使用票房销量作为电影植入所带来的产品认知接触指标。更具体地说，票房收入除以平均票价就可以计算出植入广告对电影观众的触达率。一部在全球范围内还算成功的电影所售出的电影票数量远远超过一般广告的触达范围。第三，在电影播放的生命周期内，所植入品牌的品牌印象将持续积累。娱乐媒体可能具有更长的保质期（例如，故事片、电视节目和音乐在家庭录像带、国外发行、有线广播和网络广播上都会有更长的寿命），并且在其初始发行后很长时间内仍然可以形成品牌印象。第四，在一个语境中植入品牌的方式可以增强该品牌的影响力，并且可以创造出品牌形象（Balasubramanian, 1994）。第五，支付结构的出现也使赞助商更好地控制品牌形象的塑造方式。通过这种方式可以避免那些潜在的负面的品牌联想。

巴拉苏布拉曼尼亚（Balasubramanian, 1994）进一步认为，广告植入有助于公司淡化宣传和广告的负面印象。科恩（Cohen, 1988）将广告描述为一种由明确的赞助商付费的信息，而宣传则为不付费信息，且发行该宣传信息的公司对此并无控制权。一方面，赞助商可以控制广告内容，观众将传播媒体视为无偏见的宣传来源。另一方面，广告信息本质上带有偏见，公司无法控制宣传内容。如果付费的植入信息未被识别出赞助商的话，就有可能减少消费者对广告的怀疑。在这种情况下，观众通常认为参与的媒体是无偏见的消息来源，而实际的品牌赞助商仍然保留对消息的控制权。在过去的文献中，许多研究者已经以各种方式衡量了产品植入的影响。我们将从品牌赞助商和所涉及的媒体的角度，详细阐述植入效果的不同测量方式。

植入效率的测量

考虑到大多数公司采用的促销组合具有综合性质，因此，通常很难衡量产品植入对营销结果的影响。尽管产品植入更受欢迎，但仅包含产品植入的促销活动是很少见的。BMW Z3敞篷跑车（Fournier & Wojnicki, 1999）的整合营销计划就是联合促销的一个很好的研究案例。在其所采用的联合促销组合中，包含以下几种具体的促销方式：詹姆斯·邦德的电影《黄金眼》的90秒广告植入；通过电影交叉推广汽车的电视和平面广告；演员进行公开亮相、电视脱口秀节目以及内曼·马库斯（Neiman Marcus）圣诞商品目录。美国汽车销售量（常被用作公众信心的指标）对经济状况的敏感性进一步混淆了这一特定产品类别的植入效果。外部环境因素的影响，加上很难区分消费者对联合促销活动中不同活动的反应，这些都使研究者很难单独评估产品植入的效果。通过初期阶段的严格的经验测试，在实验室中进行模拟实验（控制外部影响）的方式具有巨大的潜力。

已有许多研究尝试探讨产品植入的有效性。这些研究大多着眼于植入对品牌记忆、品牌识别和品牌态度方面的影响。进一步的研究必须立足于对效果结构及其无数解读的理解。提升产品植入的效果不仅意味着需要良好的注意力和记忆结果，更重要的是要深入了解消费者加工信息的方式。其他候选指标包括对植入品牌的暗示（例如，隐藏的商业动机是否让消费者对植入信息产生更强的信念）以及对植入媒体的暗示（例如，如果消费者发现了隐藏的商业动机，他们是否会感到被媒体背叛了呢）。在接下来的章节中，我们将详细阐述这些问题，以及其他关于植入效果测量的问题。

植入信息的记忆

以往大多数实证研究都将品牌识别、回忆和态度作为植入效果的衡量指标。一些研究人员发现，植入并不会显著改变品牌评价（Karrh, 1994）。然而，他们支持品牌植入在辅助或者无辅助的品牌回忆方面可以起到积极作用的观点（Babin & Carder, 1996; Baker & Crawford, 1996; Gupta et al., 1998; Ong & Meri, 1994; Steortz, 1987; Vollmers & Mizerski, 1994; Zimmer & DeLorme, 1997）。在心理学理论背景下解释这些结果有助于阐释受众为什么对特定植入信息的记忆力更强。

有关记忆方面的研究表明，新颖或意想不到的信息比预料之中的信息更引人瞩目（Von Restorff, 1933）。消费者预想品牌信息包含在广告和其他传统营销工具中。与之相反，若出现惊喜或新奇的因素与遇到的产品植入建立联系，那么，我们就可以期望，相对于广告信息，消费者更容易记住这类植入信息。

事实上，作者（Bhatnagar, Aksoy, & Malkoc, 2002）进行的多项研究结果表明，相比广告宣传方式，人们更能记住通过植入传达的品牌及其主张。在记住品牌及品牌主张的被试中，他们更难记住品牌信息植入的确切位置。这提出了一种有趣的可能性，即植入信息的效果更强大，然而，与广告信息的效果相比，信息的内化过程更加微妙。

植入品牌的品牌态度

公司希望消费者根据品牌呈现的背景形成对品牌的态度。媒体内容包含品牌的无缝方式使人们更容易在语境和所植入的品牌之间建立成对关联，从而可以利用经典条件理论的原理（Gorn, 1982）。赞助商可以在一定程度上控制品牌呈现的方式，并且可以放心地假设所植入的产品通常处于积极的语境中。赞助商希望通过故事情节产生的积极情绪能够转化为受众对品牌的积极态度。因此，植入广告的付费性质使公司在一定程度上避免形成不利的品牌联想和随后的负面品牌态度（Balasubramanian, 1994）。

广泛研究的学习现象对于植入品牌的购买意向有额外影响。更具体地说，在建模范例中，一般都认为人类通过建立关联进行学习。班杜拉（Bandura, 1977）认为产品演示可以帮助人们更快地学会如何使用产品。产品植入与真实演示类似，因为它们都能让消费者了解到如何及何时使用产品——以及谁在使用——特定的产品。因此，根据所演示的内容建模行为可以促进消费者的学习行为，进而增加消费者采用植入商品或服务的可能性。

品牌主张信任与媒体信任

消费者对品牌主张以及传播媒体的信任程度是衡量植入效果的极佳指标。在本节，我们将集中探讨消费者信任对品牌主张的影响，然后进一步阐释植入对消费者媒体信任的影响（即媒体可信度）。

与其他形式的劝服（例如，广告）相比，自然而隐蔽地传递信息是产品植入的优势所在。植入的信息通常会被嵌入社会语境中，融入故事情节中。植入信息的有效性论断是建立在植入信息可以隐藏商业意图的基础上的。过去的研究（Boush, Frestad, & Rose, 1994; Calfee & RunGod, 1988; Friestad & Wright, 1994）显示消费者以怀疑的态度应对明显的劝服尝试，例如，通过广告和销售人员明确提及赞助公司进行劝服的信息会被怀疑。消费者对品牌主张的怀疑引发了更仔细的审查，这也降低了消费者被欺瞒的可能性（Aksoy & Bloom, 1999）。

产品植入的支持者认为植入可以解除消费者的防备心，使其不会仔细审查与产品相关的主张（Balasubramanian, 1994）。产品植入支持者假设媒体产品通常以自然的方式将品牌融入故事情节中，进而可以成功地隐藏产品植入的商业性质。广告明显是由赞助商赞助的，并且与编辑内容有明确的界限。然而，对于电影、电视节目、书籍、报纸、杂志等媒体中的产品内容，消费者就很难确定他们是否得到了商业赞助。如果产品信息的付费性质不明显，那么就可以认为观众没有产生怀疑，并且认为媒体是中立的。以往文献使用的这些论点表明，消费者对植入主张的信任度高于广告主张。如果我们要接受的是，不存在任何条件使消费者怀疑品牌的植入是营销尝试而不是娱乐活动，那么所有这些都是正确的。

如果植入背后的说服意图变得明显，那么，消费者应该像对广告宣传那样对产品植入持怀疑态度，即使这种怀疑达不到对广告宣传的程度。如果消费者发现了那些预料之外的植入广告并感觉被出卖的话，他们对此类植入广告的反应可能比注意到广告（其中具有明显的劝说意图）时更加消极。在本章的后半部分，我们将详细阐述对于品牌赞助商和媒体而言，那些可能增加或降低产品植入效果的条件。

第六章 媒介内容中的品牌植入：信息、媒介和消费者个性对植入效果的影响

影响植入效果的条件

传播过程中各组成要素的特性，预计会对传播过程的有效性产生影响。一般而言，如果品牌赞助商成功隐藏身份，媒体会被认为是品牌信息的来源。鉴于此，我们考察信息特征（植入信息与语境的契合度和植入的强度），媒体或受众感知的信源特征（媒体可信度），以及受众特征（对广告主张的卷入度以及对劝服意图的感知度），并提出上述特征与植入效果的各种关系。

信息特征对植入效果的影响

与植入语境的契合程度。植入品牌与所处语境之间的契合程度或一致性程度将决定受众对语境的态度在多大程度上转移到植入品牌上。这种观点来自一些品牌相关文献，这类文献声称，如果二者契合度很高，那么父品牌与延伸品牌之间的态度转移就是成功的（Aaker & Keller, 1990）。

如果将这一理念扩展到产品植入，那么植入产品与演员或语境的良好契合就可以将受众对后者的积极态度转移到植入的产品上。因为植入产品与特定语境契合度很高，所以更高的契合度也有望提高受众对品牌描述和主张的注意力、记忆力和可信度。一个很好的例子是BMW Z3跑车的植入广告，该跑车出现在第17部詹姆斯·邦德电影《黄金眼》中。汽车与人物角色均可以称得上精致成熟与性感。这款跑车被塑造成技术成熟的形象，技术特性卓越，是英国间谍的首选车型。考虑到这两者之间良好的契合度，即在相关属性上具有高度的互补性，因此，我们预期观众对其中一个元素（演员）的态度会转移到另一个元素（汽车）。相反，如果植入品牌与故事情节不太契合，那么这种品牌不但可能被注意到，还可能让观众认为这个品牌对于艺术表达来讲是多余的，并且开始怀疑媒体的动机。换句话说，我们预期，植入品牌如果与植入语境相脱离会引起观众对植入品牌的负面评价，进而降低观众对品牌主张和媒体的信任度。重申一下，我们认为植入效果（例如，对植入品牌的态度、对植入主张的信任、对媒体的信任）随着故事情节和植入品牌之间感知契合度的增加而增加。如果这一假设成立的话，那么营销从业者就需要首先确定故事情节和产品之间具有共同且有意义的维度，以便塑造成功的产品植入。

植入的强度。我们认为还有一个信息特征可能影响植入效果，即信息植入的强度（strength）或者被称为烈度（intensit）。这一概念与先前的情节和植入之间的契合度概念有些混淆，因为契合度越大，预期的植入效果就越强。产品植入顾问根据其他几个标准与生产者协商植入的强度。品牌被提及的次数；视觉呈现或口头呈现，或两者兼而有之；出现的位置在前景或在背景；是否被实际使用；与语境的整合程度，这些都是如何操纵植入强度的示例。更强的产品植入通常伴随着更高的价格标签。支付结构通常取

决于产品的预期用途和预期曝光度（Magiera, 1990）。据报道，在迪士尼电影《命运先生》(*Mr.Destiny*) 中，仅视觉展示的成本就为2万美元，视觉展示品牌名称为4万美元。在场景中实际使用商品为6万美元。考虑到这些成本，那些要求获得最大回报的营销经理必须更好地理解植入优势和劝服结果之间的关系。

鉴于存在不同的植入方法，那么了解不同强度的植入是否真能导致受众产生不同的注意力水平和劝服效果就显得非常重要。预期植入强度与效果之间存在非线性的关系。具体而言，二者呈现一种倒U型曲线关系（见图6.1）。比如，我们将植入强度作为品牌名称被提及次数的递增函数，以此进行运算。

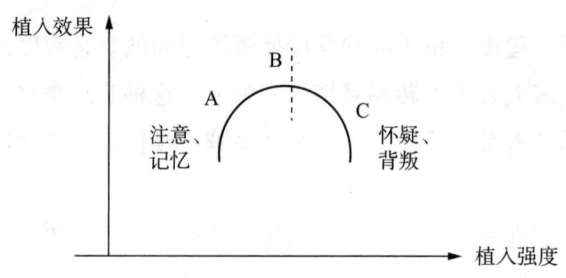

图6.1　植入强度对植入效果的影响

上述关系的基本原理如下：首先，我们将品牌回忆和识别作为植入效果指标。起初，植入效果随着品牌被提及次数（植入强度）的增多而急剧上升。然后，植入效果随着次数的增多而降低上升速率（区域A）。而植入次数达到一定数值（B点）后，实际上可能导致观众产生怀疑，甚至感到背叛，进而导致植入效果的绝对水平下降（区域C）。

成功的产品植入应该是微妙的，且应融入语境。当植入变得太明显，观众就可能推断操纵的意图，并且变得不那么容易被劝服。如果植入使得观众开始思考"我想了解这需要花费（品牌赞助商）多少"的时候，植入效果就不可能超过普通广告了，并且还有可能如前面提到的，产生更坏的结果。如前所述，《宝格丽连线》的争议就说明了消费者抗拒过度的品牌植入，尤其是那些他们认为神圣不可侵犯的、不存在营销目的的媒体。接下来将讨论媒介特征（即媒介可信度）和消费者特征（即产品类别卷入度、意识劝说意图的程度）和植入效果之间的关系。

媒体和消费者特征对植入效果的影响

消费者对劝服意图的感知。产品植入效果的核心是消费者感知不到植入（如，通过付费来植入品牌）的存在。这意味着消费者会信任品牌主张和媒体。

如前所述，对于那些能够辨别隐藏广告投放商业动机的消费者来说，他们对植入的怀疑程度可能与对广告宣传的怀疑程度相似，甚至更大。凯利（Kelley, 1972）的归因研究暗示了消费者对劝服性意图的意识程度会影响媒体信任度。研究表明，信息接收者会评估信息传播者的动机，当信息接收者认为传播者在报道真实事件中看起来并不真实时，信息接收者将据此推断报道是有偏见的（Eagly, Wood, & Chaiken, 1978）。传播者这种伪善性和操纵性（Mills & Jellison, 1967）导致其说服性较低。如果品牌植入背后的商业目的被知晓，消费者可能会推断媒体报道也存在偏向。我们的研究结果显示，当被试注意到植入信息，被试就会意识到媒体是动机不纯的（Bhatnagar et al., 2002）。

进一步来看，根据劝服知识模型（Friestad & Wright, 1994），个体会形成一种意识，这种意识包括营销人员如何影响，为什么影响，以及在什么时候会试图影响他们。因此，个体会发展出劝服知识和应对这些知识的策略。那些具有怀疑意识的观众一旦推断出信息具有劝服意图，他们就会对信息进行仔细审查，从而降低信息的效果和说服力。

增加植入的接触次数和熟悉度也可能会影响植入效果。熟悉度的提高可能提高个体识别植入和管理劝服尝试的能力。例如，弗里斯塔德和赖特（Friestad & Wright, 1994）认为，人们对营销人员策略形成的劝服知识并不是一成不变的。它会随着时间的推移而变化，并随着劝服尝试次数的增加而增加。换句话说，随着产品植入越来越普遍，消费者越来越容易意识到产品植入背后的劝服意图。学术研究和案例证据表明，至少在美国，消费者越来越能够意识到娱乐媒体中的商业内容。例如，德洛姆和里德（DeLorme & Reid, 1999）发现，消费者对特定类型的劝服尝试的免疫力随着接触程度的增加而增加。反复曝光使消费者意识到隐藏的营销动机。经过30次深度访谈，德洛姆和里德（DeLorme & Reid, 1999）得出结论，大多数电影观众都可以意识到产品植入，不同年龄组的被试对品牌植入的态度和解释也不相同。一些证据表明，更多的消费者接受产品植入是一种合法的营销实践形式（Nebenzahl & Secunda, 1993）。然而，这种观点也不总能得到支持，特别是当产品植入出现在高度可靠的媒体时，消费者可能会强烈反对产品植入。以下部分将详细阐述媒体特征（即媒体的可信度）和消费者特征（即消费者的卷入度）对广告主张的可信度以及媒体信任的影响。

媒介的可信度。信息的可信性和说服力受到感知来源身份的影响（Balasubramanian, 1994）。对于传统广告来说，劝服意图是众所周知的，品牌赞助商的身份是显而易见的。然而，对于植入广告，劝服意图是隐蔽的，媒介可能被误认为是消息来源。因此，对于广告植入能在多大程度上说服消费者来讲，所使用媒体自身的特性是很重要的。

消费者更容易相信具有高可信度的消息来源（Choo, 1964）。虽然对专业度和可信度的知觉构成了信源可信度的基础（Dholakia, Sternthal, & Leavitt, 1978），但我们将我们的论点限制在后一个维度（即对媒体可信性的感知方面）。伊格利等人（Eagly et al., 1978）认为，一方面如果人们认为某种信息来源在某种程度上是有偏见的或者是不值得信任的，那么，他们更可能抵制劝服。除了抵制劝服，我们认为当消费者感受到信息源存在与其最初的道德行为期望相矛盾时，他们也会感到被背叛。因此，消费者的不满情绪助长了一种强烈的反应，这种反应可能源于被认为是可信的、没有商业动机偏见的媒体却进行产品植入的行为。另一方面，也可能存在其他情况，在这些情况下消费者不使用媒体可信度来衡量广告主张的可信度。因此，当媒体信誉不再影响产品主张可信度时，我们研究了缓解环境（mitigating circumstances），特别是消费者对某些产品类别的卷入程度。

植入主张的消费者卷入度。 如果不考察信息目的性，那么对说服性传播过程的研究是不完整的。为此，我们考察了受众对产品主张的卷入程度对劝服效果的影响。对于大多数产品类别及其相关产品信息而言，不同人具有不同程度的兴趣。那些与自身相关和感兴趣的信息可能不经思索后便被其他人忽略。这些不同水平的卷入程度也导致了不同程度的认知激活（Petty & Cacioppo, 1979）。精细加工可能性模型（elaboration likelihood model, ELM）假定高卷入的个体适合使用中心路径进行劝服：他们会仔细考察消息内容，并对所使用的论据产生认知反应（Petty, Cacioppo, & Schumann, 1983）。相比之下，卷入程度较低的人倾向于使用边缘路径进行劝服：他们没有动力去加工具体消息内容，也没有动力去寻找线索来识别信息是否合适。在语境中呈现的线索包括：对特定媒体载体（如特定电影）的态度和感知可信度，感知的代言人（如在电影内使用产品的演员）和感知的消息源（也包括特定的媒体载体）。

在与目标受众进行沟通时，市场营销人员需要将这些线索考虑进去，特别是包括那些无卷入或者较低个人卷入的目标受众群体，他们会使用信源的可信性作为内容可信性的参考。根据ELM的原则，当消费者使用可靠的媒体时，我们期望卷入度较低的消费者产生劝服效果。然而，对于主要由高卷入消费者组成的目标受众而言，高精确度和高相关度的广告主张可能更具有说服力。

营销人员还需要考虑消费者产生强烈反应的潜在风险，尤其是在高卷入个体面临高可信度媒体植入的情况。因为高卷入的个人更倾向于注意该类产品的广告植入，并仔细审查产品主张，他们也更可能注意到广告植入背后的劝服意图。这种潜在的操纵意图一旦被发现，他们就有可能产生背叛的感觉，甚至可能引发强烈抵制，尤其是对于那些高可信度媒体而言。这不仅对制订产品决策的营销经理有重要影响，而且对于考虑与公司签订此类协议的媒体也具有重要意义。因此，目标观众的特征需要在设计和实施产品植入之前进行明智的调查。

结　　论

赞助商通常会在隐藏身份的同时为模糊信息买单。最常见的模糊信息形式是产品植入，这是一种创造性地、隐蔽地将品牌植入流行文化的方法。在混合了娱乐和广告植入的信息中，人们很难分辨出编辑评论是在哪个位置结束，商业劝服又从哪里开始。以下部分将讨论对产品植入效果的测量，以及可以增强或减轻植入效果的条件。

植入效果及其测量

我们要解决的问题是如何更好地测量植入效果。公司使用产品植入的动机可以从提升品牌和广告主张的记忆水平，到品牌主张中灌输信任，再到培养积极的品牌态度，进而增强说服力。因此，对于营销领域的从业者和研究者来说，在考察植入效果的时候，除了测量记忆和态度（过去文献中已经探索过），将其他变量作为测量指标就显得非常有必要。传统上，公司都期望将产品植入放进组合营销，并在组合营销中考察其效果。然而，关于媒体感知的效果（尤其是消费者负面反应）的学术研究还不够充分。一个更全面的植入效果测量指标还必须包括诸如对品牌主张的信任度和对媒介信任度的影响等。由于植入不仅影响受众对植入品牌的认知，还会影响受众对植入媒体的认知。因此媒体管理者必须确保广告植入——尽管它们是利润丰厚的收入来源——不能让受众对媒体的信任产生不利影响。在这种情况下，为了补充分析测量植入效果的方法，我们提出了一些额外的变量来衡量广告植入是否成功。

在以下各节，我们将简要概述各种信息（情境匹配度、植入强度）、媒体（媒体可信度）和消费者（植入声明卷入度、劝服意图的知觉）的特征与植入效果之间的关系。

信息匹配和强度对植入效果的影响。信息特征（如语境匹配）很重要。人们更加关注并内化那些与植入环境相匹配的主张。我们进一步提出植入强度和效果之间存在着非线性关系。当植入强度极弱或极强时，植入效果会很低。当产品植入太弱时，观众很难注意到它们；当植入强度非常强时，消费者会意识到正在进行的是营销活动，并且对广告主张产生怀疑。最佳的植入水平是，植入的强度足以引起注意和内化，但是又不至于太强烈进而产生负面评价。

媒体可信度对植入效果的影响。媒体可信度可能从两个方面影响植入效果：受众要么因为媒体高可信度而更信任其发布的信息；要么受众注意到媒体的商业动机，进而对可信媒体产生强烈反感。可信媒体的报道通常被认为是诚实的，但是如果其潜在的商业动机变得明显，那么，消费者可能会感到背叛。

消费者卷入度对植入效果的影响。最后，我们研究了消费者特征（如卷入程度）对植入效果的影响。当信息与消费者个人相关或者很重要时，消费者进行审查的可能性就会变得更高。在高卷入度的情况下，消费者更可能忽略媒体特征（如可信度），仔细审查广告主张。关于植入的另外两个问题也值得进一步研究：植入对消费者欺骗的影响（以及由此产生的公共政策立法），以及对影视节目以外的媒体植入。

植入实践的政府监管

过去的研究者常常赞扬产品植入的优点。其中主要优点就是，隐藏的商业赞助和媒体内容之间是无缝整合的。他们假设，受众在很大程度上没有意识到品牌植入背后的商业意图。消费者没有意识到他们看到的信息具有劝服目的，因此，他们不太可能会怀疑或者仔细审查广告主张。关于广告植入优于其他公开营销方式的争论，在很大程度上基于上述假设。若假设成立，那么植入有效性的需要与保护消费者不被误导的需要之间就存在潜在的冲突。这引发了此类营销方法的伦理问题及政府对行业实践的监管问题。我们可以反过来辩驳，受众是复杂的，消费者意识到品牌在媒体内容中被商业化的情况的确存在。那些能够意识并接受植入作为合法营销形式的消费者是具有批判性思维的，这样就可以避免政府对产品植入立法的需要。

不同媒体的产品植入

以往研究大多数关注视觉娱乐媒体（如影视节目等）的植入效果。然而，不同媒体具有不同的特征，其他形式的媒体也被广泛用于传播植入的信息（如印刷媒体）。尤其是考虑到相关媒体特性的潜在差异，基于视觉媒体获得的一般性的知识来解释其他媒介的植入可能不太适合。鉴于公司越来越期望创造性地摆脱传统传播方式，因此，对书籍和杂志等媒体的产品植入研究就越发有价值。

综上所述，将产品植入娱乐内容对营销从业者（设计有效产品植入的最佳做法是什么、最理想的媒体类型是什么）、营销理论（媒体可信度的含义是什么、受众卷入度是什么、对媒介中的广告主张的意识是什么、对媒体的信任度是什么）以及公共政策制定者都有不同的影响（如果植入存在消费者欺骗，那么如何保证监管）。最后，我们重申，在模糊传播领域，特别是产品植入领域，还有许多工作要做。在进一步的研究中，需要对行业的最佳实践提出新见解。

参考文献

Aaker, D. A., & Keller, K. L. (1990). Consumer evaluations of brand extensions. *Journal of Marketing*, 54, 27–41.

Aksoy, L., & Bloom, P. (1999). *The effects of cultural orientation and trust toward marketers on the level of consumer deception*. Proceedings of the Cross-Cultural Research Conference, Association for Consumer Research, Cancun, Mexico.

Babin, L. A., & Carder, S. T. (1996). Viewers' recognition of brands placed within a film. *International Journal of Advertising*, 15, 140–151.

Baker, M. J., & Crawford, H. A. (1996). Product placements. In E. A. Blair & W. A. Kamakura (Eds.), *Proceedings of the Winter Marketing Educator's Conference* (p. 312). Chicago: American Marketing Association.

Balasubramanian, S. K. (1994). Beyond advertising and publicity: Hybrid messages and public policy issues. *Journal of Advertising*, 23, 29–46.

Bandura, A. (1977). *Social learning theory*. Engelwood Cliffs, NJ: Prentice Hall.

Bhatnagar, N., Aksoy, L., & Malkoc, S. (2002, May). *Efficacy of brand placements versus advertisements: The impact of brand familiarity and media credibility on attitude towards brand claims, trust in brand sponsors and trust in the communication medium.* Paper presented at meeting of the Advertising and Consumer Psychology Conference, New York.

Boush, D. M., Friestad, M., & Rose, G. M. (1994). Adolescent skepticism toward TV advertising and knowledge of advertiser tactics. *Journal of Consumer Research*, 21, 165−175.

Calfee, J. E., & Ringold, D. J. (1988). Consumer skepticism and advertising regulation: What do the polls show? In M. J. Houston (Ed.), *Advances in consumer research* (Vol. 15, pp. 244−248). Provo, UT: Association for Consumer Research.

Choo, T. (1964). Communicator credibility and communication discrepancy as determinants of opinion change. *Journal of Social Psychology*, 64, 1−20.

Cohen, D. (1988). *Advertising*. Glenview, IL: Scott Foresman.

DeLorme, D. E., & Reid, L. N. (1999). Moviegoers' experiences and interpretations of brands in films revisited. *Journal of Advertising*, 27, 71−95.

Dholakia, R. R., Sternthal, B., & Leavitt, C. (1978). The persuasive effect of source credibility: Tests of cognitive reponses. *Journal of Consumer Research*, 4, 252.

Eagly, A. H., Wood, W., & Chaiken, S. (1978). Causal inferences about communicators and their effect on opinion change. *Journal of Personality and Social Psychology*, 36, 424−435.

Fournier, S., & Wojnicki, A. (1999). *Launching the BMW Z3 Roadster*. Cambridge, MA: Harvard Business School Publishing.

Friestad, M., & Wright, P. (1994). The persuasion knowledge model: How people cope with persuasion attempts. *Journal of Consumer Research*, 21, 1−31.

Gorn, G. J. (1982). The effect of music in advertising on choice behavior: A classical conditioning approach. *Journal of Marketing*, 46, 84−101.

Gould, S. J., Gupta, P. B., & Grabner-Krauter, S. (2000). Product placements in movies:Across-cultural analysis of Austrian, French and American consumers' attitudes toward this emerging international promotional medium. *Journal of Advertising*, 29, 41−59.

Gupta, P. B., & Gould, S. J. (1997). Consumers' perceptions of the ethics and acceptability of product placements in movies: Product category and individual differences. *Journal of Current Issues and Research in Advertising*, 19, 37−50.

Gupta, P. B., Gould, S. J., & Lord, K. R. (1998). Product placement in movies: The effect of prominence and mode on audience recall. *Journal of Current Issues and Research in Advertising*, 20, 47−59.

Karrh, J. A. (1994). Effects of brand placements in motion pictures. In K.W. King (Ed.), *Proceedings of the 1994 conference of the American Academy of Advertising* (pp. 90−96). Athens, GA: American Academy of Advertising.

Kelley, H. H. (1972). Attribution in social interaction. In E. E. Jones, D. E. Kanouse, H. H. Kelley, R. E. Nisbett, S. Valins, & B. Weiner (Eds.), *Attribution: Perceiving the causes of behavior* (pp. 1−26). Morristown, NJ: General Learning Press.

Kim, E. (2002). Buy this space: The evil power of the swoosh. *The Daily Tar Heel*. Retrieved June 30, 2002, from http://www.dailytarheel.com/vnews/display.v/ART/2002/01/22/3c4d727eee4d1?in

archive=1

Kotler, P., & Armstrong, G. (2001). *Principles of marketing*. Upper Saddle River, NJ: Prentice Hall.

Magiera, M. (1990). Disney plugs up new film. *Advertising Age*, 63, 4.

Mills, J., & Jellison, J. M. (1967). Effect on opinion change of how desirable the communication is to the audience the communicator addressed. *Journal of Personality and Social Psychology*, 6, 98–101.

Nebenzahl, I. D., & Secunda, E. (1993). Consumers' attitudes toward product placement in movies. *International Journal of Advertising*, 12, 1–11.

Ong, B. S., & Meri, D. (1994). Should product placement in movies be banned? *Journal of Promotion Management*, 2, 159–175.

Petty, R. E., & Cacioppo J. T. (1979). Issue involvement can increase or decrease persuasion by enhancing message relevant cognitive responses. *Journal of Personality and Social Psychology*, 37, 1915–1926.

Petty, R. E., Cacioppo, J. T., & Schumann, D. (1983). Central and peripheral routes to advertising effectiveness: The moderating role of consumer involvement. *Journal of Consumer Research*, 10, 135–146.

Rothenberg, R. (1991, May 31). Critics seek F.T.C. action on products as movie stars. *New York Times*, p. D1.

Ruskin, G. (2001). *Authors ask editors to treat Fay Weldon's new work as an ad, not a book.* Retrieved June 30, 2002, from http://lists.essential.org/pipermail/commercial-alert/2001/000094.html

Sandler, D. M., & Secunda, E. (1993). Point of view: Blurred boundaries—Where does editorial end and advertising begin? *Journal of Advertising Research*, 33, 73–80.

Schudson, M. (1984). *Advertising, the uneasy persuasion*. New York: Basic Books.

Solomon, M., & Englis, B. G. (1996). Consumption constellations: Implications for integrated communications strategy. In E. Thorson & J. Moore (Eds.), *Integrated communication: Synergy of persuasive voices* (pp. 65–86). Mahwah, NJ: Lawrence Erlbaum Associates.

Steortz, E. M. (1987). *The cost efficiency and communication effects associated with brand exposure within motion pictures*. Unpublished master's thesis, University of West Virginia.

Vollmers, S., & Mizerski, R. (1994). A review and investigation into the effectiveness of product placements in films. In K. W. King (Ed.), *Proceedings of the 1994 conference of the American Academy of Advertising* (pp. 97–102). Athens, GA: American Academy of Advertising.

Von Restorff, H. (1933). Uber die wirkung von bereichsbildungen in spurenfeld. [About the effects of the formation of categories in fields of small entities.]. *Psychologisch Forschung*, 18, 299–342.

Winski, J. M. (1982). Hershey befriends extra-terrestrial. *Advertising Age*, 53, 1.

Zimmer, M. R., & DeLorme D. (1997, July 30–August 2). *The effects of brand placement type and a disclaimer on memory for brand placements in movies.* Paper presented at the meeting of the Association for Education in Journalism and Mass Communication, Chicago.

第七章 "美妙的悖论":
儿童对产品植入的前意识加工

苏珊·奥蒂（Susan Auty）
查理·路易斯（Charlie Lewis）
兰卡斯特大学（Lancaster University）

> 这就是令人反感的地方……电影通过场景散布植入性营销（不仅仅是星*克，还有必*客和7/11便*店），期望我们只是下意识地注意到这些信息。
>
> ——摘自《金融时报》安德鲁斯（Andrews）
> 对《我是山姆》的评论，2002年5月9日，p.16

在短短50年里，儿童的生活已经被电视和录像中随处可见的动态图像改变，这些画面模糊了现实与幻想、事实与虚构、娱乐与商业传播之间的界限。已有大量的研究关注了这些媒体对儿童的社会影响（John, 1999; Charlton, Davie, Panting, Abrahams, & Yon, 2001）。然而，关于这些媒体是否对儿童理解世界产生消极或积极的影响（Sheppard, 1994），研究文献呈现了不同的观点。相反，除了一开始的吸烟研究，几乎没有人研究过影视节目中常见的品牌是如何影响儿童的。产品植入，或娱乐节目中出现品牌产品，并不是严格意义上的潜意识传播，正如本章开头引用的电影评论所言，产品的曝光时间通常是以秒而不是以毫秒为单位进行测量的，且时常带有一些口头标签。然而，正如，埃尔德伊和齐扎克指出的，潜意识最初被理解为意识的不可达，在这种情况下，广告植入可以被认为是潜意识的。由于品牌回忆可能是不可靠且无法使用的，因此其效果被认为是默认或隐含的。如果这种影响是潜意识的——对选择有无意识的影响——那么就有必要了解它是如何在儿童身上起作用的，因为儿童还没有发展出应对这种可能存在的影响的认知防御能力。

关于青少年吸烟行为的研究表明，当演员在电影中吸烟时，观众可能将这种类型的人与电影中展示的品牌联系起来。青少年会模仿演员的形象，并利用它们形成自己对吸烟的态度以及自己作为吸烟者的形象（Sargent et al., 2001）。然而，植入设计的产品范围很广，针对的年龄段也很广，包括非常年幼的儿童。事实上，最常被引用的成功植入例子是电影《外星人》的里斯巧克力。我们需要从心理学角度研究产品植入是如何起作用的，特别是需要早点研究产品植入对发育期儿童的影响。

一个儿童实验

我们最近进行了一个实验来观察广告植入是否对儿童的行为有影响。具体是为了探究儿童是否能够注意到电影中的产品植入，如果他们注意到了，产品植入是否会影响到他们对产品的选择（Auty & Lewis, 2002）。刺激材料是电影《小鬼当家》(*Home Alone*)的一个小短片。被试是105个孩子（即四个班），分为两个年龄段：6~7岁和11~12岁。在实验中，有一半儿童看到百事可乐被溅到桌子上的场景；另一半则看到了有食物和牛奶的类似场景，但产品没有标记品牌。在得到他们父母的允许后，我们让孩子们自己选择是喝可口可乐还是百事可乐，并让他们描述在短片中看到的内容。每一位被试都单独接受了具有连续提示的固定形式采访，借此来了解实验组是否更容易回忆出百事可乐的品牌名称。结果发现，即使被试在获取提示信息之前未能回忆起曾看过百事可乐，那些接触带品牌的短片的被试更容易选择百事可乐而不是可口可乐。尤其是，对于那些曾经看过这部电影的人来说，植入信息对产品选择的影响更为明显。值得注意的是，品牌组中的6~7岁儿童比年龄较大的孩子更难回忆起品牌，但他们选择百事可乐的概率是一样的。

这一结果引发了一系列关于广告植入实践在心理和伦理方面的问题。部分心理问题如下：

- 为什么广告植入会产生这种效应？
- 为什么有意识地记忆产品不是产生效果的必需条件呢？
- 为什么事前接触似乎增强了这种效果？
- 每提示一次的效果持续多久？
- 儿童接触娱乐产品（包括产品植入）产生的影响意味着什么？

这些影响引发的主要伦理问题是，如果在进一步的研究中发现广告植入对产品选择有明显的影响，是否有理由禁止在电影和其他形式的娱乐（例如，卡通促销玩具）中进行以儿童为目标消费者的产品植入？

在本章中，我们基于广告心理学、发展心理学和信息加工心理学领域的相关文献，初步回答了其中的一些问题。我们提出对娱乐行业中植入产品可能需要更大监管力度的研究问题，并提出一些旨在详细考察广告植入对儿童影响的研究问题，同时建立一个儿童如何加工植入广告的初步模型，以供进一步讨论和完善。

广告植入的信息加工

在刚刚描述的研究发现中,孩子们对看到百事可乐的回忆能力和他们选择百事可乐而不是市场上更成功的竞争对手的行为之间,存在惊人的不一致现象。当然,兴趣和销售量增加正是广告商追求的效果。这种不一致现象一直很难被解释,直到有学者提出有关记忆的心理模型。然而,在过去的15年中,心理学研究者提出需要将意识控制过程从无意识记忆中分离出来的观点,比如意识控制的记忆加工有再认和回忆技术(外显记忆)。但在无意识记忆中,虽然接触某个物品会影响人们日后加工这个物品的方式和态度,但人们意识不到这种影响。

也许这类效应的最佳证明是蒂姆·皮尔菲和他的同事们关于成年人对流行杂志中广告的记忆研究(Perfect & Askew, 1994),该研究与亚尼塞夫斯基早期的研究(Janiszewski, 1988)比较类似。他们将被试分成两组,其中一组被告知参与广告研究(故意接触),另一组则需要查看杂志中的文章来判断其布局和可读性(偶然接触)。结果不出所料地发现,故意接触组能够区分杂志上看到的广告和之前没有看到的广告。然而,尽管他们没有回忆起自己是否看过广告,一系列测验都显示两组被试均受到了广告的影响;偶然接触组仍然认为之前看到的图片更吸引人、更独特和更引人注目。夏皮罗、麦金尼斯和赫克尔(Shapiro, MacInnis, & Heckler, 1997)最近报告的研究结果再次证实了偶然接触会产生情感影响。

这些结果与一系列针对抽象刺激的记忆实验结果相一致。虽然通过潜意识呈现的抽象几何形状(例如,多边形)都被被试报告为未曾见过,但是,当接触图片后,成人和儿童被试再认出碎片图像(少量信息)的成功率都更高(Parkin & Streete, 1988),并且情感评定量表的结果也比新刺激更加积极(Wilson & Zajonc, 1980)。因此,实验室数据和广告实验似乎都表明,仅仅接触刺激就能影响我们对刺激的反应,而我们却毫无觉察。单纯的接触常常用于解释那些低卷入度商品广告的效果。珀费克特和艾斯丘(Perfect & Askew, 1994)认为意识和反应之间的这种差异是一种美妙的悖论。在我们试图探索产品接触对儿童的影响之前,我们必须考虑这个悖论对我们理解记忆以及记忆内部内隐加工的位置有什么意义。

外显记忆和内隐记忆

内隐记忆和外显记忆的分离在记忆模型中被广泛接受,尽管对于它们是否代表两种记忆系统或不同的激活阈(Whittlesea & Price, 2001)仍然存在分歧。为了理解我们发现的单纯曝光效应,双系统是一个有用的切入点,因为它将曝光效应和主动回忆的影响区分开来。一个经典的双系统模型是帕金(Parkin, 1997)提出的外显(陈述性)系统和内隐（程序性）系统。其中，根据内容是否可以被回忆，外显系统又被进一步区分为语义记忆和情景记忆；而内隐系统是由一组低层次（程序性）功能形成的，这些功能不需要回忆，但也不一定能排除回忆。在这个方案中，诸如日常运动或学习反应等过程不需要有意识地回忆事件。帕金的区分表明，内隐记忆与其说是单一的加工，不如说是一系列相关的技能，它们共同承担着从意识反射中脱离出来的美妙悖论。我们认为，这种区分可以用于理解上文所说的有意识/无意识。

基尔斯特罗姆在他对潜意识认知的文献回顾中指出，"大量的信息加工发生在工作记忆之外"（Kihlstrom, 1987, p.1448）。支持潜意识广告的有效性和"其他形式的隐匿社会影响"（其中可能包括产品植入）的论点涉及启动刺激的作用，即"激活程序性知识，从而影响消费者对产品的思考方式，甚至可能影响他们的实际购买行为"（Kihlstrom, 1987, p.1448）。无意识的程序性知识被描述为先天的和自发的；它可以作用于社交领域以及更公开的认知操作，例如：

> 说话者可能更喜欢某一张脸，但却不能确切地说出为什么会有这种偏好。大量的社会判断和推论，尤其是那些引导第一印象的推论，似乎由这些无意识的加工所调节……因此，人们可能会对事件得出某个结论——例如，他们的情绪价值——然后根据这些结论行事，却又不能清晰地说明这些结论的理由（Kihlstrom, 1987, p.1447）。

流畅度

如果内隐记忆与其他类型的回忆是分离的，那么内隐记忆是如何工作的呢？这不是一个容易解决的问题，特别是迄今为止，还没有脑成像数据来表明外显功能和程序功能存在不同的路径。心理学家威廉·詹姆斯（James, 1892）认为记忆不仅仅是回忆一件事。例如，雅各比、凯利和迪万长期认为，记忆的特有重构性是我们理解内隐加工的关键，"主观经验包括归因或无意识归因，它既是现在的功能，也是过去的功能"（Jacoby, Kelley, & Dywan, 1989, p.392）。然而，"表征与主观经验之间的联系实际上是松散的"（Jacoby, Kelley, & Dywan, 1989, p.393）。他提出流畅度概念来解释内隐记忆的运行原理。

这一概念涉及归因过程，在这个过程中，我们以一种相对自发的方式识别熟悉性或过去状态——类似于将情绪标记为个人生理唤醒的结果。桑亚尔（Sanyal, 1992）认为，部分消费者的选择可能会受到知觉流畅度的影响，但很少有研究可以证实或驳斥他的理论。钟和希曼斯基（Chung & Szymanski, 1997）在低卷入商品的实验中发现，因为先前看到的商品在某种程度上对他们来说是熟悉的，所以消费者似乎依赖视觉感知来做选择。这支持了雅各比的观点，即对唤醒原因的认知决定了人们的体验感觉，这种反应基于感知（例如，在4小时内第二次看到一瓶百事可乐）和概念（例如，对苏打水品牌的熟悉感和看法）的影响。正如约德琳娜斯在雅各比模型的讨论中指出，熟悉度"不仅是感知流畅度，而且还可以反映概念流畅度（即刺激意义的强化处理）"（Yonelinas，2002，p.445）。

外显记忆和内隐记忆的区别与联系

围绕陈述性记忆（外显）和程序性记忆（内隐）之间的关系有很多争论。简要回顾认知心理学中所作的区分，应该有助于说明问题的复杂性。试图将知觉加工等同于无意识记忆，将概念加工等同于有意识记忆的简单理论尝试是无法解释实验结果的（Yonelinas，2002）。约德琳娜斯认为，两者之间缺乏清晰的界线，其部分原因可能是塔尔文（Tulving, 1982）的陈述性记忆模型包含了情景和语义两个子系统，每个子系统依赖于大脑的不同区域。情景记忆指以回忆为基础的个人历史记录，而语义记忆则指以"知晓"为基础的常识储存库。塔尔文最初认为，知觉内隐记忆在某种程度上利用语义记忆产生熟悉感，但在后来的著作（Tulving & Schacter, 1990）中修正了这一点，将熟悉度与知觉记忆区分开来。熟悉度包括情景系统和语义系统之间产生联系的可能性。在陈述性记忆系统中的检索仍然被认为是独立的，允许情景记忆或语义记忆生成熟悉感。在这一观点中，知觉内隐记忆仍然是独立的，如前所述，雅各比等人（Jacoby et al., 1989）认为熟悉度受概念流畅度和概念内隐记忆的影响。

在熟悉度或流畅度模型下，最初接触刺激可能会使人无法意识到这个，但是其效果可以从任务绩效的变化中明显地看出来，而这种变化可能仅归因于事件本身。根据产品植入的前意识感知概念，观众接触产品并在某种感知运动层面注意到它——以皮亚杰的术语来说——但这种产品接触低于有意识的回忆水平。这种感知足以使商品在随后的场合更容易被加工，但人们不会意识到任何提示。先前暴露（可能与先前知识结合）引发的提醒产生了熟悉感，这种熟悉感使加工变得更加容易。

解释单纯曝光效应

托德（Toth, 2000）指出，由于先前暴露会使得再加工变得流畅，流畅度这一个概念同扎荣茨（Zajonc, 1968）首次提出的单纯曝光范式比较相似。实际上，在我们看来，雅各比等人（Jacoby et al., 1989）的流畅度理论确实提供了一种单纯曝光理论的机制，从而为产品植入效果提供了一个连贯的解释。对这种产品的偏好变成了"将早期影响误解为刺激具备令人愉悦的特性，而不是因为熟悉感"（Jacoby et al., 1989, p.402）。这同我们的实验发现一致，如果人们不止一次看到场景，那么加工流畅度就会变高。

托德强调了关于无意识记忆的语境特异性方面的研究，这与产品植入尤为相关（Hayman & Tulving, 1989）。约翰斯通和多德（Johnstone & Dodd, 2000）的确发现，虽然百事可乐在广告中推广了《辣妹合唱团》(Spice Girls)这部电影,但是因为百事可乐没有出现在电影中,人们无法在外显测试中将二者建立显著的联系。这种缺乏联系的结果可能是因为我们采用了外显记忆测量的方式。然而,这符合我们的想法,即无论是程序式的内隐记忆还是概念式的内隐记忆都可以被用来解释产品植入的效果。在这种情况下,只要语境保持不变:先前接触过的提醒都能引起熟悉感,进而促进选择行为。

产品植入如何影响选择

我们提出了关于接触广告植入如何影响选择的模型(参见图7.1)。该模型是建立在帕金(Parkin, 1997)记忆模型的基础上,认为偶然接触将采取隐性的记忆路径,其中经典条件反射、知觉学习和语言启动(特别是在屏幕上口述产品名称时)可以以单独或联合的方式与语义记忆进行结合。语义记忆是我们对概念及其相互关系的有意识理解;它可能与情景记忆有关,帕金将其比作飞行事故记录器,因为它能对特定时间顺序的事件进行记录。在两种类型的陈述性记忆之间以及语义记忆和流畅度之间的双向箭头表明,早期对产品愉悦体验的记忆可以以无意识的方式与内隐记忆相互作用,以产生流畅效果,当人们根据产品目录进行选择时,人们将会对所植入的产品产生积极的体验。

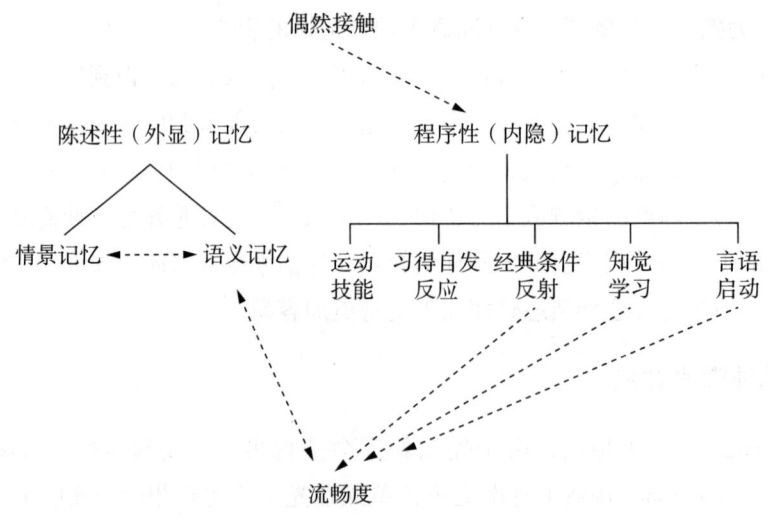

图7.1　基于双记忆系统关于产品植入的加工模型,虚线代表可能被激活而产生流畅度影响的反应[①]

效果的持续时间

如果人们接受了"内隐记忆操作可以被用来解释广告植入影响观众产品选择这一

[①] 参考帕金(Parkin, A., 1997)的模型(图5.1)。N. Cowan (Ed.),《童年记忆的发展》(第18页)。版权归心理学出版社所有,获授权再版。

现象"的观点，那么最有趣的问题是，当呈现提醒刺激时，这种影响会持续多久？有关图像再认加工的研究会让被试从越来越细节的片段中识别出先前看到的图片。这些研究的结果显示，被试初次接触图片的启动效果至少持续48小时，甚至可能超过一周（Hayes & Hennessy, 1996）。实际上，启动效应持续的时间长短仍然是一个有争议的问题。斯洛曼、海曼、奥塔、劳和塔尔文（Sloman, Hayman, Ohta, Law, & Tulving, 1988）早期的研究发现，内隐记忆的影响可以持续数月甚至长达一年。

有关语境特殊性的研究发现也值得重视。海斯和轩尼诗（Hayes & Hennessey, 1996）发现了启动效应可以转移到新的图片上，这些新图片在某些特征上同原始图片非常相似，就像从两个角度看同一匹马一样。随后的结果表明，启动并不仅仅是图像式编码，也可以是概念式编码，"每当人们感知一个物体，就构成了一个包含感知特征和概念特征的单一表现形式，也就是这种表现形式调节了启动"（Hayes & Hennessey, 1996, p.37）。这一理论有助于解释为什么即使是6~7岁的孩子在选择饮料时，似乎也能够将电影中百事可乐的旧形象从电影中转移到新瓶子上，尽管这可能影响他们回忆品牌的能力。其他研究（Cermak, Talbot, Chandler, & Wolbarst, 1985）已经发现，单词的启动效应比非单词的启动效应更大。这些发现支持了语义记忆和内隐记忆之间的联系，正如我们提出的模型所言。

儿童内隐记忆

区分内隐记忆和外显记忆的做法对于研究儿童受众的传播效果尤为重要。因为内隐记忆似乎不会受到儿童逐渐发育的影响，但是测量外显效果可能会因为儿童无法完成检索任务而变得无效。许多研究人员都发现，从儿童早期到青春期，不同外显记忆测试方法的表现都可以显著改善（Kail, 1990）。

我们怎么确定儿童的内隐记忆是相对流畅的呢？研究表明，即使是婴儿也能表现出与成人相同的流畅度。例如，罗维-科利（Rovee-Collier, 1989）的被试是6个月大的婴儿，道具是婴儿床上悬挂的风铃玩具，训练内容是只要玩具出现就让婴儿踢腿。两周后，她发现婴儿在风铃出现时就会踢一脚，但是当一个稍微修改过的风铃出现在婴儿床上时他却没有踢脚。这和她随后的研究（Gerhardstein, Adler, & Rovee-Collier, 2000）都表明，内隐技能在幼年时就存在，并且继续与慢慢发展的外显技能区分开来。在儿童的实验室研究和应用研究中都可以证明这种效果。帕金和斯特里特（Parkin & Streete, 1988）在3岁儿童中发现了采用碎片化图像识别方法引发被试内隐记忆的证据，尽管与年龄较大的儿童（5岁和7岁）相比，他们的外显记忆存在缺陷。此外，德鲁米和纽科姆（Drummey & Newcombe, 1995）认为，3岁儿童身上存在知觉启动现象，即使他们的再认记忆能力不超过概率水平。帕金认为，新生儿可能"拥有一系列内隐学习能力，可以进行大致的分类，如熟悉与不熟悉"（Parkin, 1993，p.204）。

内隐学习与行为

实验数据似乎可以用于真实环境的研究。例如，内藤等人（Naito, 1990; Naito & Komatsu, 1993）发现幼儿可以进行内隐学习，这为克里希南和查克拉瓦蒂（Krishnan & Chakravarti, 1999）的研究提出了一种可能性，该研究认为，若幼儿过早接触香烟和酒精广告，在没有意识到广告接触的情况下，幼儿可能在日后对香烟和酒精持积极态度。特别有趣的内隐记忆研究还涉及启动和语境特殊性等概念。内藤和小松认为"对原始训练的语境信息具有高度的特殊性，重新激活会因为提示改变而失效"（Naito & Komatsu, 1993, p.237）。这意味着，在产品植入的情况下，电影语境是提示的重要部分，而在实验中，如果用广告信息代替电影片段，则很可能不会重新激活被试。

熟悉度和加工流畅度似乎是解释本章开头发现的关键。品牌商品的鲜艳包装可能内隐地以一种类似于其他熟悉的刺激被人们感知，例如面部，（当启动发生时）在生命早期便可识别这种刺激（Ellis, Ellis, & Hosie, 1993）。鉴于记忆表现是个体知识基础的一部分（Naito & Komatsu, 1993），儿童对在他们记忆中的产品知之甚少，可以推断，他们大部分对影视产品的认知将会处于潜意识层面，这导致其形成了内隐而不是外显的记忆。在这种观点中，接触行为让人们可以更流畅地处理品牌产品，因此接触行为成为后期接触的启动器，同时，流利被认为是积极的影响，所以更需要将意义归因于流畅程度的提高。

鉴于助记技能（如分组复述或"信息组块"）的发展相对缓慢，以及缺乏对记忆过程的理解（Kail, 1990），我们的论题是幼儿通过观看日常行为的内隐脚本，获取外围和未分析的信息，进而使用内隐处理技能构建一个"语言"。他们对行事方式产生感受，这有助于他们的学习行为，例如消费者的选择。

广告植入与儿童行为脚本

这种行为语言是否有助于提高儿童的家庭地位，使他们在发展中能够表达并参与家庭的消费决策？佩拉基奥（Peracchio, 1993）的研究表明，通过反复观看有关消费者—产品交互的视听叙事，5岁的儿童能够外显地学习这些消费行为。广告植入的内隐记忆是否有益于这些行为脚本？在这一观点中，可获得的和无法获得的感知是相互关联的，并随着身体的发育以一种越来越精细和系统化的方式为彼此提供信息。这意味着，在概念系统"确定知觉加工的内容"之前，人们会感知到植入产品的图像，但不会对其进行分析（Mandler, 1988, p.132）。可能出于社会原因，这些记忆变得很重要，因此发育中的儿童更多地利用内隐记忆，这种观点与上述的观点一致。德鲁米和纽科姆似乎同意这种可能性，因为他们认为"对外显记忆与内隐记忆关系的理解和运用的发展变化，可能解释了外显记忆中与年龄相关部分的增长"（Drummey & Newcombe, 1995, p.563）。

然后问题就出现了，一旦编写完脚本，脚本是否会一直发挥作用，还是说儿童会因为刺激的重新激活或重复启动而受到竞争性脚本的影响？这种观点表明首因效应和近因效应的重要性，此观点最早由艾宾浩斯（Ebbinghaus, 1885）在无意义音节学习任务中提出，它们对衡量电视广告效果特别重要（Krugman, 1965）。某些形式的启动刺激的激活需要有特定语境，例如内隐记忆偏好的选择需要再次观看电影或至少是相关联的场景。流畅性加工的另一个重要因素可能是个体对产品的熟悉程度。贝克（Baker, 1999）发现，事前熟悉似乎是通过前意识方法来使人对品牌产生免疫以对抗影响选择行为的企图。这一发现表明，在早期阶段写入脚本是品牌的一个重要考虑因素，这也许是首因效应的另一种表现形式。

儿童是否容易受广告植入的影响？

年幼的孩子被图案图像迷住也许并不奇怪。关于儿童和成人对电视与印刷或广播的信息加工之间的差异已经进行了大量研究。虽然成人对阅读或聆听音频信息的学习比看电视更有效，但早期研究表明，与印刷故事相比，儿童能更完整、更准确地回忆电视上的故事。无论阅读能力如何，都会出现这种结果（Walma van der Molen & van der Voort, 2000）。

罗伯茨和布雷兹（Roberts & Blades, 2000）对幼儿（4~10岁）的研究指出，儿童在加工视觉图像信息的过程中存在另一个潜在差异：在直接询问的情况下，4岁的孩子比10岁的孩子更容易混淆信息来源，但在自由回忆的情况下却不会出现这种情况，对此人们给出了不同的解释。这项研究中唯一可以概括的发现是，年龄和事件的时间间隔都是准确回忆的重要中介。显然，幻想与现实之间的明显混淆，对儿童从娱乐节目中获得的知识，从而以现实视角构建产品的能力有一定影响。

在关于儿童对广告植入的信息加工的所有检验中，先验知识是一个重要的需要考虑的因素。从广告对儿童的影响研究中，我们了解到个体通常大约在8岁时才可能充分理解广告信息的商业意图，而且还有许多儿童直到10岁还不能理解广告的劝服意图（Macklin, 1987; Oates, Blades, & Gunter, 2001）。当然，年幼的孩子会回应广告。在非常年幼的孩子（3~6岁）中，81%的孩子在看过可口可乐的标志后能够描述该产品（Dammler & Middelman-Motz, 2002）。摩尔和卢茨发现，7岁的儿童"利用广告作为发现未知机遇和愿望的手段"（Moore & Lutz, 2000, p.42），例如编制一个生日清单。此外，这些孩子表现出对产品线延伸和品牌差异的自发认识，10岁的儿童对广告和产品之间的关系也有了越来越多的洞察力。

儿童广告素养

一般认为，广告读写能力只有在青春期早期才会变得成熟，因为它与理解叙事的心理维度以及语言的比喻意义密切相关（Moore & Lutz, 2000; Ritson & Elliott, 1995）。在许多方面，似乎对广告的复杂理解实际上会妨碍有效的广告沟通，因为它会刺激反驳行为（d'Astou & Chartier, 2000）。在年龄较大的儿童和成年人中，有意识的反控制可能会抵消对广告植入的情绪反应（Ye & van Raaij, 1997）。

此外，如果人们建立了有意识的联系，它可能会对任何后续的选择决策产生负面影响。如果高级分析伴随着初始接触，那么任何积极影响都可能被负面态度所抵消。假设观众抵抗公开植入，他们可能将其视为操纵行为。成年人只要注意到一个产品带有商业来源，就能防止下意识地感知。然而，布鲁克斯、阿姆斯特朗和戈德堡（Brucks, Armstrong, & Goldberg, 1988）发现，8～12岁的儿童需要提示才能产生反驳行为，并认为这些线索对8岁以下的儿童无效。因此，人们可能会争辩说，广告植入可能对幼儿最有效，正是因为它几乎总处于前意识状态，在无须认知（有意识的）的情况下影响个体：一种潜在阴险且具有强大影响的美妙悖论。

伦理意义

如果儿童几乎每次看电影或视频时都会接触到内隐加工的商业信息，并且越来越多，每次玩电子游戏时都会接触到这些信息（Nelson, 2002），我们需要更准确地理解这些信息对他们的选择有什么影响。儿童没有明确地回忆或甚至没有认出所植入的产品，这并不意味着他们没有受到这些信息的影响，特别是累积影响。在《小鬼当家》的一顿家庭聚餐中，提及和饮用百事可乐似乎相当自然，毫无疑问，没有商标的可乐将会降低现场的逼真度。然而，如果只是为了保护儿童免受不合适信息的侵害，节目制作者和监管机构需要意识到产品植入信息的潜在威力。对于像香烟和酒精这样的产品，产品的品牌并不是重要的问题——相反，问题是可能正在进行的无形脚本，使儿童形成吸烟和（通常是过度的）饮酒与成长相关的内隐认知。值得注意的是，美国青少年的吸烟率在1980—1984年的下降后又恢复上升趋势。在整个20世纪80年代，香烟广告支出减少，而促销支出（包括促销津贴、抽样、娱乐和商店展示）实际上增长了近三倍（疾病控制和预防中心，1995年）。电影中（而不是电视）对吸烟的描述也出现了类似的趋势（Pechmann & Shih, 1999）。20世纪80年代初，吸烟率开始下降是否与拉里·哈格曼（Larry Hagman）在电视连续剧《达拉斯》（Dallas）中的禁烟角色以及其他电视节目较少公开吸烟的画面有关？

总结与结论：儿童与产品植入的研究蓝图

有必要针对植入式广告对儿童的影响进行更多的实验研究。在这个探索性章节中，出现了几个问题：

- 在屏幕上的时间长度和重复次数方面，需要多少接触才能产生效果？
- 这种影响会持续多久？
- 儿童从几岁开始明确地注意到广告植入？

本章的研究表明，接触和选择是密切相关的，尽管这种关联不能被有意识地感知到。记忆研究似乎也表明流畅度影响的持续时间可能超过一周，但我们需要探讨广告植入是否会产生如此持久的影响。

还需要解决内隐记忆如何与外显记忆互相作用的问题：

- 外显记忆和内隐记忆之间有什么关系（如果有的话）？
- 什么决定了影响力的方向？
- 个体对刺激的熟悉程度在多大程度上影响产品植入的有效性？
- 对于新产品来说，这种影响是更显著还是更不显著？
- 儿童是否比成年人更容易受到内隐记忆的影响？

这些都是我们对人类记忆的理解以及市场研究人员如何将记忆理论应用于现实问题（例如产品植入）的关键问题。我们认为，对这种应用效应和复杂记忆理论的研究可以相互影响，正如我们在本章中讨论的一些研究所表明的那样（Perfect & Askew, 1994）。我们还认为，儿童与成人之间的比较往往有助于我们理解记忆影响我们行为的方式。

假设未来的研究证实了广告植入对儿童选择的影响，那么需要提出有关道德的研究问题：

- 对这类广告植入进行监管可能会有什么影响？
- 什么是最好的监管形式？

内隐记忆在儿童发展中的作用也值得进一步研究。由于大多数关于广告植入的数据来自实验室，我们需要研究这种形式的营销传播如何在现实世界中起作用——特别是它如何渗入行为的其他方面，例如以下内容：

- 植入如何影响父母和孩子在产品选择上的协商？
- 植入如何影响儿童与儿童之间的讨论，以及实际上他们在讨论产品时担任什么角色？

最后，本章报告的理论和数据表明，还应研究目前的广告研究如何开展。最近对记忆的研究结果需要在整个广告行业中传播。如果在没有有意识回忆的情况下，接触对选择的影响这一美妙的悖论得到证实，那么广告代理商是否应该通过触发数天后的记忆来继续衡量广告的有效性？当他们信息的影响可能比简单的意识更微妙，特别是对于儿童来说，使用外显记忆来测试广告传播——他们的创造性元素和最小有效频率——是否有意义？

致　　谢

我们要感谢梅德·麦当劳（Diarmaid McDonald）和菲利普·谢泼德（Philip Sheppard）收集有关产品植入的实验数据。同时我们非常感谢史蒂夫·杜赫斯（Steve Dewhurst）对本章早期版本的修改建议。

参考文献

Andrews, N. (2002). The true meaning of "offensive." *Financial Times* (May 9), 116.

Auty, S., & Lewis, C. (2002, May). *The effect of product placement on children*. Paper presented at the 21st Annual Advertising and Consumer Psychology Conference, New York.

Baker, W. E. (1999). When can affective conditioning and mere exposure directly influence brand choice? *Journal of Advertising*, 28(4), 31–46.

Brucks, M, Armstrong, G. M., & Goldberg, M. E. (1988). Children's use of cognitive defenses against television advertising: A cognitive response approach. *Journal of Consumer Research*, 14, 471–482.

Centers for Disease Control and Prevention. (1995). Trends in smoking initiation among adolescents and young adults—United States, 1980–1989. *Morbidity and Mortality Weekly Report*, 44(28), 521–525.

Cermak, L. S., Talbot, N., Chandler, K.,&Wolbarst, L. R. (1985). The perceptual priming phenomenon in amnesia. *Neuropsychologia*, 23, 615–622.

Charlton, T., Davie, R., Panting, C., Abrahams, M., & Yon, L. (2001). Monitoring children's behaviour in a remote community before and six years after the availability of broadcast TV. *North American Journal of Psychology*, 3, 429–440.

Chung, S. W., & Szymanski, K. (1997). Effects of brand name exposure on brand choices: An implicit memory perspective. In M. Brucks & D. MacInnis (Eds.), *Advances in consumer research* (Vol. 24, pp. 288–294). Provo, UT: Association of Consumer Research.

Dammler, A., & Middelman-Motz, A. V. (2002). "I want the one with Harry Potter on it." *International Journal of Advertising & Marketing to Children*, 3, 3–8.

d'Astous, A., & Chartier, F. (2000). A study of factors affecting consumer evaluations and memory of product placements in movies. *Journal of Current Issues and Research in Advertising*, 22(2), 31–40.

Drummey, A. B., & Newcombe, N. (1995). Remembering versus knowing the past: Children's explicit and implicit memories for pictures. *Journal of Experimental Child Psychology*, 59, 549–565.

Ebbinghaus, H. (1885). *Memory: A contribution to experimental psychology*. Retrieved June 6, 2002, from http://psychclassics.yorku.ca/Ebbinghaus/memory9.htm

Ellis, H. D., Ellis, D. M., & Hosie, J. A. (1993). Priming effects in children's face recognition. *British Journal of Psychology*, 84, 101–110.

Gerhardstein, P., Adler, S. A., Rovee-Collier, C. (2000). A dissociation in infants' memory for stimulus size: Evidence for the early development of multiple memory systems. *Developmental Psychobiology*, 36, 123-136.

Hayes, B. K., & Hennessy, R. (1996). The nature and development of nonverbal implicit memory. *Journal of Experimental Child Psychology*, 63, 22-43.

Hayman, C. A. G., & Tulving, E. (1989). Is priming in fragment completion based on a "traceless" memory system? *Journal of Experimental Psychology: Learning, Memory and Cognition*, 14, 941-956.

Jacoby, L. L., Kelley, C. M., & Dywan, J. (1989). Memory attributions. In H. L. Roediger & F. I. M. Craik (Eds.), *Varieties of memory and consciousness: Essays in honour of Endel Tulving* (pp. 391-422). Hillsdale, NJ: Lawrence Erlbaum Associates.

James, W. (1892). *Principles of psychology*. London: MacMillan.

Janiszewski, C. (1988). Preconscious processing effects: The independence of attitude formation and conscious thought. *Journal of Consumer Research*, 15, 199-209.

John, D. R. (1999). Consumer socialization of children: A retrospective look at twenty-five years of research. *Journal of Consumer Research*, 26, 183-213.

Johnstone, E., & Dodd, C. A. (2000). Placements as mediators of brand salience within a UK cinema audience. *Journal of Marketing Communications*, 6, 141-158.

Kail, R. V. (1990). *The development of memory in children*. New York: W. H. Freeman.

Kihlstrom, J. F. (1987). The cognitive unconscious. *Science*, 237, 1445-1451.

Krishnan, H. S., & Chakravarti, D. (1999). Memory measures for pretesting advertisements: An integrative conceptual framework and a diagnostic template. *Journal of Consumer Psychology*, 8, 1-37.

Krugman, H. E. (1965). The impact of television advertising: Learning without involvement. *Public Opinion Quarterly*, 29, 349-356.

Kunst-Wilson, W. R., & Zajonc, R. B. (1980). Affective discrimination of stimuli that cannot be recognized. *Science*, 207, 557-558.

Macklin, M. C. (1987). Preschoolers' understanding of the informational function of television advertising. *Journal of Consumer Research*, 14, 229-239.

Mandler, J. M. (1988). How to build a baby: On the development of an accessible representational system. *Cognitive Development*, 3, 113-136.

Moore, E. S., & Lutz, R. J. (2000). Children, advertising, and product experiences: A multimethod inquiry. *Journal of Consumer Research*, 27, 31-48.

Naito, M. (1990). Repetition priming in children and adults: Age-related dissociation between implicit and explicit memory. *Journal of Experimental Child Psychology*, 50, 462-484.

Naito, M., & Komatsu, S. (1993). Processes involved in childhood development of implicit memory. In P. Graf & M. E. J. Masson (Eds.), *Implicit memory: New directions in cognition, development, and neuropsychology* (pp. 231-260). Hillsdale, NJ: Lawrence Erlbaum Associates.

Nelson, M. R. (2002). Recall of brand placements in computer/video games. *Journal of Advertising Research*, 42, 80-92.

Oates, C., Blades, M., & Gunter, B. (2001). Children and television advertising: When do they understand persuasive intent? *Journal of Consumer Behaviour*, 1, 238–245.

Parkin, A. J. (1993). Implicit memory across the lifespan. In P. Graf &M. E. J. Masson (Eds.), *Implicit memory: New directions in cognition, development, and neuropsychology* (pp. 191–206). Hillsdale, NJ: Lawrence Erlbaum Associates.

Parkin, A. J. (1997). The development of procedural and declarative memory. In N. Cowan (Ed.), *The development of memory in childhood* (pp.113–137). Hove, UK: Psychology Press.

Parkin, A. J., & Streete, S. (1988). Implicit and explicit memory in young children and adults. British *Journal of Psychology*, 79, 361–369.

Pechmann, C.,&Shih, C. F. (1999). Smoking scenes in movies and antismoking advertisements before movies: Effects on youth. *Journal of Marketing*, 63, 1–13.

Peracchio, L. A. (1993). Young children's processing of a televised narrative: Is a picture really worth a thousand words? *Journal of Consumer Research*, 20, 281–293.

Perfect, T. J., & Askew, C. (1994). Print adverts: Not remembered but memorable. *Applied Cognitive Psychology*, 8, 693–703.

Ritson, M., & Elliott, R. (1995). A model of advertising literacy: The praxiology and co-creation of advertising meaning. In M. Bergadaa (Ed.), *Proceedings of the European Marketing Academy Conference*, 24, 1035–1044.

Roberts, K. P.,&Blades, M. (2000). Children's memory and source monitoring of real-life and televised events. *Journal of Applied Developmental Psychology*, 20, 575–596.

Rovee-Collier, C. (1989). The joy of kicking: Memories, motives and mobiles. In P. R. Solomon, G. R. Goethals, & B. R. Stephans (Eds.), *Memory: An interdisciplinary approach*. New York: Springer Verlag.

Sanyal, A. (1992). Priming and implicit memory: A review and a synthesis relevant for consumer behavior. In J. Sherry & B. Sternthal (Eds.), *Advances in consumer research* (Vol. 19, pp. 795–805). Provo, UT: Association of Consumer Research.

Sargent, J. D., Tickle, J. J., Beach, M. L., Dalton, M. A., Ahrens, M. B., & Heatherton, T. F. (2001). Brand appearances in contemporary cinema films and contribution to global marketing of cigarettes. *The Lancet*, 357, 29–32.

Shapiro, S., MacInnis, D. J., & Heckler, S. E. (1997). The effects of incidental ad exposure on the formation of consideration sets. *Journal of Consumer Research*, 24, 94–104.

Sheppard, A. (1994). Children's understanding of television programmes: Three exploratory studies. *Current Psychology*, 13(2), 124–137.

Sloman, S. A., Hayman, C. A. G., Ohta, N., Law, J., & Tulving, E. (1988). Forgetting in primed fragment completion. *Journal of Experimental Psychology: Learning, Memory and Cognition*, 14, 223–239.

Toth, J. P. (2000). Nonconscious forms of human memory. In E. Tulving & F. I. M. Craik (Eds.), *The Oxford handbook of memory* (pp. 245–261). Oxford, UK: Oxford University Press.

Tulving, E. (1982). Synergistic ecphory in recall and recognition. *Canadian Journal of Psychology*, 36(2), 130–147.

Tulving, E., & Schacter, D. L. (1990). Priming and human memory systems. *Science*, 247, 301–306.

Walma van der Molen, J. H.,&van der Voort, T. H. A. (2000). Children's and adults' recall of television and print news in children's and adult news formats. *Communication Research*, 27, 132–160.

Whittlesea, B. W. A., & Price, J. R. (2001). Implicit/explicit memory versus analytic/nonanalytic processing: Rethinking the mere exposure effect. *Memory and Cognition*, 29, 234–246.

Ye, G., & van Raaij, W. F. (1997). What inhibits the mere-exposure effect: Recollection or familiarity? *Journal of Economic Psychology*, 18, 629–648.

Yonelinas, A. P. (2002). The nature of recollection and familiarity: A review of 30 years of research. *Journal of Memory and Language*, 46, 441–517.

Zajonc, R. B. (1968). Attitudinal effects of mere exposures. *Journal of Personality and Social Psychology*, 9(2, pt. 2), 1–27.

第二部分

广告间隙的节目:
娱乐节目和叙事的说服力

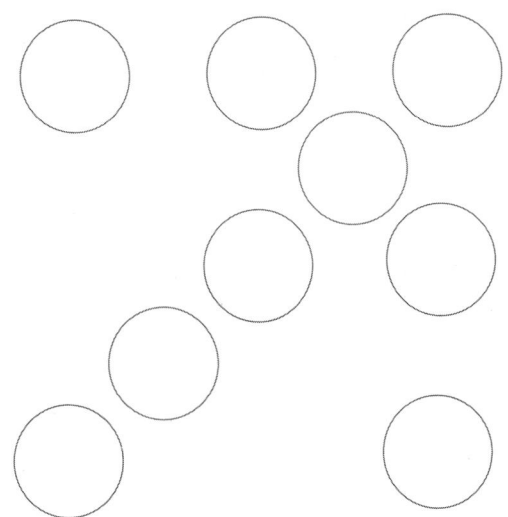

第二部分

人行横道上，
交通标志与标线的引入

第八章 图片、文字及媒体影响：
语言和非语言信息对记忆与判断的交互影响①

小罗伯特·S. 怀尔（Robert S. Wyer, Jr.）
拉希米·阿达瓦尔（Rashmi Adaval）
香港科技大学（Hong Kong University of Science and Technology）

> 蓝波征服了亚洲。在中国，《第一滴血》在北京上映10天，就有100万人争相观看……在成都，我听到约翰·蓝波（John Rambo）用低沉的机关枪式普通话咕哝着他的警句，看到我们的英雄在一个场景中砍倒了七名警察，观众喷喷地摇头赞叹……"我觉得他很漂亮，"一位23岁的中国女孩轻声对外国记者说，"那么有力，那么优雅。他结婚了吗？"
>
> 皮科·耶尔（Pico Iyer, 1988, p.3）

昏暗的电影院大厅把我们引入一个可以发挥幻想的空间。当好人战胜坏人时，我们在心里欢呼；当末日事件威胁地球时，我们屏息凝望；当一个角色为了寻找幸福不惜一切代价时，我们泪流满面。当我们终于走出电影院，走进大厅的炫目灯光时，我们可能还深深地沉浸在剧情里，难以回归现实。

无论是在黑暗的电影院中，还是在情景喜剧、肥皂剧、新闻报道和广告中，娱乐媒体创造的图像似乎确实模糊了真正的现实与我们所感知的现实之间的界限。这些图像对人们的态度、信念和行为产生持续的影响，这种影响是我们最近才开始发现的。奥吉恩和什鲁姆（O'Guinn & Shrum, 1997）对过度看电视的后果进行了引人注目的描述。他们发现：比起不经常看电视的人，经常看电视的人更容易高估自己驾驶豪华汽车、自家后院有游泳池，或拥有富裕生活方式的其他特征的概率。产生这些结果的部分原因是：

---
① 因文中有敏感内容，译者做了部分删除处理。

人们通常缺乏动力，或者无法识别他们已经获得的信息的来源（Hasher, Goldstein, & Toppin, 1977; Jacoby, Kelley, Brown, & Jasechko, 1989; Johnson, Hashtroudi, & Lindsay, 1993）。因此，他们无法区分他们读过或亲身经历过的真实事件的记忆与他们在电视上看到的虚构事件的记忆。所以，他们经常检索并使用这些事件来评估其在日常生活中发生的可能性。在许多情况下，人们没有意识到媒体对他们的影响。但是，即使他们意识到影响，他们也不知道应该如何调整来应对（Petty & Wegener, 1993）。所以，他们往往不能做出相应的调整；或者在其他时候，又调整得过多。在后一种情况下，偏误因素可能对他们报告的判断产生负面影响（Isbell & Wyer, 1998; Ottati & Isbell, 1996）。

然而，娱乐媒体在人们对真实事件反应的影响方面可能比什鲁姆等人的研究所表明得更为普遍。例如，观众在看电影和电视的过程中很容易从记忆获取概念和知识，这些概念或知识又会影响到他们对新信息的解释以及由之引申出的含义。从这个角度来说，当观众遇到与这些概念相关的需要做出判断或决策的信息时，这些概念会影响到他做相关的判断或决策。

本章将讨论这些影响。我们特别关注的是，人们在电影或电视上见到的那种图像或由视频演示所激发出的视觉图像，将如何影响人们加工随之接收到的信息。我们首先讨论视觉刺激所激发的概念如何影响在客观上与这些刺激无关的信息的反应。然后，我们讨论了刺激物的视觉形象将如何影响个体的判断标准，这些判断标准用来评估其他人的意涵、口头信息的含义以及应用这些标准的有效性。这些效果取决于引起这些视觉图像的刺激是与书面信息同时传达的，还是事先创建的。然而，语言和视觉信息对彼此的影响是相互的。在这一章的最后一部分，我们讨论了人们对他们在视觉上经历过的事件（例如，在电影中）的交流方式能够影响他们对这些事件的后期记忆，从而影响他们的信念和观点。我们所讨论的研究，其中大部分是在我们自己的实验室中进行的，它们通常不会被设计成直接影响娱乐与说服之间的相互联系。然而，它们对这方面的影响是显而易见的。

媒体创建的视觉图像对现实人物和事件的影响

重申一下，什鲁姆等人的研究清楚地表明，让电视观众看到虚构的事件会影响他们对真实世界中实际发生的类似事件的看法。在这种情况下，它可以影响他们对与事件相关的人和事的信念和态度。造成这种影响的原因有两个。

第一，人们可能会把电视上经常出现的情况视为常态。这既可能产生令人满意的结果，也可能产生令人沮丧的结果。一方面，（在电视中）让女性和非裔美国人担任国家元首、律师或科学家，可能会增加人们这种看法，即他们担任这些职务是司空见惯的，因此，也可能提高人们对在现实世界中担任这些职务的个人的接受度。另一方面，个人

第八章 图片、文字及媒体影响：语言和非语言信息对记忆与判断的交互影响

也许会把电视上经常出现的情景和事件作为评估自己生活环境的标准，也许会有动机采取能达到这些标准的行为。因此，如果大量的电视观众高估了拥有代表富裕生活方式的人口比例（O'Guinn & Shrum, 1997），他们可能比其他人更倾向于根据这种暗示评估自己的生活状况，并可能试图获得这些财产或从事其他超出他们能力的活动。电视的这些影响可能在人们很小的时候就奠定了这种唯物价值观的基础。

当电视上出现不受欢迎的情况时，就会引发其他问题。例如，在电视上看到暴力和侵犯行为可能会让人们认为这种行为是常见的，也许是不可避免的。如果是这样，这可能会减少他们对现实世界中遭遇暴力的担忧（Drabman & Thomas, 1975）。

接触暴力的第二个可能的影响则完全不同。勒纳、米勒和霍姆斯（Lerner, Miller, & Holmes, 1976）认为，人们有动力去相信这个世界是公正的，即人们不仅得到了他们应得的东西，而且认为应该得到他们应得的。个人致残或被杀害的电影和电视节目可以激发观众对不公正的关注，因此，当他们遇到实际情况时，增强他们需要重建公正世界的信念。换句话说，经常看电视的人可能比偶尔看电视的人更倾向于相信暴力犯罪者会受到惩罚。与此同时，他们也可能倾向于认为，暴力和侵犯的受害者应对他们的受害负责，因此，他们应该承受他们所遭受的命运（Wagstaff, 1982）。也许具有讽刺意味的是，这种倾向在侵犯产生极端消极后果时最为明显，因此对一个人对公正世界的信念的威胁特别大。

形象激活的刻板印象对行为的影响

正如我们在本章前部分所推测的那样，频繁地描绘少数群体负责任的社会角色，可能会增加人们对他们在现实世界中适合担任这个职位的看法。这种看法的增加同时可能减少人们对这些成员所具有的刻板印象。然而，正如迪瓦恩（Devine, 1989）所指出的，人们可能知道刻板印象，即使他们认为它不正确。因此，接触刻板印象组的成员可以激活与该组相关的特质和行为概念，而这些概念一旦被激活，就可以应用到刻板印象在客观上与之无关的其他情境中。此外，这些影响可能在没有意识到的情况下发生。

巴奇、陈和伯罗斯（Bargh, Chen, & Burrows, 1996）在研究概念激活对显性行为的影响时证明了这种可能性。在一项研究中（Bargh et al., 1996），欧洲裔美国人在执行一项无聊的任务时，会下意识地接触到黑人或白人的面孔。完成任务后，被试被告知，由于电脑故障，他们将不得不再次执行任务。被试对这一要求的非言语反应并不明显。但那些接触黑人面孔的被试比接触白人面孔的被试表现出更多的愤怒和敌对情绪。这表明，非洲裔美国人的面孔被定性为充满敌意和攻击性的（Devine, 1989），这些面孔激活了与这种行为相关的概念，并使被试倾向于做出类似的行为。此外，这些影响发生在被试并没有意识到那些引起刻板印象的刺激存在的情况下。

激活人们的刻板印象对那些从未有刻板印象的群体产生影响，这很有趣。但是，

造成这种影响的过程并不完全清楚。普林茨（Prinz, 1990）的推测提出了一种可能的解释，即为了理解他人的行为，人们会自发地想象自己在做这种行为，从而在他人的行为表征和自己的行为表征之间建立一种联系。这种关联的结果是，激活他人行为概念的因素在行为适用的条件下，可以增加行为相似的倾向。

当然，仅仅是刻板印象的激活还不太可能激发出作为它的证明的行为。巴奇等人（Bargh et al., 1996）研究的被试如果不是处于被其他与刻板印象无关的原因（例如，被要求重复一项无聊的任务）激怒的情境中，他们无疑是不会自发地表达出敌意的。在其他情况下，相同的刻板印象也可能激活完全不同的行为。可可木和怀尔（Colcombe & Wyer, 2001）的一项未发表的研究证明了这一点。在这项研究中，被试处在与巴奇等人的研究相同的启动条件下，被要求进行一次数学测验。在这项研究中，那些潜意识里看到黑人面孔的被试在测试中要表现得逊色于那些看到白人面孔的被试。非洲裔美国人的刻板印象是没有动力去取得学术成就，所以激活这种刻板印象会增加被试表现出类似行为的倾向。这些结果与巴奇等人（Bargh et al., 1996）的发现相结合，表明激活刻板印象所影响的特定行为取决于情境因素以及刻板印象本身。

此外，与刻板印象相关的概念可能需要在被试不知情的情况下被激活。在可可木和怀尔（Colcombe & Wyer, 2001）的研究中，黑人和白人的脸是被公开启用的，而不是潜意识启用的。在这些情况下，被试在面对黑人面孔时表现得更好。关于非洲裔美国人很难取得学术成就的刻板印象，显然会促使被试更加努力，这样他们就能与刻板印象中的群体保持距离。

当评估这些发现对媒体影响行为的后果时，这些偶然事件变得尤为重要。假设电视观众接触刻板印象的群体成员会增加他们表现出与刻板印象相关行为的可能性，这显然是不恰当的。只有在刻板印象被激活的行为在可使用的情境出现的条件下，这种情况才会发生。此外，如果人们在做出行为决定时意识到刻板印象的存在，他们可能会试图弥补它的影响，因此可能不太愿意做出与刻板印象相关的决定。

另外，人们并不需要对刻板印象本身会产生影响这一点毫无察觉。他们只需要对刻板印象被激活的情境与行为发生的情境之间的潜在关联毫无察觉。因此，可以想象，在媒体上频繁地将人们暴露给持有刻板印象的群体，将增加人们在与刻板印象相关的条件下以与刻板印象相关的方式行事的可能性。此外，这可能主要发生在个人没有意识到群体及其相关行为的时候。为了避免这些影响，可能有必要改变人们对刻板印象本身的看法。媒体展示那些在行为上与刻板印象不一致的刻板印象群体成员可能是改变这种看法的方法之一。

第八章　图片、文字及媒体影响：语言和非语言信息对记忆与判断的交互影响

视觉刺激对信息加工的影响

重申一下，对人物和社会事件的视觉描绘会影响人们的态度和行为，而这些描绘在客观上与人们的态度和行为无关。视觉图像甚至更有可能影响到与它们直接相关的个人和事件的信息处理。然而，这种影响的本质并不像看上去那么明显。例如，图片似乎可以直观地提供关于它们的指示物的信息，因此，可以对这些指示物的判断产生直接影响。然而，事实上，消费者领域的研究提供了非常复杂的证据，证明产品的图片对产品评价的影响要超过口头描述的影响（Costley & Brucks, 1992; Edell & Staelin, 1983; Sengupta & Fitzsimons, 2000）。

语言信息和视觉信息的共同影响是复杂的，因为这两种信息可以引起不同类型的认知活动。例如，图像可能被整体性地或结构化地处理，从而产生一种与各局部特质无关的总体印象（Wyer & Radvansky, 1999）。然而，根据信息的类型和传递信息的格式，语言信息可通过演绎或归纳的方式得到处理。例如，一个人对一系列社会问题的看法可能受到他是自由派还是保守派的影响。然而，每一种观点的可取性也可以独立地评价，这些独立的评价后来也可以结合起来，构成一种全面的评价（Anderson, 1971; Fishbein & Hunter, 1964）。当语言信息可以很容易地用零碎的或整体的处理策略进行评估时，图片的出现可能会使得被试创建一个整体思考的认知集合，从而影响其从语言信息中得出的结论。然而，其他的口头信息可能以一种比其他方式更容易处理的方式呈现。在这种情况下，由图片激活的整体策略可能会促进或干扰这种处理，这取决于它与所需处理的兼容性。

关于这些可能性有两组截然不同的研究。虽然这些研究是在政治判断领域进行的，但它们具有更普遍的意义。

政治家形象对问题立场反应的影响

媒体在对政治人物担任公职的资格进行评价时，很少站在客观的立场上。然而，媒体的描述创造了这些政治人物的形象，影响到人们对他们的真诚、正直、自信和一般人格的普遍看法。这些看法成为评价这些政治人物在特定问题上的立场的基础。形象的作用自1960年肯尼迪和尼克松的辩论以来就在政治舞台上广为人知，尽管尼克松在这些问题上的立场更加引人注目（Englis, 1994），但形象的作用增强了肯尼迪的民粹主义倾向。

然而，政治家的形象不仅可以对候选人的判断产生直接影响，而且可以对其他更具有实质性的信息的反应产生影响。例如，了解政治家在社会问题上的立场的人通常也可以评估每一个问题的立场，并根据他们同意的这些立场的数量来评估候选人。然而，如果人们对政治家形成了一种整体印象，且这种整体判断标准是显著的，那么它可能会导致一种倾向出现，即使用一般标准来评估其他可用信息的影响。因此，例如，它可能会

促使个体评估代表个人政治意识形态的具体事件的影响，并基于这种意识形态进行自我判断，且不依赖于他人对具体问题的认同。

怀尔等人（Wyer et al., 1991）的一项研究表明这可能是事实。非学术人员被招募来研究人们如何根据在竞选活动中可能得到的信息判断政治候选人。在这个借口下，他们得到了两类关于美国众议院一名议员的信息，这名议员最近在邻近的一个州竞选参议员。研究人员向被试播放了一段录像，内容是这位候选人在一个两百周年庆典上的非政治性讲话，当时他被要求向一位地方要员颁奖。一位戏剧专业的研究生发表了这篇演讲，在任何情况下，他都是一位出色的演员。然而，他要么以有力、清晰的方式确立这位候选人的良好形象，要么以笨拙的方式——其中有不适当的停顿、坐立不安和其他不当的举止——传达一种不好的印象。

第二类信息表面上是一个由妇女选民联盟赞助的广播节目的录音部分。在这个节目中，评论员回顾了这位候选人对众议院之前的几项法案的投票情况。他对其中六项法案（例如，一项增加15%军费开支的提案，一项允许在公立学校祈祷的提案）的投票要么传达了一种一贯的保守主义思想，要么传达了一种一贯的自由主义思想（其他四项法案的投票没有意识形态意义）。

这一信息在三种情况下传递。在没有延迟的情况下，被试观看完候选人的演讲录像后，立即收听描述候选人立场的广播节目。之后，他们用一个100分的"感觉温度计"来记录他们对候选人的印象。其他两种情况下的过程相似，除了（a）在观看录像讲话和了解候选人的问题立场之间（信息延迟条件）或者（b）在候选人的问题立场和判断之间（延迟判断条件），引入24小时的延迟。

在所有情况下，被试在评估候选人之后，报告他们对候选人的选票所涉及的每一个问题的个人立场。他们表明了自己的党性和意识形态倾向。后一项数据结合候选人的问题立场，用来定义两个自变量。首先，被试报告的意识形态被编码为类似或不同于候选人的意识形态，这是由其问题立场的自由派或保守派倾向所暗示的。其次，根据被试同意的意识形态相关问题立场的比例，将被试分为一般同意或一般不同意候选人的具体问题立场的两类（每个被试至少同意一个自由派和一个保守派的观点，不管他们的总体意识形态如何。因此，可以得到每个被试的意识形态相似性和一致性水平）。

对候选人的评估如表8.1所示，它是每个信息变量和延迟条件的函数。这些评价显然受到录像带所示候选人形象的影响。此外，当候选人的形象被判断时（即在没有延迟的情况下），显著而突出的形象比不太突出的形象条件产生的影响更大。然而，一致性和意识形态相似性的影响更令人感兴趣。当被试收到候选人问题立场的资料时（在信息延迟的情况下），在候选人形象并不十分鲜明的条件下，他们会根据与候选人问题立场的一致意见来评价他，候选人与他们在一般意识形态上的相似性几乎不会对评价有任何影响。但是，当被试看完候选人具有形象诱导作用的演讲后，了解到候选人的问题立场

第八章 图片、文字及媒体影响：语言和非语言信息对记忆与判断的交互影响

时，他们的评价则基于候选人的一般意识形态，而他们与候选人在具体问题上的一致意见则不起任何效果。在无延迟和延迟判断条件下都是如此。因此，候选人形象对问题信息处理的间接影响（不像它对判断的直接影响）与报告判断时其显著性的函数无关。相反，它取决于候选人形象在问题立场信息传达时的突出程度。

表8.1 作为延迟条件、形象、与候选人问题立场一致性和意识形态相似性函数的候选人评价

	未延迟情况下	信息延迟条件	判断延迟条件
候选人形象			
有利	51.0	53.8	47.7
不利	35.6	44.6	42.9
差异量	15.4	9.2	4.8
与被试问题立场的一致性			
同意	42.3	64.5	48.1
不同意	33.2	30.9	40.1
差异量	9.1	33.6	8.0
与候选人意识形态的相似性			
相似	49.6	48.1	57.3
不同	26.0	47.3	31.0
差异量	23.6	0.8	26.3

请注意：判断是沿着100度的"感觉温度计"从0（非常不利）到100（非常有利）报告的。基于怀尔等人（Wyer et al., 1991）的数据。

总而言之，候选人在其问题立场上的突出形象改变了人们对这些问题立场的理解方式。也就是说，当候选人的整体形象并不突出时，被试就根据具体问题评估他们是否同意候选人立场，并依据这一标准做出判断，而不考虑候选人立场的意识形态含义，然而，当候选人的形象突出的时候，被试也应用整体标准来评估他的问题立场。因此，他们与候选人在具体问题上的一致意见的影响相对较小。①

重要的是要记住，在这项研究中，候选人形象的影响只有在问题立场信息被提出且特别突出时才会显现出来。然而，正如我们前面提到的，先前知识的获取途径很可能对被试接触到知识的频率起作用，如果他们近期遇到这些知识，对频率的影响会更持久（Higgins, 1996; Higgins, Bargh, & Lombardi, 1985）。因此，怀尔等人（Wyer et al., 1991）的研究结果表明，政治家在媒体中的频繁曝光可能会产生一种普遍的倾向，即根据他们

---

① 对这些结果的另一种解释可能是，当候选人的录像讲话和他的问题立场在时间上接近时，参与者会感到超负荷，因此，他们在评估候选人的问题立场时投入较少的认知努力。然而，如果是这样的话，他们可能会倾向于将候选人的形象作为一种启发式信息，从而使其对判断比其他方式产生更大的影响。事实上，在延迟判断条件下（两种类型的信息一起呈现时），候选人的形象并没有比在延迟信息条件下产生的影响更大。因此，这种替代解释似乎并不可行。

的一般意识形态来评价他们,而不考虑他们的具体问题立场。有趣的是,一个经常出现在报纸或电视上的现任总统,更有可能被基于整体意识形态的标准来评价,而那些众所周知的挑战者则较少基于整体意识形态的标准来评价,他们的公众形象也不是很稳固,对他们的评价更多的是基于他们在具体问题上的立场。

视觉图像对语言信息处理的促进和干扰作用

前面的研究表明,当语言信息可以很容易地使用整体或零碎的标准进行评价时,个体突出的视觉形象可能会影响其所采用的标准。类似的考虑表明,当信息只有利于一种类型的处理时,当时突出的视觉图像可能促进或干扰这种处理,这取决于所涉及的信息的类型。

阿达瓦尔及其同事的一系列研究(Adaval, Isbell, & Wyer, 2003; Adaval & Wyer, 1998)考虑到了这种可能性。根据彭宁顿和黑斯蒂(Pennington & Hastie, 1986, 1988, 1992)的早期研究,阿达瓦尔和他的同事们假设,当一个人或物体的信息以叙述的形式传达时(即一个时间相关的事件序列),人们会构建一个关于整个事件序列的故事,并将他们的判断建立在故事的含义之上,而不会孤立地考虑每一个单独事件的含义。相比之下,在无顺序表中接收到相同信息的个人可能更倾向于分别对每个特征进行碎片化处理,并使用一种机械计算策略来整合其含义(Anderson, 1971; Fishbein & Hunter, 1964)。如果是这样的话,如果图片使个人倾向于采用一种全局处理策略,那么就应该促进第一类信息的处理,从而使信息产生更大的效果。然而,图片可能会干扰第二类信息的处理,导致信息的影响较小。

政治领域(Adaval et al., 2003)和消费者决策领域(Adaval & Wyer, 1998)的研究都表明这是正确的。在阿达瓦尔等人(Adaval et al., 2003)的两项研究中,被试收到了关于政治家职业生涯中发生事件的信息,并被要求对其形成印象。这一信息载于一本小册子中,首先简要概述了这位政治家的职业生涯,然后对所发生的事件做了更具体的描述。然而,在一个案例中,信息是通过叙述的方式传达的。例如,描述一位政治家[托马斯·温特斯(Thomas Winters)]的小册子开头是:

> 托马斯·温特斯是1950年至1975年间一位著名的政治人物。他是二战退伍军人,在成为密歇根州州长之前曾担任通用汽车(General Motors)的高管。之后,他担任了两年的美国参议员,并结束了作为中国特使的职业生涯。

这一段之后是一系列的段落,每一段都描述了在政治家的职业生涯中发生的一件不同的事件及其发生的时间,例如:

第八章 图片、文字及媒体影响：语言和非语言信息对记忆与判断的交互影响

他离开通用汽车公司，成为密歇根州州长。在那里，他表现出了对公共利益的敏感。例如，上任后，他曾在电视上反对在底特律附近建造一座核废物处理厂，该工厂将污染该市的供水。

其他活动包括敦促政府停止在越南的轰炸，捐赠他的避暑别墅给一个慈善组织使用，在教皇访问美国期间接待他，帮助修改国家预算，为预防犯罪提供支持。

相反，在列表格式下，小册子以逐条列出的方式描述了政治家生活中的事件，但是没有显示它们的现实相关性。

托马斯·温特斯是1950年至1970年间一位著名的政治人物。他是：

- 美国参议院议员
- 二战老兵
- 通用汽车公司总经理
- 密歇根州州长
- 中国特使

虽然个别事件的叙述与它们在叙述语境中的顺序是一样的，同样也以逐条列出的方式描述，但也没有什么现实相关性：

- 他在担任密歇根州州长期间对公众的利益很敏感。
- 他在电视上反对建造一个会污染城市供水的核废料处理厂。

在某些情况下，对每一个生活事件的口头描述都附有一张黑白照片，照片上的政治家表面上从事与事件有关的活动，如发表演讲、与某人交谈等。在某些情况下，还附有该事件本身的照片，例如，在一份声明中，政治家曾率领一个委员会调查如何减少暴力犯罪的同时，还附上一幅警察在杀人现场的照片，这些照片是从书籍和杂志上拍摄的［两位政治家中的一位使用了亨利·基辛格（Henry Kissinger）的照片，另一位使用了罗伯特·麦克纳马拉（Robert McNamara）的照片。测试结果显示，这两位政治家的面孔都不为参加测试的大学生所熟悉］。被试阅读手册后，按照从-5（非常不利的）到+5（非常有利）的区间汇报他们对每一位政治家的印象，然后回忆他们所读到的事件。

根据信息的表述方式、是否使用照片等情况，对政客的评价如表8.2所示。正如这些数据所显示的，当政客的信息通过叙述传达，而不是通过列表表达，那么在没有照片的情况下，被试对政客的评价就不那么高。然而，在前一种情况下，图片的引入使他们提高了评价，而在后一种情况下，图片的引入则降低了评价。结果是，与列表相比，在叙述中传达信息的时候，展示图片对政客的评价更有利。这些差异虽小，但表格与图像的交互作用是可靠的（$p<.05$）。如表8.2下半部分所示，被试在每种情况下回忆的事件数量都呈现出类似的模式。这与观察结果调节信息加工难度的差异性假设一致。

表8.2 格式、图片存在和呈现顺序对政治家印象和事件回忆数量的影响

	叙事格式	列表格式
对政客的印象		
有图片	3.98	3.63
没有图片	3.58	3.95
回忆的事件数量		
有图片	5.79	4.92
没有图片	5.04	4.98

请注意：判断是在-5（非常不利）到5（非常有利）的范围内报告的。基于阿达瓦尔等人2003年的数据，实验1。

以这些结果为基础的信息处理策略可能是自发地被激活和使用的，被试几乎没有意识。这一点来自另一项研究。在另一项研究中，被试被明确告知他们应该使用什么策略。也就是说，在分段指导条件下，被试被告知"想象每位政治家生活中发生的具体事件"，并"将这些个别事件作为你印象的基础"。与此相反，在整体指导条件下的被试被告知"想象每个政治家的整个生活，并以此作为你印象的基础"。被试对他们采用策略的自我报告证实了他们试图遵守这些指导的假设。然而，被试的候选人评价结果与第一项研究中观察到的模式非常相似。这些数据汇总在表8.3中。也就是说，图片增加了基于叙述传达信息的判断，减少了基于列表中传达信息判断的极端性，而这些效果并不明显取决于被试被告知使用的标准。

表8.3 对政治家的印象取决于形式、任务、需求、图片的呈现和展示顺序

	叙述格式	列表格式
整体说明		
有图片	3.94	3.61
无图片	3.46	4.03
个别说明		
有图片	3.76	3.12
无图片	4.00	4.02
意义		
有图片	3.85	3.37
无图片	3.73	4.03

请注意：判断是在-5（非常不利）到5（非常有利）的范围内报告的。基于阿达瓦尔等人2003年的数据，实验2。

当语言信息在一个列表中被传达时，图片的干扰作用可能仅限于图片伴随该信息的情况。如果一个人或事件的图像是在接收到关于它的口头信息之前构建的，就像怀尔等

人（Wyer et al., 1991）的研究那样，这种干扰可能并不明显。阿达瓦尔等人（Adaval et al., 2003）在另一项研究中检验了这种可能性。这个实验的设计与先前的实验相似。然而，在这个案例中，政治家的照片是放在宣传册开头的，是在以文字描述候选人生活状况之前呈现的，而不是以这些生活事件为背景来呈现。在这种情况下，无论以何种形式传递信息，照片往往都会提高对政治家的评价。有趣的是，这种评价的提高在那些通常不倾向于在口头信息的基础上自发形成视觉印象的人当中尤其明显。通常形成视觉印象的被试显然是在没有图像帮助的情况下自己形成这些印象的，所以增加这些图像对其评价产生不了多少效果。

这些结果表明，个体先前在某个时间点对某个人或者物体形成了视觉图像后，有时会增加他们对后来接收的语言信息的影响。在这方面，尼斯贝特和罗斯（Nisbett & Ross, 1980）认为，与客观上更可靠的抽象（"苍白"）共识信息相比，关于一个物体的具体的、可想象的信息对判断的影响往往更大。此外，这种影响往往会随着时间的推移而增加（Reyes, Thompson, & Bower, 1980）。本文的研究结果进一步拓展了这一问题。也就是说，一个人或一个物体在某一时间点的照片，可能会增加人们想象事件的能力，这些事件在后续信息所提供的指示下得到具体化呈现，并使这些事件比其他方面对判断造成的影响更大。

媒体所传递的图像的影响

在本节描述的研究中，我们所呈现的视觉信息与语言信息所涉及的人是同一个人。但是，这一点与人们理解这些信息并没有特别的关系。尽管如此，它对语言信息的处理方式和由此得出的推论仍然产生了影响。因此，一个政治候选人不带政治倾向的视频演讲影响了对他的问题立场的描述以及从中得出的结论。一个政治家的照片是他语言描述的生活事件的次要部分，同样也影响了接受者基于这些事件对这个政治家做出的推断。

媒体中关于人的传播通常包括视觉和语言两方面的内容，可以同时呈现，也可以在不同的时间呈现。我们得到的结果表明，即使一个人的语言描述可能提供了关于他或她的准确表征，媒体传播的非语言成分（同时或分别呈现）也可以影响这些描述所产生的影响。换句话说，虽然一个人的视觉特征和他或她的活动可能仅仅是为了激发兴趣和提供娱乐，但它实际上也可以影响人们从关于这个人的口头信息中得出的结论，以及他们被它说服的程度。

媒体内容传播：视觉信息的言语编码对记忆的影响

到目前为止，我们的讨论对人们在媒体中遇到的视觉刺激如何影响人们对言语信息的理解有一定的启示作用，而言语信息往往与这些信息的相关性较低。然而，视觉信息和言语信息之间的影响是交互的。在某些情况下,对人们与他人交流的观察结果进行口头描述,也许是出于娱乐的目的,可能会影响他们对所观察到的事件的记忆,因此可能会潜在地影响他们稍后做出对这些事件的判断。

证据间接表明,一旦人们对一个人或物体作出了最初的判断,他们往往会在不查证第一次判断所依据的信息的情况下,就将这一判断作为后来判断的基础进行检索并使用(Carlston, 1980; Higgins & Lurie, 1983: Lingle & Ostrom, 1979; Sherman, Ahlm, Berman, & Lynn, 1978)。更直接的证据是希金斯和罗尔斯(Higgins & Rholes, 1978)的一项研究。该研究表明,当人们向喜欢或不喜欢这个人的人描述这个人的时候,他们倾向于根据接收者的观念来调整他们的描述。但是,一旦他们这么做了,他们就会把自己对这个人的喜爱建立在他们所写的信息上,而不是基于他们收到的关于这个人的原始信息。在准备交流的过程中,被试显然对他们所描述的人形成了一种新的表征,这种表征随后会从记忆中检索出来。被检索出的表征会被用于实现一些目标,这些目标与所依据的信息并没有关系。这种可能性对本章所关心的问题具有潜在的影响。当人们观看一部电影或电视节目时,他们很可能会在脑海中对其进行某种编码,这种编码的方式与电影或电视节目呈现的方式类似(Wyer & Radvansky, 1999)。然而,之后,他们可能会被要求向另一个人描述他们看到的事件。或者,他们可以交流他们对一个或多个角色的印象。在这样做的过程中,他们可能会将最初的观察结果编码成与他们的交流相关的更抽象的概念。如果他们后来被要求对原电影中所传达的人物或事件做出判断,他们可能会在交流过程中检索并使用这种口头编码,而不考虑原始的、非口头编码的材料。从这个意义上说,他们的判断可能不如没有使用这种抽象的表达方式准确。

阿达瓦尔和怀尔(Adaval & Wyer, 2003)的两项研究检验了这些影响。被试观看了12分钟艾碧(Albee)的《谁害怕弗吉尼亚·伍尔夫》片段。这段视频描绘了一名男子和一名女子在深夜聚会回家后的生动对话。一些被试在看电影前被告知,他们稍后将要描述发生了什么,而另一些被试则被告知,他们将要报告他们对电影主角的印象。在另外两种情况下,被试一开始就被告知要像在电影院看电影一样看这部电影,直到之后才被告知要完成的任务。看完电影后,所有四种情况下的被试都被要求花5分钟的时间写下发生了什么或描述他们的印象,这取决于他们被分配的目标。在第五组中,被试在看电影之前或之后都没有被给予具体的指令,在看完电影之后他们花了5分钟时间描述了在学校的具有代表性的一天。在完成写作任务之后,所有的被试都被要求进行一项再认记忆任务,在这个任务中,他们被要求识别出主角在整个互动过程中说过的话或做过的事。

我们期待观看这部电影的被试会形成一个详细的心理表征,(就像电影本身一样)在视觉和听觉上都进行了编码。然而,当他们后来表达他们对主角的印象,或描述一系列发生的事件时,他们大概形成了一种语义编码的表征,与他们交流的对象有关。但

第八章　图片、文字及媒体影响：语言和非语言信息对记忆与判断的交互影响

是，后一种表征的特征可能比他们在看电影时形成的表征更抽象。因此，如果被试将表征作为他们再认反应的基础，他们可能会比没有形成这种抽象的言语表征更不准确。

然而，被试形成的抽象表达的内容应该取决于他们的沟通目标。如果被试描述的是发生的一系列事件，那么主角说的话和他们做的事都是相关的。因此，当被试被要求描述这一系列事件的时候，主角的陈述和他们的非言语行为都应该被放在抽象表征当中来进行描述。因此，我们期望已经形成这一表征的被试使用这些表征来验证主角的状态和他们的行为，也因此，相对于他们没有执行这一任务的条件来说，他们识别这两类项目的准确性将会减弱。

相反，假设被试在描述他们对主角的印象时，在被试观察到的特定电影片段中，主角的陈述与他们对自己性格的理解非常相关，但是对他们的非语言行为通常不提供任何信息。因此，被试在描述自己印象的过程中构建的表征应该传达主角所说的而不是他们所做的事情的含义。如果是这样的话，这些被试可能会认为这种表征是验证主角陈述的充分基础，但也可能会求助于他们在看电影时形成的不易理解的表征来验证非语言行为。因此，他们识别陈述的准确性应该受到影响，但他们识别非语言行为的准确性不应该受到影响。

结果与这些推测基本一致。这两项研究的主要区别在于被试执行的识别任务的性质。在一项实验中，识别项目是对主角所说所做事情的口头描述，以及电影中没有传达出的同样数量的项目。在第二项研究中，识别项目包括主角实际说话的语音记录和从电影中提取的视觉框架。两项研究的结果汇总在表8.4中。

表8.4　交流对象的影响以及这些对象对主角的言语和非言语行为上的认知的诱导

	实验1		实验2	
	言语	行为	言语 s	行为 s
事件描述对象				
观影前诱导	−.189[a]	−.360	−.070	−.046
观影后诱导	−.065	−.297	−.044	−.095
印象描述对象				
观影前诱导	.130	.000	.045	.046
观影后诱导	−.108	.021	−.022	.046

请注意：基于阿达瓦尔和怀尔（Adaval & Wyer, 2003）的研究。
[a] 实验1中的识别准确度是建立在控制猜测的测量基础上的（Hilgard, 1951）。由于干扰项太少，该方法在实验2中的应用不可靠。因此，本研究的准确性是根据被试正确识别项目的比例来推断的。在每种情况下，单元格条目指的是在每个任务-对象条件下获得的准确性与仅在理解条件下观察到的准确性之间的差异。

表8.4显示了各任务对象组合的识别准确率，这些对象被诱导的时间以及控制条件下的准确率之间的差异。要求被试交流发生的一系列事件会降低他们相对于控制条件的

识别准确度，无论何时诱导这些目标，结果都确实如此。相比之下，要求被试看完电影后描述他对主角的印象，只会降低他识别主角所说内容的准确性，并不会明显影响他对非语言行为的认识。此外，只有当被试观看完电影后，任务目标被诱导时，印象形成目标的效果才会明显。①

更普遍地说，这些研究表明，从言语信息中得出的结论不仅会受到视觉刺激的影响，而且为视觉编码信息的记忆也会受到言语交流的影响。在我们进行的研究中，视觉材料中描述的事件是虚构的。然而，我们有理由假设，当人们谈论他们在电视上看到的实际事件时，也会发生类似的影响。在这种条件下，不仅接触娱乐信息会影响其他信息的接收，而且关于媒体内容的传播（也许是为了娱乐）也可能影响人们对原始事件的记忆，从而影响其与事件相关的信念和态度。

结 束 语

媒体所传递的许多信息是为了娱乐或激发人们的兴趣。这尤其适用于通过图片或视频片段传达的信息。本章的研究表明，这些信息会影响人们对他们在相同或不同语境中接收到的言语信息的看法，从而影响他们从中得出的结论。在这种情况下，它可能会影响人们对这些信息的态度及信念，这些信息的形成方式通常是接收者不知道的，而传达者也不一定总是有意的。

正如我们在一开始确认的，我们所报道的研究并不是为了检验媒体对态度、价值观和行为的影响而设计的。此外，我们讨论的影响很大程度上是由特定情况的因素引起的，这些因素的影响可能会随着时间的推移而消失。然而，我们也注意到，频繁接触刺激可能会使获取的可及性变慢。因此，会产生一种影响，这种影响会随着时间和环境的推移而持续。当然，我们所描述的那种持久影响仍有待确认。我们总结的工作为今后的研究指明了方向。

致 谢

本章所述研究获国家精神卫生研究所MH 5-2616及中国香港科技大学香港特别行政区研究资助局6053/01H拨款资助。

---

① 在被试观看电影之前诱导任务对象的效果需要进一步考量。被试在理解过程中自发形成的表征中，可能包括他们认为足以与他人交流的所有陈述和行为。因此，无论被试是在看电影之前还是之后被告知这一对象，他们在事件描述对象时形成的表征的内容可能是相似的，在这两种情况下，他们形成的特定目标的表征也可能是相似的。正如推理所示，描述一系列事件会降低识别的准确度，不管被试何时被告知他们要报告描述。相比之下，那些期望交流感受的被试可能会把与他们印象相关的电影形成的表征的某些东西包含在内，但不会描述他们只是试图理解的事件。这些额外的特征可能会包含在他们接下来的交流中，结果表明，自我的认知会因此受益。

参考文献

Adaval, R., Isbell, L. M.,&Wyer, R. S. (2003). *Political information processing: The impact of pictures and information presentation format on impressions of politicians*. Unpublished manuscript, Hong Kong University of Science and Technology.

Adaval, R., & Wyer, R. S. (1998). The role of narratives in consumer information processing. *Journal of Consumer Psychology*, 7, 207–245.

Adaval, R., & Wyer, R. S. (2003). *Memory for social interactions: Effects of post-information processing objectives on the recognition of protagonists' statements and nonverbal behaviors*. Unpublished manuscript, Hong Kong University of Science and Technology.

Anderson, N. H. (1971). Integration theory and attitude change. Psychological Review, 78, 171–206.

Bargh, J. A., Chen, M., & Burrows, L. (1996). Automaticity of social behavior: Direct effects of trait construct and stereotype activation on action. *Journal of Personality and Social Psychology*, 71, 230–244.

Carlston, D. E. (1980). Events, inferences and impression formation. In R. Hastie, T. Ostrom, E. Ebbesen, R. Wyer, D. Hamilton, & D. Carlston (Eds.), *Person memory: The cognitive basis of social perception* (pp. 89–120). Hillsdale, NJ: Lawrence Erlbaum Associates.

Colcombe, S. J.,&Wyer, R. S. (2001). *The effects of image-based priming on lexical access, conceptual activation, and behavior*. Unpublished manuscript, University of Illinois at Urbana-Champaign.

Costley, C. L., & Brucks, M. (1992). Selective recall and information use in consumer preferences. *Journal of Consumer Research*, 18, 464–474.

Devine, P. G. (1989). Stereotypes and prejudice: Their automatic and controlled components. *Journal of Personality and Social Psychology*, 56, 5–18.

Drabman, R. S., & Thomas, M. A. (1975). Does TV violence breed indifference? *Journal of Communication*, 25, 86–89.

Edell, J. A., & Staelin, R. (1983). The information processing of pictures in print advertisements. *Journal of Consumer Research*, 10, 45–61.

Englis, B. G. (1994). The role of affect in political advertising: Voter emotional responses to the nonverbal behavior of politicians. In E. M. Clark et al. (Eds.), *Attention, attitude and affect in response to advertising* (pp. 223–247). Hillsdale, NJ: Lawrence Erlbaum Associates.

Fishbein, M., & Hunter, R. (1964). Summation versus balance in attitude organization and change. *Journal of Abnormal and Social Psychology*, 69, 505–510.

Hasher, L., Goldstein, D., & Toppin, T. (1977). Frequency and the conference of referential validity. *Journal of Verbal Learning and Verbal Behavior*, 16, 107–122.

Higgins, E.T. (1996). Knowledge activation: Accessibility, applicability and salience. In E.T. Higgins & A.W. Kruglanski (Eds.), *Social cognition: Handbook of basic principles* (pp. 133–168). New York: Guilford.

Higgins, E. T., Bargh, J. A., & Lombardi, W. (1985). The nature of priming effects on categorization. *Journal of Experimental Psychology: Learning, Memory, and Cognition*, 11, 59–69.

Higgins, E. T., & Lurie, L. (1983). Context, categorization and recall: The "change of standard" effect.

Cognitive Psychology, 15, 525–547.

Higgins, E. T., & Rholes, W. S. (1978). "Saying is believing": Effects of message modification on memory and liking for the person described. *Journal of Experimental Social Psychology*, 14, 363–378.

Hilgard, E. R. (1951). Methods and procedure in the study of learning. In S. S. Stevens (Ed.), *Handbook of experimental psychology*. New York: Wiley.

Isbell, L. M., & Wyer, R. S. (1998). Correcting for mood-induced bias in impression formation: The roles of chronic and situation-induced motivation. *Personality and Social Psychology Bulletin*, 25, 237–249.

Iyer, P. (1988). *Video night in Kathmandu*. London: Bloomsbury.

Jacoby, L. L., Kelley, C., Brown, J., & Jasechko, J. (1989). Becoming famous overnight: On the ability to avoid unconscious influences of the past. *Journal of Personality and Social Psychology*, 56, 326–338.

Johnson, M. K., Hashtroudi, S., & Lindsay, D. S. (1993). Source monitoring. *Psychological Bulletin*, 14, 3–28.

Lepore, L., & Brown, R. (1997). Category and stereotype activation: Is prejudice inevitable? *Journal of Personality and Social Psychology*, 72, 275–287.

Lerner, M. J., Miller, D. T.,&Holmes, J. G. (1976). Deserving and the emergence of forms of justice. In L. Berkowitz (Ed.), *Advances in experimental social psychology* (Vol. 9, pp. 133–162). New York: Academic Press.

Lerner, M. J., & Simmons, C. H. (1966). Observer's reactions to the "innocent victim": Compassion or rejection? *Journal of Personality and Social Psychology*, 4, 203–210.

Lingle, J. H., & Ostrom, T. M. (1979). Retrieval selectivity in memory-based impression judgments. *Journal of Personality and Social Psychology*, 37, 180–194.

Nisbett, R. E., & Ross, L. (1980). *Human inference: Strategies and shortcomings of social judgment*. Englewood Cliffs, NJ: Prentice-Hall.

O'Guinn, T. C., & Shrum, L. J. (1997). The role of television in the construction of consumer reality. *Journal of Consumer Research*, 23, 278–294.

Ottati, V. C., & Isbell, L. M. (1996). Effects of mood during exposure to target information and subsequently reported judgments: An on-line model of misattribution and correction. *Journal of Personality and Social Psychology*, 71, 39–53.

Pennington, N., & Hastie, R. (1986). Evidence evaluation in complex decision making. *Journal of Personality and Social Psychology*, 51, 242–258.

Pennington, N., & Hastie, R. (1988). Explanation-based decision making: Effects of memory structure on judgment. *Journal of Experimental Psychology: Learning, Memory and Cognition*, 14, 521–533.

Pennington, N.,&Hastie, R. (1992). Explaining the evidence: Tests of the story model for juror decision making. *Journal of Personality and Social Psychology*, 62, 189–206.

Petty, R. E., & Wegener, D. T. (1993). Flexible correction processes in judgment: Correcting for context-induced contrast. *Journal of Experimental Social Psychology*, 29, 137–165.

Prinz, W. (1990). A common coding approach to perception and action. In O. Neumann & W. Prinz (Eds.), *Relationships between perception and action* (pp. 167–201). Berlin: Springer-Verlag.

Reyes, R. M., Thompson, W. C., & Bower, G. H. (1980). Judgment biases resulting from differing availabilities of arguments. *Journal of Personality and Social Psychology*, 39, 2–12.

Sengupta, J., & Fitzsimons, G. (2000). Disruption vs. reinforcement: The effects of analyzing reasons for brand preferences. *Journal of Marketing Research*, 37, 318–330.

Sherman, S. J., Ahlm, K., Berman, L., & Lynn, S. (1978). Contrast effects and the relationship to subsequent behavior. *Journal of Experimental Social Psychology*, 14, 340–350.

Wagstaff, G. F. (1982). Attitudes toward rape: The "just world" strikes again? *Bulletin of the British Psychological Society*, 35, 277–279.

Wyer, R. S., Bodenhausen, G. V., & Gorman, T. F. (1985). Cognitive mediators of reactions to rape. *Journal of Personality and Social Psychology*, 48, 324–378.

Wyer, R. S., Budesheim, T. L., Shavitt, S., Riggle, E. J., Melton, R. J., & Kuklinsky, J. H. (1991). Image, issues and ideology: The processing of information about political candidates. *Journal of Personality and Social Psychology*, 61, 533–545.

Wyer, R. S., & Radvansky, G. A. (1999). The comprehension and validation of social information. *Psychological Review*, 106, 89–118.

Zillmann, D., & Bryant, J. (1982). Pornography, sexual callousness, and the trivialization of rape. *Journal of Communication*, 32, 10–21.

第九章 虚构的力量：决定因素和边界

梅勒妮·C. 格林（Melanie C. Green）
宾夕法尼亚大学（University of Pennsylvania）
詹妮弗·加斯特（Jennifer Garst）
马里兰大学帕克分校（University of Maryland, College Park）
蒂莫西·C. 布罗克（Timothy C. Brock）
俄亥俄州立大学（Ohio State University）

　　娱乐媒体经常呈现虚构的事件描述，与此同时，个人经常根据虚构的传播内容改变他们对真实世界的信念（Green & Brock, 2000; Strange & Leung, 1999）。然而，销售人员很早就抓住了娱乐媒体的销售潜力（例如，在情景喜剧和电影中植入广告）；而心理学家们才刚刚开始了解虚构的影响以及它的本质和机制。在这一章中，我们只关注娱乐节目本身，而非广告或其他有说服力的信息。本文对虚构传播的说服力进行概述，并提出了研究虚构和叙事效果的概念框架。以往研究显示了有两种机制可能是影响虚构传播的基础，即传播的低精细度审查和高传输体验。此外，本文还概述了一些有希望的研究领域，这些领域开始阐明虚构可以影响的边界条件以及决定这种影响持久力的因素。

　　非虚构主张真实，而虚构追求逼真。虚构没有必要以准确为目的，这是在不同领域被普遍认可的。然而，许多领域的研究表明，事实与虚构的区别被夸大了：个体可能会模糊真实和虚构之间的界限。这一点已被儿童现实心理理论的发展研究所证明（Flavell, 1999），儿童和成人都容易做出错误的假设（Bruck & Ceci, 1999; Loftus, 1992），现实监测研究中被试对实际感知与臆想的混淆（Johnson, 1998），以及新闻媒体、法院与小说中的"事实制造"研究（Bruner, 1998）。虽然个体在多大程度上将想象的产物融入其现实世界的信念结构的研究至关重要，但是，这个话题在说服领域很少受到关注。

　　虽然人们沉浸于日常生活的叙事中，但说服语境下的叙事研究相对被心理科学所忽视。在说服和态度改变这一领域，权威参考文献虽多达60多页，却没有提到叙述者和虚构对态度或信念改变的影响（Eagly & Chaiken, 1993）。说服方面的研究已经偏向于研究修辞，或主要基于事实的宣传信息，如广告、演讲和社论，这些信息包含了专门设计来将读者引向某个特定立场的论点。这种趋势罕见的例外表明叙事是一种强大的传播形式（Adaval & Wyer, 1998; Deighton, Romer, & McQueen, 1989; Wyer, Adaval, & Colcombe, 2002）。在说服领域之外，叙事模式的力量已经被多个领域的研究证实，从陪审团决策（Pennington & Hastie, 1988）到可能性估计（Gregory, Cialdini, & Carpenter, 1982）等。在当前的概念回顾中，我们之所以对叙事感兴趣，因为它们是虚构的主要载体。虽然非叙事性的虚构案例毫无疑问是有可能找到的，但虚构往往与叙事同构。

尽管叙事和虚构在个人生活中普遍存在，而且在理解消费者行为等领域具有重要意义，但将它们不管是合在一起还是分开，都没有得到科学的充分探索。我们回顾虚构力量的证据，并提出了研究虚构影响的理论框架。此框架表明，详细的审查和进入叙事世界的经历会影响到虚构传播的影响力。

虚构的重要性：虚构传播的广泛影响

对于那些对娱乐媒体和消费者心理的交叉地带感兴趣的人来说，理解虚构产生影响的条件——以及这种影响的持久性——是很重要的。具体原因至少有以下三点：虚构的潜在用途是有意地说服；但是，当信息不准确或具有误导性时，需要防止通过虚构进行说服；以及阐明个人如何在想象和现实之间进行协调的方式。

首先，作者、教育者和媒体从业者有时希望个人从带有虚构成分的作品中获取信息。例如，《芝麻街》创造了虚构的场景，但教给孩子们关于数字和字母的真实信息。在发展中国家，娱乐教育项目在传递计划生育信息和其他的利他信息方面非常有用（Slater, 2002）。上面研究的第一作者隶属于一个电脑游戏开发小组。该小组正在开发一款电脑游戏（心感），游戏的主要目的是减少心脏病患者住院前的延误。这款游戏以一个虚构的村庄和虚构的人物为背景，传达了严肃的健康信息。了解个人从虚构环境中获取有价值的真实世界信息的方式，是决定或提高这些娱乐媒体有效性的重要因素。

虚构之所以重要的第二个原因是：人们可能会在不该被说服的时候被说服，比如在虚构的娱乐节目中出现关于某种疾病或治疗的虚假信息。如果个人因为通过虚构的方式被说服而相信错误的信息，这可能是危险的或有害的。同样，如果他们的产品以误导性的方式呈现，这可能对公司有害。斯特兰奇指出了一个相关的危险，即"故事的一个特别危险之处在于，它们同样擅长于传播典型和非典型案例，但是却很少宣布它们有多具有代表性"（Strange, 2002, p.279）。

虚构力量的这一危险方面在整个社会中得到了巨大的关注，并且压制虚构表达形式的努力也非常普遍（Strange, Green, & Brock, 2000）。有趣的是，包括家长和学校董事会都试图禁止像《哈利·波特》这样的书籍进入教室和图书馆，他们往往认为虚构会对态度和信念产生有害影响，但是这一假设没有得到实证研究的支持（DelFattore, 2002）。

探索虚构的最后一个原因是更深入地理解个人是如何对待现实和真实的问题的。除了说服领域，了解个人接收不准确信息的情况也很重要。娱乐媒体的创作者将会想要知道一种情况，那就是他们的观众在多大程度上可能接收到嵌入他们虚构节目中的信息。虚拟现实模拟的设计者可以利用对虚构心理学和叙事参与的理解来增强模拟的真实性。

虚构的力量：感知和现实

文化缺失：非虚构与虚构作为独立的领域？

尽管有这些重要的原因来关注个人如何解读虚构传播，而我们的文化缺失可能假定非虚构和虚构应该被理解为不同的领域，从虚构中获取的信息至少被认为是不可靠的。书店和图书馆分为虚构和非虚构部分。如果记者被发现编造部分新闻，他们就会失去工作和职业声誉。大多数娱乐产品明显地区别于虚构，如情景喜剧；或非虚构，如新闻报道，尽管两者之间的界限越来越模糊（Bruner, 1998）。人们似乎有理由认为，我们应该从新闻广播中更多地了解这个世界，因为它至少试图准确地反映真实事件，而不是从电视剧中了解这个世界，因为电视剧可能涉及过多的艺术改良。

然而，在叙事研究中，越来越多的证据表明，非虚构作品具有优越的说服力（Green & Brock, 2000; Murphy, 1998; Slater, 1990）。例如，斯特兰奇和莱昂（Strange & Leung, 1999）的研究表明，被标记为新闻（非虚构类）或虚构类的叙事，对读者看待一个社会问题时的想法具有同等的影响。格林与布罗克（Green & Brock, 2000）的研究表明，特定的和一般的信念都受到叙事的影响，无论叙事是被标记为非虚构的还是虚构的。在更大的范围内，涉及文学素养的建议是，反复观看虚构的电视节目容易创建一种危险的世界观（Gerbner & Gross, 1976; Shrum, Wyer, & O'Guinn, 1998）。

自动接收

更多的心理学证据表明，个人并不总是把信息划分成整齐的类别，接收一个，而拒绝另一个。例如，吉尔伯特（Gilbert, 1991）遵循斯宾诺莎哲学提出，对信息的默认反应使人们会坚定地相信第一次接触的观点。他的实验（在非叙述性语境中）表明，个人可能会将已知的来自错误信源的信息打折扣，即刻同意是对信息接收作出反应的一个相对的自动过程。对不准确信息的纠正通常不会有困难，但如果一个人被阻止从事纠错过程，这种信念可能会持续（Gilbert, Krull, & Malone, 1990; Gilbert, Tafarodi, & Malone,

1993)。同样地，格里格（Gerrig, 1993）认为，与真实传播相比，个体不会自动地为虚构信息创建一个单独的心理类别。

如前所述，李维斯和纳斯认为，"自动反应是接收那些好像是事实的真实"（Reeves & Nass, 1996, p.8）。普伦蒂斯和他的同事们（Prentice, Gerrig, & Bailis, 1997）发现人们接受了错误的观点，如"巧克力有助于你减肥"和"精神疾病是会传染的"，如果这些观点被嵌入虚构故事的话（Wheeler, Green, & Brock, 1999）。研究发现，人们容易受到嵌入在叙述中的观点的影响，这一发现可能会被扩展到，例如，娱乐节目中包含的产品广告。如果人们不想或不能将虚构信息与非虚构信息区分开来，他们可能会受到影响。

虚构是什么？识别与真实状态

虚构语境的识别

在某些情况下，个人可能会被虚构说服，因为他们不知道、不相信，或不记得这些信息是虚构的（Strange, 2002; Johnson, 1998）。例如，读者可能会错过一个故事是虚构作品的免责声明，或者可能不会接受作者的说法，即与真实人物和地点相似只是巧合。此外，还有一些非虚构和虚构变得模糊的媒体形式，如纪实电影或基于真实事件改编的故事。虽然这些语境不清并且类型杂糅本身很有趣，但是它们超出了当前的评论范围。我们的概念分析定位于个人完全意识到他们正在阅读一个虚构的作品。

虚构与谎言

即使一部作品被明确地认定为虚构，虚构作为一个类别的性质也使得对虚构影响的研究更加复杂。虚构通常被定义为想象的作品，因此不一定是真实的。有些虚构作品的作家可能会进行广泛的研究，以便即使故事中的人物从未真正生活过，他们周围的地方和历史事件也与现实相符［最近的一本书《小说史》（*Novel History*）将历史学家和小说家召集在一起，来精确地讨论这个问题］。如果核心信息是可靠的，那么接收虚构信源的信息可能不会构成判断错误。然而，一些作者可能不受实际历史的限制，随意编造人物和地点。在实践中，信息呈现的准确性有一个庞大的指标系列，从用来增加娱乐价值的细节的微小变化到对事实的随意处理（Carnes, 2001）。例如，奥利弗·斯通的电影《刺杀肯尼迪》（*JFK*）因忽视历史记录而广受批评，而电视剧《急诊室的故事》（*E. R.*）因其医疗信息的准确性而受到赞扬。由于没有外部参考，读者往往没有牢靠的能力来确定什么信息可以指涉现实世界，什么信息应该留在幻想的领域。

虚构：作为加工风格的一个线索

我们认为，虚构或叙事都可以作为线索，让读者以一种不那么具有批判性而更具沉浸感的方式来阅读。故事有别于科学或逻辑论证，与修辞信息相比，对之可能会采取不同的"真实"标准，这种观点并不新鲜（Bruner, 1986）。普伦蒂斯和格里格（Prentice & Gerrig, 1999）认为，虚构往往不会被有条理地处理，虚构对读者的影响最显著之处是读者的体验反应，而不是理性反应。从认知的角度来看，热瓦恩（Zwaan, 1994）发现类型期待——被告知一篇文章是新闻故事而不是虚构的摘要——会影响读者形成的心理表征类型。那些认为自己在读的是文学作品的读者，他们的阅读时间更长，对表层信息（如作者使用的精确词汇）的记忆也更好，而那些认为自己在读的是新闻故事的读者，他们对情境信息的记忆更好，这表明他们有更深层次的记忆。然而，这些不同加工方式的影响在态度改变领域尚未得到系统的探讨。

我们进一步提出，这种对虚构的不那么具有批判性的加工方式可能采取不参与或参与的形式。在虚构加工的非参与形式中，个体可能会简单地避免做批判性或评价性处理（Prentice & Gerrig, 1999）。这个人可能专注于放松，觉得材料不是特别重要，或者可能只是希望分散注意力或被动地娱乐。因此，他或她可能会被动地受到传播的消极影响。格林和布罗克（Green & Brock, 2000）将虚构处理的参与形式称为进入叙事世界的传输，下一节将对此进行描述。

虚构加工：低精细度审查

有一些经验证据（Garst, Green, & Brock, 2000）表明虚构/非虚构标签可能会影响个人加工信息的方式。在说服的双重过程模型的框架内（Petty & Cacioppo, 1986; Petty & Wegener, 1998），加斯特等人（Garst et al., 2000）让被试接触到在修辞上有说服力的信息（一篇演讲），内容是关于一项要求高年级学生参加论文式考试的大学政策。大约有一半的被试阅读了这篇演讲，其中包含了独立预测样本认为相对有力和有说服力的论点，例如，"为论文式考试而学习有助于提高学习质量"。另外一半人读了另一篇演讲稿，里面包含了一些事先被测试为论证较弱且说服力较弱的文章，例如，"老师们需要花更长的时间来批改考试论文"。该实验证实，无论是有力的信息还是较弱的信息，他们都可以以真实或虚构的形式呈现出信息是可靠的。

在真实条件下，被试阅读了一份文字记录，格式为两栏，记有电视（频道）的8条新闻。材料使用了下面的介绍："您要评估的演讲是……最近由约翰·纳尔逊……在电视直播中……演讲者……是一个真实的人，演讲的文字记录是真实的。"在虚构条件下，被试读的是一个剧本，它被格式化成一篇专栏文章，并被记入美国电视编剧协会（American Television Writers' Guild）。以下是使用的介绍：

你将要评估的演讲是虚构电视剧的一部分。做演讲的那个演员扮演约翰·纳尔逊……在一部为电视剧制作的……角色……不真实，这篇演讲也不真实。事实上，为了进一步发展该剧的剧情线，电视编剧们完全编造了这段台词。

被试的认知需要（Cacioppo, Petty, & Kao, 1984）、享受倾向以及努力思考的倾向也被测量。

结果显示，高认知需要和低认知需要的被试都对标记为真实的信息进行了仔细审查。也就是说，被试的态度和想法会对他们阅读的论点是强是弱做出反应，但只有那些高认知需要的被试才会仔细阅读虚构的信息。在某些情况下，与真实信息相比，人们不太可能去思考那些被报道为虚构的信息。这些结果的一个重要含义是，基于想象的观点可能会对态度产生实质性影响，因为人们没有经过仔细审查就接收了被贴上虚构标签的信息。当然，这些虚构的信息很容易包含商业诉求。

有趣的是，在加斯特等人（Garst et al., 2000）的研究中，真实信息及虚构信息都改变了人们的态度，事实上，在说服学生支持新的考试政策方面，虚构信息和真实信息同样有效。真实和虚构的差异性体现在读者对信息的细读程度上，而不是信息的说服力。也就是说，真实和虚构对态度改变的整体影响没有区别。

标记为真实和虚构的信息所产生的同等影响不能归因于真实/虚构标签的示例失败，也不能归因于检测效果的能力不足。因为，信息接收者对他们所阅读的信息的真实/虚构标签有很好的记忆。此外，即使材料所提倡的立场（强制性的论文式考试）与大学生被试有关，并且与他们最初的态度相反，由于贴上虚构标签，这些信息仍然是有说服力的。这个结果显示，虚构的力量似乎并不局限于与被试不相关或者是令人愉快的话题或建议方面。

虚构加工的参与形式：进入叙事世界

格林与布罗克（Green & Brock, 2000）最近的研究集中在全神贯注于一个故事中的现象学经验——一个被称为进入叙事世界的过程——作为一种叙事影响机制（Gerrig, 1993）。大多数人都有过"迷失在书中"的感觉（Nell, 1988），他们完全沉浸在一个故事的世界里，以至于忘记了周围的世界。

受众看到故事在他们面前展开，而不是感知到他们身处的环境，他们会对页面上的简单文字做出情绪化的反应。传输类似于流动，或最佳体验（Csikszentmihalyi, 1990）。

一个被传输的个体在认知上和情感上都参与到故事中，可能会体验到与故事情节相关的生动的心理意象。格林和布罗克（Green & Brock, 2000）开发并验证了一个衡量读者所经历的传输程度的量表，并进行了一系列研究。结果表明，与经历较少传输的个体相比，高传输的个体在特定故事与一般态度的测量上均表现出更强的故事一致性信念。传输也与增加对同情角色的积极性反应和减少对故事反应的负面想法有关。

虽然到目前为止大多数关于传输的研究都使用书面材料，但传输的经验并不局限于阅读书面材料。叙事范畴在形态方面有广泛的定义；"读者"一词可以解释为包括听众、观众或有关叙事文本的任何接受者。因此，传输理论（Green & Brock, 2000, 2002）广泛适用于大多数娱乐媒体：书籍、电视、广播和网络。

"迷失在书中"的现象学经验如何转化为信念改变？

首先，传输可以帮助人们暂时消除怀疑，减少对故事中提出的问题的争论。如果个人把现实世界的事实放在一边，他们可能不会用这些事实来反驳叙述的含义。心理矫正文献表明，个体需要动机和能力来纠正基于不真实、不准确或不完整信息的信念（Gilbert, 1991; Gilbert et al., 1993）。传输导致的消极认知反应减少可能与能力因素有关——人的精神资源是如此投入于体验故事，以至于他们不得不相信故事的结论。如果人们被一个激动人心的故事所吸引，打断它来反驳这个故事要点会破坏这种体验的乐趣。甚至在完成一个叙述之后，个体可能也不会有动力去回顾和评估这个故事的含义，特别是如果他们不相信这个故事对他们有任何影响的话（Perloff, 1999）。这种反驳的减少也会允许与产品相关的信息包含在娱乐的内容当中以影响观众。受众可能不太能够批判性地评价在叙事场域中发现的产品和产品声明。

评价修辞性段落接受程度的传统方法是采用认知反应测试（Petty, Ostrom, & Brock, 1981）。阅读一份有说服力的信息或故事后，被试列出所有关于该信息的想法，包括积极的或消极的。然而，我们的研究（Green & Brock, 2000）认为列表似乎不能提供一个灵敏的指标以测量个人在阅读故事时的不良反应。为了解决这个问题，我们创造了一个新的故事接受/拒绝的标准，叫作"匹诺曹循环"（Pinocchio Circling）。一旦被试读完了故事，他们被要求回到故事中，圈出所有"错误的笔记"，或者故事中对他们来说不真实的部分。错误的笔记被描述为故事中与事实相矛盾或没有意义的东西。说明书解释说，有时作者在撒谎时会留下线索，就像匹诺曹撒谎后鼻子长出来一样。在叙事文本中，对错误笔记的识别，大致相当于对修辞的抵制。

我们假设，那些更容易沉浸于故事的被试在故事中找到错误笔记的可能性更小；他们对这个故事的批评会少一些。如果高沉浸的被试表现出较少的注意，这一发现将支持这样的观点，即传输与批判性思维和反驳减少有关。在我们的研究中，这个问题没有正确或错误的答案。匹诺曹循环只是想做一个简单的被试自己接受或拒绝部分故事的测量。

使用该测量的结果支持了我们的理论。例如，在一项研究中，一名小女孩被一名精神病患者谋杀（Nuland, 1994），情绪高度活跃的被试比情绪不太活跃的被试圈出的错误笔记少得多。匹诺曹循环可以被证明是一个有意义的和灵敏的对叙事文本进行认知处理的测量方式。

传输影响信念的另一种方式是使叙述的事件更像个人经历。研究表明，对态度对象的直接体验可以产生强烈而持久的态度（Fazio & Zanna, 1981）。如果读者或观众觉得他或她是叙事事件的一部分，那么这些事件所蕴含的教训似乎更有说服力。源监测的研究表明，想象中的事件可能被误认为是真实的，因为这种记忆达到了与真实记忆相似的品质——例如，具体和生动的细节（Johnson, Hashtroudi, & Lindsay, 1993）。叙事，尤其是那些读者已经沉浸于其中的叙事，很可能符合这些标准。

虚拟现实技术的最新进展为深入研究传输机制提供了一条更多元的途径。个人被带进想象的世界，在那里他们可以在物理层面和感官层面上与环境互动，可能会表现出更大的信念变化。当然，研究人员仍在试图完善技术，以增加虚拟世界的存在感（Biocca, 2002）。

最后，传输的一个作用是在叙述中对人物产生强烈的感情。因为叙事世界对一个漂泊的个体来说是真实的，富有同情心的角色可能会变得像朋友一样，像冒险中的旅伴一样。同样，读者可能会对故事中的反派产生强烈的仇恨。这种对人物的依恋可能在基于叙述的信念改变中起着至关重要的作用，因此可能成为另一条传播信念改变的途径。信息源可信度通常是说服性沟通中的外部"给定"（Eagly & Chaiken, 1993; Hass, 1981）；然而，对于叙事传播来说，对主人公的依恋可能是故事说服力的一个重要决定因素。如果一个观众喜欢或认同一个特定的角色，由该角色所做的陈述或该角色所经历的事件的意义可能具有特殊的重要性。这一点可扩展至主角使用（或赞扬）的物件或消费品；观众可以通过这种联想对产品形成更积极的态度。

对虚构的反应：判断标准

尽管个人可能不会精确地评价虚构作品中的每一个观点（由于虚构处理的任一未参与或参与形式，或者两者兼而有之），但读者仍然有评判虚构作品的标准。虚构的信息必须以某种方式吸引读者接收这些信息。

似是而非的标准

奥特利认为虚构"可能是事实的两倍"（Oatley, 1999, p.101）。这种说法是基于虚构叙事作为心理模拟的观点，其中对真理的一种定义是在复杂结构中的一致性。奥特利还指出，个人见解是另一种可能出现在故事中的真理，甚至是不反映经验现实的真理。他的想法似乎抓住了虚构中天真的幻想；面对一部虚构作品，读者可能不太关心它的客观真实性（所描述的事件是否真实发生），而更关心它是否符合某种似是而非的标准（写实的人物、场景或理智的想法）。人们对现实主义（或非现实主义）叙事的评价，预计会对叙事的影响产生冲击（Busselle & Greenberg, 2000）。我们不应该假设，将材料作为非虚构的或虚构的来介绍，会使所有读者认为故事是真实的或不真实的，而应该考虑到观众对貌似合理的刺激的感知。

虚构产生效果的边界条件

综上所述，越来越多的证据表明，虚构的信息常常被整合到现实世界的信念结构中。我们认为，叙事或信息的内外部因素，以及内外部力量相互作用所产生的因素，都可能有助于决定虚构信息是被接收还是被拒绝。内部因素可能包括文本所提供的信息，例如上下文细节和上下文无关的主张（请参阅后面的讨论），或者信息与真实世界中的事实进行比较的轻松度。外部因素可能包括关于信息的知识、读者先前的信念、叙述中所含观点的正确性的明确信息，或者可能促使读者在对待材料的方法上特别挑剔的环境。熟悉叙事内容等因素源于文本外部因素（读者的先验知识）和文本内部因素（内容）的相互作用。我们回顾一下这些因素的一个子集。

上下文细节和与上下文无关的主张

格里格和普伦蒂斯（Gerrig & Prentice, 1991）在他们关于叙事虚构的讨论中区分了上下文细节和与上下文无关的主张。一方面，上下文细节是被设置于虚构世界的特殊元素，这些元素往往不会进入现实世界的信念结构中。例如，在虚构的作品中更改美国总统的名字不太可能影响现实世界的政治信仰。

另一方面，与上下文无关的主张是不受特定设置约束的更一般的主张。例如，格里格和普伦蒂斯（Gerrig & Prentice, 1991）的实验性叙事中包含了"巧克力有助于减肥"和"精神疾病具有传染性"的（错误）陈述。这类信息理论上既适用于现实世界，也适用于故事世界，因此更有可能对现实世界的信念产生影响。格里格与普伦蒂斯发现，在识别故事中出现的与上下文无关的主张时，被试反应时间明显变慢，但识别上下文细节没有这种干扰效应。反应时间数据表明，来自故事的错误的与上下文无关的主张干扰了人们对真实世界事实的核实，这表明虚构的信息已被纳入长期记忆。因此，格里格与普伦蒂斯推断说，虚构的与上下文无关的主张，而不是虚构的上下文细节，往往被整合进关于现实世界的知识中。

格林与布罗克（Green & Brock, 2000）的研究表明，与上下文无关的信息不一定要以故事中主张的方式影响信念。例如，一个暗示世界是不公平的故事可以影响公正的世界信念（Rubin & Peplau, 1975），即使作者或角色没有明确地断言生活是不公平的。从故事中的事件或人物的经历中吸取的教训可以和与上下文无关的主张具有相同的效果。与语境无关的叙事意蕴和叙事主张的权力边界条件还相对缺乏探索。

相关性

在说服文献中，增强个人相关性是一种经典的操纵，以鼓励增加对说服性信息的审查（Petty & Cacioppo, 1979, 1990）。详细加工可能性视角（例如，Petty & Cacioppo, 1986）指出在具有高度个人相关性的条件下，个人最有可能考虑源信息——接收非虚构信息，但拒绝虚构信息。然而，加斯特等人（Garst et al., 2000）在研究中发现，即使在个人相关性较高的情况下，事实/虚构来源标签的说服力也没有差异。个人或自我关联对虚构接受度的影响还有待叙事材料的检验。

熟悉性

斯莱特（Slater, 1990）发现，表面上非虚构的书面信息比表面上虚构的信息更容易影响读者对类别组成员特征的信念。然而，这种趋势只发生在社会类别相对熟悉的时候，例如，反政府游击队和英国文雅的农民。当类别不熟悉时，例如，厄立特里亚游击队和在爪哇的荷兰农民，虚构信息的影响等于或大于非虚构信息的影响。

同样，普伦蒂斯等人（Prentice et al., 1997）发现虚构说服仅仅发生在故事被放置在一个有一定距离的大学校园里，而不是放置在被试自己的大学里。在普伦蒂斯等人的研究中，支持度较弱的主张被嵌入叙述。作者声称，熟悉的环境会引起认知审查，从而导致对这些脆弱命题的抛弃。然而，惠勒等人（Wheeler et al., 1999）未能在虚构说服中复制主客场的不同。相反，这些研究人员在家庭教育和校外教育中都发现了通过虚构来说服孩子的方法。背景细节、团队和主题的熟悉程度作为虚构影响的边界条件的地位尚不确定。

我们在这里讨论的边界条件——与上下文无关的主张和与上下文相关的细节、个人相关性和熟悉性——是虚构影响的可能边界条件的子集。随着虚构力量的广泛性被越来越多的证据所证明，我们对于虚构影响的有限性认识也得到了扩展，这对研究人员和说服实践者来说都是有益的。

由于叙述和虚构而导致的态度和信念的强度改变

前面描述的边界范围表明，虚构或多或少会影响人们的信念。另一个关键问题是虚构构建的信念或态度的本质。并非所有的态度都是生来平等的；某些类型的态度转变可能是短暂的，而另一些则是长期的。格林和布罗克（Green & Brock, 2000）认为，基于叙述的信念改变可能会随着时间的推移而缓慢地持续下去，并且对反对意见具有抵抗力。基于此，他们发现，叙事是存储和提取信息的首选心理结构（Schank & Abelson, 1995），并且叙事能够有效地将认知贡献和情感贡献与态度改变结合起来。具有认知和情感基础的态度和信念被证明更为持久（Rosselli, Skelly, & Mackie, 1995）。最后，叙事可能具有创造心理意象的额外好处，这种心理意象可以在回忆时重新唤起故事主题和信息（Green & Brock, 2002）。这些以叙述为基础的态度的品质也可能增加态度强度的其他方面。

关于虚构标签效应的预测本身就不太清楚。一种可能性是，被标记为虚构的传播所改变的态度，与被标记为非虚构的传播所改变的态度一样强烈。迄今为止的研究表明，在大多数情况下，个人在阅读时并不会忽略虚构的信息。非虚构类作品和虚构类作品之间的平等性也可能延伸到态度强度。另一种可能性是，非虚构和虚构之间的差异可能不是作为评价或态度上的差异出现的，而是表现在态度强度的测量上。如果这些信念是通过阅读被标记为虚构的信息（叙事或非叙事）形成的，那么个体可能对自己的信念不那么确定或不那么自信。此外，如果虚构促使人们对呈现的信息进行更仔细的审视，那么这种态度就会变得更弱，也更难以承受随后的反宣传（Petty, Haugtvedt, & Smith, 1995）。

结　　论

在改变态度强度方面，虚构和叙事二者间的差异还没有定论。但很明显，为了应对虚构传播，个体会经常改变他们在现实世界中的信念和态度（Garst et al., 2000; Green & Brock, 2000; Prentice et al., 1997; Slater, 1990; Strange & Leung, 1999; Wheeler et al., 1999）。尽管虚构在日常生活中普遍存在，但对于个人如何受想象作品影响的实证研究却相对较少。同样地，个人往往会受到故事或叙述的影响而改变自己的信念，然而研究说服力的人员却更关注传统的说服性信息，比如社论或广告。

最近关于双加工模型的综述研究（精细加工可能性模型，Petty & Cacioppo, 1986；启发式系统模型，Chaiken, Liberman, & Eagly, 1989）探索了虚构和非虚构传播的区别，普伦蒂斯和格里格写道，"一直犹豫要不要接受这两种（双加工）模型中的任何一种，然而，他们中的任何一种似乎都没有抓住阅读（或听或看）一部小说的现象学经验"（Prentice & Gerrig, 1999, p.543）。我们的理论框架试图捕捉这种经验。我们回顾了一些证据，这些证据表明，低精细度审查（虚构加工的非参与形式）和高传输体验（虚构加工的参与形式）能够影响虚构传播改变信念和态度的效力。此外，我们概述了一些有前途的研究领域，这些领域开始阐明虚构能够产生影响的边界条件，以及决定这种影响持久力的因素。

我们的分析证实了审查者几个世纪以来的怀疑——虚构是塑造态度和观点的有力工具。当我们被故事吸引时——我们的认知资源、情感和心理意象能力都被吸引时——故事的影响力尤其大。重要的是，我们要开始探索虚构作品普遍影响的全部含义（Green, Strange, & Brock, 2002）。

参考文献

Adaval, R., & Wyer, R. S., Jr. (1998). The role of narratives in consumer information processing. *Journal of Consumer Psychology*, 7, 207−245.

Biocca, F. (2002). The evolution of interactive media: Toward "being there" in nonlinear narrative worlds. In M. C. Green, J. J. Strange, & T. C. Brock (Eds.), *Narrative impact: Social and cognitive foundations* (pp. 97−130). Mahwah, NJ: Lawrence Erlbaum Associates.

Bruck, M.,&Ceci, S. J. (1999). The suggestibility of children's memory. *Annual Review of Psychology*, 50, 387−418.

Bruner, J. S. (1986). *Actual minds, possible worlds*. Cambridge, MA: Harvard University Press.

Bruner, J. (1998). What is a narrative fact? *The Annals of the American Academy of Political and Social Science*, 560, 17−27.

Busselle, R. W., & Greenberg, B. S. (2000). The nature of television realism judgments: A reevaluation of their conceptualization and measurement. *Mass Communication and Society*, 3, 249−268.

Cacioppo, J. T., Petty, R. E., & Kao, C. F. (1984). The efficient assessment of need for cognition. *Journal of Personality Assessment*, 48, 306−307.

Carnes, M. C. (2001). *Novel history: Historians and novelists confront America's past (and each other)*. New York: Simon & Schuster.

Chaiken, S., Liberman, A., Eagly,A.H. (1989). Heuristic and systematic information processing within and beyond the persuasion context. In J. S. Uleman & J. A. Bargh (Eds.), *Unintended thought* (pp. 212−252). New York: Guilford.

Csikszentmihalyi, M. (1990). Flow: The psychology of optimal experience. New York: Harper & Row.
Deighton, J., Romer, D., & McQueen, J. (1989). Using drama to persuade. *Journal of Consumer Research*, 16, 335−343.

DelFattore, J. (2002). Controversial narratives in the schools: Content, values, and conflicting viewpoints. In M. C. Green, J. J. Strange, & T. C. Brock (Eds.), *Narrative impact: Social and cognitive foundations* (pp. 131−155). Mahwah, NJ: Lawrence Erlbaum Associates.

Eagly, A. H., & Chaiken, S. (1993). *The psychology of attitudes*. New York: Academic Press.

Fazio, R. H., & Zanna, M. P. (1981). Direct experience and attitude-behavior consistency. In L. Berkowitz (Ed.), *Advances in experimental social psychology* (Vol. 14, pp. 161−202). New York: Academic Press.

Flavell, J. H. (1999). Cognitive development: Children's knowledge about the mind. *Annual Review of Psychology*, 50, 21−45.

Garst, J., Green, M. C.,& Brock, T. C. (2000, June). *Parity of truth and tale in persuasion: Equivalence of outcomes despite differences in underlying processes.* Paper presented at the annual convention of the International Communication Association, Acapulco, Mexico.

Gerbner, G., & Gross, L. (1976). Living with television: The violence profile. *Journal of Communication*, 26, 172−199.

Gerrig, R. J. (1993). *Experiencing narrative worlds: On the psychological activities of reading*. New Haven, CT: Yale University Press.

Gerrig, R. J., & Prentice, D. A. (1991). The representation of fictional information. *Psychological Science*, 2, 336–340.

Gilbert, D. T. (1991). How mental systems believe. *American Psychologist*, 46, 107–119.

Gilbert, D. T., Krull, D. S., & Malone, P. S. (1990). Unbelieving the unbelievable: Some problems in the rejection of false information. *Journal of Personality and Social Psychology*, 59, 601–613.

Gilbert, D. T., Tafarodi, R. W., & Malone, P. S. (1993). You can't believe everything you read. *Journal of Personality and Social Psychology*, 65, 221–233.

Green, M. C., & Brock, T. C. (2000). The role of transportation in the persuasiveness of public narratives. *Journal of Personality and Social Psychology*, 79, 401–421.

Green, M. C., & Brock, T. C. (2002). In the mind's eye: Transportation-imagery model of narrative persuasion. In M. C. Green, J. J. Strange, & T. C. Brock (Eds.), *Narrative impact: Social and cognitive foundations* (pp. 315–341). Mahwah, NJ: Lawrence Erlbaum Associates.

Green, M. C., Strange, J. J., & Brock, T. C. (Eds.). (2002). *Narrative impact: Social and cognitive foundations*. Mahwah, NJ: Lawrence Erlbaum Associates.

Gregory, W. L., Cialdini, R. B., & Carpenter, K. M. (1982). Self-relevant scenarios as mediators of likelihood estimates and compliance: Does imagining make it so? *Journal of Personality and Social Psychology*, 43, 89–99.

Hass, R. G. (1981). Effects of source characteristics on cognitive responses and persuasion. In R. E. Petty, T. M. Ostrom, & T. C. Brock (Eds.), *Cognitive responses in persuasion* (pp. 141–172). Hillsdale, NJ: Lawrence Erlbaum Associates.

Johnson, M. K. (1998). Individual and cultural reality monitoring. *The Annals of the American Academy of Political and Social Science*, 560, 179–193.

Johnson, M. K., Hashtroudi, S., & Lindsay, D. S. (1993). Source monitoring. *Psychological Bulletin*, 114, 3–28.

Loftus, E. F. (1992). When a lie becomes memory's truth: Memory distortion after exposure to misinformation. *Current Directions in Psychological Science*, 1, 121–123.

Murphy, S. T. (1998). The impact of factual versus fictional media portrayals on cultural stereotypes. *The Annals of the American Academy of Political and Social Science*, 560, 165–178.

Nell,V. (1988). *Lost in a book: The psychology of reading for pleasure*. New Haven, CT: Yale University Press.

Nuland, S. (1994). Murder and serenity. *In How we die* (pp. 118–139). New York: Knopf.

Oatley, K. (1999). Why fiction may be twice as true as fact: Fiction as cognitive and emotional simulation. *Review of General Psychology*, 3, 101–117.

Pennington, N., & Hastie, R. (1988). Explanation-based decision making: Effects of memory structure on judgement. *Journal of Experimental Psychology: Learning, Memory, and Cognition*, 14, 521–533.

Perloff, R. M. (1999). The third-person effect: A critical review and synthesis. *Media Psychology*, 1, 353–378.

Petty, R. E., & Cacioppo, J. T. (1979). Issue involvement can increase or decrease persuasion by enhancing message-relevant cognitive responses. *Journal of Personality and Social Psychology*, 37, 1915–1926.

Petty, R. E., & Cacioppo, J. T. (1986). The elaboration likelihood model of persuasion. In L. Berkowitz

(Ed.), *Advances in experimental social psychology* (Vol. 19, pp. 123–205). Orlando, FL: Academic Press.

Petty, R. E., & Cacioppo, J. T. (1990). Involvement and persuasion: Tradition versus integration. *Psychological Bulletin*, 107, 367–374.

Petty, R. E., Haugtvedt, C. P., Smith, S. M. (1995). Elaboration as a determinant of attitude strength: Creating attitudes that are persistent, resistant, and predictive of behavior. In R. E. Petty & J. A. Krosnick (Eds.), *Attitude strength: Antecedents and consequences* (pp. 93–130). Mahwah, NJ: Lawrence Erlbaum Associates.

Petty, R. E., Ostrom, T., & Brock, T. C. (1981). *Cognitive responses in persuasion*. Hillsdale, NJ: Lawrence Erlbaum Associates.

Petty, R. E., & Wegener, D. T. (1998). Attitude change: Multiple roles for persuasion variables. In D. T. Gilbert, S. T. Fiske, & G. Lindzey (Eds.), *The handbook of social psychology* (4th ed., Vol. 1, pp. 323–390). Boston: McGraw-Hill.

Prentice, D. A.,&Gerrig, R. J. (1999). Exploring the boundary between fiction and reality. In S. Chaiken & Y. Trope (Eds.), *Dual-process theories in social psychology* (pp. 529–546). New York: Guilford.

Prentice, D. A., Gerrig, R. J., & Bailis, D. S. (1997). What readers bring to the processing of fictional texts. *Psychonomic Bulletin & Review*, 5, 416–420.

Reeves, B., & Nass, C. (1996). *The media equation: How people treat computers, television, and new media like real people and places*. New York: Cambridge University Press.

Rosselli, F., Skelly, J. J., & Mackie, D. M. (1995). Processing rational and emotional messages: The cognitive and affective mediation of persuasion. *Journal of Experimental Social Psychology*, 31, 163–190.

Rubin, Z.,&Peplau, L. A. (1975). Who believes in a just world? *Journal of Social Issues*, 31(3), 65–89.

Schank, R. C.,&Abelson, R. P. (1995). Knowledge and memory: The real story. In R. S.Wyer, Jr. (Ed.), *Advances in social cognition* (Vol. 8, pp. 1–85). Hillsdale, NJ: Lawrence Erlbaum Associates.

Shrum, L. J., Wyer, R. S., Jr., & O'Guinn, T. C. (1998). The effects of television consumption on social perceptions: The use of priming procedures to investigate psychological processes. *Journal of Consumer Research*, 24, 447–458.

Slater, M. D. (1990). Processing social information in messages: Social group familiarity, fiction versus nonfiction, and subsequent beliefs. *Communication Research*, 17, 327–343.

Slater,M. D. (2002). Entertainment education and the persuasive impact of narratives. In M. C. Green, J. J. Strange, & T. C. Brock (Eds.), *Narrative impact: Social and cognitive foundations* (pp. 157–181). Mahwah, NJ: Lawrence Erlbaum Associates.

Strange, J. J. (2002). How fictional tales wag real-world beliefs: Models and mechanisms of narrative influence. In M. C. Green, J. J. Strange,&T.C. Brock (Eds.), *Narrative impact: Social and cognitive foundations* (pp. 263–286). Mahwah, NJ: Lawrence Erlbaum Associates.

Strange, J. J., Green, M. C., & Brock, T. C. (2000). Censorship and the regulation of expression. In E. F. Borgatta & R. J. V. Montgomery (Eds.), *Encyclopedia of sociology* (rev. ed. pp. 267–281).New York: MacMillan.

Strange, J. J., & Leung, C. C. (1999). How anecdotal accounts in news and in fiction can influence judgments of a social problem's urgency, causes, and cures. *Personality and Social Psychology*

Bulletin, 25, 436–449.

Wheeler, S. C., Green, M. C., & Brock, T. C. (1999). Fictional narratives change beliefs: Replications of Prentice, Gerrig, and Bailis (1997) with mixed corroboration. *Psychonomic Bulletin & Review*, 6, 136–141.

Wyer, R. S., Adaval, R., & Colcombe, S. J. (2002). Narrative-based representations of social knowledge: Their construction and use in comprehension, memory, and judgment. In M. P. Zanna (Ed.), *Advances in experimental social psychology* (Vol. 34, pp. 131–197). New York: Academic Press.

Zwaan, R. A. (1994). Effect of genre expectations on text comprehension. *Journal of Experimental Psychology: Learning, Memory, and Cognition*, 20, 920–933.

第十章 消费者培养的加工模型：电视作为一种判断类型的功能

L. J. 什鲁姆（L. J. Shrum）

得克萨斯大学圣安东尼奥分校（University of Texas-San Antonio）

詹姆斯·E. 伯勒斯（James E. Burroughs）

弗吉尼亚大学（University of Virginia）

阿里克·里德弗莱什（Aric Rindfleisch）

威斯康星大学麦迪逊分校（University of Wisconsin-Madison）

在任何团队中提出媒介效果的问题，都有可能引发舆论热议。几乎每个人都有自己的一套理论。不管这个团队的成员是由学者、企业员工组成，还是由家庭教师协会的成员组成，都是如此。此外，人们往往对自己的理论抱有相当高的信心，往往愿意大声捍卫自己的立场。但为什么会这样呢？也许经验是原因之一。每个人，无论他的职业或爱好如何，都在自变量与因变量方面有丰富的经验。也就是说，（实际上）每个人都看电视（大多数人看得很多）、听广播或读杂志和报纸。同样地，每个人每天都会做出无数的判断：发展信念、形成或强化态度、更新个人价值观、构建个人认知等。第二个原因可能是，媒介效果一致的经验证据非常难以确定。尽管越来越多的证据支持这样的观点，即媒体会对个人判断产生温和的影响，即使不是很强的影响，但似乎也有足够多令人困惑或相互矛盾的数据来质疑这些发现，并使媒体的影响是否有那么大的争论继续下去。

关于媒介效果是普遍的还是强烈的，人们似乎没有达成共识。我们想提出第三个原因，这可能与前两个原因直接相关：对媒介效果的影响加工缺乏了解。在媒介效果是否存在以及其强度如何这些方面，媒体曝光与个人判断之间的联系可能不明确，因为涉及这些关系的加工尚不明确。大多数人不知道他们的思想、情感和行为的潜在原因，其中很多是相对无意识地发生的（Bargh, 1997）。尽管如此，大多数人还是坚持认为他们的决定是故意为之的，大部分是有意识的。因此，由于他们缺乏对媒体消费等潜在输入对人们判断力影响的认知，这可能导致他们对媒体影响的效力产生怀疑。

对媒介效果的影响加工缺乏了解也阻碍了学术研究。对电视效果的研究尤其如此，特别是那些试图测试培养理论的研究（Gerbner & Gross, 1976; Gerbner, Gross, Morgan, Signorielli, & Shanahan, 2002; Shanahan & Morgan, 1999）。就像关于媒介效果的日常对话可能会很激烈一样，关于这一问题的学术辩论也可能会很激烈。事实上，这些关于媒介效果，特别是有关培养效果的争论已经在主要的学术期刊上催生了一轮又一轮的辩论（Shanahan & Morgan, 1999）。对于所报道的几乎所有效果（或看起来如此），都已经出现了另一种解释或对数据的重新分析。但正如我们在其他地方讨论过的（Burroughs, Shrum, & Rindfleisch, 2002; Shrum, 1995, 2002），对媒介影响加工的理解有可能调和相互矛盾的结论和阐释。也就是说，对加工重点关注的研究表明，可能存在促进或抑制特定媒介效果的条件，并且这些条件在研究中的存在与否可能导致不一致的结果。

在本章中，我们将重点放在特定的媒介效果（培养效应）上，并尝试阐明一个加工模型，该加工模型可以解释培养范式中的多种效果。为了与本书的主题保持一致，我们研究了一些可能通过消费娱乐媒体（如电视）而产生的意想不到的说服效应。在开发一个模型来解释这些影响的过程中，我们特别关注了电视节目在塑造产品认知中的作用和对这些产品需求的影响，这表明如果没有选择性（品牌）需求的话，电视至少会对主要（产品类别）需求有影响。

培养效果的加工模型

培养理论

培养理论是一种将媒体内容与特定结果相关联的广泛理论。该理论有两个组成部分。第一个是电视节目的内容，无论是肥皂剧等"虚构"节目，还是新闻等"真实"节目，都表现出对现实的扭曲[①]。也就是说，电视上所描绘的世界与现实世界的构成方式有着显著的、有时是戏剧性的不同。例如，电视世界往往更加富裕（O'Guinn & Shrum, 1997），更加暴力（Gerbner, Gross, Morgan, & Sig-norielli, 1980），更加不忠于婚姻（Lichter, Lichter, & Rothman, 1994）；比起现实世界，电视里的医生、律师和警察人

[①] 就像这本书的主题一样，我们把真实和虚构放在引号里，以此来表明真实和虚构之间的界限非常模糊。一方面，从技术角度来看，肥皂剧显然是虚构的，但它们也包含了一些事实，或者至少在某种程度上听起来具有真实性。另一方面，新闻节目大概可以提供真实信息，但内容分析研究一致表明，新闻报道也可能会严重失真，例如强调具有戏剧性情节的谋杀和其他暴力犯罪等，并倾向于将非裔美国人和拉美裔美国人更多地显示为犯罪分子。这个比率是有代表性的（Dixon & Linz, 2000）。处于肥皂剧和新闻之间的是电视真人秀，节目中大量剪辑了犯罪和警察的真实画面。但是，就像新闻的编辑过程一样，真人秀编辑也倾向于将某些种族或阶层的人（如黑人和西班牙裔角色）描述为犯罪嫌疑人而不是描述为警察，但白人角色则恰恰相反(Oliver, 1994)。

数更多（DeFleur, 1964; Head, 1954; Lichter et al., 1994; Smythe, 1954）。该理论的第二个组成部分是，频繁接触这些失真的图像会导致某种内化现象的产生：观看电视的人越多，他们就越能形成与电视上描绘的世界一致的价值观、态度、信念和看法。电视信息的内化可能导致现实世界向电视学习的"事实"：看电视正显示出与现实世界中医生、律师和警察人数的估算值（Shrum, 1996, 2001）、现实世界暴力的盛行（Gerbner et al., 1980; Shrum, Wyer, & O'Guinn, 1998）以及奢侈品的广泛流行（O'Guinn & Shrum, 1997; Shrum, 2001）呈现积极的正相关关系。此外，内化可能采取学习电视"课程"的方式：看电视越多越会产生更大的焦虑和恐惧（Bryant, Carveth, & Brown, 1981），越容易对医生更加信任（Volgy & Schwarz, 1980），越容易对婚姻更加悲观（Shrum, 1999b）以及对人际关系更加不信任（Gerbner et al., 1980; Shrum, 1999b）。

关于培养理论的研究一直是一个有争议的领域。尽管支持培养理论的研究并不缺乏，但对培养理论的批评也很多，包括对其理论、方法、分析和解释的批评（cf. Hirsch, 1980; Hughes, 1980; Newcomb, 1978）。这些批评虽然有一定的效用，但在其他地方已做了详尽的论述（Gerbner, Gross, Morgan, & Signorielli, 1994; Morgan & Shanahan, 1996; Shanahan & Morgan, 1999; Van den Bulck, 2003）。可以说，这些批评是围绕着自变量的测量、电视观看以及与之相关的因果关系问题在进行权衡。格伯纳及其同事（Gerbner et al., 2002）认为，电视收视率的测量最能体现他们的培养理论。具体来说，它更近似于（人们）多年来的观看模式，因为在他们看来，看电视已经是一个相当习惯化的加工，因此对观看时间的测量比短暂暴露于特定刺激（例如节目片段、整个节目甚至一系列节目）下的测量更加有效。但也有人指出，格伯纳等人所测得的相关数据会导致因果关系模糊不清。的确，大多数关于培养理论的批评都是围绕第三变量或反向因果关系的解释（Hirsch, 1980; Hughes, 1980; Zillmann, 1980）。实验法已经被用来解决这些因果问题（Ogles, 1987）。但是，实验法也可能会受到批评，因为它们可能只提供对特定电视或电影内容的短暂接触，而无法长期地捕捉培养的本质。

培养理论的信度和效度存在争议的两个重要（而且是相互关联）原因是，培养效果的影响很大程度上是非常小的，而且效果并不总是一致的。此外，获得这些数据后，某些统计控制手段（例如人口统计、家庭外活动、人口规模等）的施行已显示出在某些情况下可将培养效果降至不显著（Hirsch, 1980; Hughes, 1980）。的确，培养效果研究的元分析发现二者总体相关系数约为0.09，并且在不同的人口和环境变量之间，这种关系往往略有不同，但不显著（Morgan & Shanahan, 1996）。效果较弱和缺乏可靠性的问题使得培养效果特别容易受到声称"所述效果是虚假的"主张的影响。也就是说，当效果较弱时，一些其他未被测量的变量可以轻松地解释电视观看和其判断之间的关系。

效果较弱的问题已通过各种论证得到解决。首先，较弱的效果（如果是真实的）并非无关紧要，如格伯纳等人（Gerbner et al., 2002）指出的：在许多情况下，某些变量

（例如全球变暖、投票行为等）的很小变化也会导致很严重的后果。诸如暴力和攻击之类的变量也可能属于此类（Bushman & Anderson, 2001）。其次，与本章重点相关的是，较小的主要效果可能只是在某些组群中掩盖了较大的影响。这个概念形成了格伯纳等人（Gerbner et al., 1980）对培养理论改进的基础，该理论引入了主流化和共鸣的概念，并假设直接的经验变量可能减弱培养效果（Shrum & Bischak, 2001）。这个概念也构成了我们关注心理加工的基础：影响判断加工的变量也可能减弱培养效果。

心理加工与培养效果

关于测量和因果关系的争论远早于在培养理论中提出的问题，而且它似乎不太可能很快得到解决。我们倾向于同意双方的观点——对电视观看的测量可以最佳地捕捉随时间推移而变化的观看效果，但是由此得到的相关数据又总是有其他的解释可以说明。但是，正如我们在其他地方所论证的那样（Shrum, 1995, 1999c, 2002），可能有一种方法能够保留传统的测量电视观看的做法，同时也可以增强人们对数据能够反映因果关系的信心。这种方法涉及培养效果的心理加工模型的开发。其逻辑是，如果培养效果的心理加工模型能够得到开发和验证，这个模型能够指定可测试的命题，并列出一组中介变量和调节变量来认定电视观看与判断之间的关系，那么我们可能会认为二者之间的关系是真实的而非虚假的（Hawkins & Pingree, 1990; Shrum, 2002）。例如，一个可测试的模型应该提供一系列或一组条件，看在这些条件下特定效果是否成立。因此，该模型的强大之处在于研究产生的效果模式。因此，即使特定的研究可能有不能完全解决的替代解释，这些替代解释也必须解答整个结果模式，以有效地驳斥研究结果。

在本章的其余部分，我们将讨论开发这种模型的过程。我们首先提供迄今为止已开发的模型的简要概述，然后提供该模型的扩展情况。在这个过程中，我们将讨论一些支持此扩展的关键部分的最新数据。

培养效果的启发式加工模型

培养效果的启发式加工模型（Shrum, 1996, 1999c, 2002; Shrum et al., 1998）代表了对建立培养效果的心理加工模型的初步尝试。图10.1提供了该模型的流程图。可以在刚刚引用的文献中找到有关此模型构成的更详细的说明。出于我们的目的，我们只想强调模型的某些特性，特别是关于假设、一般命题和限制的特性。

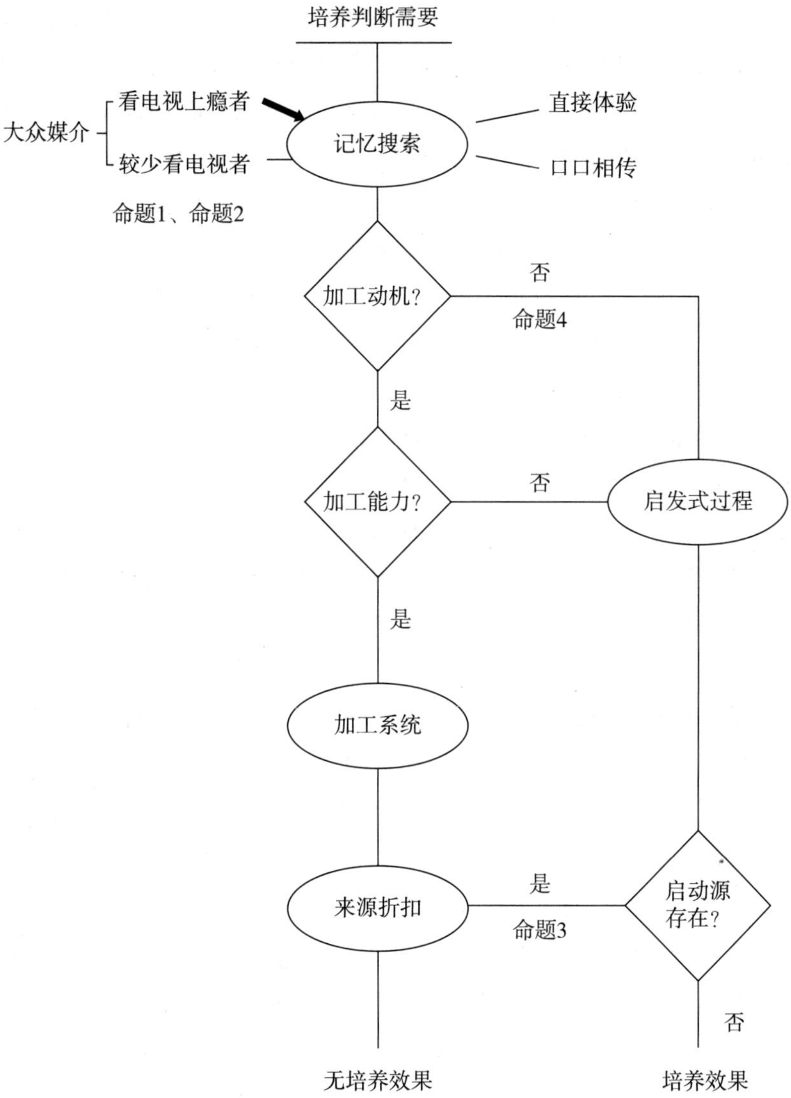

第十章 消费者培养的加工模型：电视作为一种判断类型的功能

图 10.1 培养效果的启发式加工模型流程图[1]

模型假设

培养判断的类型。要了解模型的贡献和局限性，必须要了解各种已经使用过的因变量（判断）来测试培养效果。霍金斯和平格里（Hawkins & Pingree, 1982）首先指出，用于检验培养效果的判断类型可以方便地分为两类：人口统计和价值体系测量。这些测量也分别称为一阶测量和二阶测量（Gerbner, Gross, Morgan, & Signorielli, 1986）。人口

---

[1] 圆圈代表心理加工。从"看电视上瘾者"指向"记忆搜索"的箭头更粗表明它对搜索加工有更大的贡献。摘自《媒介效果：理论与研究的进展》（第2版，第87页），作者：J.Bryant & D. Zillmann（编辑），新泽西州马瓦市：劳伦斯·厄尔姆联合公司。经许可转载。

147

统计（或一阶测量）与电视和社会环境的事实有关——电视世界中的某些方面可以客观地与现实世界的相同方面进行比较。例如，要求受访者估计参与暴力犯罪的美国人的百分比；由律师、医生或警察组成的美国工作人员的百分比；以离婚告终的婚姻比例等。价值体系测量（或二阶测量）与可能受到电视内容培养的价值、态度和信念有关。例如，询问受访者是否害怕晚上独自行走，衡量他们的不信任程度，他们对暴力的接受程度，对配偶不忠的看法或者他们的物质主义水平。

使这种区别有趣的是，根据霍金斯和平格里（Hawkins & Pingree, 1982）对相关文献的梳理，培养效果的大小和可靠性往往随着判断类型的不同而变化。培养效果在一阶测量（人口统计学）的信念比在二阶测量（价值体系）的信念更明显、更常见。对于这个发现，至少有两种非互斥的解释。第一种解释是，只有一种判断——与电视上经常出现的特定概念的普遍性有关的判断——会受到看电视的影响。但是，与电视所培养的价值观和态度相关的判断却不会受到电视观看的影响。第二种解释是，这些判断在构建过程中有所不同。这种可能性意味着至少有两个重要的事情：电视可能会以不同的方式影响这两种类型的判断，而不同的因素可能会调节或减弱看电视与这两种类型的判断之间的关系。

培养判断是一种心理判断。如果我们仔细研究心理学家们是如何对一阶判断和二阶判断进行分类的，就会发现它们在本质上是不同的。一阶判断多半是由概率判断或集合大小判断构成的（Shrum, 1995）。例如，估计风险（如犯罪风险）和估计某个特定类别（如百万富翁）发生在更大、更高级类别（如美国人）中的实际数量或百分比。二阶判断通常由态度、价值或信念判断组成。这些判断包括与信任相关的信念、这个世界的恶劣程度以及成就是否反映在产品所有权上等。从这个角度来看，很有可能一阶判断和二阶判断的构造方式不同。此外，几十年来的社会和认知心理学研究已经详细描述了构建这些判断的过程，这有助于确定某些类型的输入（如电视信息）在这个过程中可能扮演的角色。

一阶培养判断的加工模型

判断是如何构建的？ 在尝试构建培养效果的加工模型时，从一阶（集合大小和概率）判断开始似乎是合理的，因为这些判断类型的培养效果往往更稳健和一致。那么，这些类型的判断是如何构建的呢？特韦尔斯基和卡尼曼（Tversky & Kahneman, 1973; Kahneman & Tversky, 1982）指出，这类判断通常是通过应用特定的启发法或经验法做出的。具体来说，集合大小和概率的判断往往基于实用性启发法（Tversky & Kahneman, 1973）或模拟启发法（Kahneman & Tversky, 1982）的应用。在使用实用性启发法时，人们对集合大小或概率的判断是基于一个相关示例在脑海中出现的难易程度来判断的：越容易回忆，估计值就越高。因此，人们倾向于认为英语中以字母K开头的单词比以

K 为第三个字母的单词出现的频率更高（Tversky & Kahneman, 1973），尽管事实恰恰相反。这一结果可能是因为单词往往是根据它们的第一个字母来组织记忆的，因此以 K 开头的单词更容易被记住。类似地，80% 的人倾向于估计事故造成的死亡人数比中风造成的死亡人数多，尽管中风造成的死亡人数比事故造成的死亡人数多 85%（Lichtenstein, Slovic, Fischhoff, Layman, & Combs, 1978）。这可能是因为事故比中风更容易回忆或想象。

当判断集合大小或概率时，一个相关案例可能在记忆中不可调取（也就是说，案例在记忆中存在），或者，可以调取但不是特别容易达到（即不容易调取）。这时，实用性启发法起不了作用。在这些情况下，人们可能会以他们对一个相关案例可以想象的程度进行估计。这是一个模拟启发法的例子。支持这一概念的研究表明，当人们被诱导去想象一个特殊事件，如赢得比赛（Gregory, Cialdini, & Carpenter, 1982）或感染疾病（Sherman, Cialdini, Schwartzman, & Reynolds, 1985）时，在想象中经历了这类事件与不去诱导人们想象这类事件相比，前者促进了更高的概率估计，因而这些关系是通过容易想象的方式来得到调节的（Sherman et al., 1985）。

与媒体消费的关系。刚刚提到的研究以及许多其他研究清楚地证明，相关案例的可访问性或场景的易构造性会影响集合大小和概率的估计。那些更容易访问的案例或更容易构建的案例提供了更高的估计数值。这在实验研究和现场研究中都得到了证实。但是什么影响了这种可访问性呢？显然，在实验研究中，可访问性是被操纵的。但是利希滕斯坦等人（Lichtenstein et al., 1978）的实地研究又如何呢？为什么人们总是大大高估了事故造成的死亡人数，却大大低估了中风造成的死亡人数呢？利希滕斯坦等人推测这种可访问性受到媒体报道的影响，这表明媒体对意外事故和杀人事件等戏剧性事件的公开报道增加了对这些例子的可访问性，而对中风等不那么戏剧化和不那么公开的死因的可访问性则有所降低。这一推测得到了报纸文章内容分析的支持，这些文章显示了报道的差异（Combs & Slovic, 1979）。

这些研究表明，媒体消费可能会影响通常被描述的构造的可访问性。由此可见，媒体消费的差异（其他条件相同）可能影响相关构造的可访问性水平。对于集合大小和概率的判断来说，如果使用实用性启发法或模拟启发法，那么经常使用媒体的消费者应该比不常使用媒体的消费者给出更高的集合大小或概率的估计。事实上，这正是培养理论所预测的。

构建加工模型。从这一点开始，是对培养加工模型从开发到验证的简单跨越。这样的模型预测，与观看电视较少的受众（命题 1）相比，观看电视较多的受众将使相关案例在记忆中更易于访问，并且这种较容易的可访问性将导致更高的估计值，表明可访问性具有一种调节作用（命题 2）。但是，请注意，关于电视案例的想法可能会被用于非直觉性判断的构建中。在估计律师或警察在劳动力中的普及程度时，人们不太可能有意识地以电视上的律师或警察为例来构建这一判断。由此，如果这种电视的案例的确是用来建立真实世界的判断，人们也可能没有意识到这些例子的来源（因为它们很快），因此，请勿将电视案例视为无效来源（命题3）。最后，促进或禁止使用诸如实用性启发法或模拟启发法之类的判断启发法的条件应该相应地增加或减少培养的效果。这些条件包括加工信息的动机，这将抑制培养效果（命题4）缺乏加工信息的能力，这应该会促进培养效果（命题5）。大约有十二项研究验证并复制了这些关键命题（Shrum, 2002）。

处理二阶培养判断

如前所述（Shrum, 1995, 2002），图10.1所示的心理加工模型对态度和价值观等二阶判断无话可说，这是令人遗憾的。因为正如格伯纳等人（Gerbner et al., 2002）指出的，与将电视信息转换为更普遍的观点和意识形态进行推断或符号转换相比，将注意力集中在通过一阶测量获得的简单感知和信念上可能更有趣，并且更能抓住培养理论的本质。因此，将加工模型扩展到包括态度和价值观等二阶判断似乎很有用。

在开发一阶判断模型的加工中，我们首先从这些判断是如何做出的这一问题开始，然后再研究电视信息是如何影响这些判断的。在将一阶判断模型的方法应用于二阶判断时，很明显，一阶判断和二阶判断是完全不同的。首先，对集合大小和概率的判断实际上总是基于记忆（Hastie & Park, 1986）。也就是说，在受试者被要求对美国是否有可能发生暴力犯罪或百万富翁事件做出判断时，他们不太可能把这些答案储存在记忆中。相反，他们会通过回忆相关的案例或场景来构建它们。因此，一阶判断可能是在需要判断的时候构造的（例如，回答一项研究问询；追求一个简单的目标）。因此，我们希望这些案例的记忆能够与自变量（电视观看）和因变量（判断）相关（Hastie & Park, 1986）。事实上，这也是研究一直显示的结果（Shrum, 1996）。这一加工也意味着，判断时的操作条件比编码或观看时的操作条件更有可能影响电视—判断关系。与这一概念相一致的是，时间压力（Shrum, 1999a）、任务参与（Shrum, 2001）和资源缩减（Shrum et al., 1998）等判断条件已被证明可以调节培养效果。相反，在观看时所起作用的条件或变量（例如，观看时的注意力、观看的意图、感知到的电视现实、认知的需要等）已被证明对一阶判断的大小或对电视信息的记忆几乎没有影响（O'Guinn & Shrum, 1997; Shrum, 1996, 2001; Shrum et al., 1998）。

与此相反，价值观、态度和信念的构建可能是用不同的方式进行的。当然，态度和信念可能以一种基于记忆的方式建立起来。当人们被要求对某一特定对象提供一种态度时，人们可能会试图回忆相关信息（包括认知和情感），然后去构建他们当下的态度。当人们被要求进行态度表达时，如果他们没有现成的态度或信念可以提供，就有可能发生这种情况。如果他们确实已经有一种态度或比较容易获得的信念，他们会简单地检索他们先前建构的态度或信念并回答（Hastie & Park, 1986; Carlston, 1980; Lichtenstein &

Srull, 1985, 1987; Lingle & Ostrom, 1979）。

但是考虑一下在培养研究中具备典型判断特征的态度和信念的类型。这些判断评价了人们在多大程度上认为世界是一个充满暴力的地方，人们害怕在夜晚独自行走，赞成警察使用暴力，认为犯罪是最重要的政治问题，不信任他人等，这些信念在日常生活中很常见。因此，它们可能对大多数人来说已经存在，而且已经形成很久了，并且一直处在加强或更新中。对于诸如价值观这样的构造，更是如此。根据定义，价值观是每个人都拥有的稳定和持久的信念，并在一生中作为行为的指南（Rokeach, 1973）。它们在相对较早的年龄段形成，然后随着新信息的到来而改变（要么得到增强，要么发生改变）。黑斯蒂和帕克（Hastie & Park, 1986）称这种基于传入信息（而不是搜索到的信息）构造判断的加工为在线判断。

如果这些类型的判断确实是在网上形成的，那么看电视在形成这些判断时扮演的角色就有了重要的意义。特别是，表明这些类型的判断很可能是在观看过程中做出的（发展、强化或改变）。如果是这样，也意味着观看过程中操作的条件可能会影响到电视信息对判断造成的影响，而不是在一些外部情况要求之下进行操作的运作条件（例如被研究者询问）。请注意，这与一阶（基于记忆的）培养判断的加工在本质上是相反的，后者依赖于需要判断时的回忆，因此应该受到当时的条件影响而不是观看时的条件影响。

支持证据。二阶培养判断可能会受到观看时的条件影响，这一观点是在一项研究中提出的（Burroughs et al., 2002）。在这项研究中，我们调查了看电视和物质主义的消费者价值之间的关系。物质主义通常被看作是对物质对象的获取，如昂贵的汽车、房子和衣服的价值（Richins & Dawson, 1992）。因为内容分析研究一直表明，电视上描绘的世界往往比现实世界更丰富和物质化（Hirschman, 1988; Lichter et al., 1994; O'Guinn & Shrum, 1997），我们认为，与培养理论一致，这些物质信息会被观众内化，从而导致那些看电视较多的人产生更高层次的物质追求。然而，我们认为看电视和物质主义之间的这种正相关关系会受到某些因素的调节，这些因素可能会影响人们在看电视时对信息的处理。这些因素包括观众在看电视时注意力集中的程度，以及观众在看电视时详细阐述电视信息的程度。我们预计那些在看电视时注意力更集中的人比那些注意力不集中的人更容易被电视信息说服，我们也预计那些对信息阐述更多的人（那些对认知有更高需求的人；Cacioppo & Petty, 1982）也比那些对信息阐述较少的人受到更大的影响。

结果与预计一致。我们发现，看电视的程度与物质主义有关：看电视越多的人，他们就越物质主义。然而，也如预计所料，这种关系受到两个加工变量的影响。具体来说，更多观看电视节目的人比较少观看电视节目的人，在看电视与物质主义二者的关系上表现出更强的正相关关系，认知需要较高的人比认知需要较低的人在二者的关系上表现出更强的正相关。

对模型开发和因果关系的影响

观看时注意力的调节作用和认知需要与我们的理论是一致的,即二阶判断的培养加工往往发生在观看时。注意力和认知需要的变量是为了捕捉在观看过程中发生的判断加工。因此,如果这些判断是基于记忆的,那么这些变量就不太可能缓和培养效果,至少在我们观察到的模式中是这样。最后这个短语是一个重要的限定词。更多的阐述和更多的关注确实可能对基于记忆判断的电视信息的使用程度产生影响。然而,正如先前的研究所显示的(Shrum, 2001; Shrum et al., 1998),效果应该与我们观察到的正相反:更多的关注和更详细的阐述会导致更多的信源折扣(因为电视信息不是真实的,因此产生折扣),从而减弱而不是增强培养效果。

我们观察到的结果模式对因果关系也有重要的意义。正如我们前面所提到的,相关结果总是会对因果关系路径的其他解释开放。但是,我们观察到的调节作用模式很难用反向因果关系或第三变量来解释。特别是,注意力和详细阐述这两个加工变量是必然发生在观看过程中而不是发生在观看之前的,这使得反向因果关系的解释站不住脚。而且,尽管仍然有可能第三变量会驱动电视与物质主义的关系,但该变量还必须解释我们观察到的两个调节作用。考虑到这个限制,我们还不清楚第三个变量是什么。

本研究的局限性

伯勒斯等人(Burroughs et al., 2002)的研究结果存在一个重要的局限性。这一限制适用于在观看过程中利用认知需要作为详细阐述的替代措施。可以肯定地说,那些具有更高认知需要和具备更强认知能力的人不会喜欢像看电视这样简单的认知任务。而且,如果他们真的看了,他们可能更倾向于反驳而不是支持。事实上,伯勒斯等人发现认知需要确实与看电视负相关。然而,我们认为,对于那些高认知需要的人来说,假如他们确实决定要频繁地看电视,那对电视信息的持续反驳将是一种特别痛苦的经历。不如说,我们希望经常观看电视的那些具有高认知需要的人是喜欢看电视的,因此比那些较少看电视的人更有可能停止怀疑并进行详尽的阐述。我们的结果模式与这一概念是一致的:正是那些既爱看电视又具有高认知需要的人才会表现出最高层次的物质主义。

结 论

我们在这一章中所提出的关于二阶培养判断的构建过程的论证就是这样的。尽管我们已经讨论了一些支持我们推理的实证结果,但在充实整个加工方面仍有大量工作要做。理想情况下,人们最终会得到一个二阶判断的加工模型,该模型类似于图10.1所示的一阶判断的加工模型,它指定了一些可测试的命题,用来解决调节和减弱电视对判断的影响这一加工。这样做将在建立看电视对人类整体的判断和行为产生影响的因果联系上迈出重要的一步。

参考文献

Bargh, J. A. (1997). The automaticity of everyday life. In. R. S. Wyer (Ed.), *The automaticity of everyday life: Advances in social cognition* (Vol. 10, pp. 1–61). Mahwah, NJ: Lawrence Erlbaum Associates.

Bryant, J., Carveth, R. A., & Brown, D. (1981). Television viewing and anxiety: An experimental investigation. *Journal of Communication*, 31(1), 106–119.

Bryant, J., Zillmann, D. (Eds.). (2002). *Media effects: Advances in theory and research* (2nd ed., p. 87). Mahwah, NJ: Lawrence Erlbaum Associates.

Burroughs, J. E., Shrum, L. J., & Rindfleisch, A. (2002). Does television viewing promote materialism? Cultivating American perceptions of the good life. In S. Broniarczyk & K. Nakamoto (Eds.), *Advances in consumer research* (Vol. 28, pp. 442–443). Provo, UT: Association for Consumer Research.

Bushman, B. J., & Anderson, C. A. (2001). Media violence and the American public: Scientific facts versus media misinformation. *American Psychologist*, 56(6–7), 477–489.

Busselle, R.W., & Shrum, L. J. (in press). Media exposure and the accessibility of social information. *Media Psychology*.

Cacioppo, J. T., & Petty, R. E. (1982). The need for cognition. *Journal of Personality and Social Psychology*, 42, 116–131.

Carlston, D. E. (1980). The recall and use of traits and events in social inference processes. *Journal of Experimental Social Psychology*, 16, 303–328.

Combs, B., & Slovic, P. (1979). Newspaper coverage of causes of death. *Journalism Quarterly*, 56, 837–849.

DeFleur, M. L. (1964). Occupational roles as portrayed on television. *Public Opinion Quarterly*, 28, 54–74.

Dixon, T., & Linz, D. (2000). Overrepresentation and underrepresentation of African Americans and Latinos as lawbreakers on television news. *Journal of Communication*, 50, 131–154.

Gerbner, G., & Gross, L. (1976). Living with television: The violence profile. *Journal of Communication*, 26(2), 173–199.

Gerbner, G., Gross, L., Morgan, M., & Signorielli, N. (1980). The "mainstreaming" of America: Violence profile no. 11. *Journal of Communication*, 30(3), 10–29.

Gerbner, G., Gross, L., Morgan, M., & Signorielli, N. (1986). Living with television: The dynamics of the cultivation process. In J. Bryant & D. Zillmann (Eds.), *Perspectives on media effects* (pp. 17–40). Hillsdale, NJ: Lawrence Erlbaum Associates.

Gerbner, G., Gross, L., Morgan, M., & Signorielli, N. (1994). Growing up with television: The cultivation perspective. In J. Bryant & D. Zillmann (Eds.), *Media effects: Advances in theory and research* (pp. 17–41). Hillsdale, NJ: Lawrence Erlbaum Associates.

Gerbner, G., Gross, L., Morgan, M., Signorielli, N., & Shanahan, J. (2002). Growing up with television: Cultivation processes. In J. Bryant & D. Zillmann (Eds.), *Media effects: Advances in theory and research* (2nd ed., pp. 43–67). Mahwah, NJ: Lawrence Erlbaum Associates.

Gregory, L. G., Cialdini, R. B., & Carpenter, K. M. (1982). Self-relevant scenarios as mediators of likelihood estimates and compliance: Does imagining make it so? *Journal of Personality and Social Psychology*, 43, 89–99.

Hastie, R., & Park, B. (1986). The relationship between memory and judgment depends on whether the judgment task is memory-based or on-line. *Psychological Review*, 93, 258–268.

Hawkins, R. P., & Pingree, S. (1982). Television's influence on constructions of social reality. In D. Pearl, L. Bouthilet, & J. Lazar (Eds.), T*elevision and behavior: Ten years of scientific progress and implications for the eighties* (Vol. 2, pp. 224–247). Washington, DC: Government Printing Office.

Hawkins, R. B., & Pingree, S. (1990). Divergent psychological processes in constructing social reality from mass media content. In N. Signorielli & M. Morgan (Eds.), *Cultivation analysis: New directions in media effects research* (pp. 33–50). Newbury Park, CA: Sage.

Head, S. W. (1954). Content analysis of television drama programs. *Quarterly of Film, Radio, and Television*, 9, 175–194.

Hirsch, P. (1980). The scary world of the nonviewer and other anomalies: A reanalysis of Gerbner et al.'s findings on cultivation analysis. *Communication Research*, 7, 403–456.

Hirschman, E. C. (1988). The ideology of consumption: A structural–syntactical analysis of "Dallas" and "Dynasty". *Journal of Consumer Research*, 15, 344–359.

Hughes, M. (1980). The fruits of cultivation analysis: A reexamination of some effects of television watching. *Public Opinion Quarterly*, 44, 287–302.

Kahneman, D.,&Tversky, A. (1982). The simulation heuristic. In D. Kahneman, P. Slovic,&A.Tversky (Eds.), *Judgment under uncertainty: Heuristics and biases*. New York: Cambridge University Press.

Lichtenstein, M., & Srull, T. K. (1985). Conceptual and methodological issues in examining the relationship between consumer memory and judgment. In L. F. Alwitt & A. A. Mitchell (Eds.), *Psychological processes and advertising effects: Theory, research and application* (pp. 113–128). Hillsdale, NJ: Lawrence Erlbaum Associates.

Lichtenstein, M., & Srull, T. K. (1987). Processing objectives as a determinant of the relationship between recall and judgment. *Journal of Experimental Social Psychology*, 23, 93–118.

Lichtenstein, S., Slovic, P., Fischhoff, G., Layman, M.,&Combs, B. (1978). Judged frequency of lethal events. *Journal of Experimental Psychology: Human Learning and Memory*, 6, 551–578.

Lichter, S. R., Lichter, L. S., & Rothman, S. (1994). *Prime time: How TV portrays American culture*. Washington, DC: Regnery Publishing.

Lingle, J. H., & Ostrom, T. M. (1979). Retrieval selectivity in memory-based impression judgments. *Journal of Personality and Social Psychology*, 37, 180–194.

Morgan, M., & Shanahan, J. (1996). Two decades of cultivation research: An appraisal and metaanalysis. In B. R. Burleson (Ed.), *Communication yearbook 20* (pp. 1–45). Newbury Park, CA: Sage.

Newcomb, H. (1978). Assessing the violence profiles of Gerbner and Gross: A humanistic critique and suggestion. *Communication Research*, 5, 264–282.

Ogles, R. M. (1987). Cultivation analysis: Theory, methodology and current research on televisioninfluenced constructions of social reality. *Mass Comm Review* 14(1, 2), 43–53.

O'Guinn, T. C., & Shrum, L. J. (1997). The role of television in the construction of consumer reality. *Journal of Consumer Research*, 23, 278–294.

Oliver, M. B. (1994). Portrayals of crime, race, and aggression in "reality based" police shows: A content analysis. *Journal of Broadcasting & Electronic Media*, 38, 179–192.

Richins, M. L., & Dawson, S. (1992). A consumer values orientation for materialism and its measurement: Scale development and validation. *Journal of Consumer Research*, 19, 303–316.

Rokeach, M. (1973). *The nature of human values*. New York: Free Press.

Shanahan, J., & Morgan, M. (1999). *Television and its viewers: Cultivation theory and research*. New York: Cambridge University Press.

Sherman, S. J., Cialdini, R. B., Schwartzman, D. F., & Reynolds, K. D. (1985). Imagining can heighten or lower the perceived likelihood of contracting a disease: The mediating effect of ease of imagery. *Personality and Social Psychology Bulletin*, 11, 118–127.

Shrum, L. J. (1995). Assessing the social influence of television: A social cognition perspective on cultivation effects. *Communication Research*, 22, 402–429.

Shrum, L. J. (1996). Psychological processes underlying cultivation effects: Further tests of construct accessibility. *Human Communication Research*, 22, 482–509.

Shrum, L. J. (1999a). *The effect of data-collection methods on the cultivation effect: Implications for the heuristic processing model of cultivation effects*. Paper presented at the meeting of the International Communication Association, San Francisco, CA.

Shrum, L. J. (1999b). The relationship of television viewing with attitude strength and extremity: Implications for the cultivation effect. *Media Psychology*, 1, 3–25.

Shrum, L. J. (1999c). Television and persuasion: Effects of the programs between the ads. *Psychology & Marketing*, 16, 119–140.

Shrum, L. J. (2001). Processing strategy moderates the cultivation effect. *Human Communication Research*, 27, 94–120.

Shrum, L. J. (2002). Media consumption and perceptions of social reality: Effects and underlying processes. In J. Bryant & D. Zillmann (Eds.), *Media effects: Advances in theory and research* (2nd ed., pp. 69–95). Mahwah, NJ: Lawrence Erlbaum Associates.

Shrum, L. J., & Bischak, V. D. (2001). Mainstreaming, resonance, and impersonal impact: Testing moderators of the cultivation effect for estimates of crime risk. *Human Communication Research*, 27(2), 187–215.

Shrum, L. J., Wyer, R. S., & O'Guinn, T. C. (1998). The effects of television consumption on social perceptions: The use of priming procedures to investigate psychological processes. *Journal of Consumer Research*, 24, 447–458.

Smythe, D. W. (1954). Reality as presented by television. *Public Opinion Quarterly*, 18, 143–156.

Tversky, A., & Kahneman, D. (1973). Availability: A heuristic for judging frequency and probability. *Cognitive Psychology*, 5, 207–232.

Van den Bulck, J. (2003). Is the mainstreaming effect of cultivation an artifact of regression to the mean? *Journal of Broadcasting & Electronic Media*, 47(2), 289–295.

Volgy, T., & Schwarz, J. (1980). Television entertainment programming and sociopolitical attitudes. *Journalism Quarterly*, 57, 150–155.

Zillmann, D. (1980). Anatomy of suspense. In P. H. Tannenbaum (Ed.), *The entertainment functions of television* (pp. 133–163). Hillsdale, NJ: Erlbaum.

第十一章 从电视暴力到现实暴力的路径：对证据的再次阐释

乔治·康斯托克（George Comstock）
锡拉丘兹大学（Syracuse University）

娱乐至少提供了以下三种满足：缓解日常生活的焦虑和压力；将自己与他人的风度、财产和行为比较的机会；跟上世界日新月异变化的节奏。这些满足感得到了电视的充分证明（Comstock & Scharrer, 1999）。在电视中，各种压力和人际冲突的展示预示着电视的吸引力或消费量的增加；观众倾向于更专注地观看屏幕上那些在性别、年龄或种族上与自己相似的人（这将使比较更有意义）。电视节目既包含世界各地的事件，也包含媒体在新闻、体育和娱乐节目中提供的各种描述。因此，人们普遍认为自己可以从各种电视节目中学到一些东西，并与时俱进。娱乐也有不太积极的效果，如暴力影视节目助长了攻击性和反社会行为，这是社会和行为科学研究最多的领域之一。

暴力性电视娱乐节目会对攻击性行为产生影响存在一些实证证据。这些证据也受到七个元分析研究的支持，这些元分析分别从不同的侧面给予了支持。也就是说，他们认为受众接触暴力节目和受众的暴力行为之间存在关联。这些分析也同样支持这样一种假设，即这种联系是观众头脑中此类行为的有效性，也就是说，它们可能被容易提取的程度，而不是对行为的处置。从后一种观点来看，电视暴力被年轻观众以一种类似于精细加工可能性模型中的广告的方式进行处理（ELM; Cacioppo & Petty, 1985; Petty & Cacioppo, 1990）。那些看似促进对攻击性行为有利评价的因素反而控制着这种行为的显著性。大部分情况下，暴力形象像电视广告一样运作，因为它们缺乏有说服力的论证，所以通过维持特定节目品牌在消费者购买选择中的显著性来影响消费者（Comstock & Scharrer, 1999）。

关于电视暴力、攻击性和反社会行为的研究已经有很多了，但这些通常会被归类到与消费者心理学截然不同的科学研究领域。这种分类更多的是一种短视的结果，只强

第十一章 从电视暴力到现实暴力的路径：对证据的再次阐释

调案例的明显边界的倾向，而不关注理论之间的区别或者只对明显表现出来的不同结果感兴趣。事实上，从班杜拉（Bandura, 1986）的社会认知理论到健康信念模型（Becker, 1974），这是一个与消费者心理面对面的快速而舒适的逆向循环。健康信念模型源于社会认知理论，是班杜拉现在所说的社会认知理论的早期版本。健康信念模型从本质上认为，与健康相关的行为，例如饮食偏好、吸烟和饮酒、使用座椅固定带和进行癌症检查等，可以通过操纵有关个人风险的信念，有效降低风险手段的可用性、易得性和社会接受度等，进而改变与健康有关的行为。基于该模型，联邦政府资助的斯坦福大学在心血管研究领域已经进行了大规模的实验来实施相关的干预措施（Farquar et al., 1977, 1990）。基于该模型，研究者在大众传播媒介和医生咨询方面也展开了具有说服力的活动，以此来鼓励人们按照可以减少心血管意外风险的方式行事。当然，社会认知理论是许多暴力节目导致幼儿攻击性增强的实验研究的理论基础（Bandura, Ross, & Ross, 1963a, 1963b）。健康信念模型清楚地表明，社会认知是一种说服理论，尽管它强调，有魅力的人的榜样作用归因于激励因素的相关性。它在电视暴力和攻击行为领域的应用是潜移默化的。因此，消费者心理与电视暴力之间的联系不仅限于作为商业手段的媒体内容的频繁消费，而且还延伸到基础理论，尤其是在当前情况下，像双加工理论这种外围的、探索式理论所提供的类比，例如ELM。

最有用的途径

此时，通过元分析获得电视暴力、攻击性和反社会行为证据是最有用的方式（Comstock & Scharre, 2003）。通过元分析来估计变量之间关系的重要性。这些估计比单一研究得出的结论更可靠、更有效（Hunt, 1997），可以提高证据的质量和准确性。

莫顿·亨特（Hunt, 1997）在《如何科学评估》（*How Science Takes Stock*）一书中描述了元分析的发展和应用，书名恰如其分地传达了元分析的作用及吸引力。当更多的实证研究都围绕同一主题展开时，它就成了一种重要的推理工具。元分析的本质是估计两个变量之间关系的大小，通常，会对未发表和已发表的研究进行详尽的搜索。这是针对文件抽屉问题的，单独发表的研究可能会导致关系的重要性被高估，因为研究表明更大规模的、统计意义显著的结果更有可能被发表（Rosenthal, 1979）。反过来，研究可以在不同维度上对质量及生态有效性（与日常生活类似）进行评分，这样分析最终就可以集中在那些在其特定数据集之外最具概括性的研究上。在元分析术语中，目标是估计效果量——两个变量之间关系的大小。尽管使用了这种语言，但元分析并不能确保自变量对因变量有贡献或以任何方式与因变量有因果联系。这一点有待分析者去推论。元分析的好处是采用所有可检索的数据来估计关系的大小，N（样本量）的增加导致的更大的可靠性和有效性，以及对任何可能的属性进行研究编码的能力，以便分析员可以专注于具有特定特征或品质的属性。例如，在电视暴力和攻击性或反社会行为研究中，分析人员可以把那些将合理的攻击性行为描述为治疗的实验单独提取出来，并将因变量的效果大小与其他治疗的效果大小进行比较。建立在几个实验基础上的结论将比伯科威茨和罗林斯（Berkowitz & Rawlings, 1963）的实验具有更高的可靠性和有效性（即，如果增加的实验在质量和生态效度上与原来的相同）。实际上，这些研究与调查中的受访者是相似的，阐释的质量高低和有效性取决于样本的代表性（在元分析中是普查）和针对样本的问题的选择（在元分析中是研究）。基本计算如下：

$$\text{Effect Size} = \frac{\text{Mean}_t - \text{Mean}_c}{ESD}$$

其中，t为处理，c为控制，ESD为标准偏差估计值。因为标准偏差代表了所有正态分布中相同比例的情况，这就产生了一个效果量，它可以与其他的效果量合并起来进行总体估计。该公式显然只适用于实验设计，但已发展出能够估计等效于调查和其他设计的程序。此外，其还制定了估计一切效果量和失效安全数的统计学上的意义程序——附加结果数量也伴随着将已获得的估计数降低为零所必需的零效果。因此，当前的元分析使分析人员的信心不仅取决于效果量的大小，而且取决于结果归因于抽样变异性的估计概率和为了推翻已观测到的效果量而必须暴露的零效果的估计数量。

然而，元分析并不能代替解释。焦躁的分析员仍然必须决定实验的结果是否对日常情形具有可概括性，调查数据中两个变量之间的正相关关系是否代表了第三个变量或因果关系的运作，以及因果关系的发展方向。

在电视和电影暴力、攻击性及反社会行为中，阐释将面对大量数据——有七个研究结果的数量汇总。派克和康斯托克（Paik & Comstock, 1994）的综合性研究提出了近1,150个估算效果量的实例。此外，个别研究的结果有时可能会提供一些信息，这些信息会明显地增加、扩展和提高质量，而不仅仅是元分析的结果。因此，元分析不应被认为是回答所有科学问题的一种手段，而应被看作是对变量之间关系的可靠性和有效性的一种估算，而这些变量之间的关系可能会因特定研究的结果而得到重要的补充或限制。

当前，元分析数据得出了一些结论，这些结论得到清晰并彻底的实证支持。此外，对一项特别令人信服的研究结论进行检查带来了意想不到的变化，它意味着理论上的修正。

安迪森（Andison, 1977）在一项开创性的研究中，简单地将67个实验和调查的结果进行了分类，以确定观看暴力节目与攻击性或反社会行为之间关系的方向和大小。哈罗德（Hearold, 1986）是第一个应用现在已被广泛接受的元分析范式的人，在该范式中，标准偏差是评估变量与媒体和行为文献之间关系的重要性的标准。科罗拉多大学的尤金·格拉斯（Eugene Glass）的一名学生［其被认为在20世纪70年代发展了元分析，试图对H. J. 艾森克（H. J. Eysenck）认为心理治疗无效的主张进行定量研究］研究了反社会和亲社会的描绘以及反社会和亲社会的行为之间的1000多种关系（来自168项独立研究）。① 伍德、王和卡谢尔（Wood, Wong, & Cachere, 1991）在实验室内外进行了23个实验，其中因变量是儿童和青少年之间的"无约束人际攻击"。艾伦、德阿莱西奥和布雷兹格尔（Allen, D'Alessio, & Brezgel, 1995）汇总了33个实验室的实验数据，其中自变量是接触色情视频或电影，而因变量是攻击性。霍格本（Hogben, 1998）将自己限制在56个日常观测的研究系数中，其中包括了一系列广泛的与攻击性相关的反应，包括攻击性或反社会行为、敌对态度、性格变量，以及在一个案例中（Cairns, Hunter, & Herring, 1980）虚构的新闻故事的内容。布什曼和安德森（Bushman & Anderson, 2001）在25年的时间里，以5年为间隔，追踪了实验设计和非实验设计中影视暴力场景暴露程度之间的相关性。派克和康斯托克（Paik & Comstock, 1994）在对海洛尔德关于电视暴力与攻击性和反社会行为之间关系评估的一项全面而崭新的研究中，纳入82项新研究，共217项，在自变量和因变量之间产生了1,142个系数。②

这些数据代表了成千上万人的行为，这些人的年龄从学龄前到成年不等，有各种各样的自变量和因变量，还有各种各样的研究方法。例如，派克和康斯托克（Paik & Comstock, 1994）的研究包括了所有的年龄范围、各种类型的设计和9种类型的行为，以及实验室实验、田野实验、时间序列和调查。这些都是典型的元分析的确定性特征，作为对文献的调查，元分析呈现出研究领域的特征，而不是单一研究中比较有限的（或限制性的）属性。

这些分析无可辩驳地证明了接触暴力影视节目与参与攻击性或反社会行为之间存在正相关。实验数据和调查数据都说明了这一点。所有7个定量数据都可以用来代表这个结果，包括4个不局限于特定的影视暴力测量或十分具体的结果（如无约束型人际关系攻击）——由安迪森（Andison, 1977）、哈罗德（Hearold, 1986）、布什曼和安德森（Bushman & Anderson, 2001），以及派克和康斯托克（Paik & Comstock, 1994）所做的初始的开创性努力。但是，由于此数据关于负责这种关系的加工的信息不是很丰富，因此解释很快就到达了中心位置。实验明确地记录了其所处环境中的因果关系，但判断其结果是否可以推广到其他环境是一个问题。另外，调查中的正相关系数记录了日常生活中的关联，但仅凭这些关联还不足以推断因果关系（Cook & Campbell, 1979）。

---

① 元分析范式首次公开亮相是在1976年，格拉斯在旧金山举行的美国教育研究协会年会上发表的总统演讲提到了该方法。自然地，他也成为该方法的先驱之一。然而，与此同时，哈佛大学的罗伯特·罗森塔尔（Robert Rosenthal）也在研究一个类似的方法（Rosenthal & Rubin, 1978），两个人都不知道对方在做什么（Hunt, 1997），这是创新独立于特定创新者的一个例子。

② 派克和康斯托克（Paik & Comstock, 1994）的研究聚焦于海洛尔德（Hearold, 1986）元分析中最实质性的部分。海洛尔德检查了反社会和亲社会的描绘及行为的所有可能性组合，包括暴露于亲社会描绘和反社会行为之间的效果量以及暴露于反社会描绘和亲社会行为之间的效果量（尽管预期的数据并不多）。但是，她并没有在自变量中纳入色情或色情描绘，在反社会的因变量中却包含了诸如刻板印象、被动、无力感等结果。然而，攻击性的描绘及行为构成了自变量和因变量的最大数目。派克和康斯托克除了在他们的自变量中纳入色情和色情描绘，还将他们的研究限定于攻击性的描绘及其结果中。因此，他们更新了海洛尔德分析的主要部分，并纳入色情作品和色情描写来扩大研究覆盖面，并依据统计学上的意义和失效安全数进行估计。

解释的证据

因果关系的理由是充分的。它基于两个在元分析中容易观察到的因素。第一个是实验心理设计的结果的一致性,其中正效果量是相当稳健的($r = 0.40$,Paik & Comstock),很容易达到统计显著性(在Paik & Comstock中p超过4位数),失效安全数比较大(在Paik & Comstock中超过700,000个数字)。第二个是得到了调查设计的证实,在这些设计中,效果量比较适中,但更令人满意($r = 0.19$, Paik & Comstock),统计学意义和失效安全数令人印象深刻,即在日常生活中存在推断因果关系的必要条件。这种情形是十分明确的:每天观看暴力视频与每天的攻击性或反社会行为之间存在正相关,即实验室之外的相关性。除了受众的观看和暴力行为之间具有因果关系,坚决反对还存在其他解释。元分析提供了二者的相关性,其他研究提供了额外的证据。因此,实验从因果关系的证据开始,而调查证实了这一结果可以推广到日常生活中。

相反的假设是(Belson, 1978),虽然表面上看起来很有希望,但实际却特别令人失望。这是一个命题,即正相关是由具有攻击倾向的人通过追求娱乐暴力而得到解释的。诚然,有一些数据表明,攻击性预示着后续的暴力节目观看,尽管关于这一结果的规律性或普遍性的文献相当混杂(Comstock & Scharrer, 1999)。事实上,其提供了一些最有力的证据来反驳相反假设的分析,也提供了一些与之相一致的数据。困难在于,作为对这种相关性的完整解释,反向假设不幸失败了。

最有说服力的证据来自康(Kang, 1990)对NBC关于小学生固定样本数据的重新分析(Milavsky, Kessler, Stipp, & Rubens, 1982)[①]。这种以3.5年为周期对同一样本进行的重复测量,可以计算出代表较早的节目观看与较晚的行为或较早的行为与较晚的节目观看的系数,从而可以推断出哪些行为影响了其他行为。康发现,在15对较早和较晚的测量数据中,有8对具有统计学意义的系数是关于观看—行为效应的,但只有4对数据是关于行为—观看效应的。此外,只有一个相互关联的实例(在同一时间跨度内,观看预测着行为以及行为预测着观看)。这些数据与作为全面解释的反向假设完全不一致。NBC数据中的行为变量是人际攻击、打架、偷窃、骂人。贝尔森在对伦敦1,600名青少年男性的调查中,把对反向假设的驳斥扩展到了严重有害的行为。他对数据进行了统计处理,以便能直接比较直接假设和反向假设的合理性。他得出的结论是,在具有高犯罪行为倾向的子样本中,没有人支持反向假设,也没有人强烈支持直接假设,即观看暴力节目会增加犯下严重伤害行为的概率,例如强奸未遂,虚报炸弹威胁以及在打架中使用卸胎棒、剃须刀、刀子或枪支等严重伤害行为(Belson, 1978, p.390)。

[①] 全国广播公司的研究小组收集了中西部和西南部两个城市的小学和高中3年半以来的样本数据。数据采集有6个采样点,这导致了15波次的前后对比(I-II、I-III、I-IV等)。研究焦点在早期的观看暴力电视节目和之后的攻击行为之间的联系。测量之间的间隔时间从3个月到3年多不等。小学N的最短周期是497,最长周期是112,随着归因的减少,N伴随时间的延迟而变长。

班杜拉和他的同事（Bandura et al., 1963a, 1963b）早期对幼儿园儿童进行实验后，在教科书中反复提到，男性更容易受到影响。但元分析提出了异议。女孩和男孩似乎都受到了影响。在派克和康斯托克（Paik & Comstock, 1994）用代表日常事件的调查方法所获得的数据中，男孩和女孩的效果量是相似的。只有在实验中，男性的效果量才明显更大。这个假象是否归因于娱乐的历史（在屏幕上有攻击性的女性出现得越来越频繁）、社会变革（就女孩的攻击性而言，人们现在可能更容易接受她们抚养孩子）、规范（斯坦福幼儿园无疑是性别角色公约的大本营），或者说实验对象中男性占多数（男性与女性的比例约为6∶1）是推测的结果。但事实并非如此，元分析还提供了一种纠正措施。元分析得出这样的结论：这种影响不会随着年龄的增长而减弱，尽管这种影响在幼儿中最大。在派克和康斯托克的研究中，效果量在大学年龄段中呈上升趋势，但在其他方面，随着年龄的增长，从学前班到成年期的效果量略有下降。因此，没有理由得出这样的结论：电视暴力对攻击性和反社会行为的影响仅限于很小的时候，或者随着人的认知能力的增强会逐渐减弱，即能够了解屏幕上正在发生的事情，将幻想与现实分开，并区分煽动性行为和欺骗性动机。同样，这种模式在元分析中更容易被识别，因为单项研究通常对所涵盖的年龄范围有严格限制。

班杜拉、伯科威茨和他们的同事在1963年开始的研究中（Bandura et al., 1963a, 1963b; Berkowitz & Rawlings, 1963）注意到接触暴力形象可能会增加攻击性和反社会行为。然而，它们的效果也不是立竿见影的。调查开始尝试通过以曝光量代表较早的观看来解决随时间推移而产生影响的可能性（McLeod, Atkin, & Chaffee, 1972a, 1972b），埃伦和莱夫科维茨及其同事（Lefkowitz, Eron, Walder, & Huesmann, 1972, 1977）报告说，在较早时期控制攻击行为后，大约8岁时观看暴力节目与其10年后产生的攻击行为之间存在统计学上的显著相关性（但是，这种相关性也包括任何其他行为的不可测量的原因），这也作为1972年美国卫生局局长对电视暴力调查的一部分。这是数据集生产的开始，这些数据集似乎随着时间的推移而产生了影响。最新的来自约翰逊和他的同事们的研究（Johnson, Cohen, Smailes, Kasen, & Brook, 2002）数据显示，14岁时的电视观看与16岁和22岁时的攻击性和反社会行为之间存在统计学上的显著相关性，而相反的假设在数据中则遇冷，在攻击性和反社会行为上无论高低，其模式最初都大致相同。但是，在全国广播公司研究小组的数据中，随着时间的流逝而产生的效果的最清晰的记录，是可以在纵向效应和累积效应之间得到区分的。

米拉夫斯基和他的同事（Milavsky et al., 1982）对NBC的原始分析发现，在两种情况下，随着时间的推移影响会加大。一种情况是，小学样本的系数随着两次测量之间月份数量的增加而增大，在5个系数中最大的一个代表着最长的时间跨度。另一种情况是，当没有对早期观看影视节目的影响进行统计控制时，同一小学样本之间的系数有所增大，这意味着观看暴力影视节目有着总体上的影响。全国广播公司小组研究数据的两次重新分析提供了随时间推移而产生影响的进一步证据。库克、肯济斯基和托马斯（Cook, Kendzierski & Thomas, 1983）的结论是，有证据表明小学样本和青少年样本以及几种不同的攻击性和反社会行为的测量系数会随着时间的推移而增加。康（Kang, 1990）发现，他的8个具有统计学意义的观看—行为系数中有5个集中在最长的时间跨度上，而他的4个行为—观看系数中有3个集中在最短的时间跨度上。这些分析表明，存在纵向效应和累积效应。前者可能代表了较早的观看对行为的影响，这些行为已经成为新的个人范围。后者表明影响是累积的。因此，这些数据支持了发展性解释（Eron & Huesmann, 1987），即较早的观看建立了特征，这些特征将持续存在，并且可能变得更加明显，同时将相反的假设主要限制在短期内。

米拉夫斯基和他的同事（Milavsky et al., 1982）利用社会经济地位（SES）作为小组研究数据中正系数的可能解释。他们认为，大量样本来自社会经济地位较低家庭的年轻人，在这些样本中，看电视——因此接触到暴力描述——与攻击性行为是相关的。SES被证明不足以产生所需的现象。社会经济地位一直被认为不能完全解释观看暴力节目与攻击性和反社会行为之间具有正向联系（Belson, 1978; Chaffee, 1972; Comstock & Scharrer, 1999）。此外，在NBC的数据中，库克等人（Cook et al., 1983）得出了一个真正令人尴尬的回答——随着时间跨度的增加而增加的男性系数模式，被米拉夫斯基和他的同事认为是社会经济地位的产物，并在中产阶级的女孩中再次重复。

记录的效果在严重性或规模上都不是微不足道的。在派克和康斯托克（Paik & Comstock, 1994）对人际关系攻击性行为研究的效果量中，这类行为的证据是最有力的，因为它比任何其他类型的反社会行为更多地被反思，在科恩（Cohen, 1988）经常使用的标准（Rosenthal, Rosnow, & Rubin, 2000）中处于中等范围。个人攻击包括打人、打架、骂人和偷窃，通常情况下，大多数受害者都会避免这些行为。其他严重伤害或犯罪后果的效果量要小得多，但它们在统计学意义上是显著的，代表了比单纯地打人、打架、骂人或偷窃造成更大的伤害。贝尔森（Belson, 1978）的数据提供了一个非同寻常的、结果特别显著的例子。他在伦敦的青少年男性样本中发现，对暴力电视娱乐节目的观看预示着会发生比其他可测知的方面（除了观看更多的暴力节目）更严重的伤害（并且肯定是犯罪）行为，并且没有证据表明这可以归因于相反假设。同样，约翰逊和他的同事（Johnson et al., 2002）发现，在少年时代更多地观看电视节目（这意味着会更多地接触电视暴力场景）预示了16岁到22岁的男性会因更加频繁的攻击或肉搏而受伤，这一相反假设的可信度被削弱了（正如前面所指出的），在早期，攻击性行为少的和攻击性行为多的情况是相同的。

利用20世纪40年代末和20世纪50年代初冻结的美国联邦通信委员会（FCC）电视台许可证来进行一个可以转换复制的准实验时间序列（Cook & Campbell, 1979），方法学家托马斯·库克（Thomas Cook）领导的研究小组在两个不同的样本（城市和州）

第十一章 从电视暴力到现实暴力的路径：对证据的再次阐释

中发现了一致的证据，并且在两个时间点（电视引进的早期和晚期）都发现了电视引进之后，盗窃行为显著增加（Hennigan et al., 1982）。这个结果具有两种截然不同的解释：这应该归因于媒体对物质至上的强调所加速的相对贫困（Hennigan et al., 1982），并以一种不太可能引起恐惧、制裁也不太严重的方式展现了电视对反社会行为的强调（Comstock, 1991）。

在派克和康斯托克（Paik & Comstock, 1994）的元分析中，用于模拟攻击行为（例如通过问卷调查测量攻击性行为倾向和在攻击性机器上的表现）和较弱的攻击行为（例如对物体使用暴力或对某人进行人身攻击，这将受到法律的保护）的系数大多处于中等水平（依据科恩的标准），尽管有时它们同在一个较大的范围内。[①]当违法行为为因变量时，犯罪规模较小；随着犯罪情节的加重，犯罪规模逐渐变小。即便如此，针对某人的刑事暴力仍具有统计意义，并且其故障安全数字仅为3,000。布什曼和安德森在暴力电视收视、侵略性和反社会行为的效果量可能微不足道的问题上处理有所不同。他们编制了一个选集，与派克和康斯托克在元分析中所观察到的效果量进行比较（Paik & Comstock, 1994, p. 481）。$r = 0.31$的媒体暴力和攻击性程度与被动吸烟、肺癌、钙摄入和骨量以及家庭作业和学业成就等相比，其影响具有优势。在自己累积的元分析中，布什曼和安德森发现，从1975年到2000年，实验设计具有稳定的、统计意义的相关性，对于生态上最有效的数据来说，非实验性设计代表着现实生活中的攻击或反社会行为，布什曼和安德森发现，在过去25年中，统计上的显著相关性呈上升趋势。相反，在对主要新闻媒体进行的平行内容分析中，他们发现报道具有不良行为后果的电视和电影暴力行为的报道频率有所下降（为了表示对科学证据的忠诚，在1975年到2000年的6个数据点上，他们记录了在新闻报道的平均效果量和平均收视率之间显著的负相关$r = -0.68$）。他们得出结论，"对新闻媒体的表现颇为愤慨"，"不管用实验的方法还是非实验的方法，几十年来，他们都可以合理地宣称几乎没有理由担心媒体暴力的影响"（Bushman & Anderson, 2001, p.485）。

最后，基于派克和康斯托克的研究，美国卫生局局长最近发布的有关青少年暴力的报告（美国卫生与公共服务部，2001年）指出，在6至11岁之间更多地接触电视暴力是实施15至18岁之间暴力犯罪的早期风险因素（Paik & Comstock, 1994, p.58, 方框4-1）。效果量（$r = 0.13$）被归类为小范围，报告得出结论，一般攻击和身体攻击的效果量（显然使用比科恩稍微宽松的标准）达到大范围。然而，在近20个被确定为对以后的暴力构成早期风险的因素中，约有四分之三也属于小范围。

[①] 派克和康斯托克（Paik & Comstock, 1994）将结果分为三类：模仿性攻击、轻微攻击行为和非法活动。实际上，他们在因变量有效性方面创造了一个社会后果递增的量表。第一类包括使用攻击性器械和攻击性倾向的自我报告，玩攻击性玩具和其他模拟的攻击性行为。第二类包括对物品使用暴力、言语攻击和严重伤害阈值以下的身体攻击。第三类包括入室盗窃、重大盗窃犯罪和对人实施严重伤害性暴力。攻击性倾向的自我报告主要是由表明个体在假设情况下会做出的反应来表示。因此，它类似于一种规范、价值或态度（一种性格）的表达，而不是在特定情况下以特定方式行事的意图。

年轻人尤其容易受到电视和电影暴力的影响，因为他们有更多的机会接触暴力节目或更有可能从事攻击性或反社会的行为（Comstock & Scharrer, 1999；美国卫生与公众服务部，2001年）。这五种特征是社会经济地位低、行为僵化或冷漠、社会关系不和谐、心理健康水平低以及易发生反社会行为。虽然没有直接记录这种相互作用的数据，但有数据清楚地将这些因素与自变量或因变量联系起来，因此从逻辑上说，它们似乎会增加漏洞。接触电视和电视暴力与社会经济地位成反比（Comstock & Scharrer, 1999; Thornton & Voigt, 1984）。当亲子沟通是开放性和建设性的（与那些沟通无效，回避许多话题，不鼓励不同意见，并且多以命令而不是父母的解释为准则的家庭形成对比），一般来说，儿童看电视的时间较少，接触暴力电视娱乐节目的机会也较少（Chaffee, McLeod, & Atkin, 1971; McLeod et al., 1972b）。此外，各种违法行为与父母对儿童和青少年行踪的关注呈负相关（Thornton & Voigt, 1984）。心理不适和社会冲突预示着更大程度地接触电视——那些处于压力、孤独、焦虑、消极情绪或与他人发生冲突的人显然会发现电视是一种令人满意的逃避方式，因此在观看或被电视吸引方面得分更高（Anderson, Collins, Schmitt, & Jacobvitz, 1996; Canary & Spitzberg, 1993; Comstock & Scharrer, 1999; Kubey & Csik-szentmihalyi, 1990; Maccoby, 1954; Potts & Sanchez, 1994）。显然，在反社会行为中得分较高或具有与反社会行为相关的属性的人最有可能受到影响。调查（Belson, 1978; Robinson & Bachman, 1972）、实验（Josephson, 1987; Celozzi, Kazelskis, & Gutsch, 1981）以及元分析（Paik, 1991）都记录了与易感人群有较大或有限关联。我们怀疑这是一个必要的条件，因为针对一般人群的调查和实验的结果是如此一致，但是，如果是这样，那么它也非常普遍。因此，电视暴力最有可能加重那些已经在应对日常生活中面临巨大挑战的人的负担，并且，当人们认识到观看暴力节目可能增加某种与他人的冲突以及与法律的冲突的行为时，这一点变得尤为明显。

两项独立的分析认为，在影响攻击行为的独立变量中，最有力的变量之一是暴力色情作品。派克和康斯托克（Paik & Comstock, 1994）检查了有暴力描写的色情作品，艾伦、德阿莱西奥和布雷兹格尔（Allen, D'Alessio, & Brezgel, 1995）检查了只有色情描写的作品，尽管过程有点不同（通常情况下是这样），但是产生了不同的效果量（正如所料），暴力色情作品的效果量报告是处在最高纪录中间的。

这些数据还对色情（Weaver, 1991）和暴力（Donnerstein, Linz, & Penrod, 1987）之间的争论作出了重要贡献。暴力色情作品的影响始终高于没有暴力的色情作品。然而，没有暴力的色情作品的系数始终是正的。当艾伦和他的同事（Allen et al., 1995）按照司法部部长委员会（1986）制定的模式，将其独立变量划分为无色情的裸体描绘、色情（无暴力）和色情（暴力）时，他们发现，第一个是反效果量，而第二个是正效果量和递增效果量。那么，答案就是性与暴力，两者共同创造了强大的刺激。

裸体的反效应和色情的弱效应大概是由于缺乏有助于攻击性的线索，包括对参与者表现出的性行为的描绘，如表现出冷酷、嘲笑或轻蔑。人们很容易认为，相反的和较弱的效应代表了较低的觉醒水平，但艾伦和他的同事（Allen et al., 1995）的发现表明，整个自我报告的觉醒水平与攻击性成反比（如果适度的话），这就排除了这种草率的推断。

这些数据给予了研究人员相当大的信心，即所观察到的模式不是方法论上逊色或生态上有问题。无论是哈罗德（Hearold, 1986）的早期元分析，还是派克和康斯托克（Paik & Comstock, 1994）的近期元分析，引入研究品质和生态效度的方法都不会改变结论，但有一个值得注意的例外。哈罗德发现，当她将分析仅限于方法学质量高的研究（这将使数据具有特定的可信度）时，其结果在反社会和亲社会的描绘上是对称的。反社会描绘与反社会行为的正效应和亲社会行为的负效应呈正相关。亲社会描绘与亲社会行为的正效应和反社会行为的负效应呈正相关。其中一个明显的暗示是，暴力儿童节目带来了双重危险：它使年轻观众更有可能做出反社会行为，而更少做出亲社会行为。

哈罗德（Hearold, 1986）也研究了另一个设计要素——治疗实验和结果变量的匹配。这些实验涉及纯建模，其结果不受被试概括的从一种情况到另一种情况的要求影响。她发现，这个设计要素使反社会和亲社会行为的效果量加倍。这里有两个含义，一个是商业娱乐的影响比其他情况要小，因为它常常不能匹配观众对自我的发现。另一个是，具有这些特征的实验不应被看作会在日常生活中重复的一个效果量，除非暴力描绘和行为选择完全吻合。

失望和意外

还有一个既令人失望又让人惊讶的因素。通常，接触暴力描绘可以预测个人对攻击性或反社会行为的态度倾向，且在实验设计中常出现这些结果。因此，可以认为接触是态度倾向的成因。例如，在派克和康斯托克（Paik & Comstock, 1994）的元分析中，大量的在"攻击意图"范畴中的结果（$r = 0.33$，根据科恩的标准，中等量级）包含了个人在假设情况下会做出的反应。这些反应是对具体情况的态度或倾向，而不是明确的意图。因此，元分析（以及所包含的许多个体研究）提供了暴力观看与态度倾向之间因果联系的证据。然而，几乎没有直接证据表明态度倾向是自变量和因变量（接触暴力描述和攻击性或反社会行为）之间的关键和必要的联系。

在这个问题的研究中，有一组数据具有不同寻常的可信度。在贝尔森（Belson, 1978）的研究中，伦敦男性青少年样本非常大（约1,600人），是文献中唯一的概率样本（因此，有推理的准确性，可清楚地代表更大的群体）。贝尔森的测量是细致的，统计分析是勤勉的。受访者由一名身穿正装的男性在临床环境中进行个人访谈。为了调查的机密性，给男孩们起了假名，这些名字在整个调查过程中都被使用，从而鼓励孩子们直言不讳地回答问题。访谈异乎寻常的长达约3.5小时。总共相当于近1,000天的面试，恰如其分地反映了这个研究规模。当涉及攻击性和反社会行为时，受访者被要求指出，在过去的6个月里，他们是否做了印在卡片上的行为，并把卡片放在一个明确指定代表"是""否"或"不确定"的位置。目的是通过免除受访者讲述他所做的事情，来减少因羞愧或尴尬而产生的欺骗。随后，研究人员就"不确定"和承认的行为发生的频率进行了调查。这些行为的严重性是根据成年法官的评分来确定的。因此，攻击性和反社会的结果测量是敏感的、探索性的，根植于规范的社会判断，并且尽可能地减少研究人员主观期望的欺骗性和从众性。因此，这些数据很有可能代表真实世界的模式。

在贝尔森（Belson, 1978）的调查中，有些变量代表态度倾向的类别，即规范、价值观和信仰。他把这些作为接触暴力电视娱乐节目的可能结果。这使我们有可能进行理论检验和修正。先从贝尔森的研究结果出发，后对支持普遍观点的证据进行短暂的考察，即观看和行为之间存在态度或倾向上的联系。最后，我们试图解决这两种证据之间的冲突，即在这个案例中，我们提出了将暴力观看与攻击性和反社会行为联系起来的另一种路径。研究中贝尔森获取了四种倾向的直接测量指标：反社会的态度、对暴力的认可、对人格特征和实施暴力的意愿，还有态度倾向方面的行为维度、社会传染（与他人交往中的反社会行为）。前四项的信度较高，每一大项包含10个或更多的小项目，而后面的为各种反社会行为。前四个直接代表态度、规范和价值观。第五个是性格方面的，因为它间接地代表了态度、规范和价值观所暗示的信念和同龄人的行为。这些结果都不是通过观看暴力电视娱乐节目预测出来的。因此，没有证据表明观看和行为之间存在态度倾向上的联系。

在接触电视和电影暴力与攻击性和反社会行为之间的关系的热点研究中，许多研究似乎把态度、规范和价值观置于中心地位。班杜拉（Bandura, 1986）的社会认知理论和伯科威茨（Berkowitz, 1984, 1990）的新联想主义理论都很重视根据行为的有效性、社会认同和对环境的适宜性对行为进行分类。这两种理论都认为，具有这些特征的描写更有可能影响人们的行为。这种分类似乎取决于认知过程，而认知过程的最终状态是性格。埃伦和韦斯曼的结论解释了调查数据中儿童观看暴力和成人攻击性之间的正相关关系。这一结论也代表了许多其他关于电视暴力和反社会行为的文章：

> 这并不是说这些成年人在8岁时观看的特定节目仍然对他们的行为有直接影响。然而，持续观看这些节目可能有助于形成某些态度和行为规范，并教会这些年轻人多年来一直伴随他们的人际问题的解决方法（Eron & Huesmann, 1987, p.196）。

因此，研究解释面临窘境。贝尔森（Belson, 1978）的调查提供了有力证据，表明态度、规范和价值观并不是现实生活中接触暴力和行为之间因果链中的一环。很多实验也提供了令人信服的证据：当某些因素存在时，攻击性和反社会行为就会增加，这些因素似乎是通过认知过程运作的，这些认知过程将行为描述为有效的、社会认可的、对观看者合适的以及将观看者置于市场中以获得行为导向的环境。这些是康斯托克和夏尔（Comstock & Scharrer, 1999）所说的有效性、规范性、相关性和易感性。它们分别代表了被描述的行为的有效程度，这可以通过奖励或惩罚的缺乏来证明；被社会接受的、认可的或传统的；与观看者相关的，例如相同年龄或性别的犯罪者或与现实生活中潜在目标相似的受害者；观众被描绘的形象激励或容易受到影响的程度。①

贝尔森（Belson, 1978）的数据清楚地证伪了态度和规范（使用埃伦和韦斯曼的措辞，1987）是因果链中必要的一环的假设。这个挑战是明显的。如果我们接受贝尔森的发现，我们必须解释这四个因素除了通过性格产生联系，还有其他作用。从贝尔森的数据中得出的结论对实验提出疑问，这在科学上是不被允许的。

符合这两组证据的解释是，这些因素使得所描述的行为更加包容且更易获取。尽管描述和行为选择之间存在匹配时效果会最大，但由于人们期望更多的概括，行为的层次或类型会受到影响。这些因素的作用支配了个体行为的层次或类型的显著性。根据迪克斯特豪斯和巴奇（Dijksterhuis & Bargh, 2001）提出的感知和行为之间的联系理论，这些因素决定了行为以及扩展到所描述的行为的导向的显著性或有效性。用传播学研究的行话来说，有效性、规范性、相关性和易感性是"把关人"。

从这个角度来看，观察和态度、规范和价值观常常扮演竞争者的角色，而不是人们通常认为的同谋者。当行为改变的可能性增加时，态度、规范和价值观可能保持稳定。善良的人（至少是那些有建设性想法的人）表现出的性格没有任何改变的迹象，行为却可能糟糕。这降低了态度、规范和价值观的预测能力，提高了观察的预测能力，且态度、规范和价值观对环境的抵制能力是出了名的弱（Eagly & Chaiken, 1993; Terry & Hogg, 2000）。有效性、规范性、相关性和易感性成为后者而不是前者所依赖的条件。

这一理论的修正解决了两个令人困扰的难题。一个是态度、规范、价值观和行为之间的分离，另一个是罪行的严重程度似乎超出了媒体播报的程度。我们期望人们在思想和行为上保持一致，我们也期望道德败坏的行为不受观察者或感知的影响。该修订认为，除了通过性格（尽管有时至关重要），还有其他行为途径，而媒体的作用可能仅限于把关，但因此有时也至关重要。

这些数据支持这样一种观点，即娱乐活动影响行为的一种途径类似于ELM中的外围处理。可及性或显著性是关键因素。然而，现在下结论说这是行为影响发生的唯一

---

① 人们发现，在人际（传播）的影响中，易感性是一个经常起作用的因素。在攻击性或反社会行为中，它通常表现为沮丧或挑衅，在实验中通常是由实验者的粗鲁或侮辱性行为引起的。然而，人们发现，它在其他情况下也起作用。例如，斯坦福大学心血管领域的实验（Farquar et al., 1977, 1990）风险倾向得分较高的人更容易接受旨在减少导致心血管疾病的行为的劝说；在议程设置领域（Comstock & Scharrer, 1999），那些在导向需求上得分较高的人在他们认为重要的问题和主题上更容易受到媒体重点报道的影响。在上述3个例子中，信息的影响在某种程度上取决于个人的动机、需要和兴趣。

途径还为时过早。态度、规范和价值观有时会起作用。当这些认知倾向和可及性重合时，会增加产生效应的可能性，这是操作中易感性的一个特例。另一个是当深思熟虑的动机出现时，如班杜拉（Bandura,1986）著名的例子，发生了一个经过精心策划（并在经济上获得成功）的飞机炸弹勒索案，在电视上播放了一部类似的惊险电影之后。这一分析显然非常符合安德森和布什曼（Anderson & Bushman, 2002）提出的一般攻击模型（GAM），其中认知过程是有影响但不是必要的因素。然而目前的分析指出的具体问题是态度、规范和价值观，也就是认知因素，是否任何接触暴力描述预示着攻击性或反社会行为的因果链的必要组成部分（如贝尔森数据），也像很多研究表明的那样，结论是：它们不是。

贝尔森（Belson, 1978）的数据不支持态度、规范和价值观的直接影响的作用。然而，通过对可及性和显著性的影响，它们与认知倾向的作用是一致的。此外，贝尔森的数据并没有表明以下结论：他人所持的态度、规范和价值观可能创造一种环境，这种环境或多或少地有利于一种通过媒体易获得或突显的行为模式。因此，尽管态度、规范和价值观不是接触暴力和行为之间的必要中介联系，但这些仍是解释暴力描绘对攻击性和反社会行为影响的关键概念。

参考文献

Allen, M., D'Alessio, D., & Brezgel, K. (1995). A meta-analysis summarizing the effects of pornography II: Aggression after exposure. *Human Communication Research*, 22(2), 258-283.

Anderson, C. A., & Bushman, B. J. (2002). Human aggression. *Annual Review of Psychology*, 53, 27-51.

Anderson, D. R., Collins, P. A., Schmitt, K. L., & Jacobvitz, R. S. (1996). Stressful life events and television viewing. *Communication Research*, 23(3), 243-260.

Andison, F. S. (1977). TV violence and viewer aggression: A cumulation of study results. *Public Opinion Quarterly*, 41(3), 314-331.

Attorney General's Commission on Pornography. (1986). *Final report*. Washington, DC: U. S. Government Printing Office.

Bandura, A. (1986). *Social foundations of thought and action: A social cognitive theory*. Englewood Cliffs, NJ: Prentice Hall.

Bandura, A., Ross, D., & Ross, S. A. (1963a). Imitation of film-mediated aggressive models. *Journal of Abnormal and Social Psychology*, 66(1), 3-11.

Bandura, A., Ross, D., & Ross, S. A. (1963b). Vicarious reinforcement and imitative learning. *Journal of Abnormal and Social Psychology*, 67(6), 601-607.

Becker, M. H. (Ed.). (1974). The health belief model and personal health behavior. *Health Education Monographs*, 2(4), 324-473.

Belson, W. A. (1978). *Television violence and the adolescent boy*. Westmead, UK: Saxon House, Teakfield.

Berkowitz, L. (1984). Some effects of thoughts on anti- and prosocial influences of media events: A cognitive-neoassociationistic analysis. *Psychological Bulletin*, 95(3), 410–427.

Berkowitz, L. (1990). On the formation and regulation of anger and aggression: A cognitiveneoassociationistic analysis. *American Psychologist*, 45(4), 494–503.

Berkowitz, L., & Rawlings, E. (1963). Effects of film violence on inhibitions against subsequent aggression. *Journal of Abnormal and Social Psychology*, 66(3), 405–412.

Bushman, B. J., & Anderson, C. A. (2001). Media violence and the American public: Scientific facts versus media misinformation. *American Psychologist*, 56(6–7), 477–489.

Cacioppo, J. T., & Petty, R. E. (1985). Central and peripheral routes to persuasion: The role of message repetition. In L. F. Alwitt & A. A. Mitchell (Eds.), *Psychological processes and advertising effects: Theory, research and application* (pp. 91–111). Hillsdale, NJ: Lawrence Erlbaum Associates.

Cairns, E., Hunter, D., & Herring, L. (1980). Young children's awareness of violence in Northern Ireland: The influence of Northern Irish television in Scotland and Northern Ireland. *British Journal of Social and Clinical Psychology*, 19, 3–6.

Canary, D. J., & Spitzberg, B. H. (1993). Loneliness and media gratification. *Communication Research*, 20(6), 800–821.

Celozzi, M. J., II, Kazelskis, R., & Gutsch, K. U. (1981). The relationship between viewing televised violence in ice hockey and subsequent levels of personal aggression. *Journal of Sport Behavior*, 4(4), 157–162.

Chaffee, S. H. (1972). Television and adolescent aggressiveness (overview). In G. A. Comstock & E. A. Rubinstein (Eds.), *Television and social behavior: Television and adolescent aggressiveness* (Vol. 3, pp. 1–34). Washington, DC: U. S. Government Printing Office.

Chaffee, S. H., McLeod, J. M., & Atkin, C. K. (1971). Parental influences on adolescent media use. *American Behavioral Scientist*, 14, 323–340.

Cohen, E. E. (1988). *Children's television commercialization survey*. Washington, DC: National Association of Broadcasters.

Comstock, G. (1991). *Television and the American child*. San Diego, CA: Academic Press.

Comstock, G., & Scharrer, E. (1999). *Television: What's on, who's watching, and what it means*. San Diego, CA: Academic Press.

Comstock, G., & Scharrer, E. (2003). The contribution of meta-analysis to the controversy over television violence and aggression. In Gentile, D. A. (Ed.). *Media Violence and Children*. Westport, CT: Praeger.

Cook, T. D., & Campbell, D. T. (1979). *Quasi-experimentation: Design and analysis issues for field settings*. Chicago: Houghton Mifflin.

Cook, T. D., Kendzierski, D. A., & Thomas, S. A. (1983). The implicit assumptions of television research: An analysis of the 1982 NIMH report on television and behavior. *Public Opinion Quarterly*, 472, 161–201.

Dijksterhuis, A., & Bargh, J. A. (2001). The perception-behavior expressway: Automatic effects of social perception on social behavior. In M. P. Sanna (Ed.), *Advances in Experimental Social Psychology* (Vol. 33, pp. 1–40). San Diego, CA: Academic Press.

Donnerstein, E., Linz, D., & Penrod, S. (1987). *The question of pornography: Research findings and *policy implications*. New York: Free Press.

Eagly, A. H., & Chaiken, S. (1993). *The psychology of attitudes*. Orlando, FL: Harcourt.

Eron, L. D., & Huesmann, L. R. (1987). Television as a source of maltreatment of children. *School Psychology Review*, 16(2), 195–202.

Farquar, J.W., Fortmann, S. P., Flora, J. A., Taylor, C. B., Haskell, W. L., Williams, P. T., et al. (1990). Effects of communitywide education on cardiovascular disease risk factors: The Stanford Five-City Project. *Journal of the American Medical Association*, 264(3), 359–365.

Farquar, J. W., Maccoby, N., Wood, P. D., Alexander, J. K., Breitrose, H., Brown, B. W., Jr., et al. (1977) Community education for cardiovascular health. *Lancet*, 1, 1192–1195.

Glass, G. V. (1976). Primary, secondary, and meta-analysis of research. *Educational Researcher*, 5, 3–8.

Hearold, S. (1986). A synthesis of 1043 effects of television on social behavior. In G. Comstock (Ed.), *Public communication and behavior* (Vol. 1, pp. 65–133). New York: Academic Press.

Hennigan, K. M., Heath, L., Wharton, J. D., Del Rosario, M. L., Cook, T. D., & Calder, B. J. (1982). Impact of the introduction of television on crime in the United States: Empirical findings and theoretical implications. *Journal of Personality and Social Psychology*, 42(3), 461–477.

Hogben, M. (1998). Factors moderating the effect of television aggression on viewer behavior. *Communication Research*, 25, 220–247.

Hunt, M. (1997). *How science takes stock*. New York: Russell Sage.

Johnson, J. G., Cohen, P., Smailes, E. M., Kasen, S., & Brook, J. S. (2002). Television viewing and aggressive behavior during adolescence and adulthood. *Science*, 295, 2468–2471.

Josephson, W. L. (1987). Television violence and children's aggression: Testing the priming, social script, and disinhibition predictions. *Journal of Personality and Social Psychology*, 53(5), 882–890.

Kang, N. (1990). *A critique and secondary analysis of the NBC study on television and aggression*. Unpublished doctoral dissertation, Syracuse University, Syracuse, NY.

Kubey, R., & Csikszentmihalyi, M. (1990). *Television and the quality of life: How viewing shapes everyday experience*. Hillsdale, NJ: Lawrence Erlbaum Associates.

Lefkowitz, M. M., Eron, L. D., Walder, L. O., & Huesmann, L. R. (1972). Television violence and child aggression: A followup study. In G. A. Comstock & E. A. Rubinstein (Eds.), *Television and social behavior: Vol. 3. Television and adolescent aggressiveness* (pp. 35–135). Washington, DC: U. S. Government Printing Office.

Lefkowitz, M. M., Eron, L. D., Walder, L. O., & Huesmann, L. R. (1977). *Growing up to be violent: A longitudinal study of the development of aggression*. Elmsford, NY: Pergamon.

Maccoby, E. E. (1954). Why do children watch television? *Public Opinion Quarterly*, 18(3), 239–244.

McLeod, J. M., Atkin, C. K., & Chaffee, S. H. (1972a). Adolescents, parents, and television use: Adolescent self-report measures from Maryland and Wisconsin samples. In G. A. Comstock & E. A. Rubinstein (Eds.), *Television and social behavior: Television and adolescent aggressiveness* (Vol. 3, pp. 173–238). Washington, DC: U. S. Government Printing Office.

McLeod, J. M., Atkin, C. K., & Chaffee, S. H. (1972b). Adolescents, parents, and television use: Self-report and other-report measures from the Wisconsin sample. In G. A. Comstock & E. A. Rubinstein (Eds.), *Television and social behavior: Television and adolescent aggressiveness* (Vol. 3, pp. 239–313). Washington, DC: U. S. Government Printing Office.

Milavsky, J. R., Kessler, R., Stipp, H. H., & Rubens,W. S. (1982). *Television and aggression: A panel study*. New York: Academic Press.

Paik, H. (1991). *The effects of television violence on aggressive behavior: A meta-analysis.* Unpublished doctoral dissertation, Syracuse University, Syracuse, NY.

Paik, H., & Comstock, G. (1994). The effects of television violence on antisocial behavior: A metaanalysis. *Communication Research*, 21(4), 516–546.

Petty, R. E., & Cacioppo, J. T. (1990). Involvement and persuasion: Tradition vs. integration. *Psychological Bulletin*, 107(3), 367–374.

Potts, R., & Sanchez, D. (1994). Television viewing and depression: No news is good news. *Journal of Broadcasting and Electronic Media*, 38(1), 79–90.

Robinson, J. P. & Bachman, J. G. (1972). Television viewing habits and aggression. In G. A. Comstock & E. A. Rubinstein (Eds.), *Television and social behavior: Television and adolescent aggressiveness*. (Vol. 3, pp. 372–382). Washington, DC: U. S. Government Printing Office.

Rosenthal, R. (1979). The "file drawer problem" and tolerance for null results. *Psychological Bulletin*, 86, 638–641.

Rosenthal, R., Rosnow, R. L.,&Rubin, D. B. (2000). *Contrasts and effect sizes in behavioral research: A correlational approach*. New York: Cambridge University Press.

Rosenthal, R.,&Rubin, D. B. (1978). Interpersonal expectancy effects: The first 345 studies. *Behavioral and Brain Sciences*, 3, 377–415.

Terry, D. J., & Hogg, M. A. (Eds.). (2000). *Attitudes, behavior, and social context*. Mahwah, NJ: Lawrence Erlbaum Associates.

Thornton, W., & Voigt, L. (1984). Television and delinquency. *Youth and Society*, 15(4), 445–468.

U. S. Department of Health and Human Services. (2001). *Youth violence: A report of the Surgeon General*. Rockville, MD: U. S. Department of Health and Human Services, Centers for Disease Control and Prevention, National Center for Injury Prevention and Control, Substance Abuse and Mental Health Services Administration, Center for Mental Health Services, National Institutes of Health, National Institute of Mental Health.

Weaver, J. (1991). Responding to erotica: Perceptual processes and dispositional implications. In J. Bryant & D. Zillmann (Eds.), *Responding to the screen: Reception and reaction processes* (pp. 329–354). Hillsdale, NJ: Lawrence Erlbaum Associates.

Wood, W., Wong, F., & Cachere, J. (1991). Effects of media violence on viewers' aggression in unconstrained social interaction. *Psychological Bulletin*, 109(3), 371–383.

第十二章　广告之间：
非广告类电视信息对消费行为的影响

玛利亚·克尼亚泽娃（Maria Kniazeva）
圣地亚哥大学（University of San Diego）

　　与非广告类电视节目（例如连续剧、肥皂剧、电视电影）对消费行为的影响有关的研究没有像电视广告影响调查一样获得认可。电视广告影响研究明显基于存在电视广告影响这一假设，并探索了影响其有效性的变量。在营销领域中，与观看非广告类电视节目对消费者态度和行为的影响有关的研究似乎被人忽视，数量很少。"娱乐节目是改变日常消费活动的强力引擎吗？"这一主要问题似乎仍需要被进一步调查。

　　如果我们在寻找答案的过程中求助专家，就会发现，有人强烈认为非广告类电视节目对消费行为具有真正的影响。例如，国际组织社会变革肥皂剧（Soap Operas for Social Change）中的积极分子认为肥皂剧促进了社会对缝纫机和避孕套等商品的需求（Williams, 2001）。媒体报道的这种影响在发展中国家得到了证实，他们支持电视制作人的普遍观点，即非广告类电视节目可以促进积极的行为变化。然而逻辑层面的问题是，这些观点和期望在理论上得到多大程度的支撑？这是本章想要回答的问题。

　　本章重点关注非广告类电视节目对消费行为的影响，并基于编码、解释和记忆的心理过程讨论这些影响。本章的目的是分析不同领域的研究人员如何从概念层面和实证经验角度界定看电视这一行为对消费者对市场中商品和服务的态度以及消费者行为的影响。因受邀探索营销媒体和非广告类媒体（近年来在营销领域中被反复提及）的联系，笔者进行了此项研究。具体而言，莱曼（Lehmann, 1999）建议研究人员考虑营销和媒体对消费者福利的累积效应，拓宽当前学界对大众广告的狭隘关注。约翰（John, 1999）希望研究人员努力了解电视传递的微妙信息所产生的影响。赫希曼和麦格里夫（Hirschman & McGriff, 1995）率先在电视形象应用中使用营销技能解决社会问题，他们希望此类研究能够减少破坏性消费行为。威利（Varey, 1999）认为，研究媒体影响（不

第十二章　广告之间：非广告类电视信息对消费行为的影响

仅仅是有效性）应有助于应对社会大规模市场化导致的后果。

鉴于这些学术呼吁，回顾非广告类媒体对消费行为的影响的相关研究恰逢其时。为此，本章分析了有关非广告类电视信息如何以及为什么会影响消费行为的研究结果。本文回顾了过去20年的学术研究，考察了最流行也是最具争议性的媒介——电视。此文献综述不包括商业广告，因为各类营销文献早已对该类电视广告进行了广泛研究。如此一来，我们的焦点就从无处不在、常常令人生厌且具有侵入性的商业信息转移到同样无处不在但微妙且隐藏的信息上。商业信息常常致使观众抵制并忽略它们，而这些微妙的隐藏信息会使观众在观看节目期间有意识地关注。

具体而言，本章首先考察了制作者如何编码电视信息以及受众如何解释电视信息，相关发现分别列于对应的标题之下。对电视现象进行简要的历史回顾之后，笔者从理论层面阐释了电视对消费行为的影响。其次，笔者归纳了一系列有关这些影响的经验证据，包括即时影响和长期影响。再次，笔者分析了文化文本研究。最后，笔者讨论了公共政策的含义，列出了一些待解决的问题，为未来研究方向提供了建议。整个研究过程中有两大主要研究方向：一是将非广告类电视的影响作为商业广告的情感增强剂进行探索；二是将这些影响作为商业广告的认知增强剂进行研究。这两种增强剂都被视为可以让看电视对消费行为产生影响的中介因素。

新冲击下的"旧"媒体

1946年电视的大规模出现通常被视为革命性的变革。1949年，西尔斯·罗巴克（Sears Roebuck）在目录中首次列入电视机。之后，美国公众仅用了14年的时间就意识到相较于报纸而言，他们从电视上获得的信息更多。此外，调查表明，一方面，自20世纪80年代以来，超过三分之二的美国人将电视不仅视为其主要的新闻来源，更是首选的新闻来源，超过一半的人认为电视是最可靠的新闻来源（Dennis, 1989）。另一方面，1955年至1956年期间，西方人在电视屏幕上第一次开枪，仅仅3年之后一位美国参议员就首次对电视暴力提出正式控诉。该文章发表于《读者文摘》（*Reader's Digest*），标题为"让我们消除电视暴力"（Kefauver, 1958）。该文推测青少年犯罪率上升与看电视有直接关系，这引起了一场有关电视对观众和整个社会的争议性影响的辩论，这场辩论至今仍无定论。

如今电视饱受诟病，公共卫生专家称接触媒体为儿童和青少年带来了潜在的健康风险，社会学家认为电视浪费时间并且加剧了社会隔离（Tonn & Petrich, 1998），社会学家和公共政策官员指责电视中有大量的暴力内容。许多罪过都被归因于电视对消费者行为的直接或间接的影响。物质主义、强迫性购买、吸烟、对毒品和酒精的反社会消费是最常被提及的"罪过"。整体情况似乎如此严峻，以至于美国儿科学会（AAP）建议儿科医生避免在候诊室中放置电视，在儿科门诊期间为父母和儿童提供媒体使用指导，并询问患者看电视的习惯从而了解其媒体历史（Hogan, 2000）。这些措施已被纳入"媒体事务"（Media Matters）活动。"媒体事务"是由美国儿科学会1997年发起的一场为期5年的全国教育运动，目的是保护青少年免受媒体信息和形象的潜在危害。因此，无论电视的主导性质如何，社会态度都认为电视媒介既是威胁也是机遇，这种矛盾根植于将电视视为强大的信息传播者这一认知。

研究电视：不现实的尝试？

虽然（也许正是因为）电视无处不在，电视影响研究从未被视为一件容易的事。然而在电视刚开始流行时，学者预测不仅视听传播渠道会势不可当地逐渐普及，电视对人类生活的影响也难以把握。"整体性"（totality）一词最能解释这种现象。这种现象源于电视对个人生活、政治生活和社会生活的干预。一些学者甚至预测了可能的研究前景，"由于它（电视）已经影响了我们生活的全部，尝试系统性呈现这种影响或将其可视化都很不现实"（McLuhan, 1964, p.317）。有人提出了一种似乎更可行的方式来研究这些影响——"将电视呈现为复杂的数据格式塔，其中的数据几乎是随机收集的"（McLuhan, 1964, p.317）。然而40年后，与看电视对人类生活（包括其消费行为）的影响有关的研究主要分为两大研究方向：一类是定量研究，侧重于可从表面观察到的反应；另一类是定性研究。二者目标相同，即阐释电视对生活各个方面的影响。这些研究包括仔细分析屏幕上显示的内容，以及这些内容如何转化为观众在屏幕外的日常活动。

如今已有多个学科领域的人员研究了非广告类电视信息对观众行为的影响，传播学（Gerbner, Gross, Morgan, Signorielli, & Shanahan, 2002）、心理学（Bandura, 1994）、社会学（Fox & Philliber, 1978）、儿童发展学（Potts, Doppler, & Hernandez, 1994），以及预防医学（Cooper, Roter, & Langlieb, 2000）等领域的学者已经发表了相关研究。学者们在定义电视在个人决策和判断过程中的位置上达成了一致。共同的理论框架假设观众会受到两个重要因素的影响：直接经验和间接经验。直接经验指个人曾经亲自参与的活动，而间接经验包括消费者通过社交网络或大众媒体了解到的其他人经历的活动。因此，可以通过亲戚朋友和邻居、电视广播和印刷媒体获得间接经验。但是，电视传递的非广告类信息在多大程度上影响个人的消费行为？学者们在探索这个普遍问题的答案时共同创造了大量的知识。

学者们对观众的统计描述进行了分析，对电视信息和图像进行了语境分析，为电视影响机制提供了理论解释和实证证据，并声称发现了看电视对观众的即时影响和长期影响。他们的研究结果表明，公众偏好开始从印刷品转移到视觉文化之后，电视屏幕呈现的虚拟现实开始成为观众消费活动的潜意识参考框架，同时影响了"良好"消费（例如做出正确的生活方式选择,形成健康的饮食模式)和"不良"消费(例如吸烟、饮酒、吸毒、过度消费)。本章其余部分将对这些研究结果展开分析。

电视对消费行为影响的理论解释

大多数已公布的研究均坚定不移地尝试从理论层面解释非广告类电视信息对消费行为的影响。追求此目标的当前研究主要分为考察消费关联型电视观看及其影响的研究和考察非消费关联型电视观看及其影响的研究。因此,消费关联型电视观看的研究主要探索电视信息的显性消费语境,或由于观看电视节目中的人物如何描述特定产品、商品和与其使用直接相关的服务而产生的感受。例如,赫希曼和汤普森(Hirschman & Thompson, 1997)、奥吉恩和什鲁姆(O'Guinn & Shrum, 1997),以及怀尔(Wyer, 1998)。反之,探索非消费关联型电视观看的研究与消费语境无关,并且重点不在于所描绘的消费产品及电视观众对这些产品的感受。这类研究探索电视节目引起的整体情绪,将电视节目作为广告的情绪增强剂进行考察。例如,戈德堡和戈恩(Goldberg & Gorn, 1987),莫里、拉斯托米加和辛格(Murry, Lastovicka, & Singh, 1992),以及莫里和达钦(Murry & Dacin, 1996)。

非消费关联型电视观看

非消费关联型研究的主要目标是确定哪些因素可以使节目中植入的商业广告发挥出更大的效力。从事这项研究的学者大多已经测试了传统的广告知识观点,即如果某节目能引发积极情绪,观众就会喜欢该节目。反过来,由于喜欢该节目进而对广告产生积极态度,这又会衍生出对广告中的品牌的积极态度。根据此理论,有经验证据表明,商业广告播放在轻松欢快的节目中比播放在压抑悲伤的节目中更为有效。之前的情绪研究表明,由节目引起的情绪产生的影响至少可以在15~20分钟内被证明,戈德堡和戈恩(Goldberg & Gorn, 1987)在此基础上要求参与者观看一集欢乐的节目(青蛙参加培训以提升自我形象)和一集悲伤的节目(杀害一名幼儿)中植入的广告。两位作者接着询问参与者有多大可能会购买所植入的商业广告中的产品等问题,并展示了参与者不同回应之间的差异。与观看悲伤节目的人相比,观看欢乐节目的人在看到商业广告时更加快乐,并且表现出更强的购买广告中产品的意愿。

但是也有人认为,这些由节目引起的感觉并没有直接影响观众对广告和品牌的态度,重要的是观众对节目的态度(Murry et al., 1992)。因此,令人悲伤的戏剧也可能使观众对广告产生积极态度,与引起积极情绪的节目所产生的态度类似,但前提是观众喜欢该戏剧。莫里和达钦在这方面展开进一步研究,提出并证明了以下假设,"仅当观众认为节目过于现实或个人相关性太强时,节目引起的负面情绪才会影响观众对节目的喜爱"（Murry & Dacin, 1996, p. 441）。由此得出的结论是，当观众没有感受到个人威胁时，看电视引起的负面情绪不会威胁到观众对广告和相关品牌的积极态度。

消费关联型电视观看

非消费关联型电视观看的相关研究大多将非广告类电视节目作为情绪增强剂进行探索，而消费关联型电视观看的相关研究大多将电视节目视为认知增强剂。与前一类研究一样，此类研究也涉及广告与媒体之间的关系。此类研究认为二者是共生关系。赫希曼和汤普森（Hirschman & Thompson, 1997）进行了一些最合理的最新理论构建工作，他们认为广告无疑对消费具有重要影响，但是广告不是主导因素，而且正在被几乎决定了消费者观念和行为的大众媒体非广告类信息和图像所取代。这些微妙信息的优势在于它们不是正式广告，而且不会显得突兀，因此人们看待这类大众媒体文本时不像看待实际广告一样带有特意的怀疑态度。

之前的多学科研究发现，媒体将特定产品描绘得比其他产品更具吸引力，从而增强广告的有效性。通过研究非广告类媒体形式对广告的中介作用，赫希曼和汤普森（Hirschman & Thompson, 1997）扩展了之前的这些多学科研究。在这种中介作用中，媒体将现实分为有意义的社会类目，这些类目为消费者提供解释日常生活的参考框架（Miller, 1988; Schiller, 1989）。赫希曼和汤普森进一步发展了该理论框架，定义了电视信息消费者在其与大众媒体的关系中使用的三种解释性策略。第一种是鼓舞人心、令人向往的激励模式，当某个媒体形象被解释为代表消费者向往的理想自我时就会出现这种模式。第二种与第一种截然相反：第二种策略被相关作者标记为解构和拒绝，指的是消费者与大众媒体的关系，主要特征是公开批评媒介表征的虚假质量。第三种策略是定制和个性化，被称为识别和个体化策略。当消费者针对媒体上呈现的理想化形象来协商个人目标和自我认知时就会出现这种策略。

上述作者声称消费者与非广告类大众媒体的关系是他们从广告中感知到的含义的本质方面，暗示解码屏幕上的信息这一过程不是完全随机或者不可预测的事件。此外，该作者还强调了电视的互动性，这要求观看电视图像的观众积极建构与所描绘的商品和服务相关的含义。有人已经根据这一结论设计了大量研究，以便测试是否能证明电视消费可以改变对现实的感知进而影响消费者的行为（O'Guinn & Shrum, 1997; Shrum et al., 1998）。

电视和对现实的感知

几位作者声称观看电视节目与形成社会现实观念之间存在因果关系。根据他们的发现，重度电视观众与轻度电视观众对现实世界的感知确实有所不同，前者的心理建构在现实世界中密切反映了屏幕上描绘的内容。如此一来就发现了看电视与物质主义的正向关系。具体而言，研究发现，与轻度电视观众相比，重度电视观众更大程度地高估了昂贵产品的所有权（O'Guinn & Shrum, 1997）。重度电视观众还高估了犯罪率（Gerbner, Gross, Morgan, & Signorielli, 1980a）和社会上的毒品、酒精消费（Shrum & O'Guinn, 1993）。他们消极地认为老年人不健康而且经济状况不佳，认为女性的衰老速度比男性快（Gerbner, Gross, Morgan, & Signorielli, 1980b）。这些研究采用了格伯纳等人的培养理论（Gerbner et al., 2002），该理论首先将电视节目中植入的聚合信息作为系统进行分析，然后将其与调查（为衡量电视图像与电视观众对现实世界的感知之间的相关性而进行的）中获得的答案进行比较。培养理论表明，大部分沉迷于电视的重度观众以屏幕上描述的方式看待世界。因此，在电视中过度呈现对某种特定商品（豪华汽车、手机、漂亮的房屋）的占有会导致人们认为其在现实世界中也有着相似水平的占有，进而扭曲现实。

在几次尝试探索构建社会消费现实概念的机制时，学者们研究了电视对富裕感的影响（Fox & Philliber, 1978; O'Guinn & Shrum, 1997; Shrum, 2001; Shrum, O'Guinn, Semenik, & Faber, 1991）并报告了两个变量之间的显著关系。他们的发现佐证了一个普遍的假设，即美国的重度电视观众比轻度电视观众对富有的感知更高。这包括对游泳池所有权、敞篷车、阿姨的使用以及百万富翁比例的感知。

虽然众多学者都接受并测试了培养理论，但该理论未透彻地解释其机制，未考虑可能导致研究参与者表现出同样的社会判断和观念的其他变量（例如人们的社会经济状况或教育程度），因此招致了一些批评（Fox & Philliber, 1978; McGuire, 1986）。针对这种批评，有研究表明，关乎看电视对判断过程的影响，可得性启发法是一种心理机制（Shrum, 2001）。可得性启发法是一种信息加工模式，该模式将对发生频率或概率的判断与回忆的容易程度联系起来。可得性启发法由决策科学家特韦尔斯基和卡尼曼（Tversky & Kahneman, 1973）制定，他们认为人们根据自身从记忆中检索相关信息的难易程度来估计模式和事件的普遍性。根据可得性启发法，重度电视观众的记忆中存有更多的来自电视的信息，因为他们比轻度电视观众接收了更多的电视信息。这些信息一直存储在记忆中，重度电视观众在做出判断和决策时会检索累积下来的信息（Shrum et al., 1998）。因此，重度电视观众更容易从记忆中获取关联图像（那些通过媒体渠道频繁发送的图像）。因此，人们认为应用可得性启发法涉及观众对屏幕所描绘事件的真实频率和概率的估计，这可能解释了培养效应的心理机制。

除了电视在消费者社会化中扮演的角色，还有一些经验证据表明电视在消费者的文化适应中也发挥着一定作用。雷塞和帕姆格林（Reece & Palmgreen, 2000）调查外国人看电视的动机时证明，人们认为电视世界是真实世界的近距离模型，将其作为理解社会价值和观念的参考点。在一项针对在美国大学就读的亚洲印度裔研究生的研究中，研究人员将文化适应和价值反思的动机从8个动机中区分出来。在对99名学生的便利样本进行调查之后，学者们声称，那些想进一步了解所在国家当前面临的问题，理解美国人的行为方式和思维方式，与美国人交朋友的人在电视机前花了更多时间。受访者还报告说回国后仍密切关注相关国外媒体。因此，有人假设这些受访者知道屏幕上可能出现的内容并准备好解码新闻、体育报道、情景喜剧和电影（在搜索有价值的文化信息时被定义为更受欢迎的节目）中编码的图像。此外，研究人员发现参与者有意在间接的电视经验中寻找关于所在国家真实生活经验的答案。

与生活方式相关的产品选择

针对电视影响进行的概念性研究还表明，消费者在选择与生活方式相关的产品时会将电视传递的现实印象融入他们对他人生活方式和消费习惯的感知。因此，英格里斯和所罗门（Englis & Solomon, 1997）指出，通过大众媒体传播的富裕形象成为许多渴望拥有这种神话般的生活方式的人的目标。相反，一些与消费者通常想避免的生活方式相关的象征性形象作为负面心理对象集合被存储在记忆中。此外，相关作者还强烈认为，大众媒体中充斥着的大量消费形象，它们不仅在流行文化这块大银幕上上演，而且与消费者下意识地构建生活方式的意义时被观察到的实际行为具有同样的影响力，甚至影响力更大。英格里斯和所罗门认为，这些无形的生活方式意义是消费者心中建立起来的强大社会结构，营销人员不应将其视为次要因素。学者们多次研究消费者对媒体和营销信息的认知处理过程及其消费行为后提出了一个模型，该模型将生成和修改生活方式形象的核心角色分配给渠道中介，包括商业媒介（如广告）、流行文化（如电视）和媒体混合信息。总之，英格里斯和所罗门强调，生活方式不应该仅仅根据营销人员通常估量并用于聚集消费者的实际行为模式来理解。

混合信息的光明前景

在电视节目中嵌入其他信息或贴上混合物标签似乎引起了更多道德层面的关注而不是概念层面的关注。这些信息由赞助者支付，但并未如此标明。一种相对较新的营销传播方式正在发展（Balasubramanian, 1994），以植入式广告、商业信息广告和搭售广告的节目为代表。人们认为，混合信息避免了商业广告固有的重大缺陷（即标明赞助商，消费者可能会持怀疑态度观看广告），并且具备商业广告的关键优势，例如赞助商可以完全控制信息内容和形式等。因此，消费者理解混合信息时没有像处理明显的付费广告那样遇到任何阻碍。从概念上讲，与任何其他嵌入式产品信息类似，植入式广告似乎也能影响消费者的行为。因此，巴拉苏布拉曼尼亚确定了影响消费者预期效果所基于的几种理论：归因理论（Mills & Jellison, 1967），经典条件性原理（Gorn, 1982）和建模范式（Bandura, 1994）。归因理论假设，电视观众在理解所描绘的产品时不带有任何可归因于付费信息的报道偏见。经典条件性原理假设，当有利的代言形象（无条件刺激）和产品

（条件性刺激）完美匹配时，积极的成对联想可以提高产品感知。建模范式假定，模型可以展示所使用产品的积极效果，从而增强说服力。

公共政策官员邀请研究人员利用混合信息的强大说服力来传达非商业信息，这种信息旨在促进社会需要的消费行为。他们呼吁与其将产品不如将社会概念嵌入电视节目，实证经验已经证明了这些做法的积极影响。

理解电视影响

电视影响的实证研究是通过一种方法来定义的，该方法可以提示或分析可在表面观察到的反应。这些反应以即时影响或长期影响为特征。有关即时影响的研究通常在实验室中进行，研究人员通过实验触发预期影响，而有关长期影响的研究通常旨在确定看电视与态度和消费行为的可观察变化之间的相关性。两种方法似乎都有强有力的支持者。因此，长期影响的支持者在格伯纳等人提出的培养理论中找到了有力支持。他们认为，虽然投入了时间、精力和金钱，但将电视影响概念化为短期的个体变化并没有产生有助于理解电视独特特征的研究。他们认为电视的独特性包括公众长期接触集中生产、大量传播并且重复的故事体系（Gerbner et al., 2002）。

泰勒的研究（Tyler, 1984）提供了大众媒体对个人决策的影响的另一种理论模型，泰勒大量测试了先前研究中提出的非个人影响假设。根据该假设，决策基于人们做出的判断。反之，这些判断应分为个人层面的判断和社会层面的判断。此外，研究人员还应明确区分这些判断，因为媒体信息可能会产生互相矛盾并独立的社会判断和个人判断。因此，个人受到电视中过度呈现的暴力场景的影响，可能在周围环境中感受到相似的犯罪率水平。但是，就个人判断而言，观众可能认为危险没有加剧而且个人受到犯罪影响的可能性也不高。因此，即使对于重度电视观众而言，决策和之后的行为也不总是受电视的影响。

非个人影响假设表明，大众媒体的非个人性对个人注意力的影响小于其对社会注意力的影响。此外，与第二种间接经验（社交网络）相比，大众媒体对个人判断的影响最小。因此，人们认为大众媒体仅在一般层面上对判断具有主要影响。但是该理论最近受到了质疑，因为其影响了做出不同判断所涉及的过程。什鲁姆和比什克（Shrum & Bischak, 2001）指出了与风险判断类型（个人/社会）和经验模式（直接/间接）的关系有关的几种模糊定义和分析。他们认为，个人风险和大众媒体表征的定义含糊不清，可能出现不同的解释。什鲁姆和比什克还认为用于测试非个人影响假设的分析类型忽略了对直接经验与媒体信息之间的互动而进行的评估。因此，有必要进一步研究非个人影响假设。

长期影响

几位作者已经公布了证明非广告类电视信息具有长期影响的证据。德容和温斯顿（DeJong & Winsten, 1990）称赞两季中播放的80集网络电视节目使公共饮酒更具责任感，并且促进了将酒后代驾视为社会规范的趋势。埃文斯等人（Evans et al., 1981）报告称社交模式电影有助于阻止青少年吸烟。芬尼根、维斯瓦纳特和赫托格（Finnegan, Viswanath, & Hertog, 1999）的解释性分析表明，媒体宣传活动与人们对心血管疾病（CVD）的观念和健康行为之间具有因果关系，并提供了前者对后者可能具有积极影响的案例。相关作者提到该国吸烟人数总体有所下降，并且认为吸烟会引起心脏病和癌症的公众舆论也在同步增长。与CVD相关的观念、知识和行为的现实趋势带来了积极结果和证据，他们将这些归因于具有强大影响力的国家媒体报道了大量心脏病的故事，比如仅三个电视网络上每月就有5~10次此类报道。他们的分析表明，当媒体受到有组织的活动的引导时，潜在的媒体影响力不仅适合构建个体意识，更适合创造令人鼓舞的环境。这项活动在营销领域中被称为社会营销。该活动基于传播的议程构建模型，提供了一种影响社会、行为和政策变化的一致方法，其中电视作为强大的媒体渠道发挥了主导作用。

即时影响

传播理论学家也明显感到最好根据人们观看的内容而不是观看量来界定电视的影响力（Hawkins & Pingree, 1982）。支持以内容为主导的研究通常在受控的实验室环境中进行。研究人员设计了一系列研究以期通过实证方式测试电视对行为的即时影响。例如，有研究调查了电视节目中的人物冒险行为对儿童承受身体风险的意愿的影响。这个问题不仅涉及医学方面，也涉及许多社会方面，因为有风险的行为（尤其对于不成熟的儿童和易受伤的青少年而言）可能在日后与吸毒酗酒等反社会消费行为有直接关联。波茨、多普勒和赫南德斯将50名6至9岁的儿童置于三种实验条件下——很少冒险进行体育活动的电视刺激、频繁冒险的电视刺激以及无电视刺激。他们的结果表明，观看高风险电视节目的儿童比观看低风险电视节目或无风险电视节目的儿童表现出更强的冒险意愿。作者将这种结果解释为"这证明随着大多数儿童花费大量时间观看常看的电视节目，小影响可能累积成大影响"（potts, Doppler, & Hernandez, 1994, p. 328）。此外，他们认为，即使相对无害且幽默的动画片也可能通过观察性学习过程对儿童产生以前未发现的影响，因为冒险性电视角色很少受到惩罚甚至会被美化。

出于伦理原因，设计实验室研究时显然不能使其产生显著影响从而证明电视观看的负面影响。探索负面影响的研究更倾向于采用调查、观察性和解释性方法。因此，这些发现通常具有暗示性。有个典型案例是迪斯蒂芬、吉尔平、萨金特和皮尔斯（Distefan,

Gilpin, Sergeant, & Pierce, 1999）进行的一项研究，该研究探讨了在屏幕内和屏幕外吸烟的电影明星是否会促使青少年开始吸烟。在对1996年加利福尼亚州的烟草调查中从6,000多名青少年那里收集的数据进行多元统计分析后，几位作者声称电影明星吸烟对粉丝开始吸烟的倾向具有明显的暗示影响，影响力仅次于朋友和家人吸烟。虽然这种发现不能证明电影中的吸烟场景会直接导致青少年吸烟，但该研究证明了一个反向因果关系，即吸烟的青少年偏好与吸烟相关的演员。该结果促使迪斯蒂芬等人公布这一令人震惊的信息，即明星对青少年吸烟行为的影响可能比父母和老师更加明显，这种说法无疑具有公共政策意义，支持通过明星的电视吸引力促进理想的消费行为。

鉴于此，赫希曼和麦格里夫（Hirschman & McGriff, 1995）的研究提供了一种新颖的经验尝试，探索电影在药物康复计划中可能具有的治疗作用。该研究旨在应用营销理论和方法治疗成瘾这一社会问题，该研究是在真实生活背景中进行的。恢复过程中的酗酒者和吸毒者在电视监视器上观看相关的电影，然后被要求填写一份问卷，同时评估屏幕上呈现的成瘾是否准确以及电影对其康复的促进作用。通过分析数据作者得出结论，两个因素决定了某些电影具有更强的建设性作用：故事没有过度描绘或太过暴力，电影不仅演示成瘾而且也描绘了如何恢复。相反，对成瘾进行更为极端的呈现往往会激发一些观众的中性或负面反应。这些观众不认同电影呈现的形象，因此拒绝接收电影设计的正面信息。该实验精心挑选了四部有关成瘾故事的电影，赫希曼和麦格里夫通过这个实验加强了文化文本（包括在电视屏幕上呈现的文本）的研究趋势，直接引起了下一类研究。

文化文本研究

考察电视节目内容的方法学实践被称为电视民族志，用于探索产品及其周围消费环境的电视呈现情况（Sherry 1995; Wells & Anderson, 1996）。有人认为，该方法为理解客户附加到产品和服务上的心理形象提供了大量数据。此外，这些含义对于理解市场中产品的交换价值也至关重要。因此，深入分析产品类别（例如汽车、信用卡、早餐谷物）有助于开展有效的促销活动（Hirschman & Thompson, 1997）。

赫希曼（Hirschman, 1988）研究了两个（当时）一炮而红的电视连续剧《达拉斯》（*Dallas*）和《豪门恩怨》（*Dynasty*）中所编码的消费意识形态，这也是在营销角度下探索电视叙事领域的首次尝试之一。她考察了该系列电视剧传达出的有关消费的信息，主演扮演消费者时的行为，及其消费行为的含义。赫希曼通过合成结构句法的方法（hybrid structural-syntactical method）探索了一部电视剧中产品的象征意义，以及这种意义与行为和结果有何联系。她的发现说明，流行电视节目是消费意识形态的强大载体，而消费意识形态也是消费者投射性自我反思的工具。

赫希曼、斯科特和威尔斯（Hirschman, Scott, & Wells, 1998）在消费实践与文化文本之间的动态关系模型中，提出了如何解释消费实践的象征意义及其在屏幕上的象征性描述的方法。他们使用从广告和电视节目中获得的数据，将广泛的历史和社会学观点纳入其话语模型。他们的主要理论结论不仅强调了电视节目的影响力，而且这些节目不断地向消费者传输观念并影响他们的行为。对于赫希曼、斯科特和威尔斯而言，更重要的是要记住这些影响不是孤立存在的，因为它们发生在电视商业广告前后的时间段，因此值得被纳入影响消费者的产品和服务认知的一系列变量中。该模型还鼓励开展跨文化研究，考察其他文化如何描绘特定产品类目。

这一领域的探索已经在一些市场营销研究中得到应用。因此，对在美国（MTV）和瑞典（MTV-Europe）播放的音乐电视节目中的消费形象进行的内容分析表明，与瑞典观众观看的视频相比，美国的视频样本中包含了更多的消费形象，并且更频繁地提及各种品牌（Englis, Solomon, & Olofsson, 1993）。因此，只有14.9%的瑞典抽样视频提到了相关品牌，而美国抽样视频的这一比例却高达38.9%。此外，这一发现揭露了音乐流派中的消费形象所存在的一些差异。因此，说唱视频包含更多的黑色消费形象（如酒精、武器和毒品），重金属音乐偏好与乐队有关的产品，而舞蹈音乐传达了更多的时尚资讯。考虑到音乐电视节目将成为青少年社会化的重要推动因素，相关作者强调了研究与消费相关的音乐内容以更好地预测和理解音乐对消费者（尤其是年轻消费者）影响的重要性。

讨论与公共政策含义

到目前为止，尽管人们通常认为关于媒体影响的大多数调查研究都是行为性的，并且侧重于可以在表面观察到的反应（Walsh, 2000），但认真回顾与非广告类电视信息对消费行为的影响有关的研究后，相关人员发现，该课题的特点是将文化文本分析和理论构建方面的努力尝试相结合。所有这些研究领域都提供了有力的证据，表明电视"能够为我们调查环境，使我们融入社会和文化，为我们提供娱乐，向我们出售物品"（Finnegan et al., 1999, p.50）。但是，由于电视的普及，人们很难区分那些仅仅由看电视引起的影响，电视的功能确实可以比作"细菌的影响运作"（McLuhan, 1964, p.320）。

从方法论上讲，研究人员如今面临的主要挑战是可能没有真正的对照组，即不受电视现象影响的人。因此，相关研究经常因采用非代表性样本而受到批评。此外，学者们对轻度电视观众和重度电视观众的定义也莫衷一是。大多数研究都根据受访者自我报告的看电视时长计算，这导致重度电视观众和轻度电视观众之间的界限依旧模棱两可，而且只看体育节目的个人很容易被视为重度电视观众。

另一大挑战点是方法的选择。有些学者偏爱纯粹的实证研究，认为在实验室进行的实验可以检验电视对观众的影响力，从而为公众提供科学的证据，而另一些学者则质疑此类研究的局限性。因此，布朗和康托尔认为，与日常生活中"接触到的大量同类内容相比，任何实验操作都可能只是杯水车薪"（Brown & Cantor, 2000, p.3），并且研究兴趣通常在于长期的态度或行为变化而不是短期影响。

从这个角度来看，非常建议研究电视影响的营销研究人员亲自尝试一些方法，并在其操作范围内加入诸如电视民族志（Sherry, 1995）、合成结构句法（Hirschman, 1988）、历史话语（Hirschman et al., 1998），以及扎根理论的应用（Hirschman & Thompson, 1997）。这一系列的方法有助于探索看电视对消费行为的即时影响和长期影响。

学者们认识到研究非广告类电视信息的重要性只是第一步。下一步应该是探索电视信息和图像对观众的不同影响。现在很明显，早期的大众媒体影响模型假设受众具有同质性，如今有越来越多的人邀请研究人员研究差异影响并以更加系统的方式探索选择性接触（Brown & Cantor, 2000; Roe, 2000; Walsh, 2000）。学者呼吁对教育、性别、社会经济地位、家庭生活、种族和认知发展等变量的中介作用进行研究，并探索哪些属性可以使信息对不同群体更有影响力。他们认为，电视的影响之所以饱受争议，不是因为电视的影响有时是无形的，而是因为这些影响往往随着时间不断积累并且被观众的个体差异所掩盖。

之前的研究表明，在媒体使用中，性别是造成数量和内容偏好差异的最根本的因素之一（Roe, 2000）。因此，男性比女性更有可能在卧室里安装电视，他们往往花费更多的时间看电视，他们更喜欢看动作类、犯罪类、体育类、科幻类和战争类节目，而女生更喜欢音乐、脱口秀和肥皂剧。似乎只有喜剧获得了同等的关注。众所周知，男生看的动画片更多（Huston, Wright, Kerkman, & Peters, 1990），非洲裔美国人和西班牙裔年轻人在卧室里安装电视的可能性高于白人同龄人，而且看电视在童年早期是最主要的活动，在青春期中期地位逐渐下降（Roberts, 2000）。这些数据为进一步的探索提供了宝贵的起点。

很多研究人员已经通过实证方式强调了探索中介变量的重要性。来自不同国家的几位学者认为媒体（包括电视）对改变公众对吸烟和预防健康疾病的态度具有积极作用，他们提供的相关证据表明，并非所有的社会人口学群体都以同样的程度受益于媒体信息（Brannstrom & Lindblad, 1994; Dennis, 1989; Finnegan et al., 1999）。根据这些学者的发现，对于受正规教育时间较短或社会经济地位较低的人而言，其风险知识的提升不大，这表明媒体似乎并未缓解信息中的知识鸿沟现象。

尽管长期以来一直在报道信息加工方面的年龄差异，但回顾具有消费背景的研究尤为重要。因此，有人声称与单纯的音频传播相比，幼儿表现出更强的视听电视信息处理能力（Peracchio, 1992），而相较于纸质媒体，老年人能更好地处理从电视中学到的消费者信息（Cole & Houston, 1987）。

赫希曼和汤普森（Hirschman & Thompson, 1997）在研究观众与电视信息之间的动机关系时，声称发现了不同年龄和性别的人在解释电视吸引力方面的差异。根据他们的发现，老年人与媒体形象的关系更加鼓舞人心，并且更频繁地将其中一些形象视为他们可以向往的理想自我。学者们还发现，男性和女性解读媒体信息时的主要区别在于，是否在成为不真实的虚假自我这一基础上感受到自己需要抵抗这些信息。许多女性参与者表示自己在抵抗电视信息的扭曲影响，而男性参与者则表示自己有能力抵挡这些信息的影响。

英格里斯和所罗门（Englis & Solomon, 1997）指出了未来研究的另一个潜在领域，他们认为在符号编码方面，包括电视在内的文化守卫者的作用被忽略了。这些研究人员认为，需要对媒体选择并设计通过媒体渠道传递给消费者的消费形象的过程进行进一步研究。同样地，消费者解码产品信息的过程也值得被进一步探索。

什鲁姆等人（Shrum et al., 1998）发现，数据收集的顺序可能会影响结果，并且最先测量哪个对象（电视观看量或估计数）也很重要。因此，需要进行更多的研究来测试数据收集的顺序如何影响结果。在数据收集方面，考虑到媒体研究的本质，强烈建议研究人员回应莱曼（Lehmann, 1999）对营销人员的挑战，探索非传统的数据收集方式，但不要忽略事实报道，比如那些可以普遍公开获取的数据以及新闻报道中提供的数据。可以通过一个与歌手群体中明显的新趋势有关的纸质媒体故事来呈现潜在数据。这个特别的故事，即歌手介绍有利可图的服装系列，同时演唱提及热门品牌的歌词，并录制相关的音乐视频展示如何穿戴这些衣服（Herman-Cohen, 2001）。另一个故事描述了阿富汗的理发师因为向当地男性提供与美国演员莱昂纳多·迪卡普里奥（Leonardo DiCaprio）相似的发型设计而入狱（Wallwork, 2001）。实验室环境中并未体现出这些真实的电视影响，但学者们仍旧可以尝试将其纳入在受控环境下进行的研究。

自1946年电视问世以来，研究人员就一直积极思考电视对人们行为、态度和知识的影响。时至今日，电视现象仍然充满各种矛盾。人们认为电视既是威胁也是机遇，电视可以促进或制止某种行为，可以鼓励积极态度或煽动消极态度，可以导致和谐的社会效应或者疏离的社会效应，可以倡导消费、节制消费，看电视本身可以是亲密的和社交的、全球性的和本地的、无辜的和邪恶的、被动的和主动的、廉价的和昂贵的。由于这种矛盾的性质，电视对公共政策产生了许多影响。经过半个世纪的研究，学者们认识到他们仍然对电视影响力的范围或后果知之甚少（Brown & Cantor, 2000），公共卫生专家尚不清楚如何向父母和孩子提供有关在家中使用媒体的最好建议（Hogan, 2000）。公共政策官员要求学者研究在电视上呈现使用烟草、酒精和非法药物的场景有何影响，敦促父母更多地参与儿童与媒体的接触过程，鼓励观众抵制电视的有害影响。

不断变化的媒体环境催生了各种新的传播渠道，但是"旧"的电视媒体仍未被降至次要地位。鉴于同时使用多种媒体的趋势不断增长，电视仍然是消费者思想、生活和体验的强大塑造者和镜像。有人预测由于信息过载，我们可能会目睹可靠事实变得越来越少（Braman, 1993），因此"越来越难区分屏幕内容与现实生活（Walsh, 2000, p.72），以及经验与虚构"。这种预测令人不安。因此，电视节目中的人物和他们将使用的产品将进一步定义消费者对周围环境的感知。

回顾与电视对消费行为的影响有关的研究所积累的知识体系后，我们发现营销人员和公共政策官员都需要有关电视信息的应用知识才能够传达他们的商品和思想。由于人们认为看电视会对消费者与其渴望的和想避免的生活方式之间的联系产生重大影响，所以应不断监测电视屏幕揭示的媒体守卫者所做的选择，了解有关当前和未来消费趋势的信息。考虑到电视节目制作人从当前消费者行为中"解读"到的断言，这一任务变得尤为必要。这一结论导致人们对来自媒体的生活方式信息的编码和解码产生了两种角度（Englis & Solomon, 1997）。此外，这种行为还需要调查非广告类电视信息的影响力是否取决于观众对相关节目的参与度（Murry & Dacin, 1996）。

许多尚未解决的研究问题都与公共政策问题有着直接的联系。因此，当电视观众感觉中的真实世界比现实情况更富裕时，在社会层面会产生什么影响？这对公众是好是坏（O'Guin & Shrum, 1997）？儿童和青少年看大量电视节目会在社交方面更加精明，还是会更加拜金和贪婪？电视能否教会他们金钱的价值以及如何花钱（Brown & Cantor, 2000）？电视是否通过呈现冒险的电视人物而煽动强迫性和暴力性行为（Potts et al., 1994）？虽然电视暴力很可能已经比其他领域受到了更多的审查，但与电视暴力对反社会行为的可能影响有关的热烈讨论至今仍未明确地与消费者行为联系在一起。假设电视上的大量暴力图像与其接收者的攻击性行为之间存在因果关系，那么值得探讨的问题是，在一个充满犯罪的社会、城镇或社区中，消费行为是如何变化的。即时影响［对枪支、暴力玩具或预防犯罪的商品和服务（包括锁和保险）的需求］和长期影响（生活方式、价值观等）都需要被探索。

最后一个问题，可能也是对社会而言最重要的问题，所报告的发现结果能否被用于减少电视信息的反社会后果并促进其积极影响。学术研究是否有助于解决基于强迫性和令人上瘾的消费者行为的破坏性社会问题？如果能，这正是研究人员喜闻乐见（Hirschman, 1991）的情况。

致　谢

笔者感谢John Graham，Alladi Venkatesh，Judy Rosener，以及Connie Pechmann在本章早期版本的写作中提供的大力支持。笔者也非常感谢L. J. Shrum对本章的有益指导。

参考文献

Balasubramanian, S. K. (1994). Beyond advertising and publicity: Hybrid messages and public policy issues. *Journal of Advertising*, 23(4), 29–46.

Bandura, A. (1994). Social cognitive theory of mass communication. In J. Bryant&D. Zillmann (Eds.), *Media effects: Advances in theory and research* (pp. 61–90). Hillsdale, NJ: Lawrence Erlbaum Associates.

Braman, S. (1993). Harmonization of systems: The third stage of the information society. *Journal of Communication*, 43(3), 133–40.

Brannstrom I., & Lindblad I. (1994). Mass communication and health promotion: The power of the media and public opinion. *Health Communication*, 6(1), 21–36.

Brown, J. D.,&Cantor J. (2000). An agenda for research on youth and the media. *Journal of Adolescent Health*, 27(2), 2–7.

Cole, C. A., & Houston, M. J. (1987). Encoding and media effects on consumer learning deficiencies in the elderly. *Journal of Marketing Research*, 24, 55–63.

Cooper, C. P., Roter, D. L., & Langlieb, A. M. (2000). Using entertainment television to build a context for prevention news stories. *Preventive Medicine*, 31(3), 225–231.

DeJong, W., & Winsten, J. A. (1990). The use of mass media in substance abuse prevention. *Health Affairs*, 9(2), 30–46.

Dennis, E. (1989). *Reshaping the media: Mass communication in an information age*. Newbury Park, CA: Sage.

Distefan, J. M., Gilpin, E. A., Sargent, J. D.,&Pierce, J. P. (1999). Domovie stars encourage adolescents to start smoking? *Preventive Medicine*, 28, 1–11.

Englis, B. G., & Solomon, M. R. (1997). Where perception meets reality: The social construction of lifestyles. In L. R. Kahle & L. Chiagouris (Ed.), *Values, lifestyles and psychographics* (pp. 25–44). Mahwah, NJ: Lawrence Erlbaum Associates.

Englis, B. G., Solomon, M. R., & Olofsson, A. (1993). Consumption imagery in music television: A bi-cultural perspective. *Journal of Advertising*, 22(4), 21–33.

Evans, R. I., Rozelle, R. M., Maxwell, S. E., Raines, B. E., Dill, C. A., & Guthrie, T. J. (1981). Social modeling films to deter smoking in adolescents: Results of a three-year field investigation. *Journal of Applied Psychology*, 66(4), 399–414.

Finnegan, J. R., Jr., Viswanath, K., & Hertog, J. (1999). Mass media, secular trends, and the future of cardiovascular disease health promotion: An interpretive analysis. *Preventive Medicine*, 29(6), 50–58.

Fox, S., & Philliber, W. (1978). Television viewing and the perception of affluence. *Sociological Quarterly*, 19, 103–112.

Gerbner, G., Gross, L., Morgan, M., & Signorielli, N. (1980a). Aging with television: Images on television drama and conceptions of social reality. *Journal of Communication*, 30, 37–47.

Gerbner, G., Gross, L., Morgan, M., & Signorielli, N. (1980b). The "mainstreaming of America": Violence profile no. 11. *Journal of Communication*, 30, 10–29.

Gerbner, G., Gross, L., Morgan, M., Signorielli, N.,&Shanahan, J. (2002). Growing up with television:

The cultivation perspective. In J. Bryant & D. Zillmann (Eds.), *Media effects: Advances in theory and research* (pp. 43–67). Mahwah, NJ: Lawrence Erlbaum Associates.

Goldberg, M. E., & Gorn, G. J. (1987). Happy and sad TV programs: How they affect reactions to commercials. *Journal of Consumer Research*, 14, 387–403.

Gorn, G. J. (1982). The effects of music in advertising on choice behavior: A classical conditioning approach. *Journal of Marketing*, 46, 94–101.

Hawkins, R. P.,&Pingree, S. (1982). Television's influence on constructions of social reality. InD. Pearl (Ed.), *Television and behavior: Ten years of scientific progress and implications for the eighties* (pp. 224–247). Washington, DC: U. S. Government Printing Office.

Herman-Cohen, V. (2001, March 19). Whose music are you wearing? *Los Angeles Times*, pp. E1, E3.

Hirschman, E. C. (1988). The ideology of consumption: A structural syntactical analysis of Dallas. *Journal of Consumer Research*, 15, 344–359.

Hirschman, E. C. (1991). Secular morality and the dark side of consumer behavior: Or how semiotics savedmy life. In R. H. Holman&M.R. Solomon (Eds.), *Advances in Consumer Research* (pp. 1–4). Provo, UT: Association for Consumer Research.

Hirschman, E. C., & McGriff, J. A. (1995). Recovering addicts' responses to the cinematic portrayal of drug and alcohol addiction. *Journal of Public Policy and Marketing*, 14(1), 95–107.

Hirschman, E. C., Scott, L., & Wells, W. D. (1998). A model of product discourse: Linking consumer practice to cultural texts. *Journal of Advertising*, 27, 33–50.

Hirschman, E. C., & Thompson, C. J. (1997). Why media matter: Toward a richer understanding of consumers' relationships with advertising and mass media. *Journal of Advertising*, 26, 43–60.

Hogan, M. (2000). Media matters for youth health. *Journal of Adolescent Health*, 27(2), 73–76.

Huston, A. C., Wright, M. C., Kerkman, D.,&Peters, S. M. (1990). Development of television viewing patterns in early childhood: A longitudinal investigation. *Developmental Psychology*, 26, 409–420.

John, D. R. (1999). Consumer socialization of children: A retrospective look at twenty-five years of research. *Journal of Consumer Research*, 26, 183–213.

Kefauver, E. (1958). Let's get rid of tele-violence. *Reader's Digest*, 23–25.

Lehmann, D. R. (1999). Consumer behavior and Y2K. *Journal of Marketing*, 63, 14–18.

McGuire,W. J. (1986). The myth of massive media impact: Savagings and salvagings. In G. Comstock (Ed.), *Public communication and behavior* (pp. 173–257). New York: Academic Press.

McLuhan, M. (1964). *Understanding media: The extensions of man*. New York: McGraw Hill.

Miller, M. C. (1988). *Boxed in: The culture of TV*. Evanston, IL: Northwestern University Press.

Mills J., & Jellison, J. M. (1967). Effects on opinion change of how desirable the communication is to the audience the communicator addressed. *Journal of Personality and Social Psychology*, 6, 98–101.

Murry, J. P., Jr., & Dacin, P. A. (1996). Cognitive moderators of negative-emotion effects: Implications for understanding media context. *Journal of Consumer Research*, 22, 439–447.

Murry, J. P., Jr., Lastovicka, J. L., & Singh, S. N. (1992). Feeling and liking responses to television programs: An examination of two explanations for media-context effects. *Journal of Consumer Research*, 18, 441–451.

O'Guinn, T. C., & Shrum, L. J. (1997). The role of television in the construction of consumer reality. *Journal of Consumer Research*, 23, 278–294.

Peracchio, L. A. (1992). How do young children learn to be consumers? A script processing approach. *Journal of Consumer Research*, 18, 425–440.

Potts, R., Doppler, M., & Hernandez, M. (1994). Effects of television content on physical risk taking in children. *Journal of Experimental Child Psychology*, 58, 321–331.

Reece, D., & Palmgreen, P. (2000). Coming to America: Need for acculturation and media use motives among Indian sojourners in the US. *International Journal of Intercultural Relations*, 24(6), 807–824.

Roberts, D. F. (2000). Media and youth: Access, exposure, and privatization. *Journal of Adolescent Health*, 27(2), 8–14.

Roe, K. (2000). Adolescents' media use: A European view. *Journal of Adolescent Health*, 27(2), 15–21.

Schiller, H. I. (1989). *Culture Inc*. New York: Oxford University Press.

Sherry, J., Jr. (1995). Bottomless cup, plug-in drug: A telethnography of coffee. *Visual Antropology*, 7, 351–370.

Shrum, L. J. (2001). Processing strategy moderates the cultivation effect. *Human Communication Research*, 27(1), 94–120.

Shrum, L. J., & Bischak, V. D. (2001). Mainstreaming, resonance, and impersonal impact. Testing moderators of the cultivation effect for estimates of crime risk. *Human Communication Research*, 27(2), 187–215.

Shrum, L. J., &O'Guinn, T. C. (1993). Process and effects in the construction of social reality: Construct accessibility as an explanatory variable. *Communication Research*, 20, 436–471.

Shrum, L. J., O'Guinn, T. C., Semenik, R. J., &Faber, R. J. (1991). Process and effects in the construction of normative consumer beliefs: The role of television. In R. H. Holman & M. R. Solomon (Eds.), *Advances in consumer research* (pp. 755–763). Provo, UT: Association for Consumer Research.

Shrum, L. J., Wyer, R. S., Jr., & O'Guinn, T. C. (1998). The effects of television consumption on social perceptions: The use of priming procedures to investigate psychological processes. *Journal of Consumer Research*, 24, 447–458.

Tonn, B. E., & Petrich, C. (1998). Everyday life's constraints on citizenship in the United States. *Futures*, 30(8), 783–813.

Tversky, A., & Kahneman, D. (1973). Availability: A heuristic for judging frequency and probability. *Cognitive Psychology*, 5, 207–232.

Tyler, T. R. (1984). Assessing the risk of crime victimization: The integration of personal victimization experience and socially transmitted information. *Journal of Social Issues*, 40(1), 27–38.

Tyler, T. R., & Cook, F. L. (1984). The mass media and judgments of risk: Distinguishing impact on personal and societal level judgments. *Journal of Personality and Social Psychology*, 47(4), 693–708.

Varey, R. J. (1999). Marketing, media, and McLuhan: Rereading the prophet at century's end. *Journal of Marketing*, 63, 148–159.

Wallwork, L. W. (2001, February 25). Lockup for long locks. *Parade Magazine*, 2.

Walsh, D. A. (2000). The challenge of the evolving media environment. *Journal of Adolescent Health*, 27(2), 69–72.

Wells, W. D., & Anderson, C. L. (1996). Fictional materialism. In K. Corfman & J. Lynch (Eds.), *Advances in consumer research* 23, Provo, UT: Association for Consumer Research, 120–126.

Williams, C. J. (2001, April 24). Entertained into social change. *Los Angeles Times*, pp. A1, A6, A7.

第十三章　有助于限制接触多样性的媒体因素

大卫·W. 舒曼（David W. Schumann）
田纳西大学（University of Tennessee）

这本书的主题是将媒体的界限模糊化。该主题广泛地涵盖了诸如各种媒体形式（如：电视、电影、电子游戏）和体裁（如：戏剧、体育）中的产品植入，媒体产品接触对不同受众群体（如：不同年龄、性别、族裔的群体）的影响，个人价值观和自我形象的媒体养成，缓和上述媒体相关影响的个体差异和情境因素等话题。本书各章节探索的现象几乎都反映了两种形式的刺激加工：外显加工或阈下加工。外显加工是指发生在意识层面上的心理过程，而阈下加工是指发生在潜意识或前意识层面上的心理过程（Bargh, 2002）。但是，当自身未接触刺激因而未产生加工，或当有意识或潜意识地选择产生最小化的加工时，又是什么情况呢？

在日常生活中，由于加工能力有限或时间、精力的限制，我们经常会选择增加自己对某些刺激的接触，同时限制对另一些刺激的接触（Lynch & Srull, 1982; Shiffrin, 1976）。我们加工的刺激通常是由满足某些动机的需要或由我们所处情境的性质触发的。我们自然地被引导加工某些刺激，同时限制或消除对其他刺激的接触。虽然社会学家大多探讨的是与被加工的刺激性质相关的问题（Beatty & Smith, 1987; Punj & Staelin, 1983），但未加工的刺激以及最低限度加工的刺激的性质和后果同等重要。关于这一点，有人提出，最小化或缺失的刺激大多具有多样性。因而，这种接触权衡过程自然形成了对接触多样性的限制。

我先前提出过一个模型，并将其作为框架来指定和检查内外部前因及限制接触多样性所产生的后果（Schumann, 2002）。本章探讨了限制接触多样性的现象，回顾了上述模型中的重要关系，并描述了影响该现象的相关媒体因素。

限制接触多样性

限制接触多样性指的是什么？这里使用的定义如下，"有意或无意地限制对可获得信息的接触，如：我们认为可能与自身不同的群体的特征、文化、价值观、信仰、观点（包括世界观）、偏好和行为"。

接触限制的主体不仅仅围绕着人，还可能围绕我们不熟悉的事物（如：国际产品品牌）。限制接触关系基本的加工策略，即以一种符合并加强自我认同的方式分类。自我认同指的是当前自我的概念以及一个人渴望成为的概念。

举个例子。当一群人被问及"你知道有谁只听保守派的谈话广播，或只读自由主义或保守主义的专栏作家，或只看自由主义新闻网站吗"，毫无疑问会有大量的人举手，甚至回答自己就是如此。我们每个人都倾向于关注自认为与自己同类或渴望与之相比较的人的信息。这样一来，我们可能会错过大量关于那些和我们不同或我们不熟悉的群体的信息。

概念的实例

在过去60年中，限制接触多样性的概念一直被人们讨论。西奥多·纽科姆（Newcomb, 1947）在提到孤独症患者的动机源于自我关注时认为相互回避排除了获取信息的机会，而这些信息可能推翻对对方动机和性格的现有看法。他还表明，各群体之间的误解和不信任是由于不同社会类别的成员之间缺乏联系而造成的。

戈登·奥尔波特（Allport, 1954）在他的开创性著作《偏见的本质》（*The Nature of Prejudice*）中指出人类群体倾向于保持彼此之间的距离。他用基本的动机原则来解释这一现象，包括舒适、省力、意气相投和对自己文化的自豪感。奥尔波特指出，居住在不同地方的人很少有沟通渠道。同样是在与偏见相关的文献中，斯特凡和斯蒂芬（Stephan & Stephan, 1984）提出并支持一种群体之间缺乏接触会促进无知的模型，而无知反过来又会助长焦虑和沮丧、假设的相异点和刻板印象。

阿特金（Atkin, 1985）将选择性接触的概念扩展到减少认知失调的范围之外，指出选择性接触可以重新确认一个人的信念、价值观、态度和行为，并满足一个人所追求的情感状态。同样，从近期特质理论学者（Wiggins, 1973, 1997）和情境主义者（Mischel, 1968, 1990）关于行为的差异影响的争论来看，有一点很明确，那就是我们积极选择反映和强化自我概念的情境（Ickes, Snyder, & Garcia, 1997; Snyder, 1981; Swann, 1987; Swann & Read, 1981; Tesser, 1988; Tesser & Paulhus, 1983）。因此，我们很可能把自己置身于各种情境中，并让自己接触到反映自身价值观和当下向往的生活方式的信息。事实上，伊克斯及其同事（Ickes et al., 1997）发现，人们倾向于避免处理与自己性情上不一致的情况（Furnham, 1981）。在存在不一致的特定情况下，人们倾向于以利于自身个性的方式解决不一致（Srull & Karabenick, 1975; Watson & Baumal, 1967）。

研究人员还提出了一些促进接触限制的外部力量。詹姆斯·图罗在其著作《分裂美国》(*Breaking Up America*)中谈到了广告商是如何分割市场的，其中一个做法是显著减少针对其他目标市场的信息暴露。具体描述如下：

> 我留意到媒体越来越多地鼓励人们把自己划分成越来越专门化的群体，养成能将之与其他群体和其他人区分开来的独特的观看、阅读和倾听习惯……营销人员在社会结构中寻找分裂，然后为了自己的目的不断加强和拓展这种分裂（Turow, 1997, p.9）。

后来，政治学领域的法律学者凯斯·桑斯坦（Cass Sunstein）揭露了其对互联网互动元素的关注。桑斯坦（Sustein, 2001）在其著作《共和国网站》(*Republic.com*)中指出，我们越来越有能力控制/过滤通过交互式电子媒体（即互联网）接收到的与新闻和议题有关的长篇大论，这可能会限制我们接触其他观点。他警告称，片面的接触很可能导致成熟民主政治的崩坏。

最后，媒体社会学家托德·吉特林在其2001年的著作《媒体无限》(*Media Unlimited*)中写道：

> 所有试图引人注意的闪光灯和口号都是为了吸引注意，所有的信息投放者将信息或多或少地投往相同的方向，杂乱无章是不可避免的结果。这样一来，当我们关注某一个特定的信号时，我们不得不忽略其他的信号。换句话说，我们的加工办法是意志上的近视。每个人既要学会看，又要学会不看——关掉信息源，转身离开（Gitlin, 2001, pp.118–119）。

前因后果

是什么促使了限制接触多样性的趋势，这种现象的后果是什么？本书提出了一个综合模型，该模型指出了预测接触多样性水平的内外部前因以及该现象引起的一组有序的后果。其主要组成部分详见下图（见图13.1a、图13.1b）。

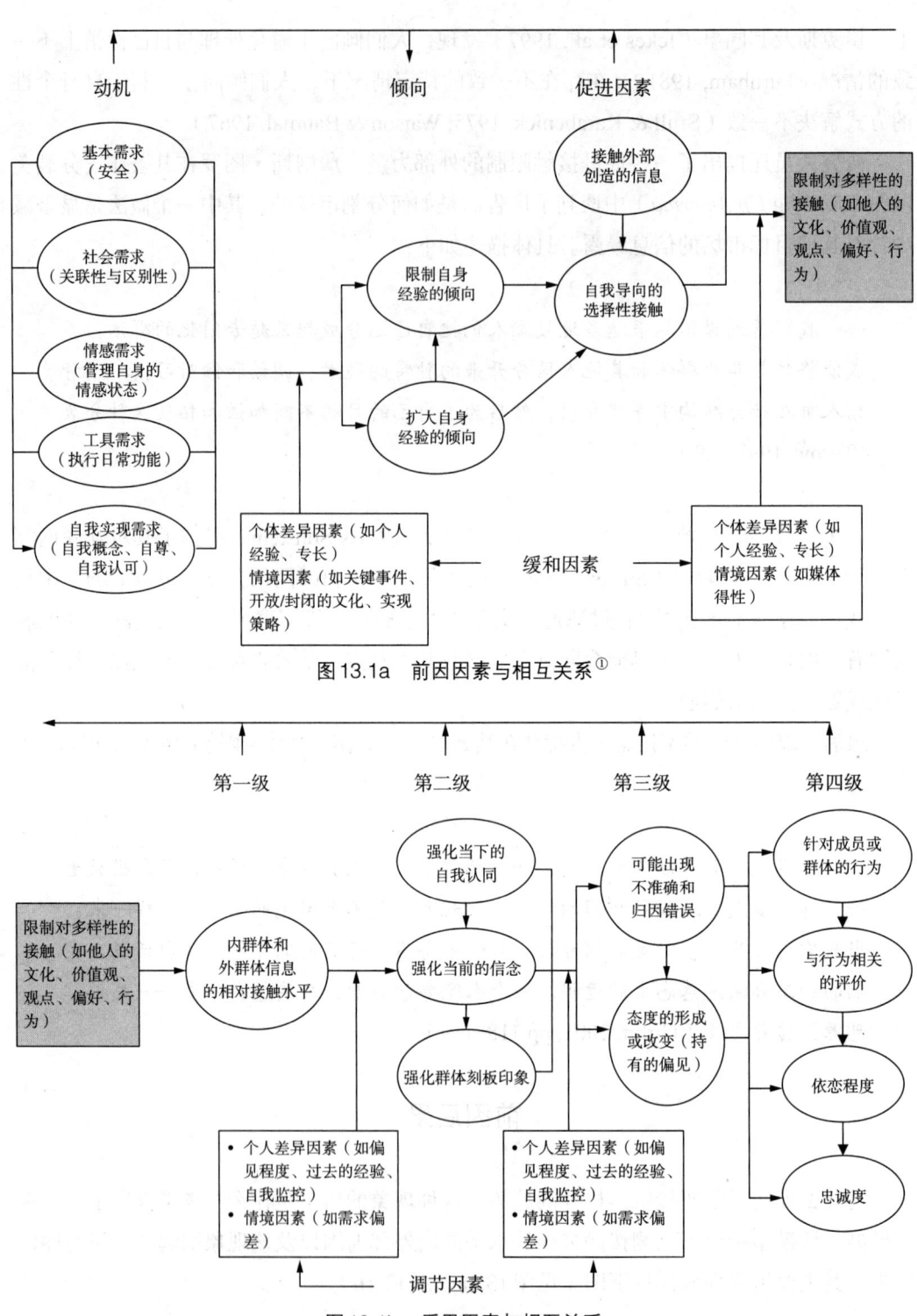

图13.1a 前因因素与相互关系①

图13.1b 后果因素与相互关系

① 摘自大卫·W.舒曼于2002年发表的《媒体与市场细分策略作为限制接触多样性的因素：对潜在社会后果的探讨》。未经许可，不得转载。

内部前因

模型中的内部前因反映了动机、实现策略、限制或扩大经验的倾向，以及引发一定程度接触多样性的自我导向接触。一个模型必须从某个出发点开始。而本文提出的模型首先列举了五种被认为有助于不同程度地接触多样性的动机状态。借用马斯洛（Maslow, 1954）和埃里克森（Erikson, 1980）的观点，这些动机包括：（1）基本需求；（2）社会需求；（3）情感需求；（4）工具需求；（5）自我实现需求。虽然前四种被认为是第五种的促进因素，但每一项都有限制接触的潜力。

为了满足马斯洛提出的对安全的基本需求，人们可能很快就会选定一种解决威胁的方法。这一解决办法可能是基于以往的经验，即某一具体解决办法在过去起到了消除威胁的作用。因此，与其探索其他的反应途径，不如倾向于立即默认已知的解决方案，不需要让自己接触可能不同于过去已考虑解决方法的其他选项。

在满足情感需求时，个体往往试图管理自己的情感状态。例如，一块糖果或一支冰激凌甜筒可以立即改变儿童（或成人）的情绪。同样，医生可能会嘱咐你来一场购物狂欢帮助自己消除恐惧。也许，对一些人来说，通过选择某种类型的电视节目可以缓解无聊（例如看情景喜剧）。人们有许多方式改变或转变自己的情感感觉状态（Gardner, Schumann & Walls, 2002）。但人们真正采取的解决方案往往是经过检验的那个。人们清楚自己改变情绪的动机可以通过某种特定的方式实现，因此改变情绪状态的其他方法时常被忽略或不考虑。虽然人们会声称他们希望买点不同以往的东西来换换口味，他们购买的东西却很少与过去购买的有根本不同。在大多数情况下，人不会偏离自己有熟悉感的东西太远。

工具需求反映了完成任务的动机。在许多情况下，我们在定义如何完成一项任务时，只能凭借我们所知道的东西。我们还倾向于将自己置于需要解决现有问题情境的常见情况下。当面临一项新的任务时，我们首先从现成的模式中考虑哪些与解决问题相关的信息是可用的。如果这不能提供一个适当的解决方案，一些人就会彻底放弃，而另一些人则开始根据既有思路框架思考问题。正是在这时候，人们时常会考虑各种各样的解决办法。因此，紧急情况和我们处理失败的方式被认为是重要的调节因素。

其次，这四个动机促成了第五个动机——自我感觉良好的需要。增强自尊或自我概念可以通过与一群让人感觉良好的人互动，或者反复将自己置于个人专业知识得以施展和利用的情境中来实现。对于后者情形，例如在职业生涯活动中，我们的专业知识往往是被需要和被欣赏的，我们的自我概念通常得以增强。

根据需求的性质（与模型中提到的一个或多个指定的调节变量相互作用），个体可能具有扩大经验或限制经验的倾向。事实上，经验的扩展本身可能是有限制性的。例如，当个体试图扩大他们的知识边界时，他们可能只会在已知的地方寻找。另外，当人们试图扩展自己的知识范围时，这一目标有可能增加接触多样性。然而，在大多数情况下，即使是知识的扩展也终将停止或减少，在人们考虑最终行动时限制新知识的倾向会取而代之。引导倾向类型（即限制或扩大经验）的潜在调节因素包括个体差异因素，如个人经验和专长、情境因素，或一次重大事件（可能导致扩大知识范围的倾向的事件，如：美国人在"9·11"事件后阅读古兰经）、一种开放或封闭的文化，或需求满足策略（享乐型与工具型）。

最后，顺着内部前因的路径，限制或扩展经验的倾向将通往自我定向的选择性接触。阿特金（Atkin, 1985）针对选择性接触提供了两种解释，与前文讨论的前因概念一致。他认为，选择性接触要么是引导取向（例如：新手搜索信息）的结果，要么是强化取向的结果。在用于减少认知失调（Festinger, 1957），重申一个人的立场或行为，或寻求积极情感时，其被认为是强化取向的结果。出于寻求强化自我认同的经验的倾向，个体更有可能选择性地暴露在与这种强化相一致的刺激下，从而增加限制接触多样性的可能性。

外部前因

先前描述了一些在限制自身接触多样性方面起到促进作用的内部前因，这些因素都集中在个体因素方面；但是，与此同时，还存在几种已经确定的限制个体接触多样性的外部前因。其中一个重要的外部前因在市场细分的活动中常见，即营销人员使用策略和工具更准确地将目标产品和服务瞄准潜在用户。人们通常从积极的角度看待市场细分，原因有以下几个：市场细分将产品/方案与消费者的需求和欲求相匹配，降低了与推广和分销相关的成本（理论上直接传递给消费者），减少了消费者在搜索和购买活动中花的时间，让市场数据的收集更加准确和及时，且将不同的产品区分开来。

然而，尽管很少被考虑到，市场细分也存在负面作用（Schumann, 1999; Turow, 1997）。市场细分的一个结果是战术上只关注与受众相关的刺激，而最小化或取消对其他刺激的暴露。通过直接营销和在特定媒体形式中投放产品广告等手段，个人频繁地观看反映自身生活方式、现有价值观和观点的影像。

此外，本章还确定了一系列媒体相关因素，也有助于限制接触多样性。本章的后半部分将对这些因素进行深入的回顾。

后果

该模型基于群际偏见文献（Brewer & Miller, 1996; Hewstone, Rubin, & Willis, 2002）提供了一组有序后果。群际偏见文献表明，个体自然而然地支持他们目前属于或他们渴望成为一员的群体（内群体），同时对那些他们认为自己不是其成员的群体（外群体）

忽视、诋毁或抱有成见。长期以来，基于社会心理学的文献为内群体偏见提供了有力的支持，同时也为外群体偏见提供了清晰但适度的证据。

限制接触多样性的第一个后果是造成一种不平衡——关注内群体的信息，而忽视外群体的信息。个人可能会接收大量的群体内信息，同时尽量减少群体外信息的摄入。这种片面的暴露被认为会强化自我认同、目前持有的信念以及关于外群体的刻板印象（二级后果）。反过来，这种强化被假定会影响信仰系统，并增加不准确性（Judd & Park, 1993）和众多归因错误的可能性。后者包括将结果归因于行为（Ross & Sicoly, 1979）、将自私的归因错误适应于群体（Pettygrew, 1979）、高估外群体成员以刻板的方式行事的频率的可能（Chapman, 1967; Chapman & Chapman, 1969）、达成错误共识的可能（Ross, Greene & House, 1977），以及自我实现预言的可能（Jussim, Ecles, & Madon, 1996; Mertin, 1957）。

这些不准确和归因错误可能有助于形成基于偏见信念的态度。这些信念和态度反过来又会导致受外群体信息接触匮乏限制的行动或行为，致使选择受限。最终的结果是，个人通过自己的手段或外部引导做出选择，但无论如何，选择的范围都相对狭窄。在此情况下，对选择的满意度是基于一套有限的比较标准的；因此，发展依恋或忠诚的概率微乎其微。

限制接触多样性的影响因素

先前介绍的模型指的是某些外部前因，其中包括各种媒体相关因素。下面的章节讨论了当今媒体环境的六个特征，这些特征被认为对限制人们接触多样化的民族、信息和观点具有影响。

媒体刺激曲线

媒体刺激曲线是媒体刺激的渐变曲线（见图13.2）。x轴反映了人类存在的不同时代。y轴可以是三个与刺激相关的接触变量中的任何一个：数量、类型或变化，无论是哪一个都不影响关系曲线的性质。也就是说，随着时间的推移，人类所接触到的刺激的数量、类型和变化均呈指数级增长。这是一个直观的概念，人们可以很容易地推测，随着时间的推移，曲线的角度已经急剧转上。这一角度变化在20世纪最为明显。

自谷登堡在1455年发明印刷机以来，媒体形式一直是该变化曲线的关键推动者。这一事件创造了当时前所未有的信息可用性。在19世纪，捕捉和复制图片的能力再次增加了人们接触的刺激的数量、类型和变化。在20世纪初，无线电和移动影像的结合（即电影）带来了信息、图像大众传播的又一次飞跃。

娱乐劝服心理学：模糊娱乐与说服的边界

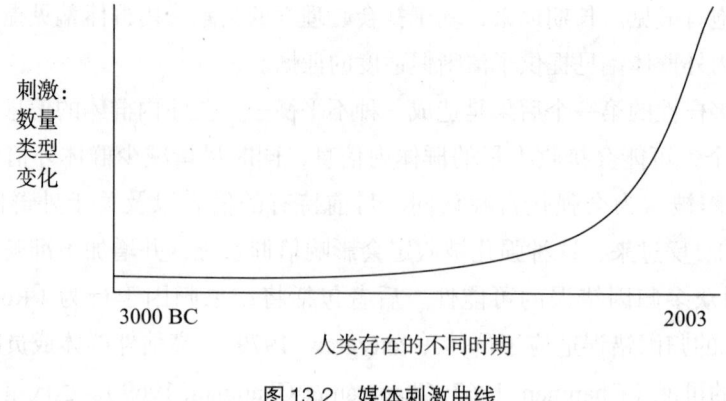

图13.2 媒体刺激曲线

然而，此前的发明中没有一项能与电视广播技术或空中传送图像产生的显著影响相匹敌。近些年，市场细分已经将电视栏目瞄准学校（即频道1）、机场、医生办公室、零售机构及其他众多目标地点。关于这条曲线在当前的上升情况，我们不得不考虑计算机和互联网的影响。现如今，随着多种媒体类型的百花齐放，我们被形式多样、格式多变、变化加速的刺激不断轰炸，对于其中绝大多数的刺激，我们会选择漠视；可以想象一下今天的刺激量和变化会对100年前的人类产生多大的影响，更不用说对生活在1,000年前或更早时期的人了。

商业电视是该渐变曲线的一个具体案例。当商业电视于20世纪40年代末首次亮相时，观众第一次接触到视觉导向、动态的商业产品信息。这些早期的商业信息往往由名人进行播报，通常会持续1到2分钟，全程只显示一张图像或一个场景。例如，在20秒至2分钟的时长内使用同一拍摄镜头和角度展示产品的情况并不罕见。而现如今，一般的广告播放时长在10到15秒之间，镜头以令人难以置信的速度切换，毫不夸张地说，有时每秒（有时不到一秒）就切换一次。

对刺激（数量、类型和变化）的接触率的这种进化性变化也带来了人类刺激处理方式的变化。虽然有人可能会在逻辑上认为这种刺激增加了我们对多样性的潜在接触，而且很显然确实如此，但是渐变曲线也表明，即便我们能够处理大部分的刺激，充其量是在非常浅层次或潜意识层面，而且我们可能会很快过滤掉大部分。而更有可能的是，我们有意或无意地选择忽略现如今接触到的大部分刺激（Gitlin, 2002）。

信息的简化

第二个限制接触多样性的媒体相关促进因素在于当今媒体环境中现有信息的性质。基于先前讨论过的媒体刺激曲线，随着广告时长的缩短，信息的长度和深度会相应减少。在当今快节奏的媒体环境中，极简就是王道。具体表现为减少产品描述、摘引精句和妙语，更多地使用细则描述必需信息，以及更多地使用图形来传递信息。

回顾过去一个世纪的印刷媒体，人们很快就会注意到，广告已经从大量使用详细信息发展到更多地依赖图形作为传递信息的一种手段。在广播行业，措辞相应减少是由于广告篇幅的缩短。今天，我们听到并习惯听到的是精句和妙语，例如BASF的"我们不生产产品，我们只是改良产品"或联合航空的"飞向友好的天空"。这些简洁信息的目的是提出一种主张，通常是反映消费者与产品之间的关系或品牌的关键属性，留下悬念让用户自行搜索更深层次的信息。这样一来，搜索详情变成了消费者的任务，但是否进行搜索取决于多重因素。作为搜索详情的前提，佩蒂和卡乔波（Petty & Acioppo, 1981, 1986）在他们的搜索详情可能性模型中提出了一些关于一个人是否有动机或能力处理信息的问题。这些问题在此处尤为适用。消费者有时间搜索吗？这项搜索活动是否需要在时间和精力上做出牺牲，并将注意力从其他想要（休闲）或必要（工作）的事情上移开？消费者是否有获取详情的渠道？消费者是否认为获取详情很重要？消费者是否能够处理详细而复杂的信息？在当今的快节奏世界，精句和妙语被广泛采用，但问题来了，消费者在多大程度上会被驱使获取更多信息。这种精简信息的策略是否会导致消费者寻求更多的信息？这是一个经验问题，答案仍需要进行进一步的研究。然而，此处假设，这种消息长度和深度的削减创造了一种环境，其中对多样信息的暴露受到限制，同时个人的现有信念和现有的刻板印象仍然存在。

由于政府对某些行业监管的加强，广告中小字印刷的使用情况增加。这一细则可能是强制性的，如在药品广告中，但它也被用来淡化某些负面的产品属性，如：高端汽车的定价。小字印刷本身就阻碍了进一步阅读。由于其具有抑制性和复杂性，许多消费者错过了重要的信息，包括一些此前没有考虑过的信息。这样一来，由于接触抑制，消费者的知识受到限制。

可以认为，人们对弗洛伊德（Freud, 1924/1969）有关关系、梦境和潜意识图像的学说的广泛认识，再加上沃森（Watson）将行为主义应用于麦迪逊大道（Madison Avenue）的广告策略（Buckley, 1989），是促销策略革命性变化的催化剂。广告策略一度充斥着废话，于20世纪三四十年代演变为更多地依赖图像作为传达和加强信息内容的一种手段。这些图像描绘了人们在不同的场景中使用产品，并强化了某些属性以及如何利用产品来产生有益的（公益广告中为有害的）结果。产品和名人的配对成为一种常态。在烟草的危害被发现和宣传之前，专业运动员和医学人员都是其推广者。

图像具有迫使观看者生成描述的独特属性，通常是通过访问现有记忆来实现的。在第二次世界大战结束后，随着电视的出现，大众营销时期开启，观众一下子被暴露在形形色色的图像中。然而，随着市场营销的发展，市场细分已经成为一门成熟的科学，今天的图像都是有针对性的，正如前面所指出的，这些图像往往反映了某一人群独特的生活方式和需求。此处可推断将图像瞄准某些细分市场的行为，就其本质而言，它限制了观众对不熟悉的多种图像的接触。

刻板印象强化

在电视栏目和商业广告中持续使用刻板印象限制了对某个人或物的其他方面的接触。已有大量的研究探讨刻板印象在广告中的使用。在回顾有关这一主题的文献时，我发现这些刻板印象大多分为四类：年龄组、族裔、性别和吸引力水平。在每一类别中，研究又涉及个体的角色（Bristor, Lee, & Hunt, 1995; Cheng, 1997; Elliot, 1995; Gilens, 1996; Signorielli, McLeod, & Healy, 1994）、行为（Hansen & Osborne, 1995; Power, Murphy, & Coover, 1996）、观念与信仰（Ford & LaTour, 1996; Strutton & Lumpkin, 1993）、产品关联（Allan & Coltrane, 1996; Downs & Harrison, 1985; Mazis, Ringold, Perry, & Denman, 1992; Taylor & Lee, 1994）和环境设定（Culley & Bennett, 1976; Swayne & Greco, 1987）。例如，泰勒和他的同事（Taylor & Lee, 1994; Taylor, Lee, & Stern, 1995; Taylor & Stern, 1997）对亚洲人在广告中所扮演的角色进行了彻底的研究。他们发现，亚洲模特更频繁地出现在大众商业媒体和科学出版物（相对于女性或一般娱乐杂志）上，更有可能与科技产品（相对于非科技产品）关联在一起，更频繁地出现在商业环境中的广告里，更多地被塑造为典型的共事者，很少出现在包含家庭或社会背景的广告中。

在媒体中使用刻板的形象和信息有可能会强化刻板印象在受众中的持续存在。在维持刻板印象时，某个人或物品的其他特征可能被省略或仅部分呈现。在印刷广告中尤其如此，因为只有一张图片被呈现出来。如果该图像强化了某个刻板印象，则不可能引入其他非刻板印象或反刻板印象。因此，接触媒体环境中的刻板印象可能会妨碍人们学习有关不同人和物体的新知识。

价值强化

细分媒体栏目是为了有目的地精准捕获观众中的部分群体。例如，ESPN以男性体育迷为目标，BET以非裔美国人为目标，MTV以青少年群体为目标，PBS以高学历人群为目标，HGTV以高消费女性为目标等。同样，女性杂志以不同年龄组的女性为目标，《体育画报》（Sports Illustrated）以男性为目标（也试图通过 SI for Women 和 SI for Kids 分别瞄准女性和儿童读者）、《萨沃伊》（Savoy）和《乌木》（Ebony）以非裔美国读者为目标等。还有各种专项兴趣杂志，如：面向科学爱好者的《科学美国人》（Scientific American）和《科学》（Science）、《大众科学》（Popular Science），面向耐力运动员的《跑者世界》（Runner's World）和《铁人三项》（Triathlete）、面向汽车爱好者的《人车志》（Car and Driver）和《热棒》（Hot Rod）及面向电脑迷的《电脑世界》（PC World）和《连线》（Wired）。各个媒体可能反映不同的市场细分，或在某些情况下出现重叠（Morris, 2002）。市场细分可以根据其持有的独特价值观念及寻求的具体价值来定义。

细分栏目和定向期刊竭尽全力地强化其目标群体的价值体系,同时尽可能减少或消除对其他群体价值观的暴露。

还有人认为,价值强化可能来自媒体的价值取向。例如,大众传播企业直接掌握在政府手中的国家,对媒体的垄断控制体现在官方审查和宣传国家目标上。另外,对于非政府控制的媒体(包括大部分的西方国家)来说,政治自由主义者和保守派之间关于新闻的预设偏向争论不休。有些人认为这种偏见反映了大型媒体集团的控制和利润动机(Chomsky, 2002; Herman & Chomsky, 2002),而另一些人则认为这种偏见要么是出于自由取向(Baker, 1994; Goldberg, 2002),要么是出于保守取向,正如广播和电视脱口秀[如:《罗斯林堡》(Russ Limbaugh)、《奥莱利实情》(The O'Reilly Factor)]中体现的那样。无论采取何种立场,越来越多的证据表明媒体对新闻的报道和媒体节目的报道都是带着价值倾向的,因而会根据目标受众的需求选择具体的图像和新闻。

新闻——偏倚的娱乐

根据上一节的结论,一些媒体科学家指出,如今的新闻已经从客观性转向了基于观众细分的有偏向的娱乐形式(MacGregor, 1997)。访问任何一家网上书店的搜索引擎,都会发现大量近期出版的质疑当前新闻报道有偏见性的书籍,其中一些是来自行业内的吹哨人。这种潜在的偏见可能是因为媒体试图助长其期望的动机状态,这些状态通过不同类型的节目得以强化(Gitlin, 2001)。现如今的新闻报道,其编排和信息被认为是为了迎合单个特定新闻节目的目标受众的兴趣。NBC的国内新闻格式实际上不同于FOX,而FOX又不同于CNN或BBC的报道。《新闻周刊》(Newsweek)、《时代周刊》(Time)和《经济学人》(Economist)在国际新闻报道方面更是大相径庭。

这些差异部分是基于选择这些新闻媒体的受众的性质、受众希望看到的新闻呈现方式以及受众希望听到的故事类型(MacGregor, 1997)。为了留住观众,新闻必须以一种迎合观众需求的方式呈现。我们只需要回到O. J.辛普森(O. J. Simpson)谋杀案的审判中去研究新闻报道如何吸引观众。在那段时间里,由于媒体早早认识到这样一个故事的持续报道将保证高收视率/阅读率,因此许多其他新闻,也许被通讯社认为没那么有争议性或吸引力,从来没有播出过。那场审判成了一项重大的媒体活动,1,000多名记者通过121条视频路径争相报道,其中包括14条卫星线路、80英里的声像电缆以及650条电话线路。从谋杀、审判到报道和新闻讨论先后持续了一年多的时间。其他涉及名人的审判也不少,为什么这一次吸引了这么多的观众呢?观众的构成是哪些人?这些问题很有趣,为了理解观众为何会被这种持续报道某一新闻事件的新方式所吸引,还需要进一步的实证检验。

新闻故事包含呈现的图片(通常是十分逼真的)和精心撰写的文稿。由于报道行为的研究建议捷径化和有偏见的信息搜索方式,在许多情况下,图像和文字的收集并没有充分的依据（MacGregor, 1997）。图片和文字由专业媒体人编辑在一起，试图传达一个故事。每个故事都有一个情节，且以引发观众兴趣为目的进行编排。因此，新闻关注的是新闻媒体认为他们的目标受众想要接触的事件，同时会忽略他们主观上认为自己的观众不想看到或听到的事件。在这一点上，媒体做出的决定会影响受众接触不同观点的程度。

除此之外，吉特林（Gitlin, 2002）提供了证据，表明媒体观众倾向于将印刷或播报的内容视为真相。在一个包含脱口秀观点的新闻环境中，我们需要调查受众对基于客观和基于主观的"真相"的辨别程度如何。我们习惯于把媒体看作客观的，但有很多证据表明，新闻报道往往是有缺陷的，因为新闻报道突出了观众想要听到或看到的内容（MacGregor, 1997）。

媒体和信息脱敏、片面性及人口限制

有证据证明当今的商业和媒体环境非常混乱。消费者每天都会接触到成千上万的产品图片和文字。另外，携带图片和文字的媒体形式正呈爆炸式增长。印刷和广播等传统信息源也正在迅速扩张。交通广告仍然出现在火车、公共汽车、出租车、地铁等交通工具上，同时也出现在我们行驶的高速公路上，如18轮形式的大型移动广告牌。电视节目的播放地点已经从家庭扩大到医生办公室、杂货店、机场，甚至学校。随着互联网的出现，还可能将商业信息在线传送至我们的电脑、个人数字助理，甚至我们联网的手机。互联网网站目前数以百万计，提供了大量推销的机会。各类宣传标识（如：广告牌、小卖部通道、购物车）在我们的旅行和购物环境中无处不在。直接营销通过无预约电话、针对性的邮寄广告和邮寄样品等手段侵犯了我们在家里的隐私。这是一个信息轰炸，或按吉特林（Gitlin, 2001）的说法，一个媒体洪流的时代。消费者不可能处理他们所接触到的所有信息。传统的民间说法认为，在一个人每天接触到的成千上万条商业信息中，只有十几条会被关注到。这表明，即便信息和媒体形式最初是新颖的，但由于重复的频率太高，随着时间的推移，我们会对它们变得不敏感（Schumann et al., 1991）。这种脱敏现象表明，大量的消息从未被处理过。

在杂乱的环境中，存在着通过大众传播源推广文化的片面性。人们只需要到国外去看看就能发现媒体传播上的反差。美国电视节目在世界各地都很受欢迎。美国产品在各个文化中得以推广。美国电视影响着全球播送的内容。不管是对是错，其他国家的人把他们自己的文化与美国的文化进行比较。

最后，在美国，基于种族的电视节目在较大的市场中占据一席之地，而许多城市限制了文化节目。例如，在东南部的中型城市，仍然没有西班牙或亚洲电视台或无线电台。然而，在西海岸，这样的电台数目众多。这种有针对性的媒体战略产生了重要的后果。居住在东南部的人很少通过媒体接触西班牙文化或亚洲文化。在这个国家，唯一一

个在地理上广受关注的外国节目是英国的BBC新闻。当我们从CNN的全球广播室接收世界新闻时，观众最多只能看到全球新闻的简短片段，除非战略要求把焦点放在某个单一的事件上。总之，媒体杂乱的增长、片面的文化推广和基于人口的有限曝光都有助于限制对不同文化和不同观点的接触。

结　　论

媒体细分（市场细分也是如此）侧重于个人或内群体。信息和插图的呈现通常反映了内群体成员自己的生活方式和价值观念。商业环境处处展现"我"拥有某些产品、从事某些活动、持有某些价值观、与某些人交往，同时也可从中推断出"他们"在选择产品、活动和朋友方面与"我"不同（Turow, 1997）。我们将产品瞄准不同种族群体、年龄群体和性别群体，即使在大规模人口群体的内部，我们也发现了种族隔离。例如，参观一所美国公立高中就会发现，当今的青少年通过他们非正式但一目了然的团体着装规范加强了群体隔离。因此，可以认为媒体因素和市场细分策略强化了社会隔离。

从这个问题又引出一系列关于个人限制其接触多样性的程度的有趣问题。我们可以确定定向的媒体节目和商业广告何时、以何种方式强化自我认同。定向的媒体节目和相关的广告如何影响内群体和外群体的感知？在媒体节目和商业传播中如何使用刻板印象形成和巩固对外群体的认识和个人的模式化观念？孩子们呢？在何种程度上，我们倾向于通过交互式媒体将自身有限的信息接触集中起来，以加强自我认同并限制对外群体信息的接触？有限的接触和刻板印象会导致哪些不准确和归因错误？将这一探究范围扩大到包括市场细分的要素，有人会问，市场细分是否会显著减少对社会中其他群体的接触。市场细分是否有助于增强对外群体的不安全感或恐惧感？市场细分策略对针对外群体的偏见态度的形成或强化有何影响？市场细分策略如何改变我们的认知模式？市场细分对社会造成的长期成本有哪些？

本章介绍了限制接触多样性的现象，进而讨论了被认为造成该现象的媒体因素。希望本文的讨论能引发关于这一现象的进一步的实证调查。

参考文献

Allan, K., & Coltrane, S. (1996). Gender displaying television commercials: A comparative study of television commercials in the 1950s and 1980s. *Sex Roles*, 35(3), 185–203.

Allport, G. W. (1954). *The nature of prejudice*. Reading, MA: Addison-Wesley.

Atkin, C. K. (1985). Informational utility and selective exposure to entertainment media. In D. Zillmann & J. Bryant (Eds.), *Selective exposure to communication* (pp. 63–91). Hillsdale, NJ: Lawrence

Erlbaum Associates.

Baker, B. (1994). *How to identify, expose and correct liberal media bias.* Alexandria, VA: Media Research Center.

Bargh, J. A. (2002). Losing consciousness: Automatic influences on consumer judgment, behavior, and motivation. *Journal of Consumer Research*, 29(2), 280–285.

Beatty, S. E., & Smith, S. M. (1987). External search effort: An investigation across several product categories. *Journal of Consumer Research*, 14(1), 83–95.

Brewer, M. B., & Miller, N. (1996). *Intergroup relations. Buckingham*, UK: Open University Press.

Bristor. J. M., Lee, R. G., & Hunt, M. R. (1995). Race and ideology: African-American images in television advertising. *Journal of Public Policy & Marketing*, 14(1), 48–59.

Buckley, K. W. (1989). *Mechanical man.* New York: Guilford Press.

Chapman, L. J. (1967). Illusory correlation in observational report. *Journal of Verbal Learning and Verbal Behavior*, 6, 151–155.

Chapman, L. J., & Chapman, J. P. (1969). Illusory correlation as an obstacle to the use of valid psychodiagnostic signs. *Journal of Abnormal Psychology*, 74, 271–280.

Cheng, H. (1997). "Holding up half of the sky"? A sociocultural comparison of gender role portrayals in Chinese and U. S. Advertising. *International Journal of Advertising*, 16, 295–319.

Chomsky, N. (2002). *Media control: The spectacular achievements of propaganda.* New York: Seven Stories Press.

Culley, J. D., & Bennett, R. (1976). Equality in advertising: Selling women, selling Blacks. *Journal of Communication*, 36, 160–174.

Downs, A. C., & Harrison, S. D. (1985). Embarrassing age spots or just plain ugly? Physical attractiveness stereotyping as an instrument of sexism on American television commercials. *Sex Roles*, 13(2), 9–19.

Elliot, M. T. (1995). Differences in the portrayal of blacks: A content analysis of general media versus culturally targeted commercials. *Journal of Current Issues and Research in Advertising*, 17(1), 75–86.

Erikson, E. H. (1980). *Identity and the life cycle.* New York: Norton.

Festinger, L. (1957). *A theory of cognitive dissonance.* Evanston, IL: Row-Peterson.

Ford, J. B., & LaTour, M. S. (1996). Contemporary female perspectives of female role portrayals in advertising. *Journal of Current Issues and Research in Advertising*, 18(1), 81–94.

Freud, S. (1924/1969). *A general introduction to psychoanalysis.* New York: Pocket Books.

Furnham, A. (1981). Personality and activity preference. *British Journal of Social Psychology*, 20, 57–68.

Gardner, M., Schumann, D.W.,&Walls, S. (2002). Managing our affective states through consumption activity. In S. E. Heckler & S. Shapiro (Eds.), *Proceedings of the Society for Consumer Psychology* (pp. 189–204). Society for Consumer Psychology.

Gilens, M. (1996). Race and poverty in America: Public misperceptions and the American news media. *Public Opinion Quarterly*, 60, 515–541.

Gitlin, T. (2001). *Media unlimited.* New York: Metropolitan Books.

Goldberg, B. (2002). *Bias: A CBS insider exposes how the media distort the news.* Washington, DC: Regnery Publishing.

Hansen, F. J., & Osborne, D. (1995). Portrayal of women and elderly patients in psychotropic drug advertisements. *Women and Therapy*, 16(1), 29–141.

Herman, E. S., & Chomsky, N. (2002). *Manufacturing consent: The political economy of the mass media*. New York: Pantheon Books.

Hewstone, M., Rubin, M., & Willis, H. (2002). Intergroup bias. *Annual Review of Psychology*, 53, 575–604.

Ickes, W., Snyder, M., & Garcia, S. (1997). Personality influences on the choice of situations. In R. Hogan, J. Johnson, & S. Briggs (Eds.), *Handbook of personality psychology* (pp. 165–195). New York: Academic Press.

Judd, C. M., & Park, B. (1993). Definition and assessment of accuracy in social stereotypes. *Psychological Review*, 100, 109–128.

Jussim, L., Eccles, J., & Madon, S. (1996). Social perception, social stereotypes, and teacher expectations: Accuracy and the quest for the powerful self-fulfilling prophecy. In M. P. Zanna (Ed.), *Advances in experimental social psychology* (Vol. 28, pp. 281–388). San Diego, CA: Academic Press.

Lynch, J. G., Jr., & Srull, T. K. (1982). Memory and attentional factors in consumer choice: Concepts and research methods. *Journal of Consumer Research*, 9(1), 18–36.

MacGregor, B. (1997). *Live, direct and biased?* London: Arnold.

Maslow, A. H. (1954). *Motivation and personality*. New York: Harper.

Mazis, M. B., Ringold, D. J., Perry, E. S., & Denman, D. W. (1992). Perceived age and attractiveness of models in cigarette advertisements. *Journal of Marketing*, 56, 22–37.

Mertin, R. K. (1957). *Social theory and social structure*. New York: Free Press.

Mischel, W. (1968). *Personality and assessment*. New York: Wiley.

Mischel, W. (1990). Personality dispositions revisited and revised: A view after three decades. In L. A. Pervin (Ed.), *Handbook of personality theory and research* (pp. 111–134). New York: Guilford Press.

Morris, M. (2002, October). *Classic "and" cool?: The marketing of luxury goods to the urban market*. Presentation at the Association for Consumer Research Conference, Atlanta, GA.

Newcomb, T. (1947). Autistic hostility and social reality. *Human Relations*, 1, 69–86.

Petty, R. E., & Cacioppo, J. T. (1981). *Attitudes and persuasion: Classic and contemporary approaches*. Dubuque, IA: Brown.

Petty, R. E., & Cacioppo, J. T. (1986). *Communication and persuasion: Central and peripheral routes to attitude change*. New York: Springer.

Pettygrew, T. F. (1979). The ultimate attribution error: Extending Allport's cognitive analysis of prejudice. *Personality and Social Psychology Bulletin*, 5, 461–476.

Power, J. G., Murphy, S. T., & Coover, G. (1996). Priming prejudice: How stereotypes and counterstereotypes influence attribution of responsibility and credibility among ingroups and outgroups. *Human Communication Research*, 23(1), 36–58.

Punj, G., & Staelin, R. (1983). A model of consumer information search behavior for new automobiles. *Journal of Consumer Research*, 9(4), 366–380.

Ross, L., Greene, D., & House, P. (1977). The "false consensus effect": An egocentric bias in social perception and attribution processes. *Journal of Experimental Social Psychology*, 13, 279–301.

Ross, L., & Sicoly, F. (1979). Egocentric biases in availability and attribution. *Journal of Personality and Social Psychology*, 37, 322–336.

Schumann, D. W. (1999, February). *The transmission of prejudice: What do our marketing strategies really reinforce? Presidential address.* Presented at the Conference of the Society for Consumer Psychology, St. Petersburg, FL.

Schumann, D. W. (2002, June). Media and market segmentation strategies as contributing factors to restricted exposure to diversity: A discussion of potential societal consequences. Keynote address to the 21st Annual Advertising and Consumer Psychology Conference, New York.

Schumann, D.W., Grayson, J., Ault, J., Hargrove, K., Hollingsworth, L., Ruelle, R.,&Seguin, S. (1991). Shopping cart signage: Is it an effective advertising medium? *Journal of Advertising Research*, 31(1), 17–22.

Shiffrin, R. M. (1976). Capacity limitations in information processing, attention and memory. InW. K. Estes (Ed.), *Handbook of learning and cognitive process* (Vol. 4, pp. 177–236). Hillsdale, NJ: Lawrence Erlbaum Associates.

Signorielli, N., McLeod, D., & Healy, E. (1994). Gender stereotypes in MTV commercials: The beat goes on. *Journal of Broadcasting and Electronic Media*, 38(1), 91–101.

Snyder, M. (1981). On the influence of individuals on situations. In N. Cantor & J. F. Kihlstrom (Eds.), *Personality, cognition, and social interaction* (pp. 309–329). Hillsdale, NJ: Lawrence Erlbaum Associates.

Srull, T., & Karabenick, S. A. (1975). Effects of personality-situation locus of control congruence. *Journal of Personality and Social Psychology*, 32, 617–628.

Stephan,W. C., & Stephan, C.W. (1984). The role of ignorance in intergroup relations. In N. Miller & M. B. Brewer (Eds.), *Groups in contact* (pp. 229–250). New York: Academic Press.

Strutton, D., & Lumpkin, J. R. (1993). Stereotypes of Black in-group attractiveness in advertising: On possible psychological effects. *Psychological Reports*, 73, 507–511.

Sunstein, C. (2001). *Republic.com*. Princeton, NJ: Princeton University Press.

Swann, W. (1987). Identity negotiation: Where two roads meet. *Journal of Personality and Social Psychology*, 53, 1038–1051.

Swann, W., & Read, S. J. (1981). Self-verification processes: How we sustain our self-conceptions. *Journal of Experimental Social Psychology*, 17, 351–372.

Swayne, L. E., & Greco, A. J. (1987). The portrayal of older Americans in television commercials. *Journal of Advertising*, 16(1), 47–54.

Taylor, C. R.,&Lee, J.Y. (1994). Not in Vogue: Portrayals of Asian Americans in magazine advertising. *Journal of Public Policy & Marketing*, 13(2), 239–245.

Taylor, C. R., Lee, J. Y. & Stern, B. B. (1995). Portrayals of African, Hispanic, and Asian Americans in magazine advertising. *American Behavioral Scientists*, 38(4), 609–621.

Taylor, C. R.,&Stern, B. B. (1997). Asian-Americans: Television advertising and the "model minority" stereotype. *Journal of Advertising*, 26(2), 49–60.

Tesser, A. (1988). Toward a self-evaluation maintenance model of social behavior. In L. Berkowitz (Ed.), *Advances in experimental social psychology* (Vol. 21). New York: Academic Press, 181–227.

Tesser, A., & Paulhus, D. (1983). The definition of self: Private and public self-evaluation management strategies. *Journal of Personality and Social Psychology*, 44, 672–682.

That Simpson trial in full. (1995, November). *International Broadcasting*, p. 19.

Turow, J. (1997). *Breaking up America: Advertisers and the new media world*. Chicago: University of

Chicago Press.

Watson, D., & Baumal, E. (1967). Effects of locus of control and expectation of future control upon present performance. *Journal of Personality and Social Psychology*, 6, 212–215.

Wiggins, J. S. (1973). *Personality and prediction: Principles of personality assessment.* Reading, MA: Addison-Wesley.

Wiggins, J. S. (1997). In defense of traits. In R. Hogan, J. Johnson, & S. Briggs (Eds.), *Handbook of personality psychology* (pp. 95–115). New York: Academic Press.

第三部分

媒介使用中的个体差异及
其在媒介效果中的中介作用

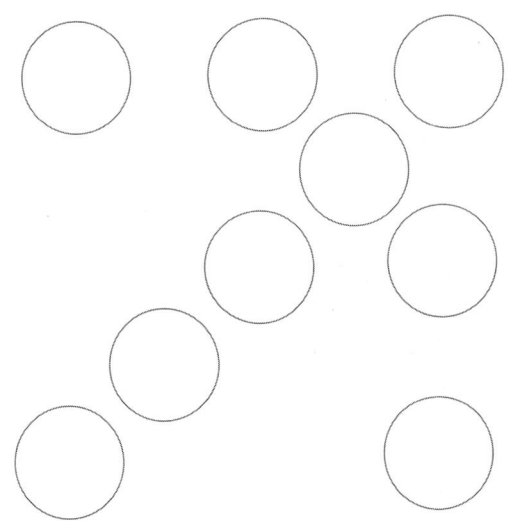

第十四章　娱乐需要量表

蒂莫西·C. 布罗克（Timothy C. Brock）
斯蒂芬·D. 利文斯顿（Stephen D. Livingston）
俄亥俄州立大学（Ohio State University）

> 我在此想表达的并不是电视是娱乐性的，而是它使娱乐本身成为所有体验的自然表现形式（Postman, 1986, p.87）。

测量社会心理变量的个体差异在消费心理学中被证明是卓有成效的。在评定各种个体和社会经历的认知风格和动机方面，已经有许多比较知名的评估方法。例如，过去20年的研究包括了以下几个量表的进展：自我监控测量（Snyder, 1987）、认知需要（Cacioppo & Petty, 1982）、进入故事情节的秉性转移（Green & Brock, 2000）以及影响需要（Maio & Esses, 2001）。这类个体差异的测量是具有调节功能的，也帮助解释了有关说服和人际关系各领域中的现象。

迄今为止被忽视的一个因素可能是个人对娱乐的需要，即娱乐需要（Need for entertainment，NEnt）。波兹曼称，在没有证据的情况下，呈现"所有主题内容都具有娱乐性"的趋势（Postman, 1986, p.87）源于个别被试加工信息方式的改变（Postman, 1986, p.107）。与波兹曼广义的心理转变假设不同的是，我们认为人们对体验的习惯性追求和对娱乐产品的消费可能存在差异。如果这些差异能够被识别并测量，那么，我们就可以更有效地探索它们在调节消费者媒体体验方面的作用。有关消费者行为理论的益处体现在对当前文献的推动上：娱乐媒体日益成为培养公众叙事说服力的场所（Green & Brock, 2000）。如果人们对娱乐媒体的需求确实存在分歧，那么那些更频繁地寻求娱乐的人可能更容易受到公众叙事的影响，而这些公共叙事通常包含媒体说服。如果在一个虚构的叙述中潜伏着含说服力的信息表达，娱乐需要可以促进信息接收的过程（Prentice, Gerrig, & Bailis, 1997; Wheeler, Green, & Brock, 1999）。并且，这种影响会随着被试寻求消费娱乐的倾向程度的不同而产生不同的影响。娱乐需要不仅会缓解娱乐环境中信息的影响，还会导致成瘾依赖，并且可能阻碍实现其他社会功能的主要目标，比如教育目标。

娱乐成瘾

库贝和奇克森特米哈伊在《科学美国人》里有一篇关于电视文体技巧的文章，文中展示了电视可以在受众生理上如何发挥作用，这种作用像能使人形成习惯的药物一样，其中就包括严重的戒断症状，"有些家庭在自愿或得到报酬的情况下，在一周或一个月内停止观看电视。不过，许多人无法完成这段时间的戒断。有些人经历了语言和身体上的争斗……当看电视的习惯妨碍了人们成长、学习新事物和过积极生活的能力时，它确实构成了一种依赖"（Kubey & Csikszentmihalyi, 2002, p.80）。我们认为，高娱乐需要的人更容易沉迷于看电视这类被动娱乐形式，并因此上瘾。

娱乐情景：课堂范例

我们通常认为，在任何情况下，如果人们觉得自己是一个相对被动的受众（也许是唯一成员），那么都可以唤起娱乐需要。这种情况并不局限于官方娱乐（电视、电影、体育比赛），还包括在学校、教堂和机场候机室，"电视呈现世界的方式，成为向世人恰如其分地展示世界的参照。娱乐是所有话语的隐喻，这不仅仅是在电视屏幕上的，更是在屏幕之外的（在教室里）"（Postman, 1986, p.92）。那些高娱乐需要的人可能带着那种对娱乐的需要，并在他们生活的各个领域中表达出来（学校、教堂等）。在娱乐需要方面有一个有趣并可经测试的暗示现象，那就是娱乐需要可以调节对教师和导师的评价。鉴于大多数教师的表现不如专业演员，他们的评价会降低，原因可能是被那些在课堂及其他观众类型情形下高娱乐需要的学生所误导。

媒体理论和娱乐需求

人们在娱乐需要上可能会存在差异，这些差异可能促使人们求助于娱乐方式，这完全符合主流媒体理论，如使用与满足理论（Rubin, 1994, 2002）、培养理论（Gerbner, Gross, Morgan, & Signorielli, 1986; Gerbner, Gross, Morgan, Signorielli, & Shanahan, 2002）、议程设置理论（McCombs & Shaw, 1972）、知识鸿沟理论（Tichenour, Donohue & Olien, 1970）以及创新扩散理论（Rogers, 1995）。遗憾的是，文献中（Bryant & Zillmann, 2002; Rubin, 1994, 2002; Zillmann & Bryant, 1994; Zillmann & Vorderer, 2000）并没有得出通用的娱乐需求衡量标准（Oliver, 2002）；与积极的娱乐活动相比（例如，帆船运动、雪地摩托、网球），它没有提供相对特定的被动接受娱乐刺激的测量方法（例如，电

影、书籍、电视和戏剧）。当然，研究娱乐动机的一个固有挑战是下定义。齐尔曼和布赖恩特（Zillmann & Bryant, 1994）指出，从最广义来说，娱乐可被定义为人们可以从中获得快乐的任何一种情景或活动。这样的定义可以包括任何事情，从看电影到体育运动，再到与爱人共度时光。

我们决定将研究范围限制在被试以一种十分被动的方式接受外源性刺激的体验，例如，电视、广播、电影、印刷品、戏剧和体育赛事活动。幸运的是，就我们的目的而言，这些媒体是最适合消费心理学家进行直接研究的。我们预计，即使在没有要求的情况下，大部分被试将主要以十分被动的方式来定义娱乐。①

娱乐：主权工业，主权需求

在《娱乐经济》中，沃尔夫（Wolf, 1999）创造了"娱乐化"这个词，以表达娱乐是最大的、增长最快的产业，大多数企业想要成功，必须把娱乐与其他功能连接在一起：

> 现代大众媒体——电视——诞生于婴儿潮一代。从最初的形成期开始，媒体的发展就影响了这一代人的发展，他们反过来又受到这个新经济巨擘的需求和欲望的影响——成为被他们在电视上看到的东西所社会化的消费者。共同的消费文化跨越了国家和文化的界限，然后，随着婴儿潮一代有了孩子和孙辈，这一过程（如果有的话）得到了加速。当游戏机和电脑屏幕被添加到电视屏幕上，再加上互联网的种种影响，我看到了人们对娱乐内容的无穷欲望：某种能让我们与产品产生情感联系的东西，某种能以刺激的方式向我们提供信息的东西。底线是"我们已经开始期待我们会一直被娱乐……"并且满足这一预期的产品和品牌获得了成功。这样的产品不会消失。娱乐已经成为现代商业的凝聚力，就像货币一样无处不在（Zillmann & Vorderer, 2000, p.72）。

对娱乐的需求有多强烈和普遍？

在制定娱乐需求量表之前，我们调查了来自俄亥俄州立大学和佐治亚南方大学的115名大学生，询问电视在他们生活中所扮演的角色（Mazzocco, Brock, & Brock, 2003）。我们用一个暖场问题作为开场白，如下：

---

① 虽然电视是提供给观众的——因此观众是完全被动的——实际使用可能需要一些精力充沛的活动。沃尔夫认为，"在节目稀缺的时代，电视观众的惰性已经被节目过剩时代电视用户的过度活跃所取代。《洛杉矶时报》的一项调查显示，40%的男性观众一看广告就立刻转台了。广播界有一个众所周知的笑话'男人不想知道电视上有什么节目，他们想知道还有什么节目'"（Wolf, 1999, p.255）。

想象一下，虽然你实际上是宾夕法尼亚州[南卡罗来纳州]的公民，但你一直被认为是俄亥俄州[乔治亚州]的公民，而一个新的宾夕法尼亚州[南卡罗来纳州]的项目为那些能证明自己是宾夕法尼亚州[南卡罗来纳州]的人提供一次性免税"盈余补贴"。你可以很容易地提供这样的证明，如果福利足够慷慨的话，你可以考虑申请这份来自宾夕法尼亚州[南卡罗来纳州]的福利。你需要多少现金才愿意以公开（及正确地）被认定为宾夕法尼亚州人[南卡罗来纳州人]的身份，继续你的生活？

_____
（金额以美元计）

图14.1是原始结果的直方图。接受调查的人认为，为了得到现金福利而修改自己的州公民身份所带来的不便几乎可以忽略不计，只有13人愿意免费更换身份。然而，超过一半的受访者愿意以不到1万美元的价格，从目前的公民身份回到真正的公民身份。

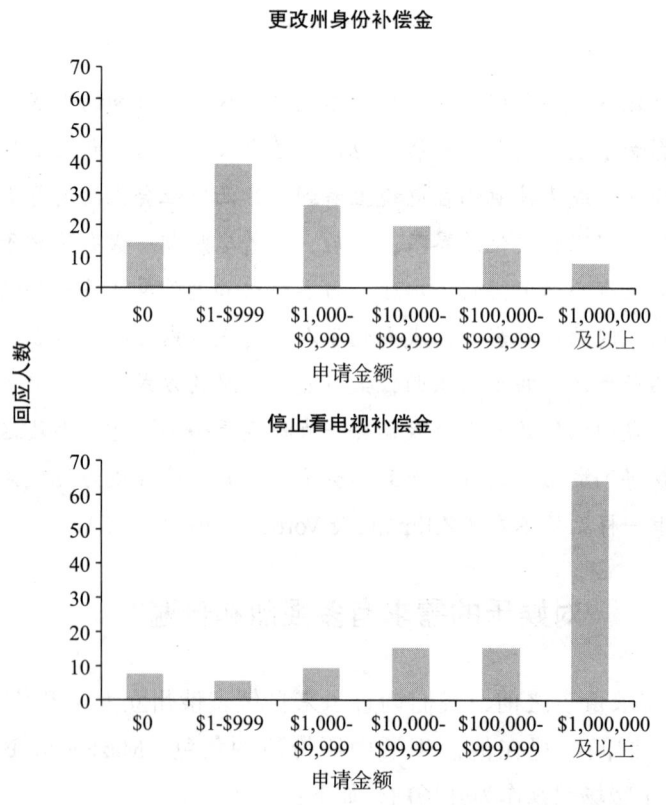

图14.1　更改州身份（上图）及停止看电视（下图）所申请的补偿金金额

接下来，被试回答了一个类似的问题，焦点在停止看电视：

假设有一个微小的隐形传感器（戴在耳环或表带上），它能可靠地检测佩戴者看电视的情况，并可靠地跟踪佩戴者的日常活动。如果佩戴者看电视或传感器被任何方式所篡改，具有全球转发功能的控制站将收到通知。在你的余生中，你需要多少钱才能停止看电视？（如果你通过看电视来"作弊"，那么你的全部现金加上复利，就从你所有的资产中扣除）

_____
（金额以美元计）

表14.1　娱乐初始需求问卷

对于下面的每项陈述，请指出是否符合你本人或你信仰的特征。如果陈述和你或你的信仰完全不一样（非常不符合），请在左侧的横线写上"1"。如果陈述和你或你的信仰高度一致（非常符合），请写上"5"。你可使用下面的量表对下面的陈述进行评估。

1	2	3	4	5
非常不符合	比较不符合	不确定	比较符合	非常符合

尽可能准确地回答所有问题，但请记住没有正确或错误的答案。我们感兴趣的是你的看法。

1. _____ 旅行时，除非有什么有趣的事情可以做，否则我会感到很无聊。
2. _____ 比起用电脑玩游戏，我更喜欢用它来工作。（R）
3. _____ 我很有选择性地度过自己的空闲时间。（R）
4. _____ 职业运动员娱乐了数以百万计的人，因此他们获得了公平的工资。
5. _____ 持续看电视使我坐立不安。（R）
6. _____ 即将上映电影和电视节目的预告片通常使我对观看正片很感兴趣。
7. _____ 阅读报纸时，我倾向于先看漫画部分再看其他。
8. _____ 娱乐是生活中最令人愉快的部分。
9. _____ 我倾向于不去寻找新的娱乐方式。（R）
10. _____ 我在娱乐方面花了很多钱。
11. _____ 我喜欢"自娱自乐"，而不是被动地娱乐。（R）
12. _____ 我在工作日是不花太多时间在娱乐活动上的。（R）
13. _____ 资助娱乐节目是对税收的浪费。（R）
14. _____ 我看演出时很少看表。
15. _____ 当星期五来临的时候，我发现我经常在想我将如何度过我的空闲时间。
16. _____ 我发现用一种娱乐的方式传授知识让我更容易学进去。
17. _____ 看电视是浪费时间。（R）
18. _____ 就我对娱乐的选择而言，什么都可以。
19. _____ 艺人在我们的社会中扮演着重要的角色。
20. _____ 如果不能参与我喜欢的娱乐活动，那么我就会感觉不舒服。
21. _____ 需要娱乐是人的本性。
22. _____ 与娱乐活动相比，我更喜欢与工作相关的活动。（R）
23. _____ **我比我的朋友更喜欢被娱乐。**
24. _____ 强调工作责任而忽视娱乐文化是不健康的。
25. _____ 我更喜欢看杂志，如《人物》或《娱乐周刊》。
26. _____ **我每天都需要一些娱乐时间。**
27. _____ 笑声促进了电视喜剧节目的乐趣。
28. _____ 我喜欢娱乐，而不是娱乐自己。

续表

29. _____	我宁愿读虚构的故事，也不愿读与工作或学校有关的事情。
30. _____	我对娱乐的看法是，一切都为我而做。
31. _____	当我为了娱乐而推迟工作时，我感到很内疚。（R）
32. _____	我喜欢以不需要付出任何努力的方式娱乐自己。
33. _____	我发现我喜欢大多数电影。
34. _____	**娱乐是一种不必要的奢侈。（R）**
35. _____	**我觉得我花在娱乐上的时间一般都被浪费了。**
36. _____	令人兴奋的机动设施是游乐园里最棒的。
37. _____	如果晚上没有过得足够开心，我发现第二天很难正常工作。
38. _____	长途旅行时我很容易感到厌烦。
39. _____	我认为生活需要接受娱乐。
40. _____	我把大部分空闲时间都花在找寻娱乐上。
41. _____	连续很多个小时的娱乐后，我仍没有得到满足。（R）
42. _____	娱乐就是这样一种需求，通常在得不到真正满足的情况下得到满足。（R）
43. _____	**我的钱很少花在娱乐上。（R）**
44. _____	我总是在寻找新的娱乐方式。
45. _____	**我喜欢在我的娱乐活动中扮演一个积极的角色。（R）**
46. _____	**娱乐是当你懒得去做其他事情的时候所做的事情。（R）**
47. _____	**我觉得庆祝游行很无聊。（R）**
48. _____	我喜欢成为观众中的一员。
49. _____	我可以被描述成一个"娱乐狂"。
50. _____	**政府最好鼓励人们提高生产力，而不总是寻找娱乐。（R）**
51. _____	我喜欢看热带鱼在水箱里游泳。

注意：黑体项目包括减少的（共19项）娱乐需求问卷。（R）表示反向计分项目。

图14.1显示了这个问题的结果。显然，被试不太愿意停止看电视。只有8人说他们愿意不要任何经济补偿就可以不看电视。事实上，超过一半的被试需要一笔至少100万美元的补偿金。实际上，受到一些异常值干扰，要求放弃电视的平均金额是230亿美元。在一定程度上看电视和娱乐需求是相关的，这个结论看起来是不容忽视的，娱乐需要在许多人身上可能有非常强大的影响力。

研究1和研究2：量表编制与因素结构

我们最初设计了几十个潜在测量项目，摒弃那些看起来像是双重标准或者缺乏明显表面效度的项目，总共留下51个。要求被试使用5点量表，对这些项目是否符合他们自身的特点进行评定（见表14.1）。在设计量表时，我们试图构建满足各种潜在兴趣主题的子集，如娱乐驱动、娱乐效用和娱乐被动性。

娱乐种类的选择是问题之一。如果我们假设在娱乐需要上确实存在个体差异，那么具有高娱乐需要的人是否会有选择性地寻找适合他们的娱乐种类？换句话说，高娱乐需要是否会激发个体降低娱乐动机，促使人们不加选择地消费那些可以获得娱乐的产品，

（例如，类似于当一个人特别饿的时候，会吃马上就能吃到的东西），或者反过来它会不会与娱乐方面的鉴赏力联系起来（例如，那些特定的娱乐正是满足需求的关键）。因此，我们加入了以下条目（偶尔有反向得分项）来解决这些问题（例如，"如果晚上没有过得足够开心，我发现第二天很难正常工作"）。

我们还感兴趣的是，娱乐需要是否会反映在经验报告中。试图描述经验的条目包括那些与娱乐消费有关的条目（例如，"我在娱乐方面花了很多钱"和"阅读报纸时，我倾向于先看漫画部分再看其他"）。诸如"娱乐是一种不必要的奢侈"和"资助娱乐节目是对税收的浪费"之类的项目。

样本、步骤，和附加工具

我们收集了两组样本。第一组样本的被试是389名俄亥俄州立大学本科生，他们在学期开始时填写了问卷，以作为大规模预筛选程序的一部分。这389名被试也完成了认知需要量表（Cacioppo & Petty, 1982）。

第二组样本的被试是282名俄亥俄州立大学本科生，他们参与的是一项大型实验室实验，主要任务是对文本阅读做出反应，这些文本通过叙述或修辞方式呈现，其中在某一种方式中，使用强或弱的版本。第二组样本的被试也完成了认知需要量表（Cacioppo & Petty, 1982）、一项对倾向转移的测量（Green & Brock, 2000）、视觉意象鲜活性量表（Babin & Burns, 1998）以及特勒根融合指数测量（Tellegen, 1982）。因此，每组样本中被试遇到的语境和任务都是不同的。

分析方法：因素分析

我们对第一组样本进行了因素分析，观察新出现的因素结构是否能复制到第二组样本上。我们研究了简化19项娱乐需要量表的信度和效度，以及它与其他测量变量的关联程度。

因素分析使用极大似然提取，采用四倍旋转，这是一种假定正交性的旋转。对51个项目的初步分析中，我们试图提取12个因素，然后依次用较小数量的因素进行分析。删除在单个因素上没有达到0.20以上负载的项目，并用因素解决方法重新运行。这一过程一直进行到留下负载良好的19个项目，并在三个因素上有差异。

因素1：娱乐驱动 第一个因素由12个项目组成，这些项目有大量的负载，反映了人们对娱乐的驱动或动机（见表14.2）。这些项目对因素2和3没有明显的负载。重要的是，这些因素载荷基本上在第二个样本中的动机因素中重复出现（12个项目中的11个）。因素1包括"娱乐是生活中最令人愉快的部分"；"我倾向于不去寻找新的娱乐方式（反向得分）"；"我在娱乐方面花了很多钱"；"我比我的朋友更喜欢被娱乐"；"我可以被描述成一个'娱乐狂'"。虽然其中一项"我倾向于不去寻找新的娱乐方式（反向得分）"，没有在第二个样本中重复因素1的载荷，但我们仍决定将其保留在这19项量表中。在我们看来，项目从根本上反映了驱动因素的性质，并且对反映偏差是有用的（例如，默许反应），因为它在功能上与另一个项目相反，"我总是在寻找新的娱乐方式"，在两组样本的因素1中负载良好且可信。

表14.2 因素1（娱乐驱动）研究1和2中的娱乐需求载荷

条目	因素1		因素2		因素3	
	研究1[a]	研究2[b]	研究1[a]	研究2[b]	研究1[a]	研究2[b]
娱乐是生活中最令人愉快的部分。	**0.57**	**0.50**	0.10	0.14	0.16	0.22
我倾向于不去寻找新的娱乐方式。（R）	**0.25**	0.19	0.19	0.18	−0.10	**−0.25**
我在娱乐方面花了很多钱。[M>F]	**0.54**	**0.62**	0.17	0.06	0.07	−0.04
我在工作日是不花太多时间在娱乐活动上的。（R）	**0.44**	**0.38**	0.25	0.25	0.10	−0.19
我比我的朋友更喜欢被娱乐。	**0.48**	**0.38**	0.04	−0.03	0.09	0.13
我每天都需要一些娱乐时间。[M>F]	**0.53**	**0.40**	0.24	0.37	−0.02	0.08
如果晚上没有过得足够开心，我发现第二天很难正常工作。[M>F]	**0.38**	**0.38**	−0.11	−0.21	0.10	0.06
我认为生活需要接受娱乐。	**0.67**	**0.55**	0.00	0.03	0.22	0.24
我把大部分空闲时间都花在找寻娱乐上。	**0.75**	**0.71**	−0.01	−0.08	0.03	0.08
我的钱很少花在娱乐上。（R）	**0.51**	**0.54**	0.24	0.11	0.08	−0.21
我总是在寻找新的娱乐方式。	**0.54**	**0.42**	0.16	0.12	−0.20	−0.27
我可以被描述成一个"娱乐狂"。	**0.72**	**0.66**	0.04	−0.07	0.04	0.15
因素上条目载荷最高。	12	11	0	0	0	1

注意：黑体表示项目的最大因素载荷。
[a] $N = 389$.
[b] $N = 282$.

如表14.2所示，男性在三个因素1上的平均得分确实高于女性：在娱乐上花钱、日常娱乐需要和没有娱乐就无法工作。这意味着性别差异在两组样本中都重复出现。

因素2：娱乐效用 第二个因素由4个项目组成，它们都有大量的载荷，这似乎反映了人们对娱乐的一般效用的态度（见表14.3）。重要的是，从总体上来说，4个项目的因素载荷可以复制到第二组样本的娱乐效用因素上。对娱乐效用的态度反映在诸如"资助娱乐节目是对税收的浪费"（反向得分）和"娱乐是一种不必要的奢侈"（反向得分）等项目上。

表14.3 因素2（娱乐效用）研究1和2中的娱乐需求载荷

条目	因素1		因素2		因素3	
	研究1[a]	研究2[b]	研究1[a]	研究2[b]	研究1[a]	研究2[b]
资助娱乐节目是对税收的浪费。（R）	0.19	0.18	**0.37**	**0.28**	0.10	−0.18
娱乐是一种不必要的奢侈。（R）	0.28	0.05	**0.64**	**0.67**	−0.02	−0.17
我觉得我花在娱乐上的时间一般都被浪费了。（R）	0.25	−0.01	**0.64**	**0.61**	−0.08	−0.11
娱乐是当你懒得去做其他事情的时候所做的事情。（R）	0.13	0.05	**0.55**	**0.38**	−0.16	−0.26
因素上条目载荷最高。	0	0	4	4	0	0

注意：黑体表示项目的最大因素载荷。
[a] $N = 389$.
[b] $N = 282$.

因素3：娱乐被动性 第三个因素包括3个具有大量载荷的项目，这些项目反映了人们在娱乐活动中的被动倾向（见表14.4）。重要的是，这些因素载荷在第二组样本中的被动因素重复出现。因素3包括"我对娱乐的看法是，一切都为我而做"和"我喜欢在我的娱乐活动中扮演一个积极的角色"（反向得分）。

表14.4 因素3（娱乐被动性）研究1到3中的娱乐需求载荷

条目	因素1			因素2			因素3		
	研究1[a]	研究2[b]	研究3[c]	研究1[a]	研究2[b]	研究3[c]	研究1[a]	研究2[b]	研究3[c]
我对娱乐的看法是，一切都为我而做。	0.20	0.22	0.21	−0.06	−0.25	−0.06	**0.78**	**0.64**	**0.67**
我喜欢以不需要任何努力的方式娱乐自己。	0.13	0.15	−0.01	−0.02	−0.06	−0.01	**0.71**	**0.64**	**0.81**
我喜欢在我的娱乐活动中扮演一个积极的角色。（R）	0.34	0.26	−0.52	0.14	0.13	−0.13	**0.39**	**0.35**	**0.60**
因素上条目载荷最高。	0	0	0	0	0	0	3	3	3

注意：黑体表示项目的最大因素载荷。
[a] $N = 389$.
[b] $N = 282$.
[c] $N = 60$.

相关证据和量表参数

在两个样本中，因素1（驱动）与因素2（效用）呈中度正相关，可靠相关性为.39和.17。然而，在两个样本中，因素1与因素3（被动性）的相关性接近于零。因素2和3在两个样本中呈现出可靠的负相关关系：−.12和−.33。

表14.5和表14.6显示，对于研究1和研究2，在整个量表和因素1子量表中，两组样本的克朗巴哈系数在.7到.8之间。平均得分刚好在5点量表中间位置。相关证据表明，娱乐需要与认知需要呈负相关，这一结果支持了我们在定义娱乐需要和生成初始项目时的被动偏见。特别是，第三个因素（被动性）与认知需要的负相关最强。最后，娱乐需要只与倾向转移的联系微弱，与意象倾向或融合的相关性很小。

表14.5 娱乐方式需求、可靠性及其他变量的关系：研究1

	M	SD	α	NC[a]
全量表（19项）	3.15	.51	.81	−.24**
动机（12项）	3.11	.66	.83	−.19**
用途（4项）	3.93	.72	.68	−.01
被动性（3项）	2.31	.74	.62	−.34**

注意：最后一栏包括 r 值。
[a] NC＝认知需要；参看正文。
** $p < .01$，双侧检验。

讨论

娱乐需要对总量表以及至少是最大的（12项）分量表似乎具有一种合理的重复因素结构，并具有令人满意的可靠性。重要的是，在这两组大样本中，娱乐需要与认知需要成反比，认知需要是衡量一个人对积极解决问题和积极使用批判性思维的享受程度的指标。对于第三个因素（被动性），这些逆相关特别强，因此与我们预期的对娱乐被动性的偏见一致。最后，娱乐需要看起来占据了一个独特的位置，因为它与倾向转移的关系很弱，而与意象倾向或融合完全无关（见表14.6）。在接下来的研究中，我们通过测量被试对娱乐的自我定义（研究3）和评估研究者提出娱乐定义的影响（研究4）来进一步检验被动假设。

表14.6 娱乐方式需求、可靠性及其他变量的关系：研究2

	M	SD	α	NC[a]	意象[b]	运输[c]	融合[d]
全量表（19项）	3.19	.44	.72	−.22**	.03	−.17**	.01
动机（12项）	3.18	.61	.83	−.19**	.00	−.15**	.02
用途（4项）	3.84	.73	.68	.09	.02	−.04	.08
被动性（3项）	2.34	.73	.62	−.33**	.02	−.12	−.13

注意：最后四栏包括 r 值。
[a] NC＝认知需要。
[b] 意象＝视觉意象量表。
[c] 转移＝倾向转移。
[d] 融合＝特勒根融合指数。见正文。
* $p < .05$，双侧检验。** $p < .01$，双侧检验。

研究3：被试对娱乐的定义

虽然前两项研究的结果很好，但我们开始关注两个构念效度的问题。首先，我们想确认被试定义娱乐的方式和我们想要的是一样的，也就是说，在很大程度上是被动性的。其次，我们试图将娱乐需要与感觉寻求区分开来，因为二者是一种看似相关的构念。之前的研究表明，感觉寻求会影响特定娱乐的选择，比如音乐（Litle & Zuckerman, 1986）和电影（Schierman & Rowland, 1985）。然而，尽管感觉寻求可能会影响特定的娱乐偏好，但并没有显示出它会像我们认为娱乐需要应该的那样影响寻求娱乐的总体总量。

方法和步骤

为了探索娱乐对被试的意义，我们招募了60名俄亥俄州立大学的本科生（修读心理学入门课程的群体），让他们完成小册子里的三项测量：（1）19项娱乐需要问卷（即表14.1中的黑体项）；（2）旨在引出个人对娱乐定义的问题；（3）39项寻求感觉刺激的量表（Zuckerman, 1994, 1996）。在第二部分，被试阅读了以下内容：

你刚刚回答了一些关于"娱乐"的问题。请在下面的空白处写下定义，当你回答上一页问题时，"娱乐"对你意味着什么？（后面是一个长宽为2英寸×4英寸的长方形空白）

什么样的经历或活动能很好地说明你对"娱乐"的个人定义？请在下面的空格中列出最多四个答案。（后面有四行空白）

结果

尽管我们认为60名被试的样本太小，不足以进行决定性因素分析，但我们再次考察了第三个因素（被动性）。在表14.4的第4、第7和第10列中可以看到因素载荷。

我们将被试的定义编为三类：被动（$N = 43$）、主动（$N = 12$）和不清楚或模糊（$N = 5$）。两个被动定义的字面例子是"为你举办的节目：看电视，听音乐，看电影"和"电视、电影、戏剧等；一些能让你一直开心的节目，通常是能看到的"。

两个主动定义的字面例子是"娱乐——你为了娱乐而做的事：打猎、钓鱼、背包旅行"和"娱乐是与他人互动，并确保所有参与者都能玩得开心。我认为娱乐活动是体力活动，因此不是懒人会做的事情：排球、游泳、跳舞"。一个没有明确定义的字面例子是"我认为娱乐是生活中的一切。只是普通的日常经历娱乐着我：人、生活、经历"。总之，只有约20%的被试以明确非被动的方式定义娱乐。

但是，那些以主动的方式定义娱乐的人与其他人有区别吗？表14.7显示了整个样本和被动、主动以及不明确的自定义者的平均得分。这些子样本之间娱乐需要评分的平均差异均无统计学意义。然而，主动子样本（$M = 3.51$）的感觉寻求得分高于被动子样本（$M = 2.99$），$t(53) = 3.404$，$p < .001$。

最后，在整个样本水平上，我们观察到总娱乐需要评分与感觉寻求之间有可靠的中度相关性，$r = .34$，$p < .01$。娱乐需要的被动因素和感觉寻求之间的相关并不可靠，但 $r = -.11$，ns。

表14.7 娱乐需求作为娱乐自我定义的功能（被动、主动或不明确）：研究3

分析样本	n	整体娱乐需要		娱乐需要被动分量表		SSS-V[a]	
		M	SD	M	SD	M	SD
全部样本	60	3.27	.42	2.20	.79	3.11	.51
被动的自我定义	43	3.25	.44	2.25	.74	2.99	.47
主动的自我定义	12	3.37	.44	2.11	1.07	3.51	.46
不明确的自我定义	5	3.19	.21	2.07	.43	3.18	.47

注意：NEnt = 娱乐需求。
[a] SSS-V = 朱克曼感知寻求量表（表V）。

讨论

本研究的样本与研究1和研究2中使用的样本来自选修同一门心理学入门课程的群体。因此，因为5人中只有1人会把娱乐定义为主动的，我们可以推断大部分先前样本的（研究1和研究2）被试（例如，70%或以上），会以相似的方式根据外在表现或表演定义娱乐：人们相对被动地被一些外部的表演或场面所娱乐。现有样本中对被动因素的重复强化了这种解释。

无论被试对娱乐的定义如何，他们在娱乐需要总量表、被动子量表和感觉寻求量表上的平均得分均未受影响。研究者观察到娱乐与感觉寻求的联系是适度的；这个结果，就像研究1和研究2中的相关证据一样，再次表明这里测量的娱乐需要是特别的。娱乐需要不是用于测量感觉寻求或融合或倾向转移的。

研究4：娱乐被动性的焦点影响

为了进一步考察定义问题，我们请研究1、2、3中俄亥俄州立大学选同一门心理学入门课程群体的本科生（$N = 28$）首先进行娱乐的自我定义（参见研究3中第二部分的调查问卷），然后完成19项版本的娱乐需要测量。研究4的娱乐需要量表在指导语中包括了以下内容："为了完成本页的任务，将'娱乐'定义为被动活动——比如电影、电视、观看体育赛事、读书等——这些活动可以为你做一些事情。"和研究3一样，最后被试完成了感觉寻求量表。

通过研究3证实，大多数被试的反应（$N = 22$）是被动的（见研究3）。我们在四组样本中比较总娱乐需要和因素3（被动性）的平均分：研究1、研究2、研究3和研究4，在这些研究中关注的焦点是娱乐的被动定义。四组样本的总娱乐需要平均分分别为3.15、3.19、3.27和3.11。这些平均分没有统计学上的差异。在被动因素（因素3）上的平均分分别为2.31、2.34、2.20和2.37。这些平均分也没有统计学上的差异。

总之，关注被动定义对娱乐需要的得分并没有影响。这一结果并不令人惊讶，因为大多数被试——在目前的研究及研究3中——都是自发定义以被动接受者的方式进行娱乐的。回想一下，研究4的被试在第一步开始时就给娱乐下了定义。我们通过我们的定义编码来将处于中位的被试划分为被动性编码高和低。对被动性高（$M = 3.16$）和低（$M = 2.94$）的被试来说，娱乐需要总分无统计学上的差异。由于大部分被试自发地以被动接受者的方式定义娱乐，我们认为，在未来的新娱乐需要量表中提供这样的定义可能是多余的。

最后，我们再次观察到总的娱乐需要和感觉寻求之间呈正相关（$r = .13$, ns）。虽然这种相关性在统计学上并不显著，我们不能说从研究3中得到了真实的重复效应，但应该注意的是，研究4中相对较小的样本量不足以用来检测这些小的影响。

量表现状，社会影响及结论

娱乐的需求强度可能是决定个体如何加工媒体的一个基本因素。我们的研究假设是，倾向性的娱乐需要驱使着对所有公共媒体传播的期望、框架和感受性。因此，娱乐需要的测量可能解释了媒体中界限的模糊，也有助于解释主要用于娱乐的研究如何影响态度和行为。的确，在个人的娱乐需要满足程度上，在叙述模式中所呈现的主张可能比在修辞模式中所呈现的更具有影响力。

娱乐需要的因素结构在两大收集的数据中表现强劲。3个因素（见表14.2、14.3和14.4）是相互关联、有意义的。目前的娱乐需要量表在娱乐种类上并不明确。同样地，著名的认知需要量表（Cacioppo & Petty, 1982）也是不明确的：认知需要量表没有规定认知作用的目标，例如填字游戏或汽车修理。关于娱乐需要的结果表明，大部分被试对娱乐采取了被动的定义；在做问卷的时候，他们想到的是电视、电影等。在未来关于娱乐需要的研究中，我们建议使用19项的版本。当然，明智的做法是检查一小部分样本（如研究3和研究4），以验证对大多数被试而言，娱乐被动性确实是显著的。

对于娱乐需要是作为一种特质，还是作为一种可评估的性格，我们还没有更好的概念。这种区别（需求vs.特性vs.转移）是否重要，是可以通过实证研究解决的，即通过量表和它所构成的因素来有效地解释迄今为止无法解释的差异。

关注娱乐需要的同时，我们也在进行关于叙述说服领域的研究。这些实验试图对比两类说服（以叙述为基础的及以修辞为基础的）的潜在机制。近期关于这个话题的理论（Green, Strange, & Brock, 2002）让我们怀疑娱乐需要可能在叙述说服中起到调节作用。如果说服性信息可以在娱乐媒体（比如，虚构的故事）中形成框架，那么那些特别关注娱乐的人可能（比如，娱乐需要高的人）会更注意并接受这些结论。这样，娱乐需要可以作为叙事说服的调节者（但不会调节修辞产生的说服），类似于认知需要可以充当修辞说服的调节者（Green, & Brock, 2000）。目前娱乐需要和认知需要之间可靠的反向关系（研究1和研究2）与其在叙述和修辞说服中提出的不同调节角色是一致的。[①]

娱乐需求差异的社会替代意义

娱乐可以控制生育？ 印度明确地指出娱乐在替代其他人际关系方面是存在作用的：

> 印度的计划生育工作长期停滞不前，印度卫生部部长提出了一项建议，给大众分派电视机，使他们远离生育。上月该部长向印度议会建议，娱乐是印度人口政策的一个重要组成部分。他说，为了降低出生率，我们希望人们看电视。反对派成员对这个想法嗤之以鼻——但仅仅是因为它的成本太高（Holden, 2001, p.1987）。

衰老和情绪健康。一般来说，人体机能会随着年龄的增长而整体下降，但是情绪是个例外。具体来说，情绪会随着年龄的增长变得更加突出，其调节能力会得到改善。根据斯坦福大学的研究，"当情绪确实受到伤害时，只有在生命的最后时刻才会降低情绪"（Carstensen & Charles, 1998, p.144）。研究结果也不出所料，发现人在后半生的情感幸福源自对真实人际关系满意度的提高。娱乐需要可能可以调节、维护和培养真正的人际关系。一项可验证的推论是，高娱乐需要可能会在一定程度上阻碍真正的人际关系，产生孤独的行为，比如看电视。因此，高娱乐需要可能会降低情感幸福感，这是源自真实人际关系的结果，而不是老年人就会经历显著下降。

削弱民主的根基。对娱乐的需求可能会调节民主进程。帕特南（Putnam, 2000）很有说服力地指出，看电视削弱了社会机能和社会关系，而社会机能和社会关系有助于社

[①] 实际上，个人差异在调节说服性信息的娱乐影响方面所起的作用，在近期得到了一些认识。康韦和杜布（Conway & Dubé, 2002）认为，当涉及威胁健康的话题时，性别角色定位为男性的，在对比幽默说服内容和无幽默内容时，可以预期到更多地接受前者建议的意图。考虑到我们在娱乐需要的某些方面发现了可靠的性别差异（见研究1和研究2），我们也许能够解释这种性别角色的定向效应，比如在说服性语境中娱乐需要的附属现象。虽然这是一种推测，但我们认为这种实验范式有潜在的机会来证明娱乐需要在跨越理论和学科边界的作用。

会资本（即民主源泉）的形成。因此，娱乐需要可能与参与城镇会议的活动呈反向关系，这些活动强调社交、面对面，以及施与受，并且与现实世界中积极地做决策行为呈反向关系，如投票。高娱乐需要可能会激发一些根本无法促进托克维尔民主的行为（Green, 2000; Green & Brock, 1998; Putnam, 2000）。我们同意沃尔夫的观点：

> 大多数人不太可能在餐桌上或办公室的饮水机前进行真正的人际交往。越来越多的时候，如果你在寻找与家人和同事的共同交流点，这将是一种"分享的娱乐体验"，在美国的在线聊天室里偷来的几分钟，一本你知道所有人都在读的书……娱乐产品让大众产生共鸣，在投入情感的同时，它们取代了在日常生活中正在消失的社区分享的感觉（Wolf, 1999, p.38）。

结论

目前的研究在确定和评定娱乐产品及娱乐经验中的个人差异上已经取得了初步的进展。我们认同辛格尔和罗杰斯的观点，"历史上从来没有如此多的人在如此多的闲暇时间里如此容易地接触到如此多的娱乐"（Singhal & Rogers, 2002, p.119）。因此，对娱乐需求的进一步系统调查和评价是值得的，而且也是及时的。我们严肃地对待波兹曼的警告（Postman, 1986; p.155），精神上的毁灭来自一个面带微笑的敌人。我们认为，不仅个人对娱乐的需求可能有所不同，而且对这种差异的衡量将使我们对这种需求的含义有更微妙、更正确的理解。

致　　谢

感谢加拿大博士奖学金下的社会科学和人文研究委员会资助第二作者对这一主题的继续研究。我们感谢菲利普·马佐科（Philip Mazzocco）和莎丽·路易斯（Shari Lewis）对我们的帮助。我们感激2002年5月在纽约举行的第21届广告和消费者心理学年会上在本章部分内容的会议陈述时得到的反馈。

参考文献

Babin, L. A., & Burns, A. C. (1998). A modified scale for the measurement of communication-evoked mental imagery. *Psychology and Marketing*, 15, 261–278.

Bryant, J., & Zillmann, D. (Eds.). (2002). *Media effects: Advances in theory and research* (2nd ed.). Mahwah, NJ: Lawrence Erlbaum Associates.

Cacioppo, J. T., & Petty, R. E. (1982). The need for cognition. *Journal of Personality and Social*

Psychology, 42, 116-131.

Carstensen, L. L., & Charles, S. T. (1998). Emotion in the second half of life. *Current Directions in Psychological Science*, 7, 144-149.

Conway, M., & Dubé, L. (2002). Humor in persuasion on threatening topics: Effectiveness is a function of audience sex-role orientation. *Personality and Social Psychology Bulletin*, 28, 863-873.

Gerbner, G., Gross, L., Morgan, M., & Signorielli, N. (1986). Living with television: The dynamics of the cultivation process. In J. Bryant&D. Zillmann (Eds.), *Perspectives on media effects* (pp. 17-40). Hillsdale, NJ: Lawrence Erlbaum Associates.

Gerbner, G., Gross, L., Morgan, M., Signorielli, N.,&Shanahan, J. (2002). Growing up with television: Cultivation processes. In J. Bryant & D. Zillmann (Eds.), *Media effects: Advances in theory and research* (2nd ed., pp. 43-68). Mahwah, NJ: Lawrence Erlbaum Associates.

Green, M. C. (2000). *Choice of real versus ersatz social interaction in the formation of social capital: Laboratory and longitudinal approaches*. Unpublished doctoral dissertation, The Ohio State University, Columbus.

Green, M. C., & Brock, T. C. (1998). Trust, mood, and the outcome of friendship determine preference for real versus ersatz social capital. *Political Psychology*, 19(3), 527-544.

Green, M. C., & Brock, T. C. (2000). The role of transportation in the persuasiveness of public narratives. *Journal of Personality and Social Psychology*, 79, 701-721.

Green, M. C., Strange, J. J., & Brock, T. C. (Eds.). (2002). *Narrative impact: Social and cognitive foundations*. Mahwah, NJ: Lawrence Erlbaum Associates.

Holden, C. (2001). Birth control by remote. *Science*, 293, 1987.

Kubey, R., & Csikszentmihalyi, M. (2002). Television addiction is no mere metaphor. *Scientific American*, 286, 74-80.

Litle, P., & Zuckerman, M. (1986). Sensation seeking and music preferences. *Personality and Individual Differences*, 7, 575-577.

Maio, G. R., & Esses, V. M. (2001). The need for affect: Individual differences in the motivation to approach or avoid emotions. *Journal of Personality*, 69, 583-615.

Mazzocco, P. J., Brock, T. C., & Brock, G. J. (2003). *Money needed to live as a descendant of slaves: Reparations in the court of public opinion*. Unpublished manuscript, Columbus, OH.

McCombs, M. W., & Shaw, D. L. (1972). The agenda-setting function of the mass media. *Public Opinion Quarterly*, 36, 176-187.

Oliver, M. B. (2002). Individual differences in media effects. In J. Bryant & D. Zillmann (Eds.), *Media effects: Advances in theory and research* (2nd ed., pp. 507-524). Mahwah, NJ: Lawrence Erlbaum Associates.

Postman, N. (1986). *Amusing ourselves to death*. New York: Penguin.

Prentice, D. A., Gerrig, R. J., & Bailis, D. S. (1997). What readers bring to the processing of fictional texts. *Psychonomic Bulletin and Review*, 4, 416-420.

Putnam, R. D. (2000). *Bowling alone: The collapse and revival of American community*. New York: Simon & Schuster.

Rogers, E. M. (1995). *Diffusion of innovation* (4th ed.). New York: Free Press.

Rubin, A. M. (1994). Media uses and effects: A uses-and-gratifications perspective. In J. Bryant &

D. Zillmann (Eds.), *Media effects: Advances in theory and research* (pp. 417−436). Hillsdale, NJ: Lawrence Erlbaum Associates.

Rubin, A. M. (2002). The uses and gratifications perspective of media effects. In J. Bryant&D. Zillmann (Eds.), *Media effects: Advances in theory and research* (2nd ed., pp. 525−548). Mahwah, NJ: Lawrence Erlbaum Associates.

Schierman, M. J., & Rowland, G. L. (1985). Sensation-seeking and selection of entertainment. *Personality and Individual Differences*, 6, 599−603.

Singhal, A.,&Rogers, E. M. (2002).Atheoretical agenda for entertainment-education. *Communication Theory*, 12(2), 117−135.

Snyder, M. (1987). *Public appearances/private realities: The psychology of self-monitoring*. NewYork: Freeman.

Tellegen, A. (1982). *Brief manual for the Differential Personality Questionnaire*. Unpublished manuscript, University of Minnesota, Minneapolis.

Tichenour, P. J., Donohue, G. A., & Olien, C. N. (1970). Mass media flow and differential growth in knowledge. *Public Opinion Quarterly*, 34, 159−170.

Wheeler, S. C., Green, M. C., & Brock, T. C. (1999). Fictional narratives change beliefs: Replications of Prentice, Gerrig, & Bailis (1997) with mixed corroboration. *Psychonomic Bulletin and Review*, 6, 136−141.

Wolf, M. J. (1999). *The entertainment economy: How mega-media forces are transforming our lives*. New York: Times Books.

Zillmann, D., & Bryant, J. (1994). Entertainment as media effect. In J. Bryant & D. Zillmann (Eds.), *Media effects: Advances in theory and research* (pp. 437−461). Hillsdale, NJ: Lawrence Erlbaum Associates.

Zillmann, D., & Vorderer, P. (Eds.). (2000). *Media entertainment: The psychology of its appeal*. Mahwah, NJ: Lawrence Erlbaum Associates.

Zuckerman, M. (1994). *Behavioral expressions and biosocial bases of sensation seeking*. New York: Cambridge University Press.

Zuckerman, M. (1996). Item revisions in the Sensation Seeking Scale Form V (SSS-V). *Personality and Individual Differences*, 20, 515.

第十五章 观众与"他们"的电视节目：
电视节目联结性概述

克里斯特尔·A. 拉塞尔（Cristel A. Russell）
圣地亚哥州立大学（San Diego State University）
安德鲁·T. 诺曼（Andrew T. Norman）
德雷克大学（Drake University）
苏珊·E. 赫克勒（Susan E. Heckler）
圣托马斯大学（The University of St. Thomas）

最近，人们意识到观众之间存在着个体差异，这促使人们对电视体验进行了更深入的思考。运用定性和定量相结合的方法，研究人员已经开始探索电视观众是如何与"他们的"节目建立联系、维系忠诚度以及与故事情节中所描绘的人物以及其他观众进行联系的。在本章中，我们回顾了现有关于电视消费这些概念更复杂的文献，并对电视的联结性进行了综述。我们展现了一个以联结性为代表的概念模型来说明各种关系类型，并提出了一系列与电视节目消费心理各个方面相联结的理论观点。

有关电视观众的测量始于许多年前，用以支持广告空间的销售和考察节目策略是否成功。近30年来，尼尔森公司一直在全国和地方电视的调查中占据主导地位，该公司的观众计量规模系统庞大——拥有全国约5,000个家庭的电子机顶盒（Nielsen Media, 2002）。这种传统的观众测量方法通常局限于庞大的全球电视观看率，只考虑观众的数量，在观看率中仅将观众作为单一的样本来衡量（Beville, 1988）。然而，经验证据表明，人们对观看的定义可以从"边看电视边吃零食"到"坐在电视机开着的房间里，却不看屏幕或不留心听"（Clancey, 1994, p.4）再到他们可能与电视节目及里面的人物紧密联结起来（Russell & Puto, 1999）。虽然这些消费体验是截然不同的，但这些差异并没有从观众数量上区分出来。

我们相信，在目前流行的电视连续剧中，如《老友记》《仁心仁术》《德鲁加尔利秀》，这些观众在实际上与其所看节目之间的感觉和程度是有很大不同的。一些观众可能与节目的联结非常紧密——通过访问《德鲁加尔利秀》的网站看他们作为粉丝玩益智问答游戏的表现如何，并要求他们的发型师重现《老友记》中瑞秋（Rachel）最新的头发颜色和发型，或把他们所有的额外现金花在如何装扮成《律师本色》里的人物。其他人可能是普通观众，享受电视节目所带来的乐趣，但却没有注意到或记住多少关于剧中人物或电视剧情的细节。还有一些人可能"仅仅是因为节目正在播放"或者只是为了"打发时间……当我感到无聊的时候"而观看电视（Rubin & Perse, 1987, p.258）。

考虑到这种观众间的潜在差异，传统上依赖于总体的电视观看量或观众数量来衡量电视消费，似乎忽视了体验中重要的定性区别。具体来说，这些措施并不能从事实上说明观众规模和观众评价之间存在关系（Barwise & Ehrenberg, 1987）。此外，看电视的人数并不影响人们看电视的方式和动机（Clancey, 1994），对电视节目的情感/反应（Pavelcheck, Antil, & Munch, 1988），以及从整体上看个人与节目联结的性质和强度（Russell & Puto, 1999）。

对电视消费进行概念化

现有文献，特别是有关大众传播学科的文献，对电视节目消费有着不同的见解。例如，传播研究中的使用和满足范式已经确定了观众可能从他们的电视经验中寻求更多好处。利维和温德尔（Levy & Windahl, 1984）在关于电视新闻消费的研究中强调娱乐—社会的互动、监视和人际效用的必要性。鲁宾和佩尔斯（Rubin & Perse, 1987）通过研究肥皂剧发现了五种观看动机：渴望娱乐、消磨时间、窥探隐私、逃避现实、获取信息。在电视节目消费方面，李和李（Lee & Lee, 1995）也将观看、情绪改善、信息收益、社会学习和社交顺利看作观众的关键动机。虽然这些方法有助于确定电视消费背后的动机，但它们尚未有效地证明电视对观众的影响，因为这超出了对整体电视观看情况的衡量标准所解释的范围。

在媒体和文化研究领域中，定性研究方法的出现对电视消费产生了重要的见解。民族志研究人员，如莫利（Morley, 1980）和利文斯顿（Livingstone, 1990），通过探索观众如何与电视节目互动，为电视观众提供了丰富的描述性资料。定性方法还有助于理解消费的亚文化是如何围绕电视节目发展的，包括它们的仪式、用具和参与集体活动，如粉丝团体、会议和互联网上的聚会（Kozinets, 2001）。

总体而言，现有的研究表明，在对电视节目消费进行概念化的时候，我们应该认识到，看电视的经验不仅仅局限于实际的观看体验，还包括前期和后期阶段（Levy & Windahl, 1984）。事实上，除了关注发生在观看节目时的回应，如情绪的激发或获得信息的好处（Lee & Lee, 1995），甚至是与节目的主动互动（Whetmore & Kielwasser, 1983），电视消费包括了一系列发生在观看节目前的关键活动，如选择和预期（Perse, 1990），以及观众观看后可能会采纳的事情，如其社会效用（Morley, 1980）。因此，更重要的是要从更复杂的维度来考虑观众与电视的互动，而不是从数量或规律性来考虑，并认识到观众与电视节目的关系可能在类型和强度上是有所不同的。这些研究的贡献是我们定义和衡量联结及其影响的基础。

联结性是什么？

为了给电视观众的体验提供一个复杂的、定性丰富的视角，联结性研究已经确定了观众和节目之间发展不同类型的关系。拉塞尔和普托（Russell & Puto, 1999）最初将联结性引入多维构建，抓住了电视节目对观众个人和社会生活的影响程度。通过对焦点小组、深度访谈和网络粉丝论坛的定性评估，他们证明了联结性包括电视节目对观众自我和社会身份的贡献，而不仅仅是观看体验。在最近的研究中，人们开发并验证了一种联结度量表（Russell, Norman, & Heckler, 2004），关注单个观众与电视节目以及电视节目的角色之间的联结关系。该量表测量个人与电视节目发展的关系强度，因此集中在观众、节目本身和节目中描绘的人物关系上。①

总的来说，这项关于联结性的研究提出，电视节目会发展出几种类型的联结。拉塞尔等人（Russell et al., 2004）认为，联结性可以包括从自我展示关系中获得的联系，也可以包括与剧中人物建立的联系。拉塞尔和普托（Russell & Puto, 1999）也强调了电视体验的社会嵌入性，以及观众群体中关系的重要性。图15.1表明了这些不同类型的联结，并介绍了存在于电视消费领域的一个联结模型。在这个模型中，垂直联结反映了观众和节目之间的关系，社交联结（或垂直水平）是观众和剧中角色之间出现的联结，而水平联结则表达了观众之间的社会关系（Frenzen & Davis, 1990）。我们将在下面的小节中更详细地讨论每个维度。

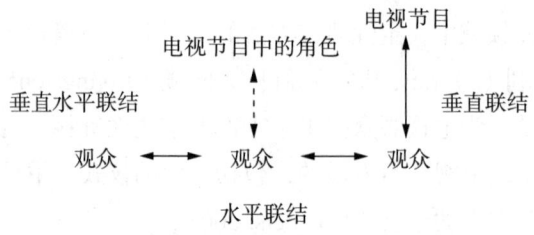

图15.1　电视消费领域的联结模型

---

① 量表可从第一作者处获得。

垂直联结：观众—节目

垂直联结是建立在个人观众和节目本身之间的。这种关系可以通过各种方式加以促进。例如，一个节目的忠实观众通常会观看每一集播出的节目。人们通常会重新安排他们的日程或把节目录制下来，以确保不会错过。在联结性最高的联结中，观众不仅会刻意去看每一集，而且如果错过了一集，他们的情绪也会受到负面影响。以同样的方式来看节目提升了这些观众的情绪状态。此外，随着与节目关系的发展，观众们通常会认为这部剧写得很好或制作得很好，并会向其他人推荐这部剧。更极端的观众—节目联结也可能表现在收集与节目有关的物品上，例如书籍或图片。

水平联结：观众—观众

观看同一节目的观众之间会形成水平联结或观众—观众联结。即使在联结性较低的情况下，这种联系也反映了把电视作为"人际沟通润滑剂"的作用（Lee & Lee, 1995, p.14），还提供了一种与他人建立或加强关系的方法。的确，人们经常看某些电视节目是因为它们的社会效用（Rubin & Perse, 1987）。水平联结的特点不仅仅是把节目作为对话的主题。这种关系支持这样一种观点，即节目有助于提高观众的社会认同（Russell & Puto, 1999）。在我们的研究中，焦点小组的参与者经常评论他们最喜欢的节目，认为这是他们与朋友、家人和熟人关系中不可或缺的一部分。喜欢的节目通常会被一群人定期观看，并成为人们之间的社交纽带。联结关系更高的观众甚至可能成为围绕电视节目而形成消费群体的一部分，无论是俱乐部的非正式成员，还是更正式的粉丝俱乐部成员或定期观看节目的人。

垂直水平联结：观众—角色

联结性框架的垂直水平维度反映了观众与角色建立的社交互动。我们使用垂直水平这个术语来表明这种概念，它既包含垂直维度的特征，因为角色是节目的一部分，又包含水平维度的特征，这是因为相互联系的观众经常将节目中的角色视为真实的人，他们在类似的时间尺度上（Fiske, 1992），并且可以与他们建立联系和互动（Newton & Buck, 1985）。因此，这种类型的联结不仅仅是观众—节目关系的一个角色应用（例如，"我从不错过这个节目，因为我想看我最喜欢的角色"）。相反，它的特点是节目中人物对观众的认知、态度和行为有影响。高联系度的观众通常会将节目中的内容与自己生活中的情况联系起来。这些观众还会采用剧中角色的手势、面部表情和声音特征。此外，当观众寻找他们最喜欢的角色的发型和服装，并将它们视为真实的（即"我希望我能成为节目的一部分"或"我从节目中的角色那里获得我生活的想法"）时，这种渴望是显而易见的。

进一步探索联结性——理论命题

到目前为止，有关电视消费的概念模型使我们能够发展出一些命题，将电视的联结性与电视节目消费心理的各个方面联系起来。下面将重点介绍几个关键命题，它们包括时间是联结的前提、联结性和联结性的结果。

时间是联结的前提

联结性的核心是关系。一个具有高度联结性的观众与一个节目、剧中人物以及其他观众有着更深、更亲密的关系。因此，可以通过有关关系发展的文献来了解联结是如何发展的。有关关系的交互哲学将它们视为不断变化的非稳定状态（Werner & Baxter, 1994）。人们认为时间是决定一段关系不可或缺的组成部分，不管这段关系是变得更紧密还是恶化。有关关系发展的一种普遍可接受的研究方法是：关系的发展会经历从低级亲密关系到高级亲密关系的一系列阶段（Davis, 1973; Kelley et al., 1983; Levinger, 1983）。虽然每个阶段并没有在时间中有指定的长度或范围，但人们经历每个阶段是需要一些时间的。因此，要形成更深层次的关系，需要的时间比浅层次的关系更多，因为它们经历了更多的阶段。

如果一个人认为个体与电视节目有着密切关系，那什么是"密切"呢？有学者给密切关系下了一个定义，在这种关系中，相关方之间的因果联系是强烈的、频繁的和多样的（Kelley et al., 1983）。持续时长被认为是亲密关系的主要属性之一，亲密关系需要持续相当长的时间。虽然时间本身不足以建立一种关系（各种因素影响关系是否形成以及如何形成），但它是必要的先决条件。在我们的一次采访中，有一段话摘录了时间对于培养联结性至关重要的观点："如果你不跟上这些节目的进展，你只是打开电视，它没有任何意义；但如果你能跟上几个不同节目的进展，那就容易多了。"

时间流逝的基本概念适用于我们模型中所有三种类型的联结。垂直联结是通过连续观看节目而发展起来的，这一点在之前关于重复观看者的研究中已经有过记载（Ehrenberg & Wakshlag, 1987; Sherman, 1995）。谢尔曼认为，具有持续故事线的电视节目能建立一个历史基础，因此这些电视节目相比那些没有故事性的具有更高水平的重复观看性。类似地，随着观众逐渐了解这些角色，他们与角色的联系也越来越紧密。最后，随着观众个人联结水平的提高，他们也可能会发生更多的水平关系，与其他观众分享他们对该节目的欣赏和依恋。因此我们认为，总的来说，更深更紧密的联结需要时间。

联结性

性别。联结性的本质，尤其是垂直水平维度，也暗示着性别差异可能是存在的。的确，女权主义理论认为，女性的阅读风格被定义为与作品有更紧密的接触（Bleich,

1978; Rosenblatt, 1978），而男性风格则被认为是分离的（Friestad & Wright, 1994）。女性参与基于这样一种观点，即女性更愿意接受虚构的角色，理想中的人物具有行使自己想法的权利，而男性则会假设去寻找为什么作者把他们放在那个角色，并让他们按那样来演。类似地，先前的研究表明，男性和女性对电视节目的解读是不同的，女性更有可能投入其中，并与角色产生共鸣（Stern & Russell, 2001）。这反过来可能会诱发与角色更强的联结性。因此，我们预期女性将更有可能和节目中的角色与剧情产生互动，从而产生比男性更高水平的联结。

影响人际关系的易感性。类似地，那些对人际关系影响敏感的人（Bearden, Netemeyer, & Teel, 1989）可能更倾向于将节目中的人物视为参照，从而与他们建立更强的垂直水平联结。如果一个人在特定的情况下非常容易受到另一个人的影响，那么这个人也会更容易受到他们所联结的节目中人物的影响，因为他们把这些人物视为参照。因此，我们认为影响人际关系的易感性与联结性有关。

想象能力。垂直水平维度的本质表明，某些个性特征可能会使某些人更倾向于参与这些社交互动。例如，想象力丰富的人更有可能把他们喜欢的电视角色的生活拓展到其他活动或场景中。他们甚至可能会写一些关于他们的虚构故事，就像前人研究（Jenkins, 1994）所记录的那样。我们采访的一位参与者实际上深入参与了这种同人小说。她讨论了她和其他相关观众创作和发表同人小说的过程（例如，由粉丝创作的小说故事）：

> 一些粉丝创作有声电视视频。人们从现有的节目中截取出片段，选择一个主题或者歌曲，然后重新剪辑，制作成自己的视频，讲述自己的故事。这是非法的也是地下的，但大多数制造者意识到他们不能控制自己……他们没有钱，所以他们的制作是依靠剧本而不是特效。在一次会议上，我带几个制片人去吃午饭，给他们看我的一些同人杂志，他们非常高兴。对于他们来说，这是继续保持粉丝忠诚的证据。

正如这段引文中的情况一样，我们认为想象能力与联结性相关。这是一个特别有趣的想法，因为先前关于想象风格和电视使用之间关系的研究通常发现这样的结果，那就是积极的建设性白日梦和电视使用之间没有联系（Mcilwraith & Schallow, 1983; Schallow & Mcilwraith, 1986-1987）。相反地，我们的观点是那些具有高度想象能力的人更有可能与某个节目建立联系，因为这个节目为他们提供了放飞想象力的机会。

最佳刺激水平。人们早就知道，可以根据对新奇、刺激或刺激的体验的需求来把人进行分类。最佳刺激水平（OSL）是以个体对环境刺激的一般反应为特征的（Hebb, 1955; Leuba, 1955）。这个概念认为，每个人都试图保持一定的刺激水平（或最佳水平）。当环境输入的刺激超过最佳水平时，人们就会试图通过寻找更少的刺激输入来减少刺激。当来自环境的刺激低于最佳水平时，一个人会寻求增加更多的刺激。增加刺激的尝试已经被证明会导致人们产生更多的探索性行为（Berlyne, 1960）及愿意参与更多的冒险行为（Raju, 1980; Zuckerman, Kolin, Price, & Zoob, 1964）。

在媒体背景下，最佳刺激水平或感觉寻求与电视观看动机之间建立了相关性。简而言之，那些唤起程度超过最佳刺激水平的人会寻找一些不那么刺激、更放松的项目来减轻他们的压力或焦虑（Conway & Rubin, 1991）。在观看动机方面，那些试图减少刺激程度的人会通过看电视来消磨时间、逃避现实或进行放松。也就是说，如果个体试图减少刺激，则更有可能承担更少的风险，那么这个人就更有可能坚持观看他所熟悉的节目，而不是从一个节目切换到另一个节目。

我们认为，最佳刺激水平和感觉寻求是与联结性有关的。当一个人与一个节目高度联结的时候，他们不仅会看得更频繁，而且也会更熟悉节目的内容，并且更深入地了解节目及人物。最佳刺激水平低的个体会保持对他们所知道事情的专注，不会冒险切换到另一个他们不熟悉的节目。同样地，我们认为最佳刺激水平高的人更有可能去尝试观看不同的节目，偶尔看看很多不同的节目，因为从新奇的角度来说，这样的人需要新的、更刺激的体验。简而言之，相对于最佳刺激水平高的人，最佳刺激水平低的人更有可能与一个或多个节目发展出高水平的联结性。我们所提出来的这种关系受到更传统产品背景的支持，发现最佳刺激水平高的个体更有可能切换各种品牌，以满足需要的变化性和多样性，而最佳刺激水平较低的更有可能保持对品牌消费的忠诚（Raju, 1980）。

此外，由于低水平的最佳刺激水平对应低风险行为，所以在切换节目时，最佳刺激水平和联结性之间的关系应该受到风险感知水平的影响。随着人们看电视时间的普遍减少，人们对风险的感知应该会增强。对于那些很少看电视的人来说，看电视的时间是一种稀缺资源。因此，对于那些与电视节目高度相关且最佳刺激水平较低的人来说，那些很少看电视的人应该比那些看电视多的人认为看其他节目的风险更大。后一种类型的人会有足够的时间去观看与他们有联系的节目，并且仍然有时间去探索其他节目，而不存在那些会使他们错过与自己有联系节目的风险这类探究性的行为。

我们确实认识到最佳刺激水平和联结性之间可能存在例外。联系的本质是建立在更深更亲密的关系之上的。虽然这并不一定意味着这种关系会更刺激，但与节目存在高度联系可能会满足刺激的需要。最佳刺激水平研究将刺激定义为新奇的、不熟悉的、有风险的或满足好奇心的输入。从这种输入所引起感官或情绪的程度上来说，它们是刺激的（Berlyne, 1960; Hebb, 1955; Leuba, 1955; Mehrabian & Russell, 1974）。因此，我们认识到最佳刺激水平高的人可能通过与电视节目的密切联系来满足他们对刺激的需要，从而刺激感官或情感。然而，由于最佳刺激水平更多地倾向于从新的和不熟悉的事物中唤起刺激，我们认为高联结度在满足人群对刺激的需求方面所起的作用很小。

联结性的结果

自我概念的发展。有关个人与品牌关系的文献（Fournier, 1998）曾提出，当这种关系形成时，人们将品牌联想与自我的各个方面联系起来（Escalas, 2002）。自我可以由不同的组成部分来定义，它被认为在任何时间内自我最突出的方面就是工作自我概念（Markus & Kunda, 1986）。尽管每个个体的自我概念包括许多不同的角色、方面和特征，但品牌联想可能与个人所有的心理表征联系在一起（Krugman, 1965）。一个人使用一个品牌来构建、培养和表达他或她的自我概念的程度定义了自我品牌联系的概念（Escalas & Bettman, 2000）。

与自我品牌联系的发展相关的主要因素之一是个人在多大程度上参与与品牌相关的叙事加工（Escalas, 2004）。叙事加工的特点是存在一种提供时间和关系组织的结构，以及因果推理的基础。在消费者语境中，叙事加工的结构不仅促进了品牌联想的产生，而且叙事思维也有可能促进市场环境下品牌信息与品牌体验的融合。由于人们倾向于通过自己的叙述来创造他们的自我认同，所以叙事思维也很可能在品牌联想和经历中与一个人的自我概念建立联系（Polkinghorne, 1991）。

把电视节目想象成一个品牌是相对简单的。电视节目是为特定的目标受众而开发和营销的。在特定类型或节目类别中有许多电视节目。电视节目由名字、符号、特点（角色和设置）和特征（潜在的情绪产生或可应用的个性特征）组成。考虑到把电视节目作为一个品牌，我们认为叙事思维促进了与节目相关的联想的形成，并创造了一个电视节目和个人自我概念之间的联系。当人们以叙事的形式思考一个品牌或一个电视节目时，他们与一个节目的联系就变得更加紧密，而节目也会更有可能被用来培养和表达他们的自我概念。

识别和社会比较。当观众与他们喜爱的电视角色互动联系时，他们从这些角色身上获得的影响可能类似于由传统人际关系所引发的那样（Perse & Rubin, 1990）。事实上，由于电视角色超越了文本的存在，他们就变成了与之联系在一起的观众的参照者，并为他们提供了身份认同的来源（Harwood, 1999; McCracken, 1986），社会比较（Richins, 1991），甚至是把观众联系起来的励志目标（Hirschman & Thompson, 1997）。这一过程对于虚构的角色来说尤其有利，因为从电视节目的戏剧性本质引出了情感和逼真的表达，而不是反辩（Deighton, Romer, & McQueen, 1989）。

这种社会关系与电视剧中的角色一起发展，因为观众发现他们与个人是相关的，并因此认同他们。许多不同途径可以触发产生这种个人相关性，如年龄、职业状况或兴趣、婚姻或家庭状况，都有助于启动这种识别过程（Harwood, 1999）。例如，在采访中，我们发现医学院的学生与《急诊室的故事》的角色能产生更深的联系，因为这些角色代表了他们渴望工作的医院环境。同样地，一位年轻女性说她喜欢《生活工作》这部电视剧，因为她可以与主角的生活状况产生共鸣——一位重回学校读书的母亲。识别的过程也可能发生在过去或将来的投射中。一位受访者解释说，她的母亲和她的继父为了"弥补错过的家庭时光"而观看电视剧。还有一位受访者觉得他和《宋飞正传》里的克雷默（Kramer）有某种联系，因为他以前的头发和他一样，在那"过去的美好时光里"。

综上所述，联结性引发了角色认同和社会的比较加工。

植入式广告的有效性。由于存在这种社会比较加工，在评估电视节目，尤其是产品植入的营销效果时，联结性就会产生影响。拉塞尔和普托（Russell & Puto, 1999）发现，拥有高联结性的观众不仅更有可能关注节目并对其中所描绘的品牌感兴趣，而且他们对植入式广告的反应也更积极。在一个互联网聊天室里，如果你对自己看的节目感到疯狂，那么下面的询问将清楚地说明这种影响力：

> 我最近看了杰米（Jamie）和保罗（Paul）为他们公寓买茶色沙发的重播。有人了解沙发吗……是否可以在商店买到类似的东西？我很想找到这样的东西。

类似的互联网帖子提供了有关此类请求动机的看法。观众有时会详细解释，他们与一个角色的生活方式有多少联结，有多少渴望，甚至想去模仿。例如和《欲望都市》产生联结的观众自豪地宣布，他们将会举办一场派对，里面有大都会鸡尾酒和蔓越莓味伏特加，而这些产品已经成为剧中人物生活方式的象征。

因为他们认同并将自己与电视角色进行比较，有联系的观众非常关注他们角色周围的环境，通过电视节目间接体验到的生活方式来获得自己生活的想法。许多电视节目网站利用了这一现象，提供商店链接，让这些观众可以订购他们在节目中看到的家具或衣服。因此，正如拉塞尔和普托（Russell & Puto, 1999）最初提出的那样，我们预期联结性将提高产品植入的有效性。

社区建设。联结性研究指出，电视观看体验往往是一种社交活动，因为观众与朋友和家人一起看电视，或与他人谈论节目。电视的相关用途包括根据表演促进交流，以及使用电视机作为人际交往或回避的来源（Lull, 1980）。无论观众是参与消费，还是与亲朋好友一起观看节目，还是稍后与其他观众讨论消费经验，电视连续剧都会产生大量的口碑传播，甚至成为促进消费的催化剂。

这种电视消费体验的水平嵌入性（Frenzen & Davis, 1990）确实可以使消费亚文化围绕电视节目而形成（Schouten & McAlexander, 1995）。这些亚文化可以在现有的社交圈中随意形成，也可以在网络上的粉丝俱乐部或专门聊天室中形成（Kozinets, 2001）。无论亚文化的本质如何，与他人观看或讨论节目的共同经验都可以通过评估他人的存在和情感感染来增加情感体验（Jakobs, Fisher, & Manstead, 1997），从而使电视节目成为人际交往的重要场所（Reingen, Foster, Brown, & Seidman, 1984）。我们采访的一位受访者用他自己的话描述了这种内外群体的含义：

> 这也是社区的纽带。找到有相同兴趣的人并与他们进行交流。整个喜剧中心的阵容有以下几个人。有一种快乐源于寻找具有相同文化意识的人。你有相同的文化参考点。《辛普森一家》本身就很具有互文性。如果人们听到和我一样的笑话，这意味着他们看到了同样的事情。比如，读研第一次去酒吧的时候，我们玩了凯文·培根（Kevin Bacon）的六步游戏。具有讽刺意义的是，当你引用一些东西，人们不知道你在说什么，这是很有趣的。这是在构建一个社区，就像在高中时代聊青年喜剧那样。

显然，在这段节选中，我们意识到电视节目是如何在观众中培养文化认同的，尤其是在青少年时期（Arnett, 1995）。我们的许多受访者谈到水平联结需要一个"独特的认识"，下面就是一个例子，一群朋友在周四晚上必看的NBC电视节目：

> 我有一大群朋友，也许我们不能一直看节目，但我们要确保节目能录下来。我必须把我的带子分发出去，然后等他们看了之后再和他们交谈。

因为水平维度是指同一节目观看者之间的社会互动，所以很可能会受到社会性相关人格特征的影响。例如，内向的人可能不太可能公开承认自己与某些节目或角色有联结，而会在私人消费时或匿名论坛中进行讨论，这在互联网聊天室中可以观察到。

无论观众参与消费社区的机制是什么，我们都认为，联结性将导致此类社区的发展。

联结研究的意义

最近在《广告时代》上发表的一篇文章敦促广告商重新考虑他们的媒体投放策略，因为"在美国以最快的速度投放广告时，广告的投资回报取决于'黄金时段'的新定义。黄金时段，媒体要能够吸引观众——而且这种联系必须能被衡量"（Rossi, 2002, p.16）。显然，我们的研究成果呼应了这一说法，它证明了我们有必要不是以数字，而是以联结性水平来考虑电视观众。正如我们所讨论的，某些节目可能会有相对较少的观众，但这些观众可能与这些节目、节目里面的人物及其他观众紧密相连。

在观众越来越分散的时代，与节目有联结的观众可能确实比其他观众更重要。正如我们在这一章中所讨论的,有的观众在他们喜爱的节目上投入大量的时间、精力、情感和激情。有联结的观众和忠实的顾客是一样的,他们会一季季追下去,会关注节目中角色的表演和角色本身,因为它们能帮助这些观众定义自我,帮助他们如何行动,甚至如何消费,以及与谁互动。

我们的联结性框架研究了电视消费领域不同场所的情况。在进一步的研究中涉及不同类型电视节目之间的相互作用。这三种类型的关系是可能共存的,例如,某些观众只看一个节目,只发展与其他观众的水平联结,或某些观众与其他观众发展准社会关系以代替真正的与他人的关系,与其他人一起,只是因为他们不想公开承认他们观看了节目。

市场营销实践方面的影响是显而易见的。在内容和推广之间的界限越来越模糊的时候,联结性是一个重要的预测因素,可以预测电视节目中的消费形象(如产品投放)所产生的影响(Russell, 2002)。电视产业内的技术进步也促使电视研究人员预测电视消费性质的进一步变化。例如,福雷斯特(Forrester)预测交互式电视的数量会有爆炸性增长,超过6,000万美国家庭将能够在2005年与他们的电视节目进行互动(Lee, 2002)。这些技术将使电视观众更容易将他们的互联网和电视体验融合在一起,例如,允许他们在观看节目时与共同观看者在线聊天,甚至可以即时给他们在电视节目中注意到的物品下订单。这将在未来开启更多研究,如这些变化将如何影响电视消费。

参考文献

Arnett, J. J. (1995). Adolescents' use of media for self-socialization. *Journal of Youth and Adolescence*, 24, 519–534.

Barwise, T. P., & Ehrenberg, A. S. C. (1987). The liking and viewing of regular TV series. *Journal of Consumer Research*, 14, 63–70.

Bearden, W. O., Netemeyer, R. G., & Teel, J. E. (1989). Measurement of consumer susceptibility to interpersonal influence. *Journal of Consumer Research*, 15, 473–481.

Berlyne, D. E. (1960). *Conflict, arousal, and curiousity*, New York: McGraw-Hill.

Beville, H. M. (1988). *Audience ratings: Radio, television, and cable*, Hillsdale, NJ: Lawrence Erlbaum Associates.

Bleich, D. (1978). *Subjective criticism*. Baltimore: The Johns Hopkins University Press.

Clancey, M. (1994). The television audience examined. *Journal of Advertising Research*, 34, 1–11.

Conway, J. C., & Rubin, A. M. (1991). Psychological predictors of television viewing motivation. *Communication Research*, 18, 443–464.

Davis, M. S. (1973). *Intimate relations*. New York: Free Press.

Deighton, J., Romer, D., & McQueen, J. (1989). Using drama to persuade. *Journal of Consumer Research*, 16, 335–343.

Ehrenberg, A. S. C.,&Wakshlag, J. (1987). Repeat-viewing with people-meters. *Journal of Advertising*

Research, 27, 9-14.

Escalas, J. E. (In press). Narrative processing: Building consumer connections to brands. *Journal of Consumer Psychology*. 14(1).

Escalas, J. E., & Bettman, J. R. (2000). Using narratives to discern self-identity related consumer goals and motivations. In C. Huffman, S. Ratneshwar, & D. G. Mick (Eds.), *The why of consumption: contemporary perspectives on consumer motives, goals and desires* (pp. 237-258). New York: Routledge.

Fiske, J. (1992). *Television culture*. London: Methuen.

Fournier, S. (1998). Consumers and their brands: Developing relationship theory in consumer research. *Journal of Consumer Research*, 24, 343-373.

Frenzen, J., & Davis, H. L. (1990). Purchasing behavior in embedded markets. *Journal of Consumer Research*, 17, 1-12.

Friestad, M.,&Wright, P. (1994). The persuasion knowledge model: How people cope with persuasion attempts. *Journal of Consumer Research*, 21, 1-32.

Harwood, J. (1999). Age identification, social identity gratifications, and television viewing. *Journal of Broadcasting and Electronic Media*, 43, 123-136.

Hebb, D. O. (1955). Drives and the C.N.S (central nervous system). *Psychological Review*, 62, 243-254.

Hirschman, E. C., & Thompson. C. J. (1997). Why media matter: Toward a richer understanding of consumers' relationship with advertising and mass media. *Journal of Advertising*, 26, 43-60.

Jakobs, E., Fisher, A. H., & Manstead, A. S. (1997). Emotional experience as a function of social context: The role of the other. *Journal of Non-Verbal Behavior*, 21, 103-130.

Jenkins, H., III. (1994). Star Trek: Fan writing as textual poaching. In H. Newcomb (Ed.), *Television: The critical view* (pp. 448-473). New York: Oxford University Press.

Kelley, H. H., Berscheid, E., Christensen, A., Harvey, J. H., Huston, T. L., Levinger, G., et al. (1983). Analyzing close relationships. In H. H. Kelley (Ed.), *Close relationships* (pp. 20-67). New York: W. H. Freeman.

Kozinets, R. V. (2001). Utopian enterprise: Articulating the meanings of Star Trek's culture of consumption. *Journal of Consumer Research*, 28, 67-88.

Krugman, H. E. (1965). The impact of television advertising: Learning without involvement. *Public Opinion Quarterly*, 30, 349-356.

Lee, B., & Lee, R. S. (1995). How and why people watch TV: Implications for the future of interactive television. *Journal of Advertising Research*, 35, 9-18.

Lee, J. (2002, April 4). Interactive TV is finally here, sort of. *The New York Times*, p. G1.

Leuba, C. (1955). Toward some integration of learning theories: The concept of optimal stimulation. *Psychological Reports*, 1, 27-33.

Levinger,G. (1983). Development and change. In H. H.Kelley (Ed.), *Close relationships* (pp. 315-359). New York: W. H. Freeman.

Levy, M. R., &Windahl, S. (1984). Audience activity and gratification: A conceptual clarification and exploration. *Journal of Broadcasting and Electronic Media*, 11, 51-78.

Livingstone, S. M. (1990). *Making sense of television: The psychology of audience interpretation*. Oxford, UK: Pergamon Press.

Lull, J. (1980). The social uses of television. *Human Communication Research*, 6, 197–209.

Markus, H., & Kunda, Z. (1986). Stability and malleability of the self-concept. *Journal of Personality and Social Psychology*, 51, 585–866.

McCracken, G. (1986). Culture and consumption: A theoretical account of the structure and movement of the cultural meaning of consumer goods. *Journal of Consumer Research*, 13, 71–84.

McIlwraith, R., & Schallow, J. (1983). Adult fantasy life and patterns of media use. *Journal of Communication*, 33, 78–91.

Mehrabian, A., & Russell, J. (1974). *An approach to environmental psychology*. Cambridge, MA: MIT Press.

Morley, D. (1980). *The "nationwide" audience: Structure and decoding*. London, UK: British Film Institute.

Newton, B. J., & Buck, E. B. (1985). Television as a significant other. *Journal of Cross-Cultural Psychology*, 16, 289–311.

Nielsen Media. (2002). What TV ratings really mean [On-line]. Available: www.nielsenmedia.com

Pavelchak, M. A., Antil, J. H., & Munch, J. M. (1988). The Super Bowl: An investigation into the relationship among program context, emotional experience, and ad recall. *Journal of Consumer Research*, 15, 360–367.

Perse, E. M. (1990). Audience selectivity and involvement in the newer media environment. *Communication Research*, 17, 675–697.

Perse, E. M., & Rubin, A. M. (1990). Chronic loneliness and television use. *Journal of Broadcasting and Electronic Media*, 34, 37–53.

Polkinghorne, D. E. (1991). Narrative and self-concept. *Journal of Narrative and Life History*, 1, 135–153.

Raju, P. S. (1980). Optimum stimulation level: Its relationship to personality, demographics, and exploratory behavior. *Journal of Consumer Research*, 7, 272–282.

Reingen, P. H., Foster, B. L., Brown, J. J., & Seidman, S. B. (1984). Brand congruence in interpersonal relations: A social network analysis. *Journal of Consumer Research*, 11, 771–783.

Richins, M. L. (1991). Social comparison and the idealized images of advertising. *Journal of Consumer Research*, 18, 71–83.

Rosenblatt, L. (1978). *The reader, the text, the poem: The transactional theory of the literary work*. Carbondale: Southern Illinois University Press.

Rossi, D. (2002). Rethink "prime time." *Advertising Age*, 73, 16.

Rubin, A. M., & Perse, E. M. (1987). Audience activity and soap opera involvement. *Human Communication Research*, 14, 246–268.

Russell, C. A. (2002). Investigating the effectiveness of product placements in television shows: The role of modality and plot connection congruence on brand memory and attitude. *Journal of Consumer Research*, 29, 306–318.

Russell, C. A., Norman, A. T., & Heckler, S. E. (2004). The consumption of television programming: Development and validation of the connectedness scale. *Journal of Consumer Research*, 31(2).

Russell, C. A., & Puto, C. P. (1999). Rethinking television audience measures: An exploration into the construct of audience connectedness. *Marketing Letters*, 10, 387–401.

Schallow, J., & McIlwraith, R. (1986–1987). Is television viewing really bad for your imagination? Content and process of TV viewing and imaginal styles. *Imagination, Cognition and Personality*, 6, 25–42.

Schouten, J. W., & McAlexander, J. H. (1995). Subcultures of consumption: An ethnography of the new bikers. *Journal of Consumer Research*, 22, 43–61.

Sherman, S. M. (1995). Determinants of repeat viewing to prime-time public television programming. *Journal of Broadcasting and Electronic Media*, 39, 472–482.

Stern, B. B., & Russell, C. A. (2001). Paradigms regained: Humanities theory and empirical research. In M. Gilly & J. Meyers-Levy (Eds.), *Advances in consumer research* (Vol. 28, p. 177). Valdosta, GA: Association for Consumer Research.

Werner, C. M., & Baxter, L. A. (1994). Temporal qualities of relationships: Organismic, transactional, and dialectical views. In M. L. Knapp & G. R. Miller (Eds.), *Handbook of interpersonal communication* (2nd ed., pp. 323–379). Newbury Park, CA: Sage.

Whetmore, E. J., & Kielwasser, A. P. (1983). The soap opera audience speaks: A preliminary report. *Journal of American Culture*, 6, 110–116.

Zuckerman, M., Kolin, E. A., Price, L., & Zoob, I. (1964). Development of a sensation seeking scale. *Journal of Consulting Psychology*, 28, 477–482.

第十六章 依恋取向、理想化女性媒体形象和躯体不满之间的相互作用：基于社会心理学的分析

达拉·N. 格林伍德（Dara N. Greenwood）
葆拉·R. 彼得罗莫纳科（Paula R. Pietromonaco）
马萨诸塞大学安姆斯特分校（University of Massachusetts at Amherst）

社会心理学家比较关注社会环境对人类动机和行为所产生的强大影响（Milgram, 1965; Zimbardo, 1972），而人格心理学家却一直强调个人人格的力量（McCrae & Costa, 1996）。在理解人类行为方面，是人格更重要还是情境更重要，一直是社会心理学和人格心理学激烈争论的话题，这种争论在20世纪70年代最为激烈。社会认知的设想调和了这两种立场（Bandura, 1978; Mischel & Shoda, 1995），该设想强调个体给情境带来的内容和情境本身之间存在的动态相互作用。

在类似的情况下，研究大众媒体杂乱环境的研究者也经历了人与情境的争论。一些传播理论家认为，单纯接触大众媒体会影响个人构建和理解社会现实的方式（Gerbner, 1969; Signorelli & Morgan, 1990）；而其他人则支持一种更具选择性的效果模型（Harris, 1999, p.17），该模型将媒体使用概念化为激发观众需求和满足感的函数（Rosengren, 1974; Rubin, 1983）。所以，前者更关注媒体影响（如情境变量），而后者更关注塑造观看选择的性格因素（如个体变量）。然而，就像社会心理学和人格心理学中关于个人情境的辩论一样，将这两种观点结合起来是有意义的。例如，虽然有关媒体效果的培养理论把媒体描述为存在巨大引力作用，但这个模型是由认知来限定的，"拉的角度和方向取决于观众群体和他们的生活方式与引力的关系"（Gerbner, Gross, Morgan, Signorielli, & Shanahan, 2002, p.49）。对媒体暴力的研究也详细说明了同时运用个体和情境方法的有效性。具体来说，尽管已有研究证明暴力内容对大多数观众存在普遍影响（Paik & Comstock, 1994），但要了解哪些玩暴力电子游戏的小男孩可能会把枪带去学校，以及故意伤害他们的同龄人是很重要的。在这方面，许多研究都集中在探讨哪些个体差异变

第十六章　依恋取向、理想化女性媒体形象和躯体不满之间的相互作用：基于社会心理学的分析

量会调节个体对于暴力媒体内容的反应。研究发现，有些个体特征与媒体暴力偏好有关系，具备这些特质的个体也更容易受到媒体的影响，比如男子的超阳刚之气（Scharrer, 2001）、攻击性（Bushman, 1995）和感觉寻求（Zuckerman, 1996）。最终，媒体影响力的每一个视角都是不完整的；只有通过对个体角色、情境和它们相互作用的研究，我们才能开始理清楚媒体内容和媒体效果之间的复杂关系。

近年来，在媒体领域中有一项研究被广泛关注，那就是研究最广泛的媒体领域之一：理想化的女性形象与年轻女性身体形象困扰之间的因果联系。该方面的研究观察到，在媒体中美丽苗条的女性理想形象的数量和不满意自己标准身材的年轻女性数量同时发生显著增长（Rodin, Silberstein & Striegel-Moore, 1985），以及出现致命的饮食失调。由于暴力媒体内容的影响，并不是所有在大众媒体中接触到理想化女性形象的女性都会关注身材和产生进食障碍。因此，重要的是了解哪些女性可能是最脆弱的；媒体和商业行业如何将关注点转向外表，从而使所有年轻女性产生焦虑，让她们不断谈论和努力实现理想体型；以及特定的个体弱点是如何在媒体中与信息图像产生交互作用的。

在本章的第一部分，我们简要地回顾了关于媒体曝光和饮食失调的文献，并将重点放在个体变量上，这可能有助于理解这种联系的本质。具体来说，通过对成年依附取向的测量（Hazan & Shaver, 1987），我们提出年轻女性的风格可能会促使她受理想化女性形象的影响，变得更脆弱。然后，我们简述了一些初步数据，这些数据有关依恋风格、媒体感知和身体形象关注之间的相互作用。接着，我们关注了与这本书整体主题相关的内容：幻想与现实、娱乐与时尚之间日益模糊的界限，可能会让年轻女性体验到她们的依附需求，即关注身体形象。具体来说，年轻女性可能会受到访谈节目和娱乐杂志的鼓励，通过这种方式与名人的个人生活产生联系，甚至会通过想象把这些名人当作自己的朋友，而事实上，这种关系本身是单方面的。这种身份认同和理想化的感觉可能会表现在女性试图模仿名人和名人所塑造的虚构人物完美和苗条的外表上。最后，我们研究了社会比较过程，它可能是这些脆弱年轻女性对媒体形象产生矛盾反应的原因，并最终导致她们对自己外表的极度不满。

媒体和身体形象

大多数有关媒体接触理想化女性形象与对身体形象关注之间关系的研究表明，接触越多，女性对身体形象的关注度就越高，但这种关联的因果性和方向性尚不清楚。大多数研究都证明了两者之间存在相关关系（Harrison & Cantor, 1997; Stice & Shaw, 1994），但无法确定其因果关系。然而，即使是通过实验操纵媒体接触的研究也很难确定因果关系，因为这种接触似乎会对那些女性产生饮食和体重方面的负面影响（Hamilton & Waller, 1993; Heinberg & Thompson, 1995; Posovac, Posovac, & Posovac, 1998）。因此，这

些相关数据为这些人是如何以及为什么会变得特别脆弱留下了疑问。此外，尽管一些研究人员试图通过假设理想体型内化的危险因素来确定媒体与饮食失调之间的潜在心理机制（Heinberg & Thompson, 1995; Stice, Schupak-Neuberg, Shaw, & Stein, 1994），然而这些并不能解释为什么有些人比其他人更容易内化产生这种思想。

一项引人注目的研究（Harrison, 1997）帮助说明了为什么一些女性会更脆弱，研究表明：可能从表面上看，暴露在自我选择的媒体形象下与理想化形象有着更积极的关系。在这项研究中，那些更容易被媒体人物吸引的女性更容易出现进食障碍的症状，即使研究人员控制了媒体消费频率及质量这些个体差异，这种关系仍然成立。哈里斯总结道："年轻女性饮食紊乱的模式……不仅与她们接触的媒体类型有关，也与她们对特定大众媒体角色的认知和反应有关。"因此，一个更活跃的关系可能有助于解释媒体与进食障碍的联系。然而，问题依然存在：哪些女性会受到纤瘦人物的吸引？我们认为，女性的依恋取向——她们看待自己与他人关系的典型方式——可能会影响她们对理想化女性媒体形象的认知和反应。我们首先对成人依恋理论进行概述，然后解释个人依恋取向的差异是如何影响人们对虚构媒体女性形象的反应。

成人依恋理论概述

成人依恋理论（Bartholomew & Horowitz, 1991; Hazan & Shaver, 1987），源自鲍尔比（Bowlby's, 1969, 1973）关于婴儿依恋主要看护人的构想。他认为，儿童在早期基于看护人的反应能力、可用性和敏感性，建立了自己与他人之间的内在工作模型。这些内部工作模式被认为包括一系列关于自我与他人关系的信念、期望和目标，塑造了人们思考、回应和协商社会环境。

个体工作模式的确切内容取决于他们在整个人生过程中与其他重要人士的经历。通过与看护人积极的早期体验，人们获得了一种安全感（Sroufe & Waters, 1977），即使他们是独自一人，也感到被他人保护和重视。如果人们没有获得安全感，他们可能会对自己与他人的关系产生不稳定的负面看法。在儿童时期，与主要看护人的经历被认为是工作模式发展的核心，而与同伴和恋爱伙伴的经历可能有助于改善青春期和成年期的工作模式（Zeifman & Hazan, 1997）。对成人依恋的研究主要集中在与父母关系（Main, Kaplan, & Cassidy, 1985）以及其他亲密关系上，如与最好朋友和浪漫伙伴的关系（Bartholomew & Horowitz, 1991; Collins & Read, 1990）（这些发展阶段之间的具体连续性在多大程度上存在影响仍有待实证和理论讨论，超出了本章的范围）。

成人依恋类型的个体差异分两个维度——自我模型和他人模型，它们产生了四种成人依恋模式：安全型、痴迷型、恐惧回避型和疏离回避型（Bartholomew & Horowitz, 1991）。安全型的成年人对自己和他人都有积极的看法，这类人在报告人际关系时的焦

第十六章　依恋取向、理想化女性媒体形象和躯体不满之间的相互作用：基于社会心理学的分析

虑和回避亲密关系的程度较低，能够信任和依赖自己的伴侣来照顾他们，在困难的时候安慰他们。与此相反，有不安全感的成年人在亲密关系中会遇到一些困难，比如焦虑、逃避亲密关系，抑或两者兼有之。具体来说，痴迷型的成年人对自己持负面看法，对其他人持正面看法，同时他们在逃避亲密行为方面得分低，在焦虑方面得分高。他们渴望寻找并建立亲密关系，但很难相信伴侣真的关心他们，在需要的时候会在他们身边。那些表现出恐惧或回避模式的成年人都以消极的方式看待他人，并在回避亲密关系方面得分较高，但他们对自我的看法和焦虑程度各不相同。恐惧回避型个体持有消极的自我模型并避免亲密行为，因为他们害怕被拒绝，而疏离回避型个体似乎持有积极的自我观点，他们声称自己满足于没有亲密关系的伙伴关系。然而，后者的报告可能反映的是否定性防御（Fraley, Davis, & Shaver, 1998）。

除了将工作模式描述为对自我和他人的信念，一些研究人员还采取了更为动态的方法，努力从潜在的动机和行为过程来评估成年人的依恋问题。彼得罗莫纳科和费尔德曼·巴雷特（Pietromonaco & Barrett, 2000）假设这四种依恋类型可以通过两个相关过程区分开来：对安全感需求被激活的程度，以及人际关系被用来调节这种需求的程度。例如，安全型成年人的依恋系统可能只有在客观痛苦的时候才会被激活，在此期间，这些成年人会试图通过寻求生活中亲近的人的支持来获得安慰。另外，疏离回避者的依恋系统可能产生防御性的失效，阻止他们有意识地经历依恋痛苦或依赖他人的支持。与安全型和疏离回避型个体不同的是，痴迷型和恐惧回避型个体可能存在一种过度激活的依恋系统。他们对自己的看法不那么稳定，也不那么积极，可能会将许多情况解释为对自己的自尊构成威胁（Pietromonaco & Barrett, 2000）。因此，这些风格之间的区别并不在于他们对安全感的强烈需求，而在于他们应对这种慢性觉醒状态的方式。恐惧回避型的人害怕被拒绝，在困难的时候可能会对依赖他人感到矛盾。然而，痴迷型的人可能会过分依赖他人以此获得认可和安慰。这种对他人的依赖与他们理想化他人、贬低自己的倾向是一致的。

成人依恋理论提供了一个框架来解释为什么一些女性可能特别容易受到理想化媒体形象的有害性影响。首先，尽管大多数依恋研究关注的是成年人通过真人来获得安全感的程度，但新的证据表明，想象中的人物，比如大众媒体中发现的那些，也可能满足依恋需求。因此，专注于依恋取向的女性更倾向于依赖他人来满足依恋需求（Barrett & Pietromonaco, 2002），也为了获得安全感而使用想象的人物形象。其次，使用想象人物可能会让痴迷型女性对媒体所投射的理想化苗条形象特别敏感，因此更容易出现饮食紊乱的行为。这一假设与临床和发展研究（O'Kearney, 1996; Ward, Ramsay, & Treasure, 2000）表明饮食紊乱的女性更有可能表现出与痴迷依恋风格的结果一致。在下面两个部分，我们将讨论依恋取向是如何与媒体关系以及饮食失调联系起来的。

依恋关系和媒体关系

> 现代媒体和旧脑联系在一起……大脑中没有开关可以用来区分真实世界和中介世界。人们对社会演员和自然物体的模拟反应就好像他们实际上就是真实的,而且是自然的(Reeves & Nass, 1996, p.12)。

传播学研究者认为大众媒体是一个固有的社会领域,他们已经研究出一种衡量社会交往的标准(Rubin, Perse, & Powell, 1985),或个人与他们喜爱的电视角色的亲密程度。他们还开始研究成人依恋取向如何影响与媒体形象的关系。虽然只有两项关于这个主题的研究(Cohen, 1997; Cole & Leets, 1999),但初步证据表明,与有安全或回避倾向的人相比,有痴迷依恋倾向的人可能会进行更激烈的社会交往。为了解释这一发现,研究人员推测,电视剧中的角色可能会给那些表现出痴迷依恋模式的人提供一种可靠的感觉,即使它是虚幻的,但他们在现实生活中渴望这种亲密感(Cole & Leets, 1999)。进一步的研究支持了准社会目标可能是反映现实生活中的关系目标这一观点,具有回避倾向的个体参与准社会关系的可能性最小(Cole & Leets, 1999)。

作为替代的依恋对象,除了提供一种直接的方法来获得安全感,媒体角色也可以提供间接的安全感,如通过极其重要的象征物来使人们间接感受到身份认同。从对一个理想化他人的认同中获得快乐的现象激起了心理动力学家和社会认知理论家的兴趣。劳赫从心理动力学的角度出发提出:感觉到与理想化媒体形象相联系可能会激发复制亲子纽带的原始欲望,并指出"主体把对于来自他人的爱和认可的需求变为源于虚构图像的统一身份认同"(Rauch, 1987, p.33)。社会心理学家发现这种感觉源于与一个理想化人物存在真实或想象的亲密关系。阿伦等人设计了一个基于视觉的量表,用来衡量自我与他人的亲密重叠程度,"假设用以挖掘人们与他人的联系感"(Aron, Aron, & Smollan, 1992, p.598)。最后,对可能的自我研究(Markus & Nurius, 1986)表明,在日常生活中出现自我—他人重叠的感觉可能是有动机的;通过幻想成为自己的理想化版本,我们有机会模拟和练习各种未来的角色。按照这一推理思路,在大众媒体中依附和认同理想化的形象,可能会让不安的依恋者体验到在自己的生活中无法获得的安全感,尽管这个过程是短暂的。

依恋关系和饮食失调

在临床文献中,痴迷型依恋类型的女孩和妇女在饮食失调人群中占了很大比例。定量和定性研究都证明,不安全依恋背后的心理模式与身体形象和饮食担忧之间有着惊人的相似之处。研究发现,不安全依恋和成人关系中的焦虑与饮食失调症状之间存在联系（Brennan & Shaver, 1995; Evans & Wertheim, 1998; Friedberg & Lyddon, 1996; Sharpe et al., 1998）。尽管有两项研究并不支持不安全依恋和饮食失调之间的直接因果关系（O'Kearney, 1996; Ward et al., 2000），但研究人员注意到"绝大多数来自研究文献的信息表明，饮食失调人群中存在不正常的依恋模式"（Ward et al., 2000, p.45）。

具体来说，暴食症患者的临床特征类似于痴迷型的依恋倾向。正如前面提到的，痴迷型的人往往会把别人理想化，并寻求他们的赞同，同时贬低自己，对自己的需求和界限认识不足。同样，研究人员（Friedberg & Lyddon, 1996; Guidano, 1987）指出，无论是厌食症患者还是暴食症患者，他们都很难将自己的情绪与周围的人区分开来。尤其是暴食症患者，他们往往过于理想化地看待他人，渴望获得社会认同，但缺乏自我价值感。虽然不安全依恋可能与一般的精神病理学有关，因此将特定依恋类型与特定的饮食失调症状联系起来可能还为时过早（Ward et al., 2000），但依恋、媒体和饮食失调的研究结果值得进一步探讨。

综上所述：依恋类型、媒体、饮食失调

虽然有关成年人依恋类型、媒体消费和饮食失调的文献有重合，但令人惊讶的是，据我们所知，还没有人尝试将这三个领域的研究整合在一起。媒体和依恋的研究没有将饮食失调的问题纳入其中，而媒体和饮食失调的研究也没有将依恋风格作为一个潜在有用的个人因素。最后，关于依恋和饮食失调的研究也没有将媒体消费纳入假设的病因模型中。通过回顾目前为止的各种关系，我们认为痴迷型的依恋风格可能会促使人们使用理想化的形象，以获得暂时的安全感。这种安全感可能表现为一种想象中与理想化电视偶像的亲密感，以及对其的替代认同。然而不可避免的是，二维图像无法产生实际的依恋安全感，再加上目前主导电视领域的超瘦体型，与电视角色的情感接触可能最终会使关系产生的焦虑和对身体不满的感觉永久化。

初步的实证调查

我们进行了一项研究来检验依恋、媒体消费和身体形象之间的联系。我们预测有痴迷型依恋风格的女性会认同、理想化和亲近所喜欢的女性电视人物，同时因为大多数的女性电视明星都很苗条，我们预测这些关于认同、理想化和与喜爱女性电视角色形象的亲近感觉，是和更高的身体形象需求联系起来的。参与调查的132名女性来自马萨诸塞大学，调查内容包括她们的依恋风格、媒体观看习惯、最喜欢的角色以及身体形象关注点等。依恋类型的评估采用多项目测量（Brennan, Clark, & Shaver, 1998），包括焦虑分量表（例如，"我担心被抛弃""我需要伴侣反复保证爱我"）和回避分量表（例如，"当一个浪漫的伴侣非常想亲近我时，我会感到不舒服""我不想让我的伴侣知道我内心的

感受"）。媒体问题（Harrison, 1997; Rubin et al., 1985）的设计目标是识别（例如，感知到相似的）理想化（例如，想要扮演/看起来）的感觉，以及与喜欢的电视角色所产生的亲密感。最后，使用麦金莱和海德（McKinley & Hyde, 1996）的客观化身体意识量表评估身体形象障碍，包括身体羞耻（例如，"当我的身体不是我想要的时候，我会感到羞愧"）和身体监视（例如，"白天，我会多次想到自己的外貌"）分量表。

与我们对女性角色身体类型的最初假设一致，大多数被选中的女性角色（Harrison, 1997）与普通或重要角色相比都是超瘦的（出乎意料的是，超过一半的样本选择了男人作为自己最喜欢的角色。然而，为了关注我们的具体假设，本章的分析报告只包括那些选择最喜欢女性角色的人）。值得一提的是，在电视领域，平均水平只是一个相对的现象。例如，尽管最受欢迎的女性角色——《老友记》中的瑞秋被编码为超瘦，但《老友记》中的菲比和《宋飞正传》中的伊莱恩等角色则被编码为普通。此外，选择一个超瘦的女性角色与外表理想化和身体羞耻有着显著的联系。具体来说，我们发现，选择了超瘦角色的女性明显希望自己长得像那个角色，同时她们对身体羞耻/身体监视程度也更高。

我们的第一个假设是，痴迷型女性会对一个最喜欢的角色有更多的依恋感觉，该假设也得到了数据支持。对于喜欢的女性角色，在依恋焦虑上得分较高，而在回避方面得分较低的女性（符合痴迷型依恋特征）表现出认同感、亲近感并希望自己像该角色的程度最高。我们的第二个假设是，这些与依恋相关的感觉将与更强的身体形象关注存在相关关系，该假设也得到了部分数据的支持。具体来说，"想要看起来像一个受人喜爱的女性角色"这一变量与更强的身体羞耻/监视显著相关。最后，为了重复之前的研究，我们想测试依恋风格和身体关注之间的关系。虽然我们没有得到高焦虑和低回避的预期交互作用，但程度更强的依恋焦虑与更多的身体羞耻/监视相关。当我们将外表理想化的媒体变量输入同一个回归方程式，依恋焦虑和想要看起来像一个喜欢的角色仍然是身体羞耻/监视的重要预测因素。这两个变量的持续显著性表明，依恋倾向和想看起来像一个受欢迎的媒体角色的欲望不会相互抵消，但会独立作用导致身体产生焦虑。

我们的发现强调了媒体—饮食障碍方程式中潜在的关系过程。具有痴迷型依恋风格的女性最可能对自己喜爱的女性角色表现出一系列与依恋相关的情感。此外，想要看起来像最喜欢的角色这一感觉，与身体羞耻有显著的联系。虽然我们无法从这些横断面的相关数据中确定因果关系，但这些发现与依恋需求可能会推动与媒体人物接触的可能性是一致的，而这反过来又可能加剧人们对身体形象的担忧。要了解人们为了满足依恋需要而使用特定媒体角色最终可能会导致更大的身体形象焦虑，还必须研究媒体鼓励我们将这些超苗条、迷人的明星视为准社会的、看似平易近人的朋友以及时尚偶像的方式。

第十六章　依恋取向、理想化女性媒体形象和躯体不满之间的相互作用：基于社会心理学的分析

大众传媒的角色

　　大众媒体已经开始模糊一些关键的界限——自我与他人、虚构与现实、娱乐与时尚之间的界限——这可能会促使那些痴迷型依恋风格的女性感觉接近并渴望模仿她们喜爱电视偶像的过程。事实上，媒体或商业活动的成功往往取决于个人将自己的生活无缝地融入电视和杂志上虚构人物生活的程度。此外，媒体和商业行业的繁荣还有赖于人们对角色背后真人的亲近程度、认同程度和理想化程度。最终，媒体角色和人物越平易近人、越吸引人，他们作为榜样的说服力就越强。正如在叙事中传递概念的研究那样，人们在一个故事中越专注，他们就越有可能对主角持有一致的故事信念和积极的观点（Green & Brock, 2000）。当媒体有效地吸引观众时，年轻女性更有可能将超瘦且看似完美的女性角色视为积极的榜样，并试图效仿她们。然而，正如我们后面所讨论的，正是这种试图模仿一种难以企及的、不切实际的形象，可能会让那些痴迷型依恋风格的女性更容易受到身体羞耻的伤害。

　　NBC热门情景喜剧《老友记》的片名就是观众与媒体世界固有社会领域之间模糊界限的一个例证。《老友记》描述的不仅仅是人物之间的关系；它描述了当我们把这六个年轻角色当成朋友时，观众反复要求与他们培养关系。此外，我们可能还会把自己朋友的动态与电视版本进行比较，想知道其中谁是俏皮但可爱的钱德勒，或是独特但富有创造力的菲比。事实上，《老友记》之所以能吸引观众的眼球，是因为观众可以轻松地与演员互动，而其他几部长篇剧集则失去了吸引力。在《纽约时报》一篇题为"让《老友记》成功的优点，《甜心俏佳人》和《X档案》都没有"一文中，作者解释说，与其他两部电视剧相比，《老友记》能够"保持观众和银幕人物之间的基本联系"（James, 2002, B5）。

　　但我们对电视明星的移情和联系并不仅限于他们扮演的虚构角色；我们也被邀请去了解每天在广播世界中所看到的角色背后的演员。从某种意义上说，我们在认识一个虚幻角色时收获了两个朋友。名人杂志、娱乐新闻和访谈节目让我们能与我们最喜欢的角色以及扮演他们的演员产生一种虚幻的亲密感。我们被引诱着去买那些有自己最喜欢角色的杂志，这些杂志承诺可以让我们了解演员的个人生活细节。比如，在《老友记》中饰演莫妮卡的考特尼·考克斯·阿凯特（Courtney Cox Arquette）出现在《红皮书》女性时尚杂志的封面上，标题是"这位勇敢的《老友记》明星讲述了她是如何度过悲惨的一年并敞开心扉去爱的，以及：她的秘密婚姻誓言"（2002年6月）。就像我们乐于了解我们真正的朋友和熟人的情感生活一样，我们也很高兴听到关于那些看似难以企及的好莱坞明星的内幕消息。此外，为这种内部独家采访添加适当的标题是有利无害的，如《人物纪录（一生）》[*Intimate Portraits*（*Lifetime*）]或《揭秘朱尔斯·阿斯纳》[*Jules Asner*（*E!*）]。杂志作者们不断使用友好语言，在读者和名人之间构建一种共享的现实

感。例如，最近的一期自制封面上是演《吸血鬼猎人巴菲》（Buffy the Vampire Slayer）出名的莎拉·米歇尔·盖拉（Sarah Michelle Gellar），封面标题写着"她只告诉她最好朋友的事情"。尽管表面上这些可以被独占及让人感到亲密的人物有男有女，但正是接触到女明星生活的媒体才能够如此简单轻松地与时尚和化妆品这一无处不在的商业领域相吻合。

我们了解名人个人生活和情感信息的程度，与我们了解他们最新时尚表现和化妆品代言信息的程度是一致的。我们不断被邀请"走进幕后，走进他们的衣橱"（《人民周刊》，2002，p.2），使用亲密且友谊的语言再次被用来促进读者和名人关系的纽带。《大都会女孩》有一整版以年轻"老处女"克里斯蒂娜·里奇（Christina Ricci）的着装风格为主题，标题是，"你和里奇有共同的时尚理念：旧货店是女孩最好的朋友"（2000年，p.86）。该页面详细地说明了在哪里购买各种外观相似的服装和配饰以及它们的价格。然而，女性明星作为时尚广告牌的使用并不局限于她们真实生活中的角色。通过购买相似风格的服装，年轻女性被反复展示如何模仿她们最喜欢的电视和电影角色。有时，她们会被告知，在哪里、花多少钱才能买到自己喜欢角色所穿的那种苗条款服装。举个例子，下面的标题来自美国杂志。

> 最甜蜜的事：在爱情喜剧《最甜蜜的事》中，好朋友卡梅隆·迪亚兹（Cameron Diaz）、克里斯蒂娜·阿普尔盖特（Christina Applegate）和塞尔玛·布莱尔（Selma Blair）分享的不仅仅是她们的笑声——还分享了时髦性感女孩的时尚品位。下面是如何在我们的帮助下获得和她们一样的打扮（2002，p.64）。

虽然不太常见，但可能更令人担忧的是，女性有时会有机会购买与明星角色完全相同的服装。《纽约时报》最近的一篇文章鼓励模仿角色外貌，"穿着旧衣服，打扮得像个明星"。显然，为了迎接新一季的到来，服装部门以比预期更合理的价格出售上一季的服装。这篇文章以《欲望都市》演员们为主角，并解释了在好莱坞商店里可以买到各种各样具有"挑逗性的裙子"。在解释这种迷人的复古购物背后动机时，作者写道，"对一些人来说……吸引人的是能以低价买到名牌服装。对其他人来说，这是关于拥有一个梦想的事"（Rothman, 2002, D3）。

把名人和消费主义结合在一起的想法并不新鲜。正如丹尼诗·曼恩在《私人放映：电视与女性消费者》中解释的那样：

> 通过鼓励家庭观众认同媒体名人生活，反映出本身这一新式名人崇拜，表明了文化霸权的新形式得到了认可，它将家庭的价值观与大众媒体的名人联系在一起，把妇女构建为"消费者盟友"（Mann, 1992, p.60）。

第十六章　依恋取向、理想化女性媒体形象和躯体不满之间的相互作用：基于社会心理学的分析

新鲜的是，单身女性角色的数量在激增，它们兜售的是千篇一律的性感形象，而不是千篇一律的家庭价值观。还有一个新特性，与本章的重点内容高度相关，那就是超瘦的体型是符合那种衣橱的现实前提条件。最后，值得注意的是，尽管传统上不那么女性化的角色很普遍，比如吸血鬼杀手（《吸血鬼杀手巴菲》）和秘密特工（《阿利亚斯》），这些角色可能会直观地通往体育或企业赞助，但女明星往往会成为以外表为导向的产品傀儡。例如，莎拉·米歇尔·盖拉饰演的角色（巴菲）拯救陷入困境的少女，而不是她自己（Garcia, 2000）。年轻的女孩和女士们认同和钦佩巴菲是一个强大的女权主义榜样，最终留下了一个有说服力的偶像榜样。尤其是那些痴迷型依恋取向的年轻女性可能会发现，亲近和认同她们最喜欢的电视女明星的唯一方法就是模仿她的外表。因此，她们的焦虑表现在无休止地追求物质消费，以年轻女性身心健康为代价为经济服务。

社会比较过程：同化和对比

依恋类型的个体差异变量，以及具有煽动性、吸引人的媒体环境，结合在一起时，可能会导致女性产生身体焦虑和饮食紊乱。但是，有哪些特定的社会心理过程可能会贯穿这一现象，使痴迷型年轻女性从受启发的理想化状态到受挫的自我物化过程呢？从实证和理论的角度来看，我们如何解释与超瘦女性偶像相关的一系列矛盾心理呢？尽管有争议，但在一本从社会角度上看具有重大意义的书——《美丽神话》（*The Beauty Myth*）中，娜奥米·沃尔夫——生动地介绍了这一过程：

> 女性杂志给了我一种奇怪的感觉，混合了期待和恐惧，这是一种兴奋的欣快。是的！哇！从现在开始我可以做得更好！看她！看她！但就在那之后，我想把我所有的衣服和冰箱里的所有东西都扔掉，告诉我男朋友永远不要再给我打电话，不要燃烧我整个生命（Wolf, 1991, p.62）。

我们认为这种对理想化形象的双重反应可以用两种不同的社会比较过程来解释：同化和对比。

关于媒体接触与饮食失调之间关系的研究，比较有代表性地给社会比较过程提供了依据（Festinger, 1954），解释为什么接触超瘦图片会对女性的身体自尊产生负面影响。一项普遍被人接受的理论是，女孩和女人在她们自身和一个理想化的、不现实的女性身体之间进行了向上比较（Botta, 1999; Cattarin, Thompson, Thomas, & Williams, 2000; Cash, Cash, & Butters, 1983; Wilcox & Laird, 2000）。这种对比会让她们产生对身体的羞耻感和不满感，这可能是由于真实和理想中的自我（Markus & Nurius, 1986）在外表方面存在明显的差异。向上的比较过程可能确实能解释媒体形象是如何产生负面身体自尊

的，但它不能解释前面所引起最初欣快认同的感觉。最近研究比较多的是关于向上同化现象（Collins，1996）可能阐明了与超瘦女明星形象相关的积极情感。

同化比较表现为自我概念的扩展，以纳入比较目标的属性（Gardner, Gabrial & Hochschild, 2002）。比较不是基于差异特征的，如对比比较，同化比较是基于在自我和目标之间发现相似点。因此，随着相似性感知的增加，与目标同化的倾向也会增加。事实上，研究人员发现，人们越是认同和联系一个理想化的他者，就越有可能被同化（Brewer & Weber, 1994; Brown, Novick, Lord, & Richards, 1992; Stapel & Koomen, 2000）。此外，如果人们觉得目标与自己的差别不大（Stapel & Winkeilman, 1998），而且他们没有明确准备好进行自我—他人比较（Pelham & Wachsmuth, 1995），那么也更有可能与这样的目标同化。这些趋同的条件似乎既可以被痴迷型个体的风格所满足，也可以被无处不在的大众媒体环境所满足。

痴迷型依恋风格的女性会强烈地感到自己与另一个理想化的亲密者有联系，甚至是融合（Brennan et al., 1998）。她们也更容易对自己产生不稳定或消极的看法（Bartholomew & Horowitz, 1991; Pietromonaco & Feldman Barrett, 1997）。这两组变量，自我—他人重叠（Gardner et al., 2002）和易变的/消极的自我观（Pelham & Wachsmuth, 1995; Stapel & Koomen, 2000），已与更强的同化倾向联系在一起。此外，与男性不同的是，女性可能会经历相互依赖视角的慢性激活。这可能更容易产生同化，而不是在社会比较中形成对比（Gardner et al., 2002）。这一推理有助于解释为什么在我们的研究中，具有痴迷型依恋倾向的女性最有可能报告自己有认同感、亲密感和有愿望成为并看起来像自己最喜欢的虚构人物。但是，媒体的语境或情境又如何有助于同化的初始阶段呢？

正如我们前面提到的，大众媒体环境促进了自我和理想化虚构他人之间模糊的界限，并使用亲密和认同的语言来激发商业和外表的模仿。因此，这一阶段似乎是让痴迷型女性经历对迷人偶像积极的身体认同。事实上，威尔科特斯和莱尔德对理想化媒体形象运用认同的概念，而不是同化概念。在此过程中，一个年轻女人可能会经历"至少是短暂的欢乐时刻，当她想象自己跟偶像一样或可以与之一样苗条和有魅力"（Wilcox & Laird, 2000, p.279）。他们还发现，当女性对自己的个人暗示和情绪不太注意时（而不是更注意），认同过程更有可能发生。这一观点与我们将向上同化应用于媒体和身体形象领域的观点非常吻合，表明低自我独特性会导致更积极的认同。此外，当人们被一个故事或角色所吸引时，他们就不太可能对自我和他人之间的任何潜在差异产生共鸣（Green & Brock, 2000）。

但是，如果关掉电视会发生什么呢？个人差异会变得更加明显？人们一旦从电视和杂志的虚构世界所反映的理想化形象，回到自己的形象，反映在浴室或更衣室镜子里，媒体影响的第二个序列，即对比过程，可能会被激活，从而产生挫折感。如洛克伍德和孔达（Lockwood & Kunda, 1997）所指出的，同化的一个条件是比较对象在相关领域（例如，外表）上成功感知的可获得性。考虑到电视和杂志上理想化的形象往往是私人厨师、培训师、整容医生、高科技、喷漆，按照他们的定义，这些形象是难以企及的（Kilbourne, 2000）。因此，年轻女性可能会直接面对自己未能达到媒体对美的标准，并因此而感到身体羞耻。具有痴迷型依恋风格的年轻女性可能特别容易受到这些感觉的影响，因为她们可能更容易首先被同化和理想化。正如我们研究所显示的那样，专注程度较高的女性更希望自己看起来像她们最喜欢的女性角色一样，而这一变量反过来又预示着更高程度的身体羞耻和监视。

接触大众媒体可能会诱发同化过程和对比过程，这种观点也许可以调和在有关媒体接触及身体不满的文献中一系列对立的发现。一方面，卡什等人发现女性更倾向于将自己的外表与有吸引力的同龄人相比，而不是有吸引力的模特。另一方面，波索瓦茨等人发现年轻女性的身体形象更容易受到有吸引力模特的威胁，而不是有吸引力的同伴。前一项研究解释了这一发现，指出"也许在我们大多数研究对象看来，同伴美貌比职业美貌更适合作为社会比较的标准"（Cash et al., 1983, p.354）。然而，后一项研究指出，"在形象描绘极具吸引力的程度上，女性更有可能感知到自我和理想之间的差异"（Posovac et al., 1998, p.199）。我们认为，这些看似相互矛盾的发现和解释可能比它们看起来更相似。正如前面所描述的，当今媒体邀请我们考虑其他无法接近的人物和形象时，让他们成为我们的朋友，从而欺骗我们进入想象中的亲密关系或社会关系。然后，我们可能也会开始以同龄人的身份对电视偶像做出反应，这些人通常代表着有合适外貌的比较目标。然而，围绕在我们周围的虚构人物本质上是不现实的比较目标，当我们无法匹配时，注定会造成挫折和失望。因此，同化和对比比较都可能涉及个别女性对自己与理想化媒体人物之间关系的看法。

具有痴迷型依恋模式的女性可能更容易受到媒体形象的负面影响，这类女性的特征是渴望与理想化的他人融合，对自己的看法也不稳定。因为她们最容易被理想化的女性角色所同化，当想象中的同化变成真实的对比时，她们也最容易出现幻想破灭。充斥着女性私人生活的人际关系焦虑不仅无法通过媒体关系得到解决，还可能因身体焦虑的增加而加剧。了解年轻女性的依恋风格是如何与大众媒体的准社会现实相互作用，对于阐明媒体接触与身体不满的关联有很大作用。未来应继续研究依恋类型、媒体感知和身体形象关注之间的特殊联系，并继续研究个人与社会环境之间错综复杂的相互作用。

致　　谢

本章的部分内容发表在第21届年度广告与消费者心理学会议上（2002年5月，纽约）。我们感谢琳达·伊斯贝尔（Linda Isbell）、罗妮·吉道夫-布尔曼（Ronnie Janoff-Bulman），及L.J.什鲁姆（L. J. Shrum）对本文早期版本所提出的建设性评论。

参考文献

Aron, A., Aron, E., & Smollan, D. (1992). Inclusion of other in the self scale and the structure of interpersonal closeness. *Journal of Personality and Social Psychology*, 63, 596–612.

Bandura, A. (1978). The self-system in reciprocal determinism. *American Psychologist*, 33, 344–358.

Bartholomew K., & Horowitz, L. M. (1991). Attachment styles among young adults: A test of a four-category model. *Journal of Personality and Social Psychology*, 61, 226–244.

Botta, R. (1999). Television images and adolescent girls' body image disturbance. *Journal of Communication, Spring*, 22–41.

Bowlby, J. (1969). *Attachment and loss: Vol. 1. Attachment*. New York: Basic Books.

Bowlby, J. (1973). *Attachment and loss: Vol. 2. Separation: Anxiety and anger*. NewYork: Basic Books.

Brennan, K. A., Clark C. L., Shaver, P. R. (1998). Self-report measurement of adult attachment: An integrative overview. In J. A. Simpson & W. S. Rholes (Eds.), *Attachment theory and close relationships* (pp. 46–76). New York: Guilford Press.

Brennan, K. A.,&Shaver, P. R. (1995). Dimensions of adult attachment, affect regulation, and romantic relationship functioning. *Personality & Social Psychology Bulletin*, 21(3), 267–283.

Brewer, M. B., & Weber, J. G. (1994). Self-evaluation effects of interpersonal vs. intergroup social comparison. *Journal of Personality and Social Psychology*, 66, 268–275.

Brown, J. D., Novick, N. J., Lord, K. A., & Richards, J. M. (1992). When Gulliver travels: Social context, psychological closeness, and self-appraisals. *Journal of Personality and Social Psychology*, 62, 717–727.

Bushman, B. J. (1995). Moderating role of trait aggressiveness in the effects of violent media on aggression. *Journal of Personality and Social Psychology*, 69, 950–960.

Cash, T. F., Cash D.W., & Butters, J. (1983). "Mirror mirror on the wall…?": Contrast effects and self evaluations of physical attractiveness. *Personality and Social Psychology Bulletin*, 9(3), 351–358.

Cattarin, J. A., Thompson, J. K., Thomas, C., &Williams, R. (2000). Body image, mood, and televised images of attractiveness: The role of social comparison. *Journal of Social and Clinical Psychology*, 19, 220–239.

Cohen, J. (1997). Parasocial relations and romantic attraction: Gender and dating status differences. *Journal of Broadcasting and Electronic Media*, 41, 516–529.

Cole, T., & Leets, L. (1999). Attachment styles and intimate television viewing: Insecurely forming relationships in a parasocial way. *Journal of Social and Personal Relationships*, 16(4), 495–511.

Collins, N., & Read, S. (1990). Adult attachment, working models, and relationship quality in dating couples. *Journal of Personality and Social Psychology*, 58, 644–663.

Collins, R. L. (1996). For better orworse: The impact of upward social comparisons on self-evaluations. *Psychological Bulletin*, 119, 51–69.

Evans, L., & Wertheim, E. M. (1998). Intimacy patterns and relationship satisfaction of women with eating problems and the mediating effects of depression, trait anxiety, and social anxiety. *Journal of Psychosomatic Research*, 44, 355–365.

Festinger, L. (1954). A theory of social comparison processes. *Human Relations*, 7, 117–140.

第十六章　依恋取向、理想化女性媒体形象和躯体不满之间的相互作用：基于社会心理学的分析

Fraley, R. C., Davis, K. E.,&Shaver, P. R. (1998). Dismissing-avoidance and the defensive organization of emotion, cognition, and behavior. In J. A. Simpson & W. S. Rholes (Eds.), *Attachment theory and close relationships* (pp. 249–279). New York: Guilford Press.

Friedberg, N. L., & Lyddon, W. J. (1996). Self-other working models and eating disorders. *Journal of Cognitive Psychotherapy*, 10(3), 193–203.

Garcia, L. (2000, Winter). A stake in vampires. *Wesleyan University Magazine*, 3–7.

Gardner, W., Gabrial, S., & Hochschild, L. (2002). When you and I are "we," you are not threatening: The role of self-expansion in social comparison. *Journal of Personality and Social Pyschology*, 82, 239–251.

Gerbner, G. (1969). Toward "cultural indicators": The analysis of mass mediated message systems. *AV Communication Review*, 17(2), 137–148.

Gerbner, G., Gross, L., Morgan, M., Signorielli, N.,&Shanahan, J. (2002). Growing up with television: Cultivation processes. In J. Bryant & D. Zillman (Eds.), *Media effects: Advances in theory and research* (pp. 43–67). Mahwah, NJ: Lawrence Erlbaum Associates.

Go behind the scenes and into their closets. (2002, March 6). *People Weekly: Special Celeb Fashion Issue*, 25.

Green, M. C.,&Brock,T. C. (2000). The role of transportation in the persuasiveness of public narratives. *Journal of Personality and Social Pyschology*, 79, 701–721.

Guidano, V. F. (1987). *Complexity of the self: A developmental approach to psychopathology and therapy*. New York: Guilford Press.

Hamilton, K., &Waller, G. (1993). Media influences on body size estimation in anorexia and bulimia: An experimental study. *British Journal of Psychiatry*, 162, 837–840.

Harris, R. J. (1999). *A cognitive psychology of mass communication (3rd ed.)*. Mahwah, NJ: Lawrence Erlbaum Associates.

Harrison, K. (1997). Does interpersonal attraction to thin media personalities promote eating disorders? *Journal of Broadcasting and Electronic Media*, 41, 478–500.

Harrison, K., & Cantor, J. (1997). The relationship between media consumption and eating disorders. *Journal of Communication*, 47, 40–67.

Hazan, C., & Shaver, P. (1987). Romantic love conceptualized as an attachment process. *Journal of Personality and Social Psychology*, 52, 511–524.

Heinberg, L. J., & Thompson, J. K. (1995). Body image and televised images of thinness and attractiveness: A controlled laboratory investigation. *Journal of Social and Clinical Psychology*, 14, 325–338.

James, C. (2002, May 20). What "Friends" has going for it… That "Ally Mcbeal" and "The X-Files" didn't have. *New York Times*, pp. B1, B5.

Kilbourne, J. (2000). *Killing us softly 3: Advertising's image of women* [Video]. Northampton, MA: Media Education Foundation.

Lockwood, P., & Kunda, Z. (1997). Superstars and me: Predicting the impact of role models on the self. *Journal of Personality and Social Psychology*, 73, 91–103.

Main, M., Kaplan, N., & Cassidy, J. (1985). Security in infancy, childhood, and adulthood: A move to the level of representation. *Monographs of the Society for Research in Child Development*, 50(1–2, Serial No. 209), 66–104.

Mann, D. (1992). The spectacularization of everyday life: Recyling Hollywood sars and fans in early television variety shows. In L. Spigel & D. Mann (Eds.), *Private screenings: Television and the female consumer* (pp. 41–69). Minneapolis: University of Minnesota Press.

Markus, H., & Nurius, P. (1986). Possible selves. *American Psychologist*, 41, 954–969.

McCrae, R. R., & Costa, P. T., Jr. (1996). Toward a new generation of personality theories: Theoretical contexts for the five factor model. In J. S. Wigens (Ed.), *The five-factor model of personality: Theoretical perspectives* (pp. 51–87). New York: Guilford Press.

McKinley, N. M., & Hyde, J. S. (1996). The objectified body consciousness scale: Development and validation. *Psychology of Women Quarterly*, 20, 181–215.

Milgram, S. (1965). Some conditions of obedience and disobedience to authority. *Human Relations*, 18, 57–76.

Mischel, W., & Shoda, Y. (1995). A cognitive-affective system theory of personality: Reconceptualizing situations, dispositions, dynamics, and invariance in personality structure. *Psychological Review*, 102, 246–286.

O'Kearney, R. (1996). Attachment disruption in anorexia nervosa and bulimia nervosa: A review of theory and empirical research. *International Journal of Eating Disorders*, 20, 115–127.

Paik H., & Comstock, G. (1994). The effects of media violence on anti-social behavior: A meta-analysis. *Communication Research*, 21, 516–546.

Pelham, B. W., & Wachsmuth, J. O. (1995). The waxing and waning of the social self: assimilation and contrast in social comparison. *Journal of Personality and Social Psychology*, 69, 825–838.

Pietromonaco, P. R., & Feldman Barrett, L. (1997). Working models of attachment and daily social interactions. *Journal of Personality and Social Psychology*, 73, 1409–1423.

Pietromonaco, P. R., & Feldman Barrett, L. (2000). The internal working models concept: What do we really know about the self in relation to others? *Review of General Psychology*, 4, 155–175.

Pietromonaco, P. R., & Feldman Barrett, L. (2003). *What can you do for me?: Attachment style and motives for valuing partners*. Manuscript under review.

Posovac, H. D., Posovac, S. S., & Posovac, E. J. (1998). Exposure to media images of female attractiveness and concern with body weight among young women. *Sex Roles*, 38, 187–201.

Rauch, A. (1987). I and the (m)other. Why the ego's narcissism can be exploited by the media. *Literature and psychology*, 27–37.

Redbook (June 2002). Cover.

Reeves, B., & Nass, C. (1996). *The media equation: How people treat computers, television, and new media like real people and places*. New York: Cambridge University Press.

Rodin, J., Silberstein, L. R., & Striegel-Moore, R. H. (1985). Women and weight: A normative discontent. In T. B. Sonderegger (Ed.), *Nebraska Symposium on motivation: Vol. 32. Psychoolgy and gender* (pp. 267–307). Lincoln: University of Nebraska Press.

Rosengren, K. E. (1974). Uses and gratifications: A paradigm outlined. In J. G. Blumler & E. Katz (Eds.), *The uses of mass communications: Current perspectives on gratifications research* (pp. 269–286). Beverly Hills, CA: Sage.

Rothman, C. (2002, May 31). In hand-me-downs, dress like a star. *The New York Times*, p. D3.

Rubin, A. M., Perse, E. M., & Powell, R. A. (1985). Loneliness, parasocial interaction, and local television news viewing. *Human Communication Research*, 12, 155–180.

Rubin, A. M. (1983). Television uses and gratifications: The interactions of viewing patterns and motivations, *Journal of Broadcasting*, 27, 37–51.

Scharrer, E. (2001). Men, muscles, and machismo: The relationship between television exposure and aggression in the presence of hypermasculinity. *Media Psychology*, 3, 159–188.

Seventeen (July 2002). Cover.

Sharpe,T. M., Killen, J. D., Bryson, S.W., Shisslak, C. M., Estes, L. S., Gray,N. et al. (1998). Attachment style and weight concerns in adolescent and pre-adolescent girls. *International Journal of Eating Disorders*, 23, 39–44.

Signorelli, N., & Morgan, M. (Eds.). (1990). *Cultivation anlaysis: New directionsi n media effects research*. Newbury Park, CA: Sage.

Sroufe, L. A., &Waters, E. (1977). Attachment as an organizational construct. *Child Development*, 48, 1184–1199.

Stapel, D. A., & Koomen, W. (2000). Distinctness of others, mutability of selves: Their impact of self evaluations. *Journal of Personality and Social Psychology*, 79, 1068–1087.

Stapel, D. A., & Winkeilman, P. (1998). Assimilation and contrast as a function of context-target similarity, distinctness, and dimensional relevance. *Personality and Social Psychology Bulletin*, 24, 634–646.

Stice, E., Schupak-Neuberg, E., Shaw, H. E. & Stein, R. I. (1994). Relation of media exposure to eating disorder symptomatology: An examination of mediating mechanisms. *Journal of Abnormal Psychology*, 103, 836–840.

Stice, E., & Shaw, H. E. (1994). Adverse effects of the media portrayed thin-ideal on women and linkages to bulimic symptomatolgy. *Journal of Social and Clinical Psychology*, 13, 288–308.

The sweetest things. (2002, May 6). *Us Magazine*, 64.

Vintage vixen. (2002, August). *CosmoGirl*, 89.

Ward, A., Ramsay, R., & Treasure, J. (2000). Attachment research in eating disorders. *British Journal of Medical Psychology*, 73, 35–51.

Wilcox, K., & Laird, J. (2000). The impact of media images of super-slender women on women's self esteem: Identification, social comparison, and self-perception. *Journal of Research in Personality*, 34, 278–286.

Wolf, N. (1991). *The beauty myth: How images of beauty are used against women*. New York: DoubleDay.

Zeifman, D., & Hazan, C. (1997). A process model of adult attachment formation. In S. Duck (Eds.), *Handbook of personal relationships* (2nd ed., pp. 179–195). Chichester, UK: Wiley.

Zimbardo, P. G. (producer). (1972). The Stanford prison experiment [Slide/tape presentation]. (Available from P. G. Zimbardo, Inc., P.O. Box 4395, Stanford, CA, 94305).

Zuckerman, M. (1996). Sensation seeking and the taste for vicarious horror. In J. B. Weaver & R. Tamborini (Eds.), *Horror films: Current research on audience preferences and reactions* (pp. 147–160). Mahwah, NJ: Lawrence Erlbaum Associates

第十七章　体育娱乐营销：一种功能性的方法

斯科特·琼斯（Scott Jones）
科琳·碧（Colleen Bee）
瑞克·伯顿（Rick Burton）
林恩·R. 卡尔（Lynn R. Kahle）
俄勒冈大学（University of Oregon）

　　本章的中心目标是探索使体育成为一种独特营销传播娱乐媒介的因素，并在理论背景中考察这些因素。体育运动是一种重要的娱乐形式，它具有一些特征，这意味着我们需要从心理学角度深入全面地理解它是如何运作的。体育赛事的特点是自带紧张性，这是其娱乐功能的核心，而这源于对有限资源的竞争——为了胜利。体育爱好者寻求机会加入那些他们认为有吸引力的球队和球员，比如能获胜的。在讲述这些问题后，本章接着讨论通过运动特性所产生的独特心理后果，例如依从性、认同和内化。通过对运动产品和运动爱好者的描述，我们关注的是公司寻求与运动属性保持一致的原因。赞助、招待、背书、产品植入和互联网成为市场从业人员的营销策略，这些人努力通过体育运动销售他们的产品。

运动产品的独特性质

　　体育运动因其独特性而成为一种引人注目的娱乐形式。体育产品"要么是比赛的娱乐活动，要么是与赛事相关的产品/服务，要么两者兼而有之"（Schaaf, 1995, p.22）。体育产业的主要产品是体育赛事（Shank, 1999）。体育赛事成为主要产品可能是因为所有相关产品和服务（例如，特许商品、体育场特许权、赞助、运动员）都取决于赛事的存在。

　　体育赛事具有许多有形和无形的特征。有形的功能差别很大，包括从食品服务到停车服务；然而，体育赛事产品的独特之处在于它是无形资产。该产品的吸引力在于赛事结果的不确定性，这可能会对那些认为体育赛事是一种"享乐体验"的消费者产生深刻影响，在这种体验中赛事本身会带来一种戏剧感（Madrigal, 1995, p.206）。

将体育赛事描述为享乐体验，这与赫希曼和霍尔布鲁克（Hirschman & Holbrook, 1982）的研究一致。享乐消费是指消费具有多重感官和情感维度。体育赛事提供了多重感官图像，如视觉、声音、气味，以及参加现场体育赛事或在电视上观看赛事的传统。这些多重感官图像可能被认为既是历史的也是幻想的。例如，一个人在芬威球场观看波士顿红袜队的比赛，他可能会想起童年时参加比赛的记忆，或者产生幻想，比如目睹红袜队赢得世界大赛，或者两者兼而有之。除了多重感官图像的发展，体育赛事也是激发快乐情绪的源泉，比如恐惧、希望、喜悦和愤怒（Hirschman & Holbrook, 1982）。霍尔布鲁克（Holbrook, 1980）提出，对情感激励的追求是体育赛事消费的主要动机。

在享乐主义框架中，消费者和生产者之间的动态互动特别重要，因为观众的反应会影响表演（Hirschman & Holbrook, 1982）。体育迷们试图增强他们参与比赛的感觉。此外，球迷可能会直接影响比赛的结果，如为一个球员或一组球队提供一个不利的环境（例如，人群噪声，"进入对手的头脑中"）。塔特科和理查兹（Tutko & Richards, 1971）的研究支持了粉丝影响球员情绪和动机的观点（Sloan, 1989）。从这个意义上来讲，通过参加和参与体育赛事的表演，体育爱好者发挥着重要的作用（Deighton, 1992）。

球员、球队和他们的球迷有一个共同的目标，即获胜的结果；然而，在体育运动中获胜是有限的。从球员和球队的角度来看，很多运动员没有达到胜利的目标，也有很多运动员获得了胜利。从体育迷的角度来看，与获胜结果相关联的渴望是产品快乐的来源。例如，产品的情感维度反映了与输赢相关的高低起伏。此外，人们期望一个体育粉丝会有的多感官幻想形象，与球场上成功的表现是相关联的。因此，对成功结果的竞争，加上无剧本的结果和不可预测的性质，是与体育赛事产品相关的戏剧的关键因素。

粉丝寻求与体育英雄为伍

由于各种原因，体育粉丝们会寻求与球队或球员产生联系。举例来说，联系可以是基于增强自我概念的理想关联或提供外部奖励，如公开承认和支持。此外，体育粉丝们会因为对特定运动、团队或运动员固有的信念而形成协会。

克尔曼（Kelman, 1958）的功能理论认识到三种不同层级的归属态度动机：依从性、认同和内化。依从性是团体或个人影响的结果，在这种情况下，一个体育迷屈服于影响，因为他或她获得了奖励或避免了惩罚。第二级影响是认同，当一个球迷想通过与体育英雄或产业的关系来保持或提升自己的形象时，就会产生这种影响。内化是共同价值观和信念的结果。与依从性和认同相比，它更持久和具有长期性。接下来我们仔细谈谈这三种动机。

依从性

依从性是功能理论中最不具吸引力的层级（Kelman, 1961）。在体育背景下，这种影响可能是与某个特定的运动、运动员或团队建立联系，以获得公众的认可。这种影响还可能导致与运动、运动员或团队的分离，以避免负面后果和公众尴尬。由于这种影响的社会性质，个体在另一个人或群体中寻找有力反应。作为社会影响最肤浅的层面，依从相关的变化只是公众对行为认可的结果。在这种情况下，体育粉丝们会参与到这种行动中（如参加一项赛事），因为他们需要一个有力的回应，而不是因为他们真的相信或支持该比赛。此外，只有当具有依从性的个人或群体到场并观察到该比赛时，该行为才会外显出来（Kelman, 1958, 1974）。

依从性对市场营销有重要的影响。许多以运动为中心的招待服务旨在将这种依从发展成一种营销关系。大公司经常在体育赛事上取悦客户，希望能通过出席的依从性来改善与粉丝的关系（Kahle, Elton, & Kambara, 1997）。

认同

渴望与胜利联系在一起是体育迷认同体育产业的原因之一。"虽然仅观看一场体育表演就能让人产生明显的审美乐趣，但真正的乐趣来自对个人或团队的认同，因为他们会很努力去争取胜利"（Whannel, 1992, p.200）。认同可以被描述为自我的心理取向，个体根据自己的群体成员身份来定义自己，并从从属关系中获得"力量和认同感"（Kelman, 1961, p.64）。球迷们经常将球队或球员视为他们自我的延伸（Kahle, Duncan, Dalakas & Aiken, 2001）。正是这种认同动机往往能导致消费者与体育英雄和体育产业形成心理联盟。

通过对团队或球员的认同来创造自我延伸的愿望，为理解与体育爱好者相关的许多独特心理过程提供了基础。在运动迷从属关系的背景下，认同问题得到了广泛的研究。研究发现，体育消费者认同他们喜爱的球队和球员，甚至在他们与球队的成功没有任何关系的情况下，也试图表明自己与他们的从属关系。沾光效应（缩写为BIRGing; Cialdini, Borden, Thorne, Walker, Freeman, & Sloan, 1976）意味着个人倾向于与获胜的球队建立联系。此外，瓦恩和布兰斯科姆（Wann & Branscombe, 1990）的研究发现，那些对球队认同度低的球迷们更倾向于与输掉比赛的球队脱离关系。斯奈德、希金斯和斯塔基（Snyder, Higgins, & Stucky, 1983）描述了一种形象保护策略，通过这种策略，一个认同度低的球迷会与输掉比赛的球队进行分离。研究人员将这种现象称为"切断反射性失败"（Cutting Off Reflected Failure）。这一发现被认为是对势利粉丝现象的支持。然而，体育迷可能认同任何被球迷认为是积极的球员或球队。虽然引用到这一点的文献关注的是对胜利的认同，但其他研究表明胜利并不是认同的必要前提。费舍尔和韦克菲尔德（Fisher & Wakefield, 1998）的研究表明，球迷可能会认同一个不成功的球队或球员。失败球队的球迷关注的是球队中有利于己方的方面，而忽略了球队糟糕表现的信息。这种认同动机有助于解释球迷会对传统上有糟糕球场表现的球队忠诚，比如芝加哥小熊棒球队和一些大学体育赛事。在这种情况下，球迷会寻求与球队建立积极的联系，比如毅力。

与球队或球员关系密切的运动迷会表现出实质性的参与，并可能把球队的胜利或失败个人化。赫特、齐尔曼、埃里克森和肯尼迪（Hirt, Zillmann, Erickson, & Kennedy, 1992）的研究表明，比赛结果显著影响被试当前的情绪状态和自尊。此外，"比赛结果不仅影响了被试对团队未来表现的估计，也影响了他们在许多任务上的未来表现"（Hirt et al., 1992, p.735）。

认同也可以从队员或团队扩展到社区消费（Shoham & Kahle, 1996; Shoham, Rose, Kropp & Kahle, 1997）。人们对围绕体育而建的社区产生认同感，为他们的生活参与提供了基础。

内化

"内化"是克尔曼（Kelman, 1958）提出的第三个动机因素，也是共同价值观的结果（Homer & Kahle, 1988; Kahle, 1983, 1996）。通过内化产生的体育爱好者从属关系是与体育产业相匹配、具有根深蒂固信念的结果。体育爱好者与团队或运动员之间的联系对个人来说很重要，他或她会因这种意义而采取这种行为。内化行为是最深层的动机，不太可能受到外在奖励和外在形象的影响。表现出内化动机的体育迷可能看重体育的特质，如美丽、团队合作、爱国主义和英雄主义。内化的球迷认为自己是体育世界的一部分。从某种意义上来说，他们是消费最多的人群。

综上所述，体育赛事消费是一种享乐体验，它涉及比赛的消费。比赛是通过争夺有限的资源而产生的——结果就是获胜。就像球队和球员努力赢得比赛一样，许多体育迷也寻求能与那些可以和自己产生积极联系的球员和球队进行联结，比如竞争的成功。参照克尔曼（Kelman, 1958）的框架理论，从属关系可以发生在三个不同的层次：依从性、认同和内化。每个层次都暗示着不同的机制，它们有不同的心理来源、不同的唤醒条件和不同的态度转变过程。

这个功能理论其中一个吸引之处在于它提供了一个框架来解释粉丝选择和心理学理论基本观点之间的关系。这三个层次中的每一个都对应着心理学的一个宏观理论。奖惩在依从性中的重要性与强化理论（Skinner, 1974）和经典行为主义（Watson, 1913）不谋而合。当代精神分析理论已经从弗洛伊德偏爱的性心理动机转向了埃里克森（Erikson, 1968）的认同理论。人本主义理论强调内在化、真实性和实现作为价值观和行为选择背后的驱动力（Kahle, 1983, 1996; Rogers, 1961）。功能理论强调了宏观动力理论的情境效用，并提供了一个思考粉丝动机的框架。

研究

一些研究证据与克尔曼模型适用于体育营销的假设是一致的。卡尔、坎巴拉和罗斯（Kahle, Kambara, & Rose, 1996）基于克尔曼的理论开发了一个模型来解释大学生在大学橄榄球比赛中的出勤率。他们发现了三种通向参与动机的主要途径，这与克尔曼的理论一致。但是，在较低的两级（依从和认同），他们观察到内部动机和外部动机之间的差别。责任（内部的或私人的）和依从（外部的或公共的）是第一级的两个独立动机构念。它们的前身是一种中间结构：友爱。鉴定也分为公共或外部因素，这被称为对胜利的认同，以及一种私人或内部的因素，被称为寻求自我定义的体验。

这两个构念是寻求一种独特自我表达体验的前提。在内化层面，内部或私人、外部或公共是融合的、不可分割的。因此，在决定参加体育赛事之前直接浮现的三个动机被称为内化；寻求一种独特的、自我表达的体验；和同志情谊。每个动机意味着不同的营销传播尝试。

运动爱好者产生归属感的结果

体育爱好者的归属感会带来一些后果，包括对愤怒行为、偏向信息加工和符号消费的影响。

体育赛事可能会导致愤怒行为和攻击行为的增加。戈德斯坦和阿姆斯（Goldstein, Arms, 1971）的研究表明，不管他们的球队赢了还是输了，球迷看完一场足球赛后的对抗情绪会更高。戈德斯坦和阿姆斯的研究结果与最近的一些研究一致，这些研究质疑了宣泄的有效性，即通过参与或观察攻击性行为来释放能量（Bushman, Baumeister, & Stack, 1999）。

体育迷的归属感影响信息加工。运动参与者和球迷之间存在的一种规范鼓励接受个人责任，并鼓励他们接受失败的外部影响。格鲁夫、汉拉恩和麦格曼的发现支持了这种规范，得出这个归因有两种功能。首先，它允许归因者不论体育赛事的结果如何，都以积极的态度来呈现自己。第二，在成功的情况下，"这样的归因将意味着胜利是来自个人控制下相对稳定的因素"（Grove, Hanrahan, & McInman, 1991, p.96）。

此外，这种以享乐主义利益为特征的产品消费需要消费者进行持续的心理活动（Hirschman & Holbrook, 1982）。因此，双重加工信息模型表明，与体育赛事相关的信息更有可能经历认知加工（Petty, Unnava, & Strathman, 1991）。反过来，通过中央加工发展而成的对团队或球员的态度是高度稳定且不易改变的。

这里所考虑的最后一个归属感所带来的结果是符号消费。一种产品，比如一场体育赛事和相关的球队和球员，提供给消费者的不仅仅是功能上的好处（Gardner & Levy,

1955; Park, Jaworski &MacInnis, 1986）。体育赛事的根源可能影响自我定义的社会符号（Solomon, 1983）。自我定义被认为是一个可以通过它来理解普通消费活动的组织结构（Kleine, Kleine, & Kernan, 1983）。这个自我定义指的是消费者自我建构的形象，或他们心目中理想的自我。运动迷使用特许服装、保险杠贴纸和联名信用卡等产品作为他们与团队或球员关系的标志。这种符号消费有助于培养积极的自我概念（Branscrombe & Wann, 1991）。

为此，本章的关注点是球迷作为体育赛事产品消费者的角色；然而，电视公司和企业都寻求从加入一个特定的团队或联盟中获益，将BIRG现象扩展到体育爱好者之外。或许，职业体育产业增长的最大一个原因在于与体育有着共生关系的电视上。体育有助于建立电视和其他媒体观众的关系，而在电视上曝光可以为体育产业吸引观众（Wolfe, O'Sullivan, & Meenaghan, 1997）。电视公司和赞助商通过各种各样的营销策略，包括游戏、球员和团队推广，帮助体育迷们熟悉体育赛事中的戏剧性场面（Celsi, Rose, & Leigh, 1993; Shoham, Rose, & Kahle, 1998）。

公司与体育产业结盟

企业寻求与体育产业结盟有三个主要原因。首先，体育产业提供了一个有吸引力的人口结构。这些人口可能是地方的、区域的、国家的或全球的。当地协会的代表是小联盟棒球赛和青少年体育项目。与之相反的是，奥运会和超级碗为所有公司提供了表现机会。例如，2002年世界杯足球赛组织者估计，多达一半的世界人口观看了这场锦标赛。

此外，近年来，作为体育观众的女性人数有了显著增长。根据伯内特和梅农（Burnett, Menon, 1993）的研究，职业棒球女性观众大约占40%，职业篮球女性观众占39%，任意速度比赛项目女性观众占37%，高尔夫球女性观众占40%，滑冰项目女性观众占58%。尽管某些体育赛事可能可以接触到庞大的、异质的人群，但许多公司仍在用体育来瞄准特定的消费群体。从这个意义上来说，通过体育赛事进行营销很像杂志广告；然而，与体育广告有关的可能包括多媒体。

其次，那些将自己与体育资产联系在一起的公司往往受益于一种"擦除效应"，关联网络记忆模型（Anderson & Bower, 1973）指出，知识是通过一个链接的概念节点来表示的，当两个事件同时发生时，这些概念节点会得到加强。因此，通过体育进行营销的公司可能会鼓励发展他们的品牌和某一运动协会之间的联系。从这个意义上来说，运动是一种外在的暗示（Olson & Jacoby, 1972），可用于得出关于产品、品牌或公司的推论（Huber & McCann, 1982）。这些协会为公司提供了将它们的品牌与体育相关价值观联系起来的机会，比如勇气和成就（Mael & Ashforth, 1995）。

最后，体育产业为企业和品牌提供了营销平台，使其能够实现战略和战术目标。正如亨特和摩根所指出的，一些公司拥有优越的财务表现，因为它们目前占据着市场上的竞争优势地位，这来自资源的相对优势。然而，一旦达到这一优势地位，竞争对手就会不断攻击，试图缩小自己与行业领导者之间的差距（Hunt & Morgan, 1995, 1996）。无法表达、无法观察、无法理解的资源是长期优势的来源（Wright, 1994, p.56）。最重要的两种无形资源是公司或品牌的形象及声誉，因为它们的贬值相对缓慢，且具有极强的特殊性（Conner, 1991）。

因此，当消费者通过体育运动与一个品牌建立联系时，这种联系可能比通过促销建立的其他联系更持久。举例说明，百威啤酒和美国国家橄榄球联盟的结盟，说明了一家公司已将其联盟发展成为一种可持续的、独特的资源（Amis, Pant, & Slack, 1997）。该联盟为百威啤酒提供了进入其目标市场很大一部分的占比，包括令人垂涎的年轻男性市场。该品牌的广告宣传活动与美式足球的多感官形象非常契合。超级碗的排他性使它成为一项难以复制的赞助协议。即使百威已经终止了其原来的赞助，形成这一现象的独特历史条件（Barney, 1991）将使另一家啤酒公司在消费者的眼中与比赛的关联形象变得更难、更昂贵和更耗时（Bharadwaj, Varadarajan, & Fahy, 1993）。

通过体育达到的营销策略

市场营销人员使用各种计策和战略与体育产业进行联盟。营销人员可能会与联盟、团队、运动员、赛事或球迷保持一致，或与所有团队保持一致。先前研究所支持的观点为：通过体育运动进行的营销是一种有效的策略。营销人员和体育运动之间最常见的五大联盟是赞助、服务业、代言、植入式广告和互联网。

赞助

之前的研究发现，体育赞助可以增加品牌影响和回忆（Levin, Joiner, & Cameron, 2001），影响购买意愿（Madrigal, 2000），并作为品牌（重新）定位的载体（Gwinner & Eaton, 1999）。赞助可能包括但不限于使用与体育赛事有关联的标识、名称或商标权；为活动提供独家服务的权利；以及进行促销活动的权利，如比赛和广告活动。

平衡理论和光环效应被用来解释如何通过体育营销改变消费者的态度和信念。平衡理论（Heider, 1958）设想了三个要素之间的三角关系：代言人、代言对象和消费者。该理论指出人们希望这三个要素之间的关系是和谐的，并且可调整自己的态度以达到一致性（Lutz, 1991）。例如，如果一个低价值的对象与一个高价值的对象相关联，那么信念就会失去平衡。在体育赞助方面，公司希望消费者对体育产生积极的联想，从而形成对公司的积极态度（Dean, 1999）。

此外，在有体育赞助的情况下，一旦赞助公司已经和赛事创建联系并且赛事产生的积极情绪已把相似的态度传递到赞助商上，那么便可能产生光环效应（Aronson, 1999），使得消费者产生一种感觉，赞助商的产品优于竞争对手的产品（Dion & Berscheid, 1972）。就奥运会赞助商而言，光环效应的实现需要赞助商的产品或品牌与奥运会之间产生一种自然而然的相合或能解释为感知契合（Dean, 1999）。因此，公司通过提高客户感知价值的有效方法是利用光环效应，通过与体育赛事、团队或运动员的联系来增加品牌资产（Keller, 1993）。

服务业

体育中的服务业是为赞助商、客户、客人和员工提供门票、住宿、交通、现场娱乐和特殊活动。像超级碗、全国大学生体育协会男子四强、德通纳500汽车大赛等体育赛事已经成为美国企业界最大的社交活动之一。对于市场营销关系和个人销售来说，利用体育赛事是企业的一种重要机制。例如，公司可能会邀请潜在客户参与体育赛事，并利用这段时间发展关系，或详细描述在常规销售电话中人们无法容忍的产品（Kahle et al., 1997）。很少有其他的营销媒体允许人们在参加体育赛事时进行个人层面的交流。此外，通过体育赛事所提供的热情服务可以为公司提供独特的机会来补偿和奖励员工。

代言

将体育明星作为产品代言人也被证明是一种有效的营销策略。代言是公司利用体育名人来推销或提升公司、产品或品牌形象。研究发现，体育明星代言产品会影响人们对广告的态度（Tripp & Jensen, 1994），增加消费者选择产品或品牌的可能性（Kahle & Homer, 1985; Kamins, Brand, Hoeke, & Moe, 1989），以及增加一家公司的盈利能力（Agrawal & Kamakura, 1995）。产品代言可能是明确的（"我支持这个产品"）或隐含的（"我使用这个产品"）。运动员代言的使用为企业提供了一个机会，让其联想到其他类型名人所没有的特质。更具体地说，胜利、成功、团队合作和社区是运动员可以提供的而其他名人代言所不能提供的。

植入式广告

植入式广告也是一种通过体育运动进行营销的流行策略。电视节目中的用户所使用的产品为其提供隐形代言。乔哈尔研究了对一个品牌错误信念的发展过程，包括"外部来源，如品牌使用"（Johar, 1995, p.268）。当消费者花费精力处理植入式广告的影响时，该策略可能比明确声明的代言更令人难忘（Slamecka & Graf, 1978）。因此，当消费者看到运动员或教练使用某一特定产品时，这种隐含的认可可能会导致人们对该品牌有更多的回忆。

鉴于近年来的技术进步，在体育赛事中采用植入式广告策略变得越来越重要。数字录像机等产品允许电视观众在录制时省略商业广告。因此,在娱乐产品中植入广告变得越来越重要。在最近的一场拳击比赛中,一名拳手的后背上印着一个赌场的网址(Borges, 2002),这就说明了在体育产品中植入广告这一新策略。

互联网

互联网和体育营销可以很自然地联系在一起。这两种沟通方式在美国的总体人口统计数据上非常相似,都倾向于受过教育、富裕的年轻男性(Kahle, Madrigal, Melone, & Szymanski, 1999; Kahle & Meeske, 1999)。体育迷们经常想要立即得到详细的、对口的信息,而互联网比任何其他大众媒体都能更快地实现这一愿望。从梦幻联盟到运动员个人网站,从联盟信息到难懂的运动细节(如轻艇水球),互联网都可以提供大量的规则、统计、描述和参与的机会。

通过运动总结营销的局限性

如果不承认存在与策略相关的一些风险,就不能完整地讨论通过体育营销带来的可能好处。寻求与体育产业关联的公司无法确定目标受众是如何感知运动员、团队、联盟或特定赛事的(Amis et al., 1997)。这种缺乏控制使得通过体育运动进行的营销具有一定风险。例如,不敏感的公众言论、行为或组织不善的活动可能会对密切相关的赞助商造成损害。此外,寻求与特定球队或球员结盟的公司可能会面临球场表现不佳的风险,比如长时间连败,这可能会影响消费者对产品的看法。另外,与体育组织结盟的好处依赖于消费者在体育赛事和公司之间建立联系。如果赞助或植入式广告没有被注意到,或者这种关系没有产生意义,那么消费者心中的联系可能就不会形成(McDaniel, 1999)。

总之,体育赛事的特点在于紧张感。这种紧张的根源在于对有限资源的争夺。体育爱好者寻求与那些他们认为有吸引力的球队和球员联结在一起。这种与体育属性的联结导致了独特的心理结果,如依从性、认同和内化。当消费者对运动产品持有正面联想并通过其关联转移到公司时,公司才可以从体育产业的联盟中获益。赞助、服务业、代言、植入式广告和互联网,这些有效的市场营销策略代表着市场营销从业人员在努力通过体育运动销售他们的产品。

参考文献

Agrawal, J., & Kamakura, W. A. (1995). The economic worth of celebrity endorsers: An event study analysis. *Journal of Marketing*, 59(3), 56–62.
Amis, J., Pant, N.,&Slack, T. (1997). Achieving a sustainable competitive advantage:Aresource-based

view of sport sponsorship. *Journal of Sport Management*, 11, 80–96.

Anderson, J. R., & Bower, G. H. (1973). Human associative memory. New York: Halstead.

Aronson, E. (1999). *The social animal*. New York: Worth Publishers.

Barney, J. (1991). Firm resources and sustained competitive advantage. *Journal of Management*, 17, 99–120.

Bharadwaj, S. G., Varadarajan, P. R., & Fahy, J. (1993). Sustainable competitive advantage in service industries: A conceptual model and research propositions. *Journal of Marketing*, 57(4), 83–100.

Borges, R. (2002, March 3). Why erase ads? There is the rub. *The Boston Globe*, pp. C15.

Branscrombe, N. R., & Wann, D. L. (1991). The positive social and self-concept consequences of sports team identification. *Journal of Sport and Social Issues*, 15(2), 115–127.

Burnett, J., & Menon, A. (1993). Sports marketing: A new ball game with new rules. *Journal of Advertising Research*, 33(5), 21–36.

Bushman, B. J., Baumeister, R. F., & Stack, A. D. (1999). Catharsis, aggression, and persuasive influence: Self-fulfilling or self-defeating prophecies? *Journal of Personality and Social Psychology*, 76(3), 367–376.

Celsi, R. L., Rose, R. L., & Leigh, T. W. (1993). An exploration of high-risk leisure consumption through skydiving. *Journal of Consumer Research*, 20, 1–23.

Cialdini, R. B., Borden, R. J., Thorne, A., Walker, M. R., Freeman, S., & Sloan, L. R. (1976). Basking in reflected glory: Three (football) field studies. *Journal of Personality and Social Psychology*, 34(3), 366–375.

Conner, K. R. (1991). A historical comparison of resource-based theory and five schools of thought within industrial organization economics: Do we have a new Theory of the Firm? *Journal of Management*, 17, 121–154.

Dean, D. H. (1999). Brand endorsement, popularity, and event sponsorship as advertising cues affecting consumer pre-purchase attitudes. *Journal of Advertising*, 28(3), 1–13.

Deighton, J. (1992). The consumption of performance. *Journal of Consumer Research*, 19, 362–372.

Dion, K. K., & Berscheid, W. E. (1972). What is beautiful is good. *Journal of Personality and Social Psychology*, 24(4), 285–290.

Erikson, E. H. (1968). *Identity: Youth and crisis*. New York: Norton.

Fisher, R. J., & Wakefield, K. (1998). Factors leading to group identification: A field study of winners and losers. *Psychology and Marketing*, 15(1), 23–40.

Gardner, B., & Levy, S. J. (1955). The product and the brand. *Harvard Business Review*, 33, 33–39.

Goldstein, J. H., & Arms, R. L. (1971). Effects of observing athletic contests on hostility. *Sociometry*, 34(1), 83–90.

Grove, J. R., Hanrahan, S. J., & McInman, A. (1991). Success/failure bias in attributions across involvement categories in sport. *Society for Personality and Social Psychology*, 17(1), 93–97.

Gwinner, K. P., & Eaton, J. (1999). Building brand image through event sponsorship: The role of image transfer. *Journal of Advertising*, 28(4), 47–58.

Heider, F. (1958). *The psychology of interpersonal relations*. New York: Wiley.

Hirschman, E. C., & Holbrook, M. B. (1982). Hedonic consumption: Emerging concepts, methods, and propositions. *Journal of Marketing*, 46, 92–101.

Hirt, E. R., Zillmann, D., Erickson, G. A., & Kennedy, C. (1992). Costs and benefits of allegiance: Changes in fans' self-ascribed competencies after team victory versus defeat. *Journal of Personality and Social Psychology*, 63(5), 724–738.

Holbrook, M. B. (1980). Some preliminary notes on research in consumer esthetics. In J. C. Olson (Ed.), *Advances in consumer research*. Vol. VII (pp. 104–108). Ann Arbor, MI: Association for Consumer Research.

Holbrook, M. B., & Hirschman, E. C. (1982). The experiential aspects of consumption: Consumer fantasies, feelings, and fun. *Journal of Consumer Research*, 9, 132–140.

Homer, P. M.,&Kahle, L. R. (1988). A structural equation test of the value-attitude behavior hierarchy. *Journal of Personality and Social Psychology*, 54(4), 638–646.

Huber, J., & McCann, J. (1982). The impact of inferential beliefs on product evaluations. *Journal of Marketing Research*, 19, 324–333.

Hunt, S. D., & Morgan, R. M. (1995). The comparative advantage theory of competition. *Journal of Marketing*, 59(2), 1–15.

Hunt, S. D., & Morgan, R. M. (1996). The resource-advantage theory of competition: Dynamics, path dependencies, and evolutionary dimensions. *Journal of Marketing*, 60(4), 7–14.

Johar, G. V. (1995). Consumer involvement and deception from implied advertising claims. *Journal of Marketing Research*, 32(3), 267–280.

Kahle, L. R. (Ed.). (1983). *Social values and social change: Adaptation to life in America*. New York: Praeger.

Kahle, L. R. (1996). Social values and consumer behavior: Research from the List of Values. In C. Seligman, J. M. Olson,&M. P. Zanna (Eds.), *The psychology of values: The Ontario Symposium* (Vol. 8, pp. 135–151). Mahwah, NJ: Lawrence Erlbaum Associates.

Kahle, L. R., Duncan, M., Dalakas, V., & Aiken, D. (2001). The social values of fans for men's and women's university basketball. *Sport Marketing Quarterly*, 10(2), 156–162.

Kahle, L. R., Elton, M. P., & Kambara, K. M. (1997). Sports talk and the development of marketing relationships. *Sport Marketing Quarterly*, 6(2), 35–40.

Kahle, L. R.,&Homer, P.M. (1985). Physical attractiveness of celebrity endorsers: A social adaptation perspective. *Journal of Consumer Research*, 11, 954–961.

Kahle, L. R., Kambara, K. M.,&Rose, G. M. (1996). A functional model of fan attendance motivations for college football. *Sport Marketing Quarterly*, 5(3), 51–59.

Kahle, L. R., Madrigal, R., Melone, N. P., & Szymanski, K. (1999). An audience survey from the first gridiron cybercast. In D. W. Schumann & E. Thorson (Eds.), *Advertising and the World Wide Web* (pp. 275–286). Mahwah, NJ: Lawrence Erlbaum Associates.

Kahle, L. R., & Meeske, C. (1999). Sports marketing and the Internet: It's a whole new ball Game. *Sport Marketing Quarterly*, 8(2), 9–12.

Kamins, M. A., Brand, M. J., Hoeke, S. A., & Moe, J. C. (1989). Two-sided versus one-sided celebrity endorsements: The impact on advertising effectiveness and credibility. *Journal of Advertising*, 18(2), 4–10.

Keller, K. L. (1993). Conceptualizing, measuring, and managing customer-based brand equity. *Journal of Marketing*, 57(1), 1–22.

Kelman, H. C. (1958). Compliance, identification, and internalization: Three processes of attitude change. *Journal of Conflict Resolution*, 2, 51–60.

Kelman, H. C. (1961). Processes of opinion change. *Public Opinion Quarterly*, 25(1), 57–78.

Kelman, H. C. (1974). Further thoughts on the processes of compliance, identification, and internalization. In J. T. Tedeschi (Ed.), *Perspectives on social power* (pp. 125–171). Chicago: Aldine.

Kleine, R. E., III, Kleine, S. S., & Kernan, J. B. (1993). Mundane consumption and the self: A socialidentity perspective. *Journal of Consumer Psychology*, 2(3), 209–235.

Levin, A. M., Joiner, C., & Cameron, G. (2001). The impact of sports sponsorship on consumers' brand attitudes and recall: The case of NASCAR fans. *Journal of Current Issues and Research in Advertising*, 23(2), 23–32.

Lutz, R. J. (1991). The role of attitude theory in marketing. In T. S. Robertson & H. H. Kassarjian (Eds.), *Handbook of consumer behavior* (pp. 317–339). Englewood Cliffs, NJ: Prentice Hall.

Madrigal, R. A. (1995). Cognitive and affective determinants of fan satisfaction with sporting event attendance. *Journal of Leisure Research*, 27(3), 205–227.

Madrigal, R. A. (2000). The influence of social alliances with sports teams on intentions to purchase corporate sponsors' products. *Journal of Advertising* 29(4), 13–25.

Mael, F. A., & Ashforth, B. E. (1995). Loyal from day one: Biodata, organizational identification, and turnover among newcomers. *Personnel Psychology*, 48(2), 309–334.

McDaniel, S. R. (1999). An investigation of match-up effects in sports sponsorship advertising: The implications of consumer advertising schemas. *Psychology and Marketing*, 16(2), 163–185.

Olson, J., & Jacoby, J. (1972). *Cue utilization in the quality perception process. In Proceedings of the Third Annual Conference of the Association for Consumer Research* (pp. 167–179). Iowa City, IA: Association for Consumer Research.

Park, C. W., Jaworski, B. J., & MacInnis, D. J. (1986). Strategic brand concept-image management. *Journal of Marketing*, 50, 135–145.

Petty, R. E., Unnava, R. H.,&Strathman, A. J. (1991). Theories of attitude change. In T. S. Robertson& H. H. Kassarjian, (Eds.), *Handbook of consumer behavior* (pp. 241–280). Englewood Cliffs, NJ: Prentice Hall.

Rogers, C. R. (1961). *On becoming a person*. Boston: Houghton Mifflin.

Schaaf, D. (1995). *Sports marketing: Its not just a game anymore*. Amherst, NY: Prometheus Books.

Shank, M. D. (1999). *Sports marketing: A strategic perspective*. Upper Saddle River, NJ: Prentice Hall.

Shoham, A., & Kahle, L. R. (1996). Spectators, viewers, readers: Communication and consumption communities in sport Marketing. *Sport Marketing Quarterly*, 5, 11–19.

Shoham, A., Rose, G. M., & Kahle, L. R. (1998). Marketing of risky sports: From intention to action. *Journal of the Academy of Marketing Science*, 26, 307–321.

Shoham, A., Rose, G. M., Kropp, F.,&Kahle, L. R. (1997). GenerationXwomen:Asport consumption community perspective. *Sport Marketing Quarterly*, 6(4), 23–34.

Skinner, B. F. (1974). *About behaviorism*. New York: Knopf.

Slamecka, N. J., & Graf, P. (1978). The generation effect: Delineation of a phenomena. *Journal of Experimental Psychology: Human Learning and Memory*, 4(6), 592–604.

Sloan, L. R. (1989). The motives of sport fans. In J. H. Goldstein (Ed.), *Sports, games and play : Social and psychological viewpoints* (pp. 175−240). Hillsdale, NJ: Lawrence Elrbaum Associates.

Snyder, C. R., Higgins, R. L., & Stucky, R. J. (1983). *Excuses: Masquerades in search of grace*. New York: Wiley-Interscience.

Solomon, M. R. (1983). The role of products as social stimuli: A symbolic interactionism perspective. *Journal of Consumer Research*, 10(4), 319−329.

Tripp, C., & Jensen, T. D. (1994). The effects of multiple product endorsements by celebrities on consumers' attitudes and intentions. *Journal of Consumer Research*, 20(4), 535−548.

Tutko, T., & Richards, J. W. (1971). *Psychology of coaching*. Boston: Allyn & Bacon.

Wann, D. L., & Branscombe, N. R. (1990). Die-hard and fair-weather fans: Effects of identification on BIRGing and CORFing tendencies. *Journal of Sport and Social Issues*, 14(2), 103−117.

Watson, J. (1913). Psychology as a behaviorist views it. *Psychological Bulletin*, 20, 158−177.

Whannel, G. (1992). *Fields in vision: Television sport and culture transformation*. London: Routledge.

Wolfe, R., O'Sullivan, P., & Meenaghan, T. (1997, September). *Sport, media and sponsor: The shifting balance of power*. Conference Proceedings of the Fifth Congress of the European Association for Sport Management, Glasgow.

Wright, R.W. (1994, September). *The effects of tacitness and tangibility on the diffusion on knowledgebased resources*. Best Papers Proceedings, Fifty-Fourth Annual Meeting of the Academy of Management, Dallas, TX.

第十八章　感官追求与电视体育消费

斯蒂夫·R. 麦克丹尼尔（Stephen R. McDaniel）

马里兰大学（University of Maryland）

人们很难找到一种娱乐形式，比观赏性体育运动更能通过营销来模糊界限。多年来，营销人员越来越善于利用运动员、竞技场、记分牌、赛车、飞艇，以及在比赛间隙播放的广告作为平台，通过瞄准体育迷来宣传自己的品牌。例如，近年来，在超级碗电视转播期间播出的广告对一些观众来说就像赛事本身一样重要。同样，体育产业和覆盖它们的网络已经成为它们自己的品牌，这帮助它们通过品牌延伸（例如，ESPN区域餐厅、ESPN杂志）和特许商品获得了新的收入来源。尽管被称为体育营销的东西越来越多，但人们对吸引观众观看电视体育节目的心理方面的了解还相对比较少。本章主要研究消费者对刺激的个人需求，即寻求感官刺激的个性特征，以及这种个性特征如何成为观众偏好观看特定类型电视体育节目的因素。

体育赛事的电视转播是电视节目中最普遍的形式之一，但对娱乐媒体的消费却鲜有系统的研究（Bryant & Raney, 2000）。一些研究表明，观看电视体育节目的偏好与性别以及不同赛事中的暴力和攻击性水平有关（Sargent, Zillmann & Weaver, 1998）。然而，目前还没有理论能够解释基于性别的体育电视节目偏好。朱克曼（Zuckerman, 1994）的"感官追求范式"在此背景下提供了表面效度，因为这一特征已被证明可以解释男女之间对刺激需求的差异。大多数关于电视观众寻求感官刺激范式的研究都将体育电视节目概念化为一种同质的节目形式，并没有将这种特性与其消费联系起来（Hirschman, 1987; Perse, 1996; Potts, Dedmon, & Halford, 1996; Rowland, Fotts, & Heatherton, 1989; Schierman & Rowland, 1985）。在此之前，只有一项关于这一领域的研究解释了体育电视节目内容的差异，并发现青少年寻求刺激的程度与观看曲棍球和足球比赛报道之间存在某种联系（Krcmar & Greene, 1999）。然而，最近的研究重新审视了文献中的这种紧张关系，即受访者寻求刺激的程度、对观看兴趣的估计和观众观看行为之间的关系。本文对这些发现及其意义进行了综述。

夏皮罗（Shapiro, 2001）指出，北美所有主要职业体育联盟的电视收视率在过去十年中都有明显下降。这一趋势对体育组织和从体育组织购买转播权或电视转播期间购买广告时间的公司具有明显的经济影响。主要的电视网络也是用体育节目来宣传他们的黄金时段节目（Eastman & Otteson, 1994）。因为体育娱乐产业已经变得更加垂直整合（Stotlar, 2000）。所以理解影响电视体育消费的各种心理因素对体育管理的重要性，应该和理解是什么驱使人们参加赛事一样重要（Laverie & Arnett, 2000; Madrigal, 1995; Wakefield, 1995）。此外，韦弗（Weaver, 2000）认为，鉴于电视节目的日益专业化和随之而来的观众碎片化，电视产业应明智地超越单纯的人口统计分析，在分析观众的内容偏好时考虑其他方面的特征，比如个性特征。

虽然个体研究可能对（体育）媒体行业有利，但对于学者来说，对电视观众进行一系列学术研究同样重要，这些研究的范围与文献中其他形式的消费者行为（如体育参与）相似（Bryant & Raney, 2000; Shrum, 1999）。感官追求理论似乎提供了一种潜在且富有成效的方法来研究偏好不同体育运动的观众，研究表明，它在广告和促销方面有一定应用价值（Leone & D'Arienzo, 2000; McDaniel, 2001; Palmgreen, Donohew, Lorch, Hoyle & Stephenson, 2001）。此外，这一特征在帮助解释消费者对不同类型的媒体和体育参与的偏好方面显示了预测效度（Goma'-I-Feixanet, 2001; Krcmar & Greene, 1999; Litle & Zuckerman, 1986; Schroth, 1994; Shoham, Rose & Kahle, 1998; Zuckerman, 1994）。

体育与大众传媒消费研究

观看电视体育节目的性别差异

体育媒体观众的群体差异研究表明，人们在电视转播的体育赛事中感知到独特之处，极大地影响了他们的观看偏好和享受的差异（Bryant & Raney, 2000; Bryant, Comisky & Zillmann 1981; Gan, Tuggle, Mitrook, Coussement & Zillmann, 1997; Sargent et al., 1998）。例如，萨金特等人（Sargent et al., 1998）让大学生在几个描述性维度上评估了25种体育运动，然后采用聚类分析的方法确定了9类体育运动。最后，他们将这些运动分为三大类：竞技运动、文体运动和机械化运动。竞技运动被认为涉及运动员之间的直接身体接触，并进一步被描述为带有暴力的运动（如冰球）或带攻击性的运动（如篮球）。在另一方面，文体运动的特点是强调美感和动感（如花样滑冰、体操、网球）。机械化运动的分类是基于工具的使用（如赛车、高尔夫）。

萨金特等人（Sargent et al., 1998）应用从聚类分析中衍生出的电视体育运动类型，来研究按性别划分的三种不同类别的观看偏好。他们发现，男性被试比女性被试更喜欢看竞技运动，女性比男性更喜欢文体运动。男性对机械化运动的偏好也明显高于女性，但男性对机械化运动的喜爱程度不及竞技运动。因此，大学年龄层的观众可能会根据所涉及的暴力程度和攻击性程度在体育赛事之间做出一定的区分，从而影响他们观看节目的品位。虽然研究人员在研究性别差异中提供了事后归因理论猜想，但是还没有提供经验证据来支持该假设。因此，他们认为下一步的研究应包括对年龄较大、非学生群体的个体差异进行研究，以便帮助人们能够理解成熟观众观看电视体育节目的偏好。

感觉寻求效应和体育消费者

朱克曼将感官追求定义为一种基于生物学的特征，它描述了个体对寻求"多样的、新奇的、强烈的感觉和体验"的偏好和意愿（Zuckerman, 1994, p.27）。感官追求结构被假定存在于一种更广泛的特性中，称为冲动性感官追求，其中冲动和感官追求被认为是相互联系的（Zuckerman, 1994）。感官追求是心理范式的一部分，它加工的是人类保持最佳刺激水平（OLS）或唤醒（OLA）的内驱动力。根据朱克曼（Zuckerman, 1994）的研究，人们用适当的唤醒潜力（即他们神经系统兴奋的能力）寻找外部刺激（如媒体）。基于他们个人的需要，这个过程帮助他们保持一种最舒适的状态，并能根据他们中枢神经系统的生物化学来变化。通过对这一特性的测量，研究发现性别和年龄具有显著的影响，这被归因于睾丸激素水平的差异（Zuckerman, 1994）。男性比女性更倾向于寻求感官刺激，而在生命进程中，无论是男性还是女性，寻求感官刺激的程度都在下降。多年来，"感官追求"已经被证明是个体研究中最多产的领域之一，并且已经发现这种特质的尺度测量可以预测各种休闲行为，包括媒体使用和体育参与（Zuckerman, 1994）。

许多研究表明，消费者对体育活动的选择可能与寻求刺激有关，特别是那些涉及冒险或所谓的极限运动，如爬山或跳伞（Goma'-I-Feixanet, 2001; Jack & Ronan, 1998; Shoham et al., 1998; Zuckerman, 1994）。同样地，与那些不接触运动的人相比，喜爱接触运动的被试有着明显更高的感觉寻求水平（Schroth, 1994）。虽然观看体育比赛可能不会像实际参与那样让人兴奋，但朱克曼巧妙地指出，"对于数百万人来说，观看球队比赛的兴奋感是他们除了性之外所拥有的最大兴奋感"（Zuckerman, 1994, p.156）。同样地，齐尔曼（Zillmann, 1991, p.112）认为，看电视是否可以高度振奋人心取决于其内容。然而，对相关体育刺激寻求的研究主要针对参与者而不是观众（Zuckerman, 1994）。在为数不多的关于刺激需求和体育迷行为（在非中介的背景下）的研究中，穆斯托宁、阿姆斯和拉塞尔（Mustonen, Arms, & Russell, 1996）研究了参加曲棍球比赛的成年男性受访者寻求刺激特质和群体暴力倾向之间的关系。根据来自芬兰和加拿大的样本，研究发现寻求刺激和估计参与者参与群体暴力的可能性之间存在一定的正相关。然而，这样的发现并不适用于（家庭）观看体育电视节目，因为消费环境在唤醒潜力和环境刺激方面（比如人群噪声）是不同的（Wann, Melnick, Russell & Pease, 2001）。尽管如此，该研究表明，寻求刺激可能是男性对接触性运动（如曲棍球）的一种特征反应，就像它对参与接触性运动的预测一样。然而，大多数关于观看电视体育节目偏好刺激寻求的研究并没有考虑到电视节目之间的差异，例如暴力和攻击性内容的差异。

受众研究与感觉寻求人格

韦弗（Weaver, 2000）指出，多年来，个体特征对使用大众媒体及其效果的影响一直是大众传播研究的一个重要考虑因素。同样，关于个体的研究在市场营销研究中也有着悠久历史（Haugtvedt, Petty & Cacioppo, 1992; Kassarjian & Sheffet, 1991）。然而，在传播学和营销学两个学科中，对个体研究的主要批评是未能将这类工作放在更广泛的概念框架中（Haugtvedt et al., 1992; Kassarjian & Sheffet, 1991; Weaver, 2000）。因此，有人呼吁进行程序化研究，从而将一种特征（例如，寻求感觉）与理论框架（例如，OLS 或 OLA）联系起来，以帮助理解消费者行为的相关形式，如媒体使用或内容偏好（Haugtvedt et al., 1992; Kassarjian & Sheffet, 1991; Weaver, 2000）。

根据朱克曼的研究，"感官追求者喜欢刺激……引起强烈的情绪反应"（Zuckerman, 1988, p.180）。鉴于某些体育赛事的特点和作为一个狂热体育迷的情感动力（Cialdini, Borden, Thorne, Walker, Freeman, & Sloan, 1976），有关体育比赛的电视节目提供了一种相对独特的电视节目形式，似乎会吸引寻求感觉效应的人（Guttman, 1996）。除了涉及暴力和攻击性的运动，和体育相关的节目也提供了一种没有剧本的戏剧，结果的不确定性往往有助于创造悬疑的结局（Gan et al., 1997; Guttman, 1996）。

齐尔曼（Zillmann, 1991）在评论电视观看和生理唤醒的研究时指出，电视体育运动能显著提高观众的唤醒水平。最近对运动迷的研究也发现，他们对中介运动的心理生理反应也存在显著差异，并取决于他们对运动员或运动队的参与程度。例如，希尔曼、卡斯伯特、考洛夫、舒普、布兰得利和朗（Hillman, Cuthbert, Cauraugh, Schupp, Bradley & Lang, 2000）发现那些高度认同某一特定运动队的被试，对自己喜欢球队照片的反应与对自己没有关注的球队照片的反应相比，表现出明显不同的生理反应（例如，心率和皮质电）。同样，伯恩哈特、达布斯、费尔登和卢特尔（Bernhardt, Dabbs, Fielden & Lutter, 1998）也发现，观看篮球和足球比赛的男性睾丸激素水平有显著的变化，这与他们所关注的球队输赢与否有关（不管他们是在中介还是在非中介的环境中观看比赛）。其他研究（Zuckerman, 1994）已经发现，上述类型的生理反应与寻求感官刺激的特性显著相关，这表明观赏性运动可能确实为粉丝达到或维持最佳刺激水平提供了一种机制。然而，在这种说法得到证实之前，有必要进行进一步调查。

根据佩尔斯（Perse, 1996）的观点，寻求刺激的模式为媒体研究者提供了一种潜在有价值的方式来理解人们如何和为什么看电视。同样，考克马尔和格林（Krcmar, Greene, 1999）认为，在调查观众对刺激的需求时，个体特征可能是最相关的变量。事实上，越来越多的文献表明，一方面，寻求感觉与特定类型电视节目的观众偏好有显著的联系，同时也显著影响其他与观看相关的行为（Perse, 1996）。例如，有报道称，与那些低感官追求水平参与者相比，高感官追求水平参与者往往更喜欢音乐视频、日间脱口秀、喜剧表演、动作冒险节目和恐怖电影（Perse, 1996; Potts et al., 1996; Schierman & Rowland, 1985）。另一方面，低感官追求者比高感官追求者更喜欢新闻和喜剧（Potts et al., 1996）。此外，高感官追求者在看待事物时更倾向带有仪式感，在观看的过程中参与其他任务，并且比低感官追求者更经常转换频道（Conway & Rubin, 1991; Perse, 1996; Potts et al., 1996; Rowland et al., 1989; Schierman & Rowland, 1985）。

在现有的关于媒体偏好中感官追求的研究存在着一个潜在限制，那就是大多数研究对电视内容的分类相当不一致。例如，研究人员已经区分了情景喜剧和单口喜剧（Potts et al., 1996）、戏剧和肥皂剧（Perse, 1996）、西部片和侦探剧（Hirschman, 1987）、早晚脱口秀（Rowland et al., 1989）。然而，以前几乎所有在这个领域的研究都将体育视为一种单一的（同质的）电视节目形式。与此同时，其他体育媒体研究表明，观众在不同的赛事转播中，在暴力、攻击性和悬念程度上存在显著差异（Bryant et al., 1981; Gan et al., 1997; Sargent et al., 1998）。虽然未能解释体育电视节目唤醒潜力的差异，但可用来解释为什么这一领域的大多数研究都没有发现感官追求和观看此类内容偏好之间的联系（Hirschman, 1987; Perse, 1996; Potts et al., 1996; Rowland et al., 1989）。

有证据表明，在考察人们对其他媒体（如音乐）偏好的感官追求研究中，人为地限制媒体内容类别是一直存在的问题。例如，朱克曼（Zuckerman, 1988）认为，格拉斯哥和卡蒂亚（Glasgow & Cartier, 1985）在关于感官追求与音乐偏好之间关系的研究中发现两者是不相关的，这是由于后者的研究局限在古典音乐，仅局限于唤醒有关的两个维度。在随后的一项研究中，利特尔和朱克曼（Litle & Zuckerman, 1986）使用了各种不同类别的音乐，并发现感官追求与特定音乐的偏好之间存在显著相关关系，如摇滚具有激发听众的潜力。他们的研究结果还表明，这一特点与喜欢其他类别的呈负相关，比如缪扎克这类倾向于更为安静的音乐。因此，以前对观看电视体育节目的感官追求和偏好的研究似乎受到了利特尔和朱克曼所提及的同样问题的限制。关于体育内容的零发现可能是由于缺乏内容独特性，从而掩盖了该特性对观看特定类型赛事报道偏好的影响。就像音乐的种类可能会因其特性和激发听众潜在性而有所不同一样，不同的体育赛事也可能会因涉及的暴力或侵犯程度不同而有所不同（例如，冰球 vs.滑冰）。某些运动的暴力性或攻击性属性被发现能吸引和刺激不同的电视体育观众（Bryant et al., 1981; Gan et al., 1997; Sargent et al., 1998）。

迄今为止，唯一在不同类型体育电视节目中研究了感官追求和消费之间联系的是考克马尔和格林（Krcmar & Greene, 1999）。他们考察了拥有40个项目的感官追求量表（SSS表V）内的四个独立分量表与青少年自我报告接触赛事之间的关系，这些赛事被归类为接触运动（以足球和曲棍球为例）或非接触运动（以网球和高尔夫为例）。他们发现，体验寻求（ES）分量表与男性受访者接触运动和非接触运动呈负相关，去抑制（DIS）维度与前者呈正相关。他们还发现，无聊敏感度（BS）是该研究中女性观看（接触）运动的唯一负相关分量表。

考克马尔和格林的研究初步支持了这样的一种观点，即感官追求的特质与观看某些电视转播的体育赛事有关。然而，值得注意的是，他们的研究并没有考察整体感官追求的建构和运动观看偏好之间的关系。相反，SSS表V的四个分量表是单独使用的，其中两个（ES和BS）可靠性报告的alpha值等于小于.65（Krcmar & Greene, 1999, p.30）。这些结果与里奇韦和拉塞尔（Ridgeway & Russell, 1980）的结果相似，他们之前曾经注意到单个分量表的可靠性水平。此外，考克马尔和格林在涵盖体育节目内容多样性方面的研究是不足的，因为该研究不包括萨金特等人（Sargent et al., 1998）所称的暴力攻击性运动，如篮球或足球。同样，它也不包括文体运动，比如体操和花样滑冰，这是最受女性欢迎的观赏性运动。然而，尽管存在这些可论证的局限性，考克马尔和格林的发现表明，调查感官追求效应与观众观看电视体育节目兴趣之间联系的研究不应该将此类节目视为内容同质。因此，基于对观众群体的最佳刺激水平，不同类型电视体育赛事对不同观众群体（如成年男性或女性）会产生不同吸引力，这是值得进一步研究的领域。

电视体育中感官追求与消费的最新研究

基于萨金特等人（Sargent et al., 1998）及考克马尔和格林（Krcmar & Greene, 1999）的研究，最近发现感官追求与观看某种电视体育节目兴趣之间存在显著的关系（McDaniel, 2002）。这项研究主要关注在先前研究中发现的两类最受男性（好斗型体育）和女性（文体型体育）观众欢迎的体育电视节目（Sargent et al., 1998）。

参与者（305人）通过使用5点单项量表来回答他们对电视节目的观看兴趣。例如，NHL曲棍球、NFL橄榄球、NCAA一级大学足球和职业摔跤都被归入了暴力竞技类体育。同样地，进攻型体育项目也包括不同类型的男篮和女篮（例如，NCAA、NBA和WNBA），这些得分可以用来建立一个观看特定类型电视转播的兴趣指数。把观看花样滑冰、体操、男子和女子职业网球电视转播的兴趣水平数据结合起来，创建反映文体体育观看的兴趣指数。采用朱克曼—库赫曼人格问卷（ZKPQ）中19项冲动感官追求量表（ImpSS）来测量感官追求（Zuckerman, 1994）。

与之前的研究一致（Krcmar & Greene, 1999），麦克丹尼尔（McDaniel, 2002）的研究使用了单独的层次回归分析来检验ImpSS等级对每种体育类型观看兴趣的独特影响。这些分析分别针对男性和女性进行，同时控制了受访者的年龄、种族和参与时长（Zaichowsky, 1994）。结果发现，无论男性还是女性参与者，观看暴力格斗运动报告的兴趣程度在冲动感官追求上存在着显著正向作用（$p < .05$）。此外，人们发现，女性观众观看文体运动电视节目的兴趣和冲动感官追求之间存在显著负相关关系（$p < .05$）。然而，ImpSS 与男性观看攻击性竞技体育的兴趣无关（$p > .05$），也与男性观看竞技体育的兴趣无关。

除了考察观看兴趣与感官追求的关系，本研究还考察了观众运动消费过程中 ImpSS 与准社会互动之间的关系。在传播学文献中，准社会互动被定义为媒介角色与受众之间的互动（Rubin & McHugh, 1987）。麦克丹尼尔（McDaniel, 2002）询问受访者在观看电视转播的体育赛事时，是否对运动员、教练和官员大喊大叫。方差分析表明，那些报告参与了准社交性观看的受访者在观看电视体育节目时的评估唤醒水平显著高于那些没有参与这种观看行为的受访者（$p < .05$）。不足为奇的是，前一组报告的 ImpSS 平均水平也显著比后一组报告的高（$p < .05$）。

从寻求刺激的体育迷身上得到的启示

麦克丹尼尔（McDaniel, 2002）的研究结果与之前大多数关于感官追求效应和电视体育消费的研究不同，他没有把特质和观看电视体育节目联系起来（Hirschman, 1987; Perse, 1996; Potts et al., 1996; Rowland et al., 1989）。麦克丹尼尔的发现与考克马尔和格林（Krcmar & Greene, 1999）的一致，感官追求效应与在高中和大学观众中观看某种体育赛事电视节目相关。因此，观众对电视体育的偏好可能会因个体和随后对刺激的需求不同而有所不同，这与其他类型的电视节目是相似的（Krcmar & Greene, 1999; Litle & Zuckerman, 1986; Perse, 1996; Potts et al., 1996; Rowland et al., 1989）。

麦克丹尼尔的研究结果与其他体育媒体的研究结果一致，该研究发现，男性和女性在观看涉及暴力或攻击性内容电视节目的倾向有着显著差异（Bryant et al., 1981; Sargent et al., 1998）。男性对观看暴力运动的兴趣明显高于女性，而在文体运动方面，平均观看兴趣的模式发生了逆转。然而，目前尚不清楚这些偏好是何时形成的，以及它们是否或如何在生命周期中发生变化（Sargent et al., 1998）。因此，未来的研究应该尝试增加这一领域的知识点，因为这将为体育媒体文献提供更多信息，并增加我们对体育迷消费行为的整体理解。

麦克丹尼尔的发现支持了韦弗（Weaver, 2000）的论点，即研究观众对特殊形式节目的偏好，如体育电视节目，应同时采用群体和个体差异的衡量标准。感官追求效应与观看暴力运动和文体运动兴趣之间的关系也与通过媒体使用保持最佳刺激水平的概念一致（Zuckerman, 1988）。尽管在研究中，人们报告对观看诸如篮球等有暴力攻击性运动的兴趣与男性或女性感官追求无关，但麦克丹尼尔发现，这种特质与男性和女性观看暴力好斗运动的兴趣呈正相关。女性 ImpSS 平均得分也被发现与观看暴力程度最低的体育运动（如文体运动）的兴趣呈负相关。因此，这项研究并不倾向于支持使用感官追求理论来解释在观看体育比赛平均兴趣上的性别差异。女性ImpSS水平和她们观看暴力格斗及文体运动兴趣之间的正相关似乎与人们的直觉相悖，因为她们对前者的兴趣明显大于后者。女性ImpSS水平和观看暴力竞技运动兴趣之间的正相关也与考克马尔和格林（Krcmar & Greene, 1999）的研究结果背道而驰。然而，麦克丹尼尔关于暴力格斗运动的发现与一些研究结果相似，这些研究发现SSS表V上的得分与男女都喜欢看X级电影和恐怖片，并有显著的正相关（Litle & Zuckerman, 1986; Schierman & Rowland, 1985; Sparks, 1984; Zuckerman, 1994）。

虽然麦克丹尼尔的研究结果并不支持用感官追求来解释电视体育偏好中基于性别的差异，但他并没有低估这种研究在促进电视体育消费方面的潜在价值。例如，其他研究表明这种特质在锁定目标观众方面是有用的（Palmgreen et al., 2001）。因此，我们可以从他对体育观众的研究和之前感官追求对观众行为其他方面影响的研究中进行推断。这也许能有助于锁定不同体育赛事的观众来进行广告宣传，通过赛事的黄金时段节目或特别节目，提及与推广类型相关的OLS/OLA水平相一致来进行宣传。例如，像曲棍球和足球这样的暴力运动可以作为媒体工具，通过宣传单口喜剧节目或模仿卡通片来吸引那些寻求刺激的观众（Potts et al., 1996）。在暴力体育赛事的电视转播中提及电视节目和赞助商，也可能是一种精明的策略，因为有研究表明，这些赛事的观众（如，高感官追求者）倾向于换台（Conway & Rubin, 1991; Perse, 1996; Potts et al., 1996; Rowland et al., 1989; Schierman & Rowland, 1985）。因此，他们不太可能看到传统的广告。

除了利用感官追求研究来锁定体育观众，广播公司和广告商也可能在设计广告时使用这种方式，使其更符合播出的节目类型。例如，有研究表明，这种特质与人们对新奇复杂意象和摇滚乐的喜爱程度呈正相关（Litle & Zuckerman, 1986; Zuckerman, 1994）。因此，使用复杂图像（如快速剪辑）和车载音乐（如硬摇滚）的广告可能是一种有效宣传曲棍球或足球的方式，因为欣赏这类型的也同样与寻求感官效应呈正相关（Zuckerman, 1994）。

目前的研究与其他关于该话题研究的另一个不同之处在于使用扎柴夫斯基（Zaichowsky, 1994）的个人参与量表（PII），它是唯一使用电视体育观众偏好来解释媒体亲和力概念的研究。这种参与结构被证明是在观看兴趣上对几乎所有类型的两性被试最具影响力的预测，这与康韦和鲁宾（Conway & Rubin, 1991）的结果一致。此外，麦克丹尼尔（McDaniel, 2002）完成了这个领域的大部分工作，考克马尔和格林（Krcmar & Greene, 1999）也如此，他们试图从暴力和非暴力内容的角度来解释体育电视节目之间唤醒潜力的差异（Hirschman, 1987; Perse, 1996; Potts et al., 1996; Schierman & Rowland, 1985）。最后，这个样本包含了比之前在这个领域研究更广泛的年龄组，这些研究倾向于使用大学生或更年轻的样本。因此，未来在这一领域的研究应该尝试增加我们对电视体育偏好的理解，以及随着观众年龄的增长，这些倾向（以及影响这些倾向的因素）是否会随着时间的推移而变化（Sargent et al., 1998）。

麦克丹尼尔有意把研究限制在一些最流行的竞技运动和文体运动上，以避免由其他类型事件而引起的潜在混乱。因此，研究不包括机械化运动，因为如高尔夫和赛车等运动具有非常不同的活力和激发潜力（McDaniel, 2002）。正因为这样，考虑到事故甚至死亡的可能性，像赛车这样的运动可能对寻求感官刺激的人有吸引力（Litle & Zuckerman, 1986）。然而，在这项研究中，拳击并不是暴力格斗运动的一部分，棒球和足球也不在其他攻击性竞技运动之列。因此，对麦克丹尼尔研究的复制应该包括更广泛的体育节目内容（或者专注于没有被代表的个人运动）。此外，在这一领域的未来研究中，也应加以考虑文化或地理位置的潜在影响，因为对媒体刺激的反应，如体育（或音乐），可能由于种族或地区影响而有所不同（Hirschman, 1982）。由于媒体内容的激发潜力可能会因个人相关性而有所不同，因此应该考虑在美国以外的研究中纳入更广泛的体育节目（如足球或橄榄球），以及在其他环境下考察这种现象。

综上所述，麦克丹尼尔的研究结果支持这样一种观点，即考虑到某些类型的媒体内容存在差异，比如电视体育节目，对于媒体偏好感官追求效应的研究是很重要的（Litle & Zuckerman, 1986; Zuckerman, 1988）。广泛的媒体类型不能充分捕捉刺激强度/激发潜力的差异，如暴力和攻击。因此，就像这里所研究的那样，这一领域的未来研究需要更好地解释某些电视类型中节目编排上的差异。此外，消费者行为研究还应努力检验在现场体育赛事背景下追求感官刺激的影响，因为在体育场观看赛事可以使观众接触到与在家看电视截然不同的潜在环境刺激（Bernhardt et al., 1998; Wann et al., 2001; Zuckerman, 1994）。这样的调查不仅丰富了体育赛事消费的研究文献，也增加了人们对体育赛事消费的理解，最终将有利于吸引更多观众及赞助商。

参考文献

Bernhardt, P., Dabbs, J. M., Fielden, J. A.,&Lutter,C.D. (1998).Testosterone changes during vicarious experiences of winning and losing among fans at sporting events. *Physiology and Behavior*, 65(1), 59–62.

Bryant, J., Comisky, P., & Zillmann, D. (1981). The appeal of rough-and-tumble play in televised football. *Communication Quarterly*, 29, 256–262.

Bryant, J., & Raney, A. A. (2000). Sports on the screen. In D. Zillmann & P. Vorderer (Eds.), *Media entertainment: The psychology of its appeal* (pp. 153–174). Mahwah, NJ: Lawrence Erlbaum Associates.

Cialdini, R. B., Borden, R. J., Thorne, A.,Walker, M. R., Freeman, S., & Sloan, L. R. (1976). Basking in reflected glory: Three (football) field studies. *Journal of Personality and Social Psychology*, 34(3), 366–375.

Conway, J. C., & Rubin, A. M. (1991). Psychological predictors of television viewing motivation.

Communication Research, 18(4), 443-463.

Eastman, S. T., & Otteson, J. L. (1994). Promotion increases rating, doesn't it? The impact of program promotion in the 1992 Olympics. *Journal of Broadcasting and Electronic Media*, 38(3), 307-322.

Gan, S., Tuggle, C. A., Mitrook, M. A., Coussement, S. A., & Zillmann, D. (1997). The thrill of close game: Who enjoys it and who doesn't ? *Journal of Sport and Social Issues*, 21, 53-64.

Glasgow, M. R., & Cartier, A. M. (1985). Conservatism, sensation seeking and music preferences. *Personality & Individual Differences*, 6(3), 393-395.

Goma'-I-Feixanet, M. (2001). Prosocial and antisocial aspects of personality in women: A replication study. *Personality and Individual Differences*, 30, 1401-1411.

Guttman, A. (1996). The appeal of violent sports. In J. Goldstein (Ed.), *Why we watch: The attractions of violent entertainment* (pp. 7-26). New York: Oxford University Press.

Haugvedt, C. P., Petty, R. E., & Cacioppo, J. T. (1992). Need for cognition and advertising: Understanding the role of personality variables in consumer behavior. *Journal of Consumer Psychology*, 1(3), 239-260.

Hillman, C. H., Cuthbert, B. N., Cauraugh, J., Schupp, H. T., Bradley, M., & Lang, P. J. (2000). Psychophysiological responses of sport fans. *Motivation and Emotion*, 24(1), 13-28.

Hirschman, E. C. (1982). Ethnic variation in hedonic consumption. *Journal of Social Psychology*, 118(2), 225-234.

Hirschman, E. C. (1987). Consumer preferences in literature, motion pictures and television programs. *Empirical Studies of the Arts*, 5(1), 31-46.

Jack, S. J., & Ronan, K. R. (1998). Sensation seeking among high- and low-risk sports participants. *Personality and Individual Differences*, 25, 1063-1083.

Kassarjian, H., & Sheffet, M. J. (1991). Personality and consumer behavior: An update. In H. Kassarjian&T. Robertson (Eds.), *Perspectives in consumer behavior* (pp. 281-303). Englewood Cliffs, NJ: Prentice Hall.

Krcmar, M., & Greene, K. (1999). Predicting exposure to and uses of television violence. *Journal of Communication*, 49(3), 24-45.

Laverie, D. A., & Arnett, D. B. (2000). Factors affecting fan attendance: The influence of identity salience and satisfaction. *Journal of Leisure Research*, 32(2), 225-246.

Leone, C., & D'Arienzo, J. D. (2000). Sensation seeking and differentially arousing television commercials. *Journal of Social Psychology*, 140(60), 710-720.

Litle, P.,&Zuckerman, M. (1986). Sensation seeking and music preferences. *Personality and Individual Differences*, 4, 575-578.

Madrigal, R. A. (1995). Cognitive and affective determinants of fan satisfaction with sporting event attendance. *Journal of Leisure Research*, 27(3), 205-227.

McDaniel, S. R. (2001). An examination of demographic, lifestyle and personality influences on consumer preferences for participating in promotional games. *Advances in Consumer Research*, 28, 19.

McDaniel, S. R. (2002). *Reconsidering the relationship between sensation seeking and preferences for viewing televised sports.* Paper presented to the 21st Annual Advertising and Consumer Psychology Conference, New York.

Mustonen, A., Arms, L., & Russell, G.W. (1996). Predictors of sports spectators' proclivity for riotous behaviour in Finland and Canada. *Personality and Individual Differences*, 21(4), 519-525.

Palmgreen, P., Donohew, L., Lorch, E. P., Hoyle, R. H., & Stephenson, M. T. (2001). Television campaigns and adolescent marijuana use: Tests of sensation seeking targeting. *American Journal of Public Health*, 91(2), 292–296.

Perse, E. M. (1996). Sensation seeking and the use of television for arousal. *Communication Reports*, 9, 37–48.

Potts, R., Dedmon, A., & Halford, J. (1996). Sensation seeking, television viewing motives, and home television viewing patterns. *Personality and Individual Differences*, 21, 1081–1084.

Ridgeway, D., & Russell, J. A. (1980). Reliability and validity of the sensation-seeking scale: Psychometric problems in Form V. *Journal of Consulting and Clinical Psychology*, 48(5), 662–664.

Rowland, G. L., Fouts, G., & Heatherton, T. (1989). Television viewing and sensation seeking: Uses, preferences and attitudes. *Personality and Individual Differences*, 9, 1003–1006.

Rubin, R. B., & McHugh, M. P. (1987). Development of parasocial interaction relationships. *Journal of Broadcasting and Electronic Media*, 31, 279–292.

Sargent, S. L., Zillmann, D., & Weaver, J. B. (1998). The gender gap in the enjoyment of televised sports. *Journal of Sport and Social Issues*, 22, 46–64.

Schierman, M. J., & Rowland, G. L. (1985). Sensation seeking and selection of entertainment. *Personality and Individual Differences*, 6(5), 599–603.

Schroth, M. L. (1994). A comparison of sensation seeking among different groups of athletes and nonathletes. *Personality and Individual Differences*, 18(2), 219–222.

Shapiro, L. (2001, May 13). Playing the ratings game. *The Washington Post*, pp. D7.

Shoham, A., Rose, G. M., & Kahle, L. R. (1998). Marketing of risky sports: From intention to action. *Journal of the Academy of Marketing Science*, 26(4), 307–321.

Shrum, L. J. (1999). Television and persuasion: Effects of the programs between the ads. *Psychology and Marketing*, 16(2), 119–140.

Stotlar, D. K. (2000). Vertical integration in sport. *Journal of Sport Management*, 14(1), 1–7.

Wakefield, K. L. (1995). The pervasive effects of social influence on sporting event attendance. *Journal of Sport and Social Issues*, 19(4), 335–351.

Wann, D. L., Melnick, M. J., Russell, G. W., & Pease, D. G. (2001). *Sport fans: The psychology and social impact of spectators*. New York: Routledge.

Weaver, J. B. (2000). Personality and entertainment preferences. In D. Zillmann & P. Vorderer (Eds.), *Media entertainment: The psychology of its appeal* (pp. 235–248). Mahwah, NJ: Lawrence Erlbaum Associates.

Zaichkowsky, J. L. (1994). The personal involvement inventory: Reduction, revision, and application to advertising. *Journal of Advertising*, 23(4), 59–70.

Zillmann, D. (1991). Television viewing and physiological arousal. In J. Bryant & D. Zillmann (Eds.), *Responding to the screen: Reception and reaction processes* (pp. 102–133). Hillsdale, NJ: Lawrence Erlbaum Associates.

Zuckerman, M. (1988). Behavior and biology: Research on sensation seeking and reactions to the media. In L. Donohew, H. Sypher, & E.T. Higgins (Eds.), *Communication, social cognition and affect* (pp. 173–194). Hillsdale, NJ: Lawrence Erlbaum Associates.

Zuckerman, M. (1994). *Behavioral expressions and biosocial bases of sensation seeking*. Cambridge, UK: Cambridge University Press.

作者索引

A

Aaker, D. A.（阿克，D.A.）
Abelson, R. P.（阿贝尔森，R.P.）
Abrahams, M.（亚伯拉罕斯，M.）
Abrams, R. L.（艾布拉姆斯，R.L.）
Adaval, R.（阿达瓦尔，R.）
Adler, S. A.（阿德勒，S.A.）
Agrawal, J.（阿格拉沃尔，J.）
Ahlm, K.（阿尔姆，K.）
Ahrens, M. B.（阿伦斯，M.B.）
Aiken, D.（艾肯，D.）
Ajay, K.（阿贾伊，K.）
Aksoy, L.（阿克索伊，L.）
Aldridge, A.（奥尔德里奇，A.）
Alexander, J. K.（亚历山大，J.K.）
Allan, K.（阿伦，K.）
Allen, M.（艾伦，M.）
Allport, G. W.（奥尔波特，G.W.）
Amis, J.（艾米斯，J.）
Anderson, C. A.（安德森，C.A.）
Anderson, C. L.（安德森，C.L.）
Anderson, D. R.（安德森，D.R.）
Anderson, J. R.（安德森，J.R.）
Anderson, N. H.（安德森，N.H.）
Andison, F. S.（安迪森，F.S.）
Andrews, N.（安德鲁斯，N.）
Antil, J. H.（安提尔，J.H.）
Arms, L.（阿姆斯，L.）
Arms, R. L.（阿姆斯，R.L.）
Armstrong, G. M（阿姆斯特朗，G.M）
Arnett, D. B.（阿内特，D.B.）
Arnett, J. J.（阿耐特，J.J.）
Aron, A.（阿伦，A.）
Aron, E.（阿伦，E.）
Aronson, E.（阿伦森，E.）
Arpan-Ralstin, L. A.（阿潘·拉尔斯廷，L.A.）
Ashforth, B. E.（阿什福思，B.E.）
Askew, C.（艾斯丘，C.）
Atkin, C. K.（阿特金，C.K.）
Ault, J.（阿尔，特J.）
Auty, S.（奥蒂，S.）
Avery, R. J.（艾弗里，R.J.）
Aylesworth, A.（艾尔斯沃思，A.）

B

Babin, L. A.（巴宾，L.A.）
Bachman, J. G.（巴赫曼，J.G.）

Bailis, D. S.（巴里斯，D. S.）
Baker, B.（贝克，B.）
Baker, M. J.（贝克，M. J.）
Baker, W. E.（贝克，W. E.）
Balasubramanian, S. K.（巴拉苏布拉曼尼亚，S. K.）
Balbach, E. D.（巴尔巴克，E. D.）
Ballard, P. B.（巴拉德，P. B.）
Bandura, A.（班杜拉，A.）
Bannan, K. J.（班南，K. J.）
Bargh, J. A.（巴奇，J. A.）
Barney, J.（巴尼，J.）
Bartholomew, K.（巴塞洛缪，K.）
Barwise, T. P.（巴瓦依斯，T. P.）
Basil, M. D.（巴兹尔，M.D.）
Baumal, E.（鲍马尔，E.）
Baumeister, R. F.（鲍迈斯特，R. F.）
Baxter, L. A.（巴克斯特，L. A.）
Beach, M. L.（比彻，M. L.）
Bearden, W. O.（比尔登，W. O.）
Beatty, S. E.（贝亚蒂，S. E.）
Becker, M. H.（贝克尔，M. H.）
Belk, R. W.（贝尔克，R. W.）
Belson, W. A.（贝尔森，W. A.）
Bennett, M.（班纳特，M.）
Bennett, R.（班纳特，R.）
Berkowitz, L.（伯科威茨，L.）
Berlyne, D. E.（伯莱因，D. E.）
Berman, L.（伯曼，L.）
Bernhardt, P.（伯恩哈特，P.）
Berscheid, E.（贝尔伊德，E.）
Berscheid, W. E.（贝尔伊德，W. E.）
Bettman, J. R.（贝特曼，J. R.）
Beville, H. M.（贝维尔，H. M.）

Bharadwaj, S. G.（巴拉德瓦杰，S. G.）
Bhatnagar, N.（巴特纳格尔，N.）
Biocca, F.（比奥卡，F.）
Birdsall, T. G.（伯索尔，T. G.）
Bischak, V. D.（比什克，V. D.）
Blades, M.（布雷兹，M.）
Blaxton, T. A.（布拉克斯顿，T. A.）
Bleich, D.（布莱希，D.）
Bloom, P.（布鲁姆，P.）
Bodenhausen, G. V.（博登豪森，G. V.）
Borden, R. J.（博登，R. J.）
Borges, R.（博格斯，R.）
Boring, E. G.（博林，E. G.）
Bornstein, R. F.（博恩施泰因，R. F.）
Botta, R.（博塔，R.）
Boush, D. M.（鲍西，D. M.）
Bower, G. H.（鲍尔，G. H.）
Bowlby, J.（鲍尔比，J.）
Bradley, M.（布兰得利，M.）
Braman, S.（布拉曼，S.）
Brand, M. J.（布兰德，M. J.）
Brannstrom, I.（布兰斯特罗姆，I.）
Branscombe, N. R.（布兰斯科姆，N. R.）
Braun, K. A.（布劳恩，K. A.）
Breitrose, H.（布莱特罗斯，H.）
Brennan, I.（布伦南，I.）
Brennan, K. A.（布伦南，K. A.）
Brewer, M. B.（布鲁尔，M. B.）
Brezgel, K.（布雷兹格尔，K.）
Bristor, J. M.（布里斯托，J. M.）
Brock, G. J.（布罗克，G. J.）
Brock, T. C.（布罗克，T. C.）
Brook, J. S.（布鲁克，J. S.）
Brown, B. W.（布朗，B. W.）

281

Brown, D.（布朗，D.）
Brown, J.（布朗，J.）
Brown, J. D.（布朗，J. D.）
Brown, J. J.（布朗，J. J.）
Brown, R.（布朗，R.）
Bruck, M.（布鲁克，M.）
Brucks, M.（布鲁克斯，M.）
Bruner, J.（布鲁纳，J.）
Bruner, J. S.（布鲁纳，J. S.）
Bryant, J.（布赖恩特，J.）
Bryson, S. W.（布莱森，S. W.）
Buck, E. B.（巴克，E. B.）
Buckley, K. W.（巴克利，K. W.）
Budesheim, T. L.（布德海姆，T. L.）
Burnett, J.（伯内特，J.）
Burns, A. C.（伯恩斯，A. C.）
Burroughs, J. E.（伯勒斯，J. E.）
Burrows, L.（伯罗斯，L.）
Bushman, B. J.（布什曼，B. J.）
Buss, D. D.（巴斯，D. D.）
Busselle, R. W.（布斯内利，R. W.）
Butters, J.（巴特斯，J.）

C

Cachere, J.（卡谢尔，J.）
Cacioppo, J. T.（卡乔波，J. T.）
Cairns, E.（凯恩斯，E.）
Calder, B. J.（考尔德，B. J.）
Calfee, J. E.（卡尔菲，J. E.）
Cameron, G.（卡梅隆，G.）
Campbell, D. T.（坎贝尔，D. T.）
Canary, D. J.（卡纳里，D. J.）
Cantor, J.（康托尔，J.）
Carder, S. T.（卡德尔，S. T.）

Carlston, D. E.（卡尔斯顿，D. E.）
Carnes, M. C.（卡伦斯，M. C.）
Carol, J.（卡罗，J.）
Carpenter, K. M.（卡彭特，K. M.）
Carpentier, F.（卡彭铁尔，F.）
Carstensen, L. L.（卡斯滕森，L. L.）
Cartier（卡蒂亚）
Carveth, R. A.（卡维思，R. A.）
Cash, D. W.（卡什，D. W.）
Cash, T. F.（卡什，T. F.）
Cassidy, J.（卡西迪，J.）
Cattarin, J. A.（卡塔林，J. A.）
Cauraugh, J.（考洛夫，J.）
Ceci, S. J.（赛西，S. J.）
Celozzi, M. J.（切洛齐，M. J.）
Celsi, R. L.（塞尔西，R. L.）
Cermak, L. S.（塞尔马克，L. S.）
Chaffee, S. H.（查菲，S. H.）
Chaiken, S.（柴肯，S.）
Chakravarti, D.（查克拉瓦蒂，D.）
Chandler, K.（钱德勒，K.）
Chapman, J. P.（查普曼，J. P.）
Chapman, L. J.（查普曼，L. J.）
Chapman, S.（查普曼，S.）
Charles, S. T.（查尔斯，S. T.）
Charlton, T.（查尔顿，T.）
Chartier, F.（沙尔捷，F.）
Chartrand, T. L.（查特兰德，T. L.）
Chattopadhyay, A.（查托帕迪亚，A.）
Chen, M.（陈，M.）
Cheng, H.（程，H.）
Choi, J.（崔，J.）
Choi, W. S.（崔，W. S）
Chomsky, N.（乔姆斯基，N.）

Choo, T.（朱，T.）
Christensen, A.（克里斯坦森，A.）
Christenson, P. G.（克里斯滕森，P. G.）
Chung, S. W.（钟，S. W.）
Cialdini, R. B.（西奥迪尼，R. B.）
Clancey, M.（克兰西，M.）
Clark, C. L.（克拉克，C. L.）
Cohen, D.（科恩，D.）
Cohen, E. E.（科恩，E. E.）
Cohen, J.（科恩，J.）
Cohen, P.（科恩，P.）
Colcombe, S. J.（可可木，S. J.）
Cole, C. A.（科尔，C. A.）
Cole, T.（科尔，T.）
Collins, N.（柯林斯，N.）
Collins, P. A.（柯林斯，P. A.）
Collins, R. L.（柯林斯，R. L.）
Coltrane, S.（科尔特兰，S.）
Combs, B.（库姆斯，B.）
Comisky, P.（科米斯基，P.）
Comstock, G.（康斯托克，G.）
Conner, K. R.（康纳，K. R.）
Conway, J. C.（康威，J. C.）
Conway, M.（康威，M.）
Cook, F. L.（库克，F. L.）
Cook, T. D.（库克，T. D.）
Cooper, C. P.（库珀，C. P.）
Coover, G.（库弗，G.）
Costa, P. T.（科斯塔，P. T.）
Costley, C. L.（科斯特利，C. L.）
Coussement, S. A.（库瑟蒙特，S. A.）
Craik, F. I. M.（克雷克，F. I. M.）
Crawford, H. A.（克劳福德，H. A.）
Crawford, Z.（克劳福德，Z.）

Creelman, C. D.（克里尔曼，C. D.）
Csikszentmihalyi, M.（奇克森特米哈伊, M.）
Culley, J. D.（卡利，J. D.）
Cuthbert, B. N.（卡斯伯特，B. N.）

D

Dabbs, J. M.（达布斯，J. M.）
Dacin, P. A.（达钦，P. A.）
Dalakas, V.（达拉斯，V.）
D'Alessio, D.（D'阿莱西奥，D.）
Dalton, M. A.（多尔顿，M. A.）
Dammler, A.（戴姆勒，A.）
D'Arienzo, J. D.（D'阿里恩佐，J. D.）
d'Astous, A.（达·阿斯托斯，A.）
Davie, R.（戴维，R.）
Davis, H. L..（戴维斯，H. L..）
Davis, K. E.（戴维斯，K. E.）
Davis, M. S.（戴维斯，M. S.）
Davis, R. M.（戴维斯，R. M.）
Dawson, S.（道森，S.）
Dean, D. H.（迪安，D. H.）
Dedmon, A.（迪蒙，A.）
DeFleur, M. L.（德夫勒，M. L.）
Deighton, J.（戴顿，J.）
DeJong, W.（德容，W.）
DelFattore, J.（德尔法托里，J.）
DeLorme, D. E.（德洛姆，D. E.）
Del Rosario, M. L.（德尔罗萨里奥, M. L.）
Denman, D. W.（登曼，D. W.）
Dennis, E.（丹尼斯，E.）
Devine, P. G.（迪瓦恩，P. G.）
Dholakia, R. R.（霍拉基尔，R. R.）
Diener, B. J.（迪纳，B. J.）
Dijksterhuis, A.（迪克斯特豪斯，A.）

Dion, K. K.（戴恩，K. K.）
Distefan, J. M.（迪斯蒂芬，J. M.）
Dixon, T.（狄克逊，T.）
Dodd, C. A.（多德，C. A.）
Dolan, R. J.（多兰，R. J.）
Donnerstein, E.（唐纳斯坦，E.）
Donohew, L.（唐诺休，L.）
Donohue, G. A.（多诺霍，G. A.）
Doppler, M.（多普勒，M.）
Downs, A. C.（唐斯，A. C.）
Drabman, R. S.（德拉伯曼，R. S.）
Draine, S. C.（德雷恩，S. C.）
Drummey, A. B.（德鲁米，A. B.）
Dubas, K. M.（杜巴斯，K. M.）
Dubé, L.（杜布，L.）
Duncan, M.（邓肯，M.）
Dywan, J.（迪万，J.）

E

Eagly, A. H.（伊格利，A. H.）
Eastman, S. T.（伊士曼，S. T.）
Eaton, J.（伊顿，J.）
Ebbinghaus, H.（艾宾浩斯，H.）
Eccles, J.（艾克尔斯，J.）
Edell, J. A.（埃德尔，J. A.）
Ehrenberg, A. S. C.（埃伦伯格，A. S. C.）
Eleey, M. F.（埃莱，M. F.）
Elliot, M. T.（埃利奥特，M. T.）
Elliot, R.（埃利奥特，R.）
Ellis, D. M.（埃利斯，D. M.）
Ellis, H. D.（埃利斯，H. D.）
Elton, M. P.（埃尔顿，M. P.）
Englis, B. G.（英格里斯，B. G.）
Erdelyi, M. H.（埃尔德伊，M. H.）

Erickson, G. A.（埃里克森，G. A.）
Erikson, E. H.（埃里克森，E. H.）
Eron, L. D.（埃伦，L. D.）
Escalas, J. E.（埃斯卡拉，J. E.）
Esses, V. M.（埃塞斯，V. M.）
Estes, L. S.（埃斯特斯，L. S.）
Evans, L.（埃文斯，L.）
Evans, R. I.（埃文斯，R. I.）
Everett, S. A.（埃弗雷特，S. A.）

F

Faber, R. J.（菲伯尔，R. J.）
Fahy, J.（费伊，J.）
Farkas, A. J.（法卡斯，A. J.）
Farquar, J. W.（法夸尔，J. W.）
Fazio, R. H.（法齐奥，R. H.）
Feldman Barrett, L.（费尔德曼巴雷特，L.）
Ferraro, R.（费拉罗，R.）
Festinger, L.（费斯汀格，L.）
Fielden, J. A.（费尔登，J. A.）
Finnegan, J. R., Jr.（芬尼根，J. R., Jr.）
Fischhoff, G.（菲施霍夫，G.）
Fishbein, M.（菲希贝，M.）
Fisher, A. H.（费舍尔，A. H.）
Fisher, C.（费舍尔，C.）
Fisher, R. J.（费舍尔，R. J.）
Fiske, J.（菲斯克，J.）
Fitzsimons, G.（菲茨西蒙斯，G.）
Flavell, J. H.（弗拉维尔，J. H.）
Fletcher, C.（弗莱彻，C.）
Flora, J. A.（弗罗拉，J. A.）
Ford, J. B.（福特，J. B.）
Foster, B. L.（福斯特，B. L.）
Fortmann, S. P.（福特曼，S. P.）

Fournier, S.（福尼尔，S.）
Fouts, G.（福茨，G.）
Fox, S.（福克斯，S.）
Fraley, R. C.（弗雷利，R. C.）
Freeman, S.（弗里曼，S.）
Frenzen, J.（弗伦岑，J.）
Freud, S.（弗洛伊德，S.）
Friedberg, N. L.（弗里德伯格，N. L.）
Friestad, M.（弗里斯塔德，M.）
Fryburger, V.（弗赖伯格，V.）
Furnham, A.（弗恩汉姆，A.）

G

Gabrial, S.（加布里阿尔，S.）
Galley, D. J.（加利，D. J.）
Gan, S.（加恩，S.）
Garcia, L.（加西亚，L.）
Garcia, S.（加西亚，S.）
Gardner, B.（加德纳，B.）
Gardner, M.（加德纳，M.）
Gardner, W.（加德纳，W.）
Garnham, A.（加纳姆，A.）
Garst, J.（加斯特，J.）
Gentner, D.（根特纳，D.）
Gentner, D. R.（根特纳，D. R.）
Gerbner, G.（格伯纳，G.）
Gerhardstein, P.（格哈德斯坦，P.）
Gerrig, R. J.（格里格，R. J.）
Gibbons, J. A.（吉本斯，J. A.）
Gibson, B.（吉普森，B.）
Gilbert, D. T.（吉尔伯特，D. T.）
Gilens, M.（吉伦斯，M.）
Gilpin, E. A.（吉尔平，E. A.）
Gitlin, T.（吉特林，T.）

Glantz, S. A.（格兰斯，S. A.）
Glasgow, M. R.（格拉斯哥，M. R.）
Glass, G. V.（格拉斯，G. V.）
Glenberg, A. M.（格伦伯格，A. M.）
Goldberg, B.（戈德堡，B.）
Goldberg, M. E.（戈德堡，M. E.）
Goldstein, D.（戈德斯坦，D.）
Goldstein, J. H.（戈德斯坦，J. H.）
Goma'-I-Feixanet, M.（戈玛·艾·菲夏奈特，M.）
Goodstein, R. C.（古德斯坦，R. C.）
Gorman, T. F.（戈尔曼，T. F.）
Gorn, G. J.（戈恩，G.J.）
Gould, S. J.（古尔德，S. J.）
Grabner-Krauter, S.（格拉布纳-克劳特，S.）
Graesser, A. C.（格拉斯，A. C.）
Graf, P.（格拉夫，P.）
Gray, N.（格雷，N.）
Grayson, J.（格雷森，J.）
Green, M. C.（格林，M. C.）
Greenberg, B. S.（格林伯格，B. S.）
Greene, D.（格林，D.）
Greene, K.（格林，K.）
Greeno, J. G.（格里诺，J. G.）
Greenspan, S. L.（格林斯潘，S. L.）
Greenwald, A.（格林沃尔德，A.）
Gregory, L. G.（格雷戈里，L. G.）
Gregory, W. L.（格雷戈里，W. L.）
Gross, L.（格罗斯，L.）
Grossberg, J.（格罗斯伯格，J.）
Grove, J. R.（格鲁夫，J. R.）
Guidano, V. F.（圭达诺，V. F.）
Gunter, B.（甘特，B.）
Gupta, P. B.（古普塔，P. B.）

Gustafson, M.（古斯塔夫森，M.）
Gutsch, K. U.（古奇，K. U.）
Guttman, A.（古特曼，A.）
Gwinner, K. P.（格温内，K. P.）

H

Halford, G. S.（哈尔福德，G. S.）
Halford, J.（哈尔福德，J.）
Hamilton, K.（汉密尔顿，K.）
Hanrahan, S. J.（汉拉恩，S. J.）
Hansen, F. J.（汉森，F. J.）
Hargrove, K.（哈格罗夫，K.）
Harris, R. J.（哈里斯，R. J.）
Harrison, K.（哈里森，K.）
Harrison, S. D.（哈里森，S. D.）
Harvey, J. H.（哈维，J. H.）
Harwood, J.（哈伍德，J.）
Hasher, L.（哈舍尔，L.）
Hashtroudi, S.（哈什特鲁迪，S.）
Haskell, W. L.（哈斯凯尔，W. L.）
Hass, R. G.（哈斯，R. G.）
Hastie, R.（黑斯蒂，R.）
Haugtvedt, C. P.（汉克维特，C. P.）
Hawkins, R. P.（霍金斯，R. P.）
Hawkins, S. A.（霍金斯，S. A.）
Hayes, B. K.（海斯，B. K.）
Hayman, C. A.（海曼，C. A.）
Hazan, A. R.（哈赞，A. R.）
Hazan, C.（哈赞，C.）
Head, S. W.（黑德，S. W.）
Healey, E.（希利，E.）
Hearold, S.（哈罗德，S.）
Heath, L.（希斯，L.）
Heatherton, T.（希瑟顿，T.）

Heatherton, T. F.（希瑟顿，T. F.）
Hebb, D. O.（赫布，D. O.）
Heckler, S. E.（赫克勒，S. E.）
Heider, F.（海德，F.）
Heinberg, L. J.（海因伯格，L. J.）
Hennessy, R.（汉尼斯，R.）
Hennigan, K. M.（亨尼根，K. M.）
Henriksen, L.（亨利克森，L.）
Herbart, J. F.（赫尔巴特，J. F.）
Herman, E. S.（赫尔曼，E. S.）
Herman-Cohen, V.（赫尔曼·科恩，V.）
Hernandez, M.（赫南德斯，M.）
Herring, L.（赫林，L.）
Hertog, J.（赫托格，J.）
Hewstone, M.（休斯通，M.）
Higgins, E. T.（希金斯，E. T.）
Higgins, R. L.（希金斯，R. L.）
Hilgard, E. R.（希尔加德，E. R.）
Hillman, C. H.（希尔曼，C. H.）
Hines, D.（海因斯，D.）
Hirsch, P.（赫希，P.）
Hirschman, E. C.（赫希曼，E. C.）
Hirt, E. R.（赫特，E. R.）
Hoeke, S. A.（霍克，S. A.）
Hogan, M.（霍肯，M.）
Hogben, M.（霍格本，M.）
Hogg, M. A.（霍格，M. A.）
Holbrook, M. B.（霍尔布鲁克，M. B.）
Holden, C.（霍尔顿，C.）
Holden, S. J. S.（霍尔顿，S. J. S.）
Holender, D.（霍伦德，D.）
Holland, B.（霍兰德，B.）
Hollingsworth, L.（霍林斯沃思，L.）
Holmes, J. G.（霍姆斯，J. G.）

Homer, P. M.（荷马，P. M.）
Horowitz, L. M.（霍罗威茨，L. M.）
Hosie, J. A.（霍西，J. A.）
Hothschild, L.（豪斯查尔德，L.）
House, P.（豪斯，P.）
Houston, M. J.（休斯敦，M. J.）
Hoyle, R. H.（霍伊尔，R. H.）
Huber, J.（胡贝尔，J.）
Huesmann, L. R.（韦斯曼，L. R.）
Hughes, M.（休斯，M.）
Hunt, M.（亨特，M.）
Hunt, M. R.（亨特，M. R.）
Hunt, S. D.（亨特，S. D.）
Hunter, D.（亨特尔，D.）
Hunter, R.（亨特尔，R.）
Huston, A. C.（休斯敦，A. C.）
Huston, T. L.（休斯敦，T. L.）
Hyde, J. S.（海德，J. S.）

I

Ickes, W.（伊克斯，W.）
Isbell, L. M.（伊斯贝尔，L. M.）
Iyer, P.（耶尔，P.）

J

Jack, S. J.（杰克，S. J.）
Jackson-Beeck, M.（杰克逊·比克，M.）
Jacobvitz, R. S.（雅各布维茨，R. S.）
Jacoby, J.（雅各比，J.）
Jacoby, L. L.（雅各比，L. L.）
Jaffe, E. D.（杰菲，E. D.）
Jakobs, E.（雅各布斯，E.）
James, C.（詹姆斯，C.）
James, W.（詹姆斯，W.）

Janiszewski, C.（亚尼塞夫斯基，C.）
Jasechko, J.（贾塞科，J.）
Jaworski, B. J.（加沃斯基，B. J.）
Jeffries-Fox, S.（杰弗里斯·福克斯，S.）
Jellison, J. M.（杰利森，J. M.）
Jenkins, H.（詹金斯，H.）
Jensen, T. D.（詹森，T. D.）
Johar, G. V.（乔哈尔，G. V.）
John, D. R.（约翰，D.R.）
Johnson, J. G.（约翰逊，J. G.）
Johnson, M. K.（约翰逊，M. K.）
Johnson-Laird, P. N.（约翰逊·莱尔德，P. N.）
Johnstone, E.（约翰斯通，E.）
Joiner, C.（乔伊纳，C.）
Josephson, W. L.（约瑟夫森，W. L.）
Judd, C. M.（朱德，C. M.）
Jussim, L.（朱西姆，L.）

K

Kahle, L. R.（卡尔，L. R.）
Kahneman, D.（卡尼曼，D.）
Kail, R. V.（凯尔，R. V.）
Kamakura, W. A.（卡玛库拉，W. A.）
Kambara, K. M.（神原，K. M.）
Kamins, M. A.（卡明斯，M. A.）
Kang, N.（康，N.）
Kao, C. F.（卡奥，C. F.）
Kaplan, N.（柯普朗，N.）
Karabenick, S. A.（卡拉本尼克，S. A.）
Karrh, J. A.（卡尔，J. A.）
Kasen, S.（卡森，S.）
Kassarjian, H.（卡萨尔詹，H.）
Kazelskis, R.（卡泽尔斯基，R.）

Kefauver, E.（凯弗维尔，E.）
Keller, K. L.（凯勒，K. L.）
Kelley, C.（凯利，C.）
Kelley, C. M.（凯利，C. M.）
Kelley, H. H.（凯利，H. H.）
Kelman, H. C.（克尔曼，H. C.）
Kendzierski, D. A.（肯济斯基，D. A.）
Kennedy, C.（肯尼迪，C.）
Kerkman, D.（可克曼，D.）
Kernan, J. B.（克南，J. B.）
Kessler, R.（凯斯勒，R.）
Kielwasser, A. P.（库尔沃斯，A. P.）
Kihlstrom, J. F.（凯尔斯壮，J. F.）
Kilbourne, J.（基尔伯恩，J.）
Killen, J. D.（基伦，J. D.）
Kim, E.（金，E.）
Kinney, L.（金妮，L.）
Kintsch, W.（金茨，W.）
Kleinbard, J.（凯伦巴德，J.）
Kleine, R. E.（克莱恩，R. E.）
Kleine, S. S.（克莱恩，S. S.）
Klinger, M.（克林格，M.）
Klinger, M. R.（克林格，M. R.）
Kolin, E. A.（科林，E. A.）
Komatsu, S.（小松，S.）
Koomen, W.（库曼，W.）
Kotler, P.（科特勒，P.）
Kozinets, R. V.（科兹涅茨，R. V.）
Krcmar, M.（考克马尔，M.）
Krishnan, H. S.（克里希南，H. S.）
Kropp, F.（克洛普，F.）
Krugman, H. E.（克鲁格曼，H. E.）
Krull, D. S.（克鲁尔，D. S.）
Kubey, R. W.（库贝，R. W.）
Kuklinsky, J. H.（库克林斯基，J. H.）
Kunda, Z.（孔达，Z.）
Kunst-Wilson, W. R.（康斯特·威尔逊，W. R.）

L

Laird, J.（莱尔德，J.）
Lang, P. J.（朗，P. J.）
Langlieb, A. M.（朗格利布，A. M.）
Langston, W. E.（兰斯顿，W. E.）
Lastovicka, J. L.（拉斯托米加，J. L.）
LaTour, M. S.（拉托，M. S.）
Laverie, D. A.（拉维里，D. A.）
Law, J.（劳，J.）
Law, S.（劳，S.）
Layman, M.（莱曼，M.）
Leavitt, C.（莱维特，C.）
Lee, B.（李，B.）
Lee, J.（李，J.）
Lee, J. Y.（李，J. Y.）
Lee, R. G.（李，R. G.）
Lee, R. S.（李，R. S.）
Leets, L.（利兹，L.）
Lefkowitz, M. M.（莱夫科维茨，M. M.）
Lehmann, D. R.（莱曼，D. R.）
Leigh, T. W.（利，T. W.）
Leone, C.（利昂，C.）
Leone, D. R.（利昂，D. R.）
Lepore, L.（莱波雷，L.）
Lerner, M. J.（勒纳，M. J.）
Leuba, C.（勒巴，C.）
Leung, C. C.（莱昂，C. C.）
Levin, A. M.（莱文A.，M.）
Levinger, G.（莱温格，G.）

Levy, M. R.（利维，M. R.）
Levy, S. J.（利维，S. J.）
Lewis, C.（路易斯，C.）
Liberman, A.（利伯曼，A.）
Lichtenstein, M.（利希滕斯坦，M.）
Lichtenstein, S.（利希滕斯坦，S.）
Lichter, L. S（利希特尔，L. S）
Lichter, S. R.（利希特尔，S. R.）
Lindblad, I.（林德布拉德，I.）
Linderholm, T.（林德霍姆，T.）
Lindsay, D. S.（林赛，D. S.）
Lingle, J. H.（林格尔，J. H.）
Linz, D.（林茨，D.）
Lipton, H. L.（利普顿，H. L.）
Litle, P.（利特尔，P.）
Litvack, D.（利特瓦克，D.）
Livingstone, S. M.（利文斯顿，S. M.）
Lockwood, P.（洛克伍德，P.）
Loftus, E. F.（洛夫特斯，E. F.）
Lombardi, W.（伦巴第，W.）
Lorch, E. P.（洛奇，E. P.）
Lord, K. A.（洛德，K. A.）
Lord, K. R.（洛德，K. R.）
Lowrey, T. M.（洛瑞，T. M.）
Lull, J.（勒尔，J.）
Lumpkin, J. R.（兰普金，J. R.）
Lurie, L.（卢里，L.）
Lutter, C. D.（卢特尔，C. D.）
Lutz, R. J.（卢茨，R. J.）
Lyddon, W. J.（莱顿，W. J.）
Lynch, J. G., Jr.（林奇，J. G., Jr.）
Lynn, S.（林恩，S.）

M

Maccoby, E. E.（麦克比，E. E.）
Maccoby, N.（麦克比，N.）
MacGregor, B.（麦格雷戈，B.）
MacInnis, D. J.（麦金尼斯，D. J.）
Mackie, D. M.（麦基，D. M.）
Macklin, M. C.（麦克林，M. C.）
Macmillan, N. A.（麦克米伦，N. A.）
Madon, S.（马登，S.）
Madrigal, R. A.（马德里加尔，R. A.）
Mael, F. A.（梅尔，F. A.）
Magiera, M.（马吉拉，M.）
Main, M.（梅因，M.）
Maio, G. R.（梅约，G. R.）
Malkoc, S.（马尔科，S.）
Malone, P. S.（马龙，P. S.）
Mandler, J. M.（曼德勒，J. M.）
Mann, D.（曼恩，D.）
Manstead, A. S.（曼斯特德，A. S.）
Markus, H.（马库斯，H.）
Maslow, A. H.（马斯洛，A. H.）
Mast, F.（马斯特，F.）
Maurer, J.（毛瑞尔，J.）
Maxwell, S. E.（麦克斯韦，S. E.）
Mazis, M. B.（马齐斯，M. B.）
Mazzocco, P. J.（马佐科，P. J.）
McAlexander, J. H.（麦克莱克山德，J. H.）
McCann, J.（麦肯，J.）
McCarthy, M.（麦卡锡，M.）
McClung, G. W.（麦克隆，G. W.）
McCombs, M. W.（麦考姆斯，M. W.）
McCracken, G.（麦克拉肯，G.）

McCrae, R. R.（麦克雷，R. R.）
McDaniel, S. R.（麦克丹尼尔，S. R.）
McDaniel, S. R.（麦克丹尼尔，S. R.）
McDermott, K. B.（麦克德莫特，K. B.）
McGee, S.（麦基，S.）
McGriff, J. A.（麦格里夫，J. A.）
McGuire, W. J.（麦奎尔，W. J.）
McHugh, M. P.（麦克休，M. P.）
McIlwraith, R.（麦基瑞斯，R.）
McInman, A.（麦格曼，A.）
McKinley, N. M.（麦金莱，N. M.）
McLeod, J. M.（麦克劳德，J. M.）
McLuhan, M.（麦克卢汉，M.）
McQueen, J.（麦昆，J.）
Meenaghan, T.（米纳汉，T.）
Meeske, C.（米斯克，C.）
Mehrabian, A.（梅拉宾，A.）
Melnick, M. J.（梅尔尼克，M. J.）
Melone, N. P.（梅隆，N. P.）
Melton, R. J.（梅尔顿，R. J.）
Menon, A.（梅农，A.）
Meri, D.（梅里，D.）
Merritt, R. K.（梅里特，R. K.）
Mertin, R. K.（梅尔丁，R. K.）
Middelman-Motz, A. V.（米德尔曼·莫茨，A. V.）
Milavsky, J. R.（米拉夫斯基，J. R.）
Milgram, S.（米尔克，S.）
Miller, D. T.（米勒，D. T.）
Miller, M. C.（米勒，M. C.）
Miller, N.（米勒，N.）
Mills, J.（米尔斯，J.）
Milner, B.（米尔纳，B.）
Mischel, W.（米契尔，W.）

Mitrook, M. A.（米特鲁克，M. A.）
Mizerski, R.（米泽斯基，R.）
Moe, J. C.（莫伊，J. C.）
Moore, E. S.（摩尔，E. S.）
Moore, T. E.（摩尔，T. E.）
Morgan, M.（摩根，M.）
Morgan, R. M.（摩根，R. M.）
Morley, D.（莫利，D.）
Morris, M.（莫里斯，M.）
Morrow, D. G.（摩洛，D. G.）
Munch, J. M.（蒙奇，J. M.）
Murphy, S. T.（墨菲，S. T.）
Murry, J. P.（莫里，J. P.）
Mustonen, A.（穆斯托宁，A.）

N

Nabi, R. L.（纳比，R. L.）
Naito, M.（内藤，M.）
Nass, C.（纳斯，C.）
Neaderhiser, B. J.（尼德海瑟尔，B. J.）
Nebenzahl, I. D.（内本扎尔，I. D.）
Nell, V.（内尔，V.）
Nelson, M. R.（纳尔逊，M. R.）
Netemeyer, R. G.（奈特梅尔，R. G.）
Newcomb, H.（纽科姆，H.）
Newcomb, T.（纽科姆，T.）
Newcombe, N.（纽科姆，N.）
Newton, B. J.（牛顿，B. J.）
Nisbett, R. E.（尼斯贝特，R. E.）
Norman, A. T.（诺曼，A. T.）
Novick, N. J.（诺维克，N. J.）
Nuland, S.（纽兰德，S.）
Nurius, P.（努里乌斯，P.）

O

Oates, C.（奥茨，C.）
Oatley, K.（奥特利，K.）
Ogles, R. M.（奥格尔斯，R. M.）
O'Guinn, T. C.（奥吉恩，T. C.）
Ohta, N.（奥塔，N.）
O'Kearney, R.（奥卡尼，R.）
Olien, C. N.（奥利恩，C. N.）
Oliver, M. B.（奥利弗，M. B.）
Olofsson, A.（奥洛夫松，A.）
Olson, J.（奥尔森，J.）
Ong, B. S.（翁，B. S.）
Osborne, D.（奥斯本，D.）
O'Sullivan, P.（奥沙利文，P.）
Ostrom, T. M.（奥斯特罗姆，T. M.）
Ottati, V. C.（奥塔蒂，V. C.）
Otteson, J. L.（奥特森，J. L.）

P

Paik, H.（派克，H.）
Paivio, A.（佩维奥，A.）
Palmgreen, P.（帕姆格林，P.）
Pant, N.（潘特，N.）
Panting, C.（潘廷，C.）
Park, B.（帕克，B.）
Park, C. W.（帕克，C. W.）
Parkin, A. J.（帕金，A. J.）
Paulhus, D.（保卢斯，D.）
Pavelchak, M. A.（帕维查克，M. A.）
Pavlov, I. P.（巴普洛夫，I. P.）
Payne, D. G.（佩恩，D. G.）
Pease, D. G.（皮斯，D. G.）
Pechmann, C.（佩奇曼，C.）
Pecotich, A.（佩科蒂奇，A.）
Pelham, B. W.（佩勒姆，B. W.）
Pennington, N.（彭宁顿，N.）
Penrod, S.（彭罗德，S.）
Peplau, L. A.（佩普劳，L. A.）
Peracchio, L. A.（佩拉基奥，L. A.）
Perez, A. M.（佩雷斯，A. M.）
Perfect, T. J.（皮尔菲，T. J.）
Perloff, R. M.（佩洛夫，R. M.）
Perry, E. S.（佩里，E. S.）
Perse, E. M.（佩尔斯，E. M.）
Peters, S. M.（彼得斯，S. M.）
Petrich, C.（佩特里奇，C.）
Petty, R. E.（佩蒂，R. E.）
Pettygrew, T. F.（佩蒂格鲁，T. F.）
Pham, M. T.（范，M. T.）
Philliber, W.（弗莱伯，W.）
Pierce, J. P.（皮尔斯，J. P.）
Pietromonaco, P. R.（彼得罗莫纳科，P. R.）
Pingree, S.（平格里，S.）
Pittman, T. S.（皮特曼，T. S.）
Polkinghorne, D. E.（波尔金霍恩，D. E.）
Posovac, E. J.（波索瓦茨，E. J.）
Posovac, H. D.（波索瓦茨，H. D.）
Posovac, S. S.（波索瓦茨，S. S.）
Postman, N.（波兹曼，N.）
Potts, R.（波茨，R.）
Pötzl, O.（波次，O.）
Powell, M. C.（鲍威尔，M. C.）
Powell, R. A.（鲍威尔，R. A.）
Power, J. G.（鲍尔，J. G.）
Prentice, D. A.（普伦蒂斯，D. A.）
Price, J. R.（普赖斯，J. R.）
Price, L.（普赖斯，L.）

Prinz, W.（普林茨，W.）
Puchinelli, N.（普契内利，N.）
Punj, G.（旁遮普，G.）
Putnam, R. D.（帕特南，R. D.）
Puto, C. P.（普托，C. P.）
Putrevu, S.（普特雷乌，S.）

R

Radvansky, G. A.（拉德万斯基，G. A.）
Raines, E. E.（雷恩斯，E. E.）
Raju, P. S.（拉朱，P. S.）
Ramsay, R.（拉姆塞，R.）
Raney, A. A.（拉尼，A. A.）
Rauch, A.（劳赫，A.）
Rawlings, E.（罗林斯，E.）
Read, S.（里德，S.）
Read, S. J.（里德，S. J.）
Reece, D.（雷塞，D.）
Reeves, B.（李维斯，B.）
Reid, L. N.（里德，L. N.）
Reingen, P. H.（雷吉恩，P. H.）
Rescorla, R.（瑞斯科拉，R.）
Reyes, R. M.（雷耶斯，R. M.）
Reynolds, K. D.（雷诺兹，K. D.）
Rholes, W. S.（罗尔斯，W. S.）
Richards, J. M.（理查兹，J. M.）
Richards, J. W.（理查兹，J. W.）
Richins, M. L.（瑞金斯，M. L.）
Ridgeway, D.（里奇韦，D.）
Riggle, E. J.（里格尔，E. J.）
Rindfleisch, A.（林德弗莱施，A.）
Ringold, D. J.（林戈尔德，D. J.）
Risden, K.（瑞思登，K.）
Ritson, M.（里特森，M.）

Roberts, D. F.（罗伯茨，D. F.）
Roberts, K. P.（罗伯茨，K. P.）
Robinson, J. P.（罗宾逊，J. P.）
Rodin, J.（罗金，J.）
Roe, K.（罗，K.）
Roediger, H. L.（勒迪格，H. L.）
Rogers, C. R.（罗杰斯，C. R.）
Rogers, E. M.（罗杰斯，E. M.）
Rokeach, M.（罗克奇，M.）
Romer, D.（罗默，D.）
Ronan, K. R.（罗南，K. R.）
Rose, G. M.（罗斯，G. M.）
Rose, R. L.（罗斯，R. L.）
Rosenblatt, L.（罗森布拉特，L.）
Rosengren, K. E.（罗森格伦，K. E.）
Rosenthal, R.（罗森塔尔，R.）
Roskos-Ewoldsen, B.（罗斯科·艾沃森，B.）
Roskos-Ewoldsen, D. R.（罗斯科·艾沃森，D. R.）
Rosnow, R. L.（罗斯诺，R. L.）
Ross, D.（罗斯，D.）
Ross, L.（罗斯，L.）
Ross, S. A.（罗斯，S. A.）
Rosselli, F.（罗塞利，F.）
Rossi, D.（罗西，D.）
Roter, D. L.（罗特，D. L.）
Rothenberg, R.（罗森伯格，R.）
Rothman, C.（罗斯曼，C.）
Rothman, S.（罗斯曼，S.）
Rotzoll, K.（罗措尔，K.）
Rovee-Collier, C.（罗维·科利，C.）
Rowland, G. L.（罗兰，G. L.）
Rozelle, R. M.（罗泽尔，R. M.）
Rubens, W. S.（鲁宾斯，W. S.）

Rubin, A. M.（鲁宾，A. M.）
Rubin, D. B.（鲁宾，D. B.）
Rubin, M.（鲁宾，M.）
Rubin, R. B.（鲁宾，R. B.）
Rubin, Z.（鲁宾，Z.）
Ruelle, R.（吕埃勒，R.）
Ruskin, G.（拉斯金，G.）
Russell, C. A.（拉塞尔，C. A.）
Russell, G. W.（拉塞尔，G. W.）
Russell, J.（拉塞尔，J.）
Russell, J. A.（拉塞尔，J. A.）

S

St. Pierre, J.（圣皮埃尔，J.）
Sanchez, D.（桑切斯，D.）
Sand, R.（桑德，R.）
Sandage, C. H.（桑德奇，C. H.）
Sandler, D. M.（桑德勒，D. M.）
Sanyal, A.（桑亚尔，A.）
Sapolsky, B. S.（萨波尔斯基，B. S.）
Sargent, J. D.（萨金特，J. D.）
Sargent, S. L.（萨金特，S. L.）
Saris, R. N.（萨里斯，R. N.）
Schaaf, D.（沙夫，D.）
Schacter, D. L.（沙克特，D. L.）
Schallow, J.（沙罗，J.）
Schank, R. C.（尚克，R. C.）
Scharrer, E.（夏尔，E.）
Schierman, M. J.（席尔曼，M. J.）
Schiller, H. I.（席勒，H. I.）
Schimmack, U.（希马克，U.）
Schmitt, K. L.（施米特，K. L.）
Schnuth, R. L.（施努斯，R. L.）
Schouten, J. W.（斯考滕，J. W.）

Schroth, M. L.（施罗斯，M. L.）
Schudson, M.（舒德森，M.）
Schuh, E.（舒，E.）
Schumann, D. W.（舒曼，D. W.）
Schupak-Neuberg, E.（舒帕克·纽伯格，E.）
Schupp, H. T.（舒普，H. T.）
Schwartzman, D. F.（施瓦茨曼，D. F.）
Schwarz, J.（施瓦兹，J.）
Scott, L.（斯科特，L.）
Secunda, E.（塞康达，E.）
Seger, C. A.（塞格，C. A.）
Segrin, C.（塞格琳，C.）
Seguin, S.（塞金，S.）
Seidman, S. B.（塞德曼，S. B.）
Semenik, R. J.（塞门尼克，R. J.）
Sengupta, J.（森古普塔，J.）
Shanahan, J.（沙纳罕，J.）
Shanahan, N.（沙纳罕，N.）
Shank, M. D.（尚克，M. D.）
Shapiro, L.（夏皮罗，L.）
Shapiro, S.（夏皮罗，S.）
Sharpe, T. M.（夏普，T. M.）
Shaver, P. R.（谢弗，P. R.）
Shavitt, S.（施威特，S.）
Shaw, D. L.（肖，D. L.）
Shaw, H. E.（肖，H. E.）
Sheffet, M. J.（谢菲特，M. J.）
Sheppard, A.（谢泼德，A.）
Sherman, S. J.（谢尔曼，S. J.）
Sherman, S. M.（谢尔曼，S. M.）
Sherry, J., Jr.（谢里，J., Jr.）
Shields, D. L. L.（希尔德，D. L. L.）
Shiffrin, R. M.（希夫林，R. M.）
Shih, C. F.（施，C. F.）

Shisslak, C. M.（希斯莱克，C. M.）
Shoda, Y.（庄田，Y.）
Shoham, A.（肖厄姆，A.）
Shrum, L. J.（什鲁姆，L. J.）
Sicoly, F.（西克里，F.）
Signorielli, N.（希诺里利，N.）
Silberstein, L. R.（西尔伯斯坦，L. R.）
Simmons, C. H.（西蒙斯，C. H.）
Singer, M.（辛格，M.）
Singh, S. N.（辛格，S. N.）
Singhal, A.（辛格尔，A.）
Skelly, J. J.（斯凯利，J. J.）
Skinner, B. F.（斯金纳，B. F.）
Slack, T.（斯莱克，T.）
Slamecka, N. J.（斯拉梅卡，N. J.）
Slater, M. D.（斯莱特，M. D.）
Sloan, L. R.（斯隆，L. R.）
Sloman, S. A.（斯洛曼，S. A.）
Slovic, P.（斯洛维克，P.）
Smailes, E. M.（施梅莱斯，E. M.）
Smith, S. M.（史密斯，S. M.）
Smollan, D.（斯摩兰，D.）
Smythe, D. W.（斯迈思，D. W.）
Snyder, C. R.（斯奈德，C. R.）
Snyder, M.（斯奈德，M.）
Solomon, M. R.（所罗门，M. R.）
Spieler, R. T.（斯皮勒，R. T.）
Spitzberg, B. H.（施皮茨贝格，B. H.）
Sroufe, L. A.（斯劳夫，L. A.）
Srull, T. K.（斯鲁尔，T. K.）
Stack, A. D.（斯塔克，A. D.）
Staelin, R.（施特林，R.）
Stapel, D. A.（斯塔佩尔，D. A.）
Stein, R. I.（斯坦因，R. I.）

Steortz, E. M.（斯特尔茨，E. M.）
Stephan, C. W.（斯蒂芬，C. W.）
Stephan, W. C.（斯蒂芬，W. C.）
Stephenson, M. T.（斯蒂芬森，M. T.）
Stern, B. B.（斯特恩，B. B.）
Sternthal, B.（施特恩塔尔，B.）
Stice, E.（斯蒂斯，E.）
Stipp, H. H.（斯蒂普，H. H.）
Stockwell, T. F.（斯托克韦尔，T. F.）
Stotlar, D. K.（斯托特拉尔，D. K.）
Strange, J. J.（斯特兰奇，J. J.）
Strathman, A. J.（斯特拉特曼，A. J.）
Streete, S.（斯特里特，S.）
Striegel-Moore, R. H.（斯特里格尔·摩尔，R. H.）
Strutton, D.（斯特拉顿，D.）
Stucky, R. J.（斯塔基，R. J.）
Sunstein, C.（桑斯坦，C.）
Swann, W.（斯旺，W.）
Swayne, L. E.（斯韦恩，L. E.）
Swets, J. A.（斯维兹，J. A.）
Szymanski, K.（希曼斯基，K.）

T

Tafarodi, R. W.（塔法罗迪，R. W.）
Talbot, N.（塔尔博特，N.）
Tanner, W. P.（坦纳，W. P.）
Taylor, C. B.（泰勒，C. B.）
Taylor, C. R.（泰勒，C. R.）
Teel, J. E.（蒂尔，J. E.）
Tellegen, A.（特勒根，A.）
Terry, D. J.（特里，D. J.）
Tesser, A.（特塞尔，A.）
Thomas, C.（托马斯，C.）

Thomas, M. A.（托马斯，M. A.）
Thomas, S. A.（托马斯，S. A.）
Thompson, C. J.（汤普森，C. J.）
Thompson, J. K.（汤普森，J. K.）
Thompson, W. C.（汤普森，W. C.）
Thorne, A.（索恩，A.）
Thornton, W.（桑顿，W.）
Throckmorton-Belzer, L.（斯洛克莫顿·贝尔泽，L.）
Thurlow, R.（瑟罗，R.）
Tichenour, P. J.（蒂奇纳，P. J.）
Tickle, J. J.（蒂克尔，J. J.）
Tonn, B. E.（托恩，B. E.）
Toppin, T.（托宾，T.）
Toth, J. P.（托德，J.P.）
Trabasso, T.（特拉巴斯，T.）
Treasure, J.（特雷热，J.）
Tribble, J. L.（特里布尔，J. L.）
Tripp, C.（特里普，C.）
Troup, M. L.（特鲁普，M. L.）
Tuggle, C. A.（拉格，C. A.）
Tulving, E.（塔尔文，E.）
Turow, J.（图罗，J.）
Tutko, T.（塔特科，T.）
Tversky, A.（特韦尔斯基，A.）
Tyler, T. R.（泰勒，T. R.）
Tzeng, Y.（曾，Y.）

U

Unnava, R. H.（安娜瓦，R. H.）

V

van den Broek, P.（范·登·布鲁克，P.）
Van den Bulck, J.（范·登·布莱克，J.）
van der Voort, T. H. A.（范·德·沃特，T. H. A.）
van Dijk, T. A.（范·戴克，T. A.）
Vanhuele, M.（范于埃勒，M.）
van Raaij, W. F.（范·拉伊，W. F.）
Varadarajan, P. R.（瓦拉达拉詹，P. R.）
Varey, R. J.（威利，R. J.）
Vargas, P. T.（瓦加斯，P. T.）
Viswanath, K.（维斯瓦纳特，K.）
Voigt, L.（沃伊特，L.）
Volgy, T.（伏尔加，T.）
Vollmers, S.（沃尔默，S.）
von Hippel, W.（冯·希佩尔，W.）
Von Restorff, H.（冯·雷斯托夫，H.）
Vorderer, P.（沃德赫，P.）

W

Wachsmuth, J. O.（瓦克斯穆特，J. O.）
Wagstaff, G. F.（瓦格斯塔夫，G. F.）
Wakefield, K.（韦克菲尔德，K.）
Wakefield, K. L.（韦克菲尔德，K. L.）
Wakshlag, J.（瓦克什拉格，J.）
Walder, L. O.（瓦尔德，L. O.）
Walker, M. R.（沃克，M. R.）
Walker, W. R.（沃克，W. R.）
Waller, G.（沃勒，G.）
Walls, S.（沃尔斯，S.）
Wallwork, L. W.（沃尔沃克，L. W.）
Walma van der Molen, J. H.（沃尔玛·范德莫林，J. H.）
Walsh, D. A.（沃尔什，D. A.）
Wann, D. L.（瓦恩，D. L.）
Ward, A.（沃德，A.）
Waters, E.（瓦特斯，E.）

Watson, D.（沃森，D.）
Watson, J.（沃森，J.）
Weaver, J.（韦弗，J.）
Weaver, J. B.（韦弗，J. B.）
Weber, J. G.（韦伯，J. G.）
Wegener, D. T.（韦格纳，D. T.）
Weinberger, J.（温伯格，J.）
Wells, W. D.（威尔斯，W. D.）
Werner, C. M.（沃纳，C. M.）
Wertheim, E. M.（韦特海姆，E. M.）
Whannel, G.（沃内尔，G.）
Wharton, J. D.（沃顿，J. D.）
Wheeler, S. C.（惠勒，S. C.）
Whetmore, E. J.（维特莫尔，E. J.）
Whittlesea, B. W. A.（维特尔西，B. W. A.）
Wiggins, J. S.（威金斯，J. S.）
Wilcox, K.（威尔科特斯，K.）
Williams, C. J.（威廉姆斯，C. J.）
Williams, P. T.（威廉姆斯，P. T.）
Williamson, J.（威廉姆森，J.）
Willis, H.（威利斯，H.）
Windhal, S.（温德尔，S.）
Winkeilman, P.（温克尔曼，P.）
Winski, J. M.（温斯基，J. M.）
Winsten, J. A.（温斯顿，J. A.）
Wojnicki, A.（沃伊尼基，A.）
Wolbarst, L. R.（沃尔巴斯特，L. R.）
Wolf, M. J.（沃尔夫，M. J.）
Wolf, N.（沃尔夫，N.）
Wolfe, R.（乌尔夫，R.）
Wong, F.（王，F.）

Wood, P. D.（伍德，P. D.）
Wood, W.（伍德，W.）
Wright, M. C.（赖特，M. C.）
Wright, P.（赖特，P.）
Wright, R. W.（赖特，R. W.）
Wyer, R. S.（怀尔，R. S.）

Y

Yang, M.（杨，M.）
Ye, G.（叶，G.）
Yon, L.（荣，L.）
Yonelinas, A. P.（约德琳娜斯，A. P.）
Young, M.（永，M.）

Z

Zacks, R. T.（扎克斯，R. T.）
Zaichowsky, J. L.（扎柴夫斯基，J. L.）
Zajonc, R. B.（扎荣茨，R. B.）
Zanna, M. P.（赞娜，M. P.）
Zeifman, D.（齐夫曼，D.）
Zillmann, D.（齐尔曼，D.）
Zimbardo, P. G.（津巴多，P. G.）
Zimmer, M. R.（齐默，M. R.）
Zoob, I.（努布，I.）
Zuckerman, M.（朱克曼，M.）
Zwaan, R. A.（热瓦恩，R. A.）

名词索引

A

Accent, displacement of（重点改变），

Adult attachment theory（成人依恋理论），

Adultery, television and perceptions of（婚姻不忠的电视节目和概念），

Advertising, See also Product placement（广告，参阅产品植入）

 cost of, versus product placement（与产品植入相比的广告植入成本），

 hybrid（混合），

 lifestyle（生活方式），

 product placement as（产品植入作为广告），

 transformational, definition of（转型加工及其定义），

Advertising literacy, in children（儿童广告素养），

Ad-work（广告分析），

Affective classical conditioning（情感经典条件反射）

 definition of（定义），

 and product placement（产品植入），

Affluence, television and perceptions of（电视节目和对富裕的感知），

Age（年龄）

 and response to television messages（年龄及其对电视信息的反应），

 and violent programming-aggression links（年龄与暴力攻击性节目链接），

Aggression（攻击性）

 interpersonal, definition of（人际攻击性及其定义），

 risk factors for（风险因素），

 and susceptibility to violent programming（暴力节目的敏感性），

 television and perceptions of（电视和攻击性感知），

 television violence and, pathways between（电视暴力和攻击性之间的路径），

Alternative processing approach（另一种记忆加工方式），

American Academy of Pediatrics（美国儿科学会），

Amnesia（健忘症），

Antisocial attitudes（反社会的态度），

Apparent processing（外显加工），

Approval of violence（暴力认可），

Assimilation, and body dissatisfaction（同化和对身体的不满），

Associative network memory model（关联网络记忆模型），

Attachment orientation, and body dissatisfaction（依恋取向与身体不满），

Attachment theory, adult（成人依恋理论），

Attention, management of（注意力管理），

Attitudes（态度），

    change in, fiction and（态度改变、虚拟及态度），

    consumer, on product placement, research on（消费者对产品植入的态度及研究），

    fit of product and context and（产品与语境的匹配），

    as link between programming and behavior（态度作为节目与行为的链接），

    critique of,（批判），

    toward placed brands（品牌植入的态度），

Attribution theory, on hybrid advertising（关于混合广告的归因理论），

Audience heterogeneity（受众多样性），

    need for research on（研究需求），

    for sports entertainment（体育娱乐），

Availability heuristic（可得性启发法），

Awareness（意识），

    learning without（无意识学习），

        expressions of,（无意识学习的表达），

        influence of（无意识学习的影响），

    of persuasive intent, and product placement efficacy（说服意图的意识及产品植入有效性），

    response without（无意识回应），

Ayers, Dean（迪恩·艾尔斯）

B

Backlash, consumer,（消费者抵制），

Balance theory（平衡理论），

Basking in Reflflected Glory (BIRGing)（沾光效应），

Behavior（行为），

    consumption, nonadvertising television（消费行为及非广告电视节目）

    messages and（信息），

    image-activated stereotypes and（形象激活的刻板印象），

    implicit memory and（内隐记忆），

Behavioral scripts, product placement and（行为脚本及产品植入），

Belief change（信念改变），

    fictional involvement and（虚拟卷入度），

    fiction and（虚拟），

Blurred communications（模糊传播）

advantages of（优势），

product placement as（产品植入作为模糊传播），

BMW（宝马），

Body dissatisfaction, attachment orientation and（身体不满与依恋取向），

Bond, James（詹姆斯·邦德），

Bosch, Hieronymous（希罗尼姆斯·博施），

Brainwashing, subliminal advertising as（潜意识广告作为洗脑式广告），

Brand placement, see Product placement（品牌植入，参见产品植入）

C

Celebrities（名人）
  connectedness with, and body dissatisfaction（与名人的联系与身体不满），
  endorsements by, in sports（名人体育产品代言），
  product association with（产品与名人产生联系），
  and smoking initiation（名人及吸烟行为诱发），
Censorship（审查）
  of fiction（虚拟），
  Freudian, definition of（弗洛伊德学说定义），
  and restriction of exposure to diversity（审查与多样性接触的限制），
Centrality, of product placement, and（产品植入的中心性）
  effectiveness（效果），
Characters, identifying with（角色识别）
  and body dissatisfaction（身体不满），
  and persuasion（说服），
Children（儿童）
  advertising literacy in（儿童广告素养），
  behavioral scripts of, product placement and（行为脚本与产品植入），
  implicit memory in（儿童内隐记忆），
  product placement and（产品植入），
    research directions for（研究方向），
  vulnerability of（儿童的脆弱性），
Chocolate, alleged properties of（巧克力作为所谓的道具），
Choice, product placement and（产品植入与选择），

Cigarette advertisements, as product placement（香烟广告作为产品植入），
Classical conditioning（经典条件反射作用），
  affective（情感），
    definition of（定义），
    and product placement（产品植入），
  on hybrid advertising（经典条件反射作用在混合性广告），
Classroom, need for entertainment in（课堂娱乐需求），
Coca-Cola（可口可乐），
Communication objectives, timing of induction（传播主体的诱导时机），
  of, effects of（效果），
Community building, television connectedness（社群建设与电视连接），
Compliance（依从性），
  definition of（定义），
  and sports affiliation（体育友好关系），
Compromise formations（妥协的形成），
Conceptual priming（概念启动），
Condensation（凝聚），
Conditioned response (CR)（条件反射），
Congruence, see Fit（一致性，参见适配）
Connectedness, to television shows/characters（电视节目/角色的关联），
  and body dissatisfaction（身体不满），
  consequences of（后果），
  correlates of（关联性），
  definition of,（定义）
  time and（时机），
Consumer behavior, need for entertainment（消费者娱乐需求行为）

scale and（量表），
Consumer characteristics, and product（消费者特征及产品）
　　placement efficacy（植入有效性），
Consumer cultivation, process model of（消费者培养的加工模型），
Consumer decision making, implicit memory（内隐记忆下的消费者决策）and,
Consumer involvement, with placed claims, and（消费者对植入主张的卷入度）
　　product placement efficacy（产品植入有效性），
Consumption（消费）
　　good versus bad（好处与坏处），
　　ideology of, in nonadvertising programming（非广告节目中的意识形态），
　　perceptions of, television and（电视与消费的感知），
　　symbolic, sport fan affiliation and（象征性消费与体育迷友好关系），
Consumption associative viewing, research on（消费关联型观看的行为研究），
Consumption behavior, nonadvertising（非广告类节目的信息消费行为）
　　television messages and（电视信息），
　　theory on（理论），
Consumption nonassociative viewing, research on（消费非关联型观看的行为研究），
Context, fit of product placement and（语境与产品植入的匹配），
Contrast, and body dissatisfaction（与身体不满相反），
Corporations, and sports properties（公司和体育产业），
Course-of-event model（事件过程模型），
Cowboy Bebop, concept activation in（《星际牛仔》的概念激活），
CR, *see* Conditioned response（CR，参见条件反射）
Cultivation effect（涵化效应）
　　process model of（加工模型），
　　psychological processes and（心理过程），
　　research on（相关研究），
Cultivation judgments（培养判断）
　　first-order, process model of（一阶培养判断加工模型），
　　as psychological judgments（作为心理判断），
　　second-order（二阶），
Cultivation theory（涵化理论），
　　criticism of（批判），
Cultural texts, research on（文化文本的相关研究），
Cutting Off Reflflected Failure (CORFing)（切断反射性失败）

D

Data collection, order of, importance of（数据收集的顺序及其重要性），
Declarative memory, see Explicit memory（陈述性记忆，请参阅外显记忆）
Defenses against persuasive communications（说服性交流的防御），
　　blurred communications and（模糊传播），
　　commercial type and（商业类型），
　　consumer awareness and（消费者意识），
　　evasion of（规避），

fiction and（虚拟），
news media and（新闻媒体），
Delay, and responses to verbal information with（对口头信息的延迟反应）
Image（图像信息的延迟反应），
Delicious paradox（美味的悖论），
definition of（定义），
Democracy（民主）
need for entertainment and（娱乐需求），
restriction of exposure to diversity and（多样性接触的限制），
Demographic measures（人口统计），
Desensitization（脱敏治疗），
Die Hard（《虎胆龙威》），
Direct experience, definition of（直接经验的定义），
Dismissing-avoidant attachment pattern（回避型依恋模式），
Displacement, of accent（重点改变），
Dissociation（分离）
between awareness and response（意识与反应的分离），
double, in explicit-implicit memory model（外显-内隐记忆模型的双重分离），
Diversity, restriction of exposure to（多样性接触的限制），
Douglas, Michael（迈克尔·道格拉斯），
Drama, and sports affiliation（戏剧与体育友好关系），
Drama advertisement, definition of（戏剧广告的定义），
Dramatization（戏剧化），
Dream-work（梦境工作），
techniques in（技术），

Dual process models（双加工模型），
Elaboration likelihood model（精细加工可能性模式）；
Explicit-implicit memory model（外显-内隐记忆模型）

E

Eating disorders（饮食失调）
attachment style and（依恋类型），
idealized media images and（理想化媒体形象），
Ebbinghausian subliminality（艾宾浩斯式潜意识），
definition of（定义），
Effect size, calculation of（效果大小及计算），
efficacy, definition of（有效性定义），
Elaboration likelihood model (ELM)（精细加工可能性模型），
Elderly, television and perceptions of（老年人，电视和观念），
Embedded advertising, see Product placement（嵌入式广告，参见产品植入）
Emotional context effects, and consumer（情感语境效应和消费者）
decision making（制定决策），
Emotional priming（情绪启动），
Endorsements, in sports entertainment（体育娱乐的代言），
Entertainment（娱乐）
as birth control（作为避孕措施），
definitions of（定义），
gratifications of（满意度），
Entertainment drive（娱乐驱动），
Entertainmentization（娱乐化），

Entertainment media(娱乐媒介)
    power of(权力),
    psychology of(心理学),
    uniqueness of(独特性),
Entertainment passivity(娱乐被动性),
    in definitions(定义),
    priming(启动),
Entertainment utility(娱乐效用),
Episodic memory, in mental models(心理模型中的情景记忆),
E.T. The Extraterrestrial(《外星人》),
Ethics(道德)
    of product placement(产品植入的道德),
    of product placement for children(儿童产品植入的道德),
Explicit-implicit memory model(外显记忆模型)
    double dissociation in(双重分离),
    and product placement(外显记忆模型与产品植入),
Explicit memory(外显记忆),
    versus implicit(与内隐记忆相比),
    measurement of(测量)

F

Falling Down(《城市英雄》),
False familiarity effect, and consumer decision making(虚假熟悉效应与消费者决策),
Falsehood, versus fiction(谎言与虚拟),
False notes, identification of(虚假注释的识别),
Familiarity, and acceptance of persuasion(熟悉性与劝说接受度),

Fan clubs, as community(作为社群的粉丝俱乐部),
Fans(粉丝)
    fair weather(势利),
    and sporting events(体育赛事),
Fanzines(粉丝创作),
Fearful-avoidant attachment pattern(恐惧回避型依恋模式),
Felt security(感到安全),
Fiction(虚拟)
    definition of(定义),
    versus falsehood(虚拟与谎言),
    impact of(影响),
    power of(权力),
    boundaries of(界限),
    and processing style(加工模式),
    response to, judgment criteria and(反馈的判断标准),
File drawer problem(文件抽屉问题),
First-order judgments, process model of(一阶判断的加工模型),
First-order measures(一阶测量),
Fisher, Charles(查尔斯·费舍尔),
Fit, of product placement and context, and(产品植入与语境的契合)
    efficacy(有效性),
Fluency, implicit memory and(内隐记忆与流利性),
Focal consciousness(中心意识),
Forgetting, Ebbinghaus curve of(艾宾浩斯遗忘曲线),
Freudian subliminality(弗洛伊德潜意识),
    definition of(定义),

G

GAM, *see* General aggression model（GAM，参见一般攻击模型）

Gender（性别）
 and character identification（性格识别），
 and connectedness（联系），
 and effects of pornography（色情作品的影响），
 and need for entertainment（娱乐需求），
 and response to television messages（电视信息反馈），
 and sports fan affiliation（体育粉丝友好关系），
 research on（相关研究），
 and violent programming–aggression links（暴力攻击性节目链接），

General aggression model (GAM)［一般攻击模型（GAM）］，

Genre expectations（类型期望），

Gizmo subliminality（潜意识小装置），
 beyond（以外），
 contribution of（贡献），
 and psychological subliminality（心理潜意识），

Glass, Eugene（尤金·格拉斯）

H

Halo effect（光环效应），

Health belief model（健康信念模型），

Hedonic consumption, sporting event as（体育赛事作为享乐消费），

Herbart, Johann（约翰·赫尔巴特），

Hershey Foods Corporation, Reese's Piece（好时食品公司，里斯巧克力），

Hippocampus（海马体），

Horizontal connections, in television consumption（在电视消费中的水平联结），
 and community（社群），

Hospitality, in sports entertainment（体育娱乐服务业），

Hostile personality traits（具有敌意的性格特征），

Hostility, sport fan affiliation and（敌意与体育粉丝友好关系），

Hybrid messages（混合性信息）
 definition of（定义），
 future of（未来），

Hypermasculinity, and susceptibility to violent programming（过度男子气概及对暴力的敏感性），

Hypermnesia（记忆增强）

I

Identifification（识别）
 and body dissatisfaction（身体不满），
 definition of（定义），
 and sports affiliation（体育友好关系），
 television connectedness and（电视联系），

Images（图片）
 effects of, on responses to actual people and events（对真实的人和事的反应的影响），
 Freudian subliminality and（弗洛伊德潜意识），
 and information processing（信息加工），
 versus words（图片与文字），
 and memory（记忆），

retention functions for（记忆力功能），
Imaginal ability, and connectedness（想象能力与联系），
Impersonal impact hypothesis（非个人影响假设），
Implicit memory（内隐记忆），
    and behavior（行为），
    in children（儿童内隐记忆），
    and consumer decision making（消费者决策），
    need for research on（研究需求），
    duration of effect of（持续效果），
    versus explicit（与外显记忆相比），
    measurement of（测量方式），
    and product placement（产品植入），
Impulsive sensation seeking (ImpSS)（冲动感官追求量表），
Indirect experience, definition of（间接经验的定义），
Information processing（信息加工）
    apparent versus subliminal（外显意识与潜意识相比），
    biased, sport fan affiliation and（体育迷友好关系与偏见），
    fiction and（虚拟），
    images and（图像），
    product placement and（产品植入），
Infotainment（娱乐信息节目），
Insight（洞察力），
    as truth（作为真相），
Interactive television（交互式电视），
Internalization（内化性）
    definition of（定义），
    and sports affiliation（体育友好关系），

Internet, and sports entertainment（互联网与体育娱乐），
Interpersonal utility（人际效用），
Interpretation（解码），
    versus meta-analysis（与元分析相比），
    of violent programming–aggression links（暴力攻击性节目的关联），
Involvement, *see also* Connectedness（卷入度，参见关联），
    with fiction, and elaborative scrutiny（虚拟与详细审查），
    with product placement claims, and efficacy（产品植入声明的有效性），
    and sports fan affiliation（体育迷友好关系）

J

Joe Camel character（骆驼乔，一个角色），
Joke-work（笑话分析），
Judgment（判断力）
    criteria for（标准），
    online（在线），
    type of（类型），
    and role of television（电视角色），
    verbal and nonverbal information and（语言和非语言信息），
Just world mindset（世界观），
    challenges to（挑战），

K

KWZ effect（KWZ效应）

L

Landscape model（景观模型）

and product placement（产品植入），
　of text comprehension（文本理解），
　with video stimuli（视频刺激材料），
Latent content（潜在内容），
Learning（学习）
　formed associations and（建立联系），
　without awareness（无意识）
　　expressions of（表达），
　　influence of（影响），
Lectures, definition of（演讲的定义），
Lifestyle advertising（生活方式广告），
Lifestyle-related product choices, research on（与生活方式关联的产品选择研究），
Limen（阈），

M

Manifest content（梦境），
Marketing（市场营销）
　connection and（联系），
　product placement as（产品植入作为市场营销），
　through sports entertainment（通过体育娱乐的市场营销）
　　functional approach to（功能性方法），
　　limitations of（缺陷），
　　tactics for（战术），
Market segmentation（市场细分）
　connection and（联系），
　definition of（定义），
　and restriction of exposure to diversity（多样性接触的限制），
Masking, types of（掩蔽类型），
Materialism, television viewing and（物质主义与电视收看），

Mean world mindset（卑鄙世界观），
　mental models and（心理模型），
Media（媒介）
　characteristics of, and restriction of exposure to diversity（媒介特性与多样性接触的限制），
　consumption of, and cultivation judgments（消费与培养判断），
　credibility of（媒介可信度）
　　and acceptance of message（信息接收度），
　　and consumer backlash（消费者抵制），
　entertainment（娱乐）
　　power of（权力），
　　psychology of（心理学），
　　uniqueness of（独特性），
　exposure to, and real-world response（暴露在真实世界的反应中），
　idealized body images in（理想化身体形象），
　　dissatisfaction（身体不满），
　mental models of（心理模型），
　and product placement efficacy（产品植入的有效性），
　as torrent（如洪流般的媒介），
　trust in（媒体信任度），
　types of, characteristics of（媒介类型与特征），
Media affinity（媒体宣传），
Media effects（媒介效果），
Media Matters（媒介问题），
Media stimulation curve（媒体刺激曲线），
Memory（记忆）
　and product placement（产品植入），

types of, brain areas and（记忆类型与大脑区域），
verbal and nonverbal information and（语言和非语言信息），
Mental models（心理模型）
　definition of（定义），
　of media（媒介），
　presentation modality and（表现形态），
　for product placement（产品植入的心理模型），
Mere-exposure effect（单纯曝光效应），
　accounting for（单纯曝光效应的考量）
　and consumer decision making（消费者决策），
　and media effects（媒介效应），
　and product placement（产品植入），
Message（信息）
　characteristics of, and product placement（信息特性与产品植入）
　　efficacy（有效性），
　simplicity of, and restriction of exposure to diversity（简化与限制消息多样性接触），
Meta-analysis,（元分析）
Mezzatesta, Gary（加里·梅扎泰斯塔），
Modality, of product placement, and（产品植入的形态）
　effectiveness（有效性），
Modeling paradigm, on hybrid advertising（混合广告的建模范式），
Motivational states, and restriction of exposure to diversity（动机状态及多样性接触的限制），
Music preferences, sensation seeking and（音乐偏好与冲动感官追求），
Music television, consumption imagery in（音乐电视的消费形象），

N

Narrative, see Fiction（叙事，见虚拟）
Need for entertainment (NEnt)（娱乐需求）
　differences in, social implications of（社会影响的差异），
　scale for（量表），
　situational（情景化），
　strength and ubiquity of（强度与普遍性），
Network models, versus mental models（网络模型与心理模型的对比），
News, as biased entertainment（新闻作为带有偏见的娱乐），
Nielsen ratings（尼尔森收视率），
Nonadvertising television programming（非广告电视节目）
　and consumption behavior（消费行为），
　theory on（理论），
　definition of（定义），
　immediate effects of（直接效应），
　long-term effects of（长期效应）
Nonverbal information, see Images（非语言信息，见图像）
Normativeness, definition of（标准化的定义）

O

OLA, See Optimum level of arousal（OLA，参见最佳唤醒水平）
OLS, See Optimum level of stimulation（OLA，参见最佳刺激水平）

Omission（省略），

One-sidedness（片面性），

Online judgment（在线判断），

Optimum level of arousal, and sports（最佳唤醒水平（OLA）及体育）
　consumption（消费），

Optimum level of stimulation, and sports（最佳刺激水平（OLS）及体育）
　consumption（消费），

Optimum stimulation level (OSL), and（最佳刺激水平），
　connectedness（联系）

P

Parasocial interaction（准社会交往），
　and body dissatisfaction（身体不满），
　definition of（定义），
　gender and（性别），

Pavlovian subliminality（巴甫洛夫潜意识），
　definition of（定义），

People meters（大众计量），

Perception, versus reality（感知与现实的对比），

Perceptual priming（知觉启动），

Perceptual representation system (PRS)（知觉表征系统），

Personal Involvement Inventory (PII)（个人参与问卷），

Persuasive communications, *see also* Defenses against persuasive communications（有说服力的交流，参见说服交流的防御）
　acceptance of, relevance and（接受性与相关性），
　in fiction, need for research on（虚拟性的研究需求），
　significance of（意义），
　social cognition theory on（社会认知理论），

Persuasive intent, awareness of, and product（对劝说意图及其产品的意识）
　placement efficacy（植入有效性），

Pertinence, definition of（相关性的定义），

PII, *see* Personal Involvement Inventory（PII，参见个人参与量表）

Pinocchio Circling（《木偶奇遇记》），

Plastic-word representation（润饰表达），

Plausibility, of fiction（虚拟的合理性），

Politician, image of, and responses to issue stands（政治家形象及对问题立场的反应），

Pornography（色情作品）
　and aggression（攻击性），
　and real-world responses,（现实世界反应），

Pötzl-Fisher effects（波茨·费舍尔效应），

Preoccupied attachment pattern（痴迷型依恋特征），
　and parasocial interaction（准社会交往），

Primary-process thinking（初级加工思维），

Priming（启动）
　definition of（意义），
　research on（相关研究），

Print media, associations of（与印刷媒体的联系），

Procedural memory, *see* Implicit memory（程序性记忆，参见内隐记忆）

Process model（加工模型）
　of consumer cultivation（消费者培养），

limitations of（缺陷），
first-order judgments in（一阶判断的加工模型），
second-order judgments in（二阶判断的加工模型），
Product category, and placement effectiveness（产品类别及植入有效性），
Product claims, trust in（产品声明及信任度），
Product evaluations, product placement and（产品评估及产品植入），
Product placement（产品植入），
　　advantages of（优势），
　　and behavioral scripts（行为脚本），
　　and children（儿童），
　　　　ethics of（道德），
　　　　research directions for（研究方向），
　　and choice（选择），
　　definition of（定义），
　　effectiveness of（有效性）
　　　　factors affecting（影响因素），
　　　　measurement of（测量方法），
　　　　research on（相关研究），
　　　　television connectedness and（电视联系），
　　effects of（影响），
　　ethics of（道德），
　　landscape model and（景观模型），
　　long-term effects of, need for research on（长期效果及研究需求），
　　as marketing communication（作为市场营销传播），
　　mental models for（心理模型），
　　multidimensional nature of（多维性质），

　　negative effects of（消极效应），
　　as Pavlovian subliminality（作为巴普洛夫潜意识），
　　prevalence of, research on（产品植入流行性与相关研究），
　　prices for（成本），
　　　　calculation of（计算），
　　　　strength and（成本优势），
　　processing（处理），
　　product characteristics and, need for research on,（产品特性及研究需求），
　　psychological processes and（心理加工），
　　research on（相关处理），
　　　　future directions for（未来研究方向），
　　shelf-life of（产品植入寿命），
　　in sports entertainment（在体育娱乐中），
　　strength of（优势）
　　　　and efficacy（有效性），
　　　　need for research on（研究需求），
Professions, television and perceptions of（对职业与电视的观念），
PRS, see Perceptual representation system（知觉表征系统），
Psychological processes（心理加工），
　　and cultivation effect（涵化效应），
　　and product placement（产品植入），
Psychological subliminality（心理潜意识），
　　definition of（定义），
　　and gizmo subliminality（小装置潜意识），
Psychological well-being, and aggression（心理健康与攻击性），
Publicity（宣传）
　　disadvantages of, versus product placement（与产品植入相比的缺陷），

product placement as（产品植入作为宣传），
Public policy recommendations, on（公共政策建议的宣传）
　　nonadvertising television messages（非广告的电视信息），

R

Rape（强奸）
　　perceptions of, media influence and（感知及社交媒体的影响），
　　pornography and（色情文学），
Real world（现实世界）
　　versus fiction（与虚幻相比），
　　perceptions of, television and（对现实世界与电视的感知），
　　versus portrayal（与照片相比），
　　responses to, fiction exposure and（现实世界回应、虚拟曝光与现实世界），
Recall, and product placement（回忆与产品植入），
Receiver operating characteristic (ROC) curve（接收者操作特征(ROC)曲线），
Recognition, and product placement（产品植入与再认），
Reese's Pieces（里斯巧克力），
Regulation, of commercials, versus product placement（商业规则与产品植入的比较），
Relevance, and acceptance of persuasion（相关性与说服接受度），
Research, future directions for（未来研究方向）
　　on audience heterogeneity（受众多样性），
　　on implicit memory and consumer decision making（内隐记忆和消费者决策），
　　on long-term effects of product placement（产品植入的长期效果），
　　on persuasive communications in fiction（虚拟世界的说服性交流），
　　on product characteristics and product placement（产品特性与产品植入），
　　on strength of product placement（产品植入的优势），
Restriction of exposure to diversity（多样性接触的限制），
　　consequences of（后果），
　　definition of（定义），
　　model of（模型），
Retention functions（记忆性功能），
　　for images versus words（图像与文字），
Reverse hypothesis, on violent programming and aggression（关于暴力攻击性节目的反向假设），
Risk taking, nonadvertising television（非广告电视节目的风险承担）
　　programming and（节目），
ROC curve（接收者操作特征曲线），
Romantic programming, and expectations（浪漫性节目及期待），
Rub-off effect（擦除效应），

S

Seamlessness, of product placement（产品植入的无缝性），
　　and attitudes（态度），
　　need for research on（研究需求），

strength and（优势），
Secondary-process thinking（次级处理思维），
Second-order measures（二阶方法），
Secure attachment pattern（安全依恋模式），
Seinfeld（《宋飞正传》），
Selective exposure（选择性接触），
    and media effects（媒介效果），
Self-concept, development of, television（自我概念的发展及电视）
    connectedness and（联系），
Self-identity, definition of（自我认同的定义），
Semantic memory, in mental models（在心理模型中的语义记忆），
Sensation seeking（感官追求）
    and connectedness（联系），
    and consumption of televised sports（体育直播消费），
        research on（相关研究），
    and susceptibility to violent programming（对暴力节目的敏感性），
Sensation-seeking personality, research on（感官追求性人格的研究），
SES, *see* Socioeconomic status（SES，参见社会经济地位）
Sexuality, and Freudian subliminality（性与弗洛伊德潜意识），
Signal detection theory（信号检测理论），
Simulation heuristic（刺激启动），
Situation, definition of（情景的定义），
Smoking initiation（吸烟开始行为），
    product placement and（产品植入），
Soap Operas for Social Change（社会变革肥皂剧），
Social cognitive theory（社会认知理论），
Social comparison（社会比较）
    processes of（处理过程），
    television connectedness and（电视联系），
Social contagion（社会传染），
Socioeconomic status (SES), and violent（社会经济地位和暴力）
    programming–aggression links（攻击性节目链接），
Sponsorships, in sports entertainment（体育娱乐赞助），
Sporting event, definition of（体育赛事的定义），
Sports entertainment（体育娱乐）
    affiliation with（关系），
        consequences of（后果），
    marketing through（通过体育娱乐的市场营销）
    functional approach to（功能性方法），
    limitations of（缺陷），
    tactics for（战术），
    research on（相关研究），
    televised, consumption of（电视直播消费）
        decline in（电视直播消费的消费），
        research on（理论），
        sensation seeking and（感官寻求），
    uniqueness of（独特性），
State-of-affairs model（事件过程模型），
Stereotypes（刻板印象）
    image-activated, and behavior（图像激活与行为），
    reinforcement of, and restriction of exposure

to diversity（多样性接触的限制与加强），

Stimulus, and forgetting（刺激与遗忘），

Subliminal effects（阈下效应）

 conceptions of, changes in（观念与变化），

 current status of（现状），

 Pötzl-Fisher（波茨·费舍尔），

 power of（权力），

 processing of（加工过程），

Subliminal processing（潜意识加工过程），

Surveillance（监视），

Susceptibility（敏感性）

 definition of（定义），

 to interpersonal influence, and connectedness（人际关系的影响和联系），

Symbolic consumption, sport fan affiliation and（象征性消费与体育迷友好关系），

Symbolization（符号化），

T

Tachistoscope（视速仪），

Telethnography（电视民族志），

Television, see also Nonadvertising television programming（电视，参见非广告电视节目）

 as addictive（作为上瘾源），

 attachment to, measurement of（依恋与测量），

 as birth control（作为避孕措施），

 consumption of,（收看量）

  connections within（联系），

 content of（语境）

  classification of, issues in（分类与问题），

  research on（相关研究），

 critiques of（批判），

 heavy viewers of（大量电视观众）

  beliefs of（信念），

  definition of, controversies in（定义及争议），

  interactive（交互），

  and larceny theft（盗窃行为），

  research on, critique of（批判性的相关研究），

 role of, judgment and（电视角色与判断），

 uses of（电视用途），

 watching（观看）

  definitions of（定义），

  motives for（动机），

 and worldview（世界观），

Text comprehension, landscape model of（景观模型的文本理解），

Threshold of consciousness（意识阈值），

Tie-ins（结合），

Time（时间）

 and connectedness（联系），

 and violent programming-aggression links（暴力攻击性节目的链接），

Transformational advertising, definition of（转型广告的定义），

Transportation by narrative（通过叙事传递概念），

 and elaborative scrutiny（详细审查），

Trust, in brand claims/media（对品牌声明/媒体的信任），

Truth status, of fiction（虚拟的真实状态），

U

Ultra-thin body type（超薄体形），
  dissatisfaction（不满）
Unconditioned response (UR)（非条件反应），
Unconditioned stimulus (US)（非条件刺激），
Unconscious, simplicity of（简化无意识），
Understanding, of media（对媒体的理解），
  landscape model and（景观模型），
  mental models and（心理模型），
UR, see Unconditioned response（UR，参加非条件反应）
US, see Unconditioned stimulus（US，参见非条件刺激）

V

Values（价值）
  and communication bias（传播偏见），
  reinforcement of, and restriction of exposure to diversity（多样性接触的限制与加强），
  and sports fans（体育迷），
Value-system measures（价值体系测量），
Verbal information, see Words（语言信息，参见语言）
Vertical connections, in television consumption（电视消费中的垂直联结），
Vertizontal connections, in television consumption（电视消费中的垂直水平维度联结），
Viewing, goal of（收看率目标），
Violent programming（暴力节目）
  and aggression, pathways of,（暴力节目与攻击性的路径），
  history of criticism of（批判史），
  and mental models（心理模型），
  and real-world responses（现实世界的反应），

W

Weldon, Fay（费伊·韦尔登），
Willis, Bruce（布鲁斯·威利斯），
Winning（胜利），
Withdrawal, from television（从电视上撤下），
Women, see also Gender（女性，参见性别）
  idealized media images of, and body dissatisfaction（理性化媒体形象与身体不满），
  vulnerability to media effects, factors affecting（容易受到媒体影响的因素），
Words（文字）
  versus images（与图像相比）
    and memory（记忆），
  retention functions for（记忆性功能），
  processing of, images and（图像处理），
Worldview（世界观）
  fiction and（虚拟），
  television and（电视）

Y

You've Got Mail（《电子情书》）

Z

Zapping（摧毁），
  product placement and（产品植入）

图书在版编目（CIP）数据

娱乐劝服心理学：模糊娱乐与说服的边界／（美）L.J.什鲁姆（L.J.Shrum）编著；陈广耀，李茂华，陈盈熙译．－－北京：中国传媒大学出版社，2024.9．
ISBN 978-7-5657-3783-1

Ⅰ．C913.3-05

中国国家版本馆 CIP 数据核字第 2024GE6299 号

The Psychology of Entertainment Media: Blurring the Lines Between Entertainment and Persuasion / Edited by L.J.Shrum /
ISBN:978-0-8058-4641-6

Copyright © 2004 by Taylor & Francis Group LLC.

Authorized translation from English language edition published by Routledge, an imprint of Taylor & Francis Group LLC. All rights reserved. 本书原版由 Taylor & Francis Group LLC 出版公司出版，并经其授权翻译出版。版权所有，侵权必究。

Communication University of China Press is authorized to publish and distribute exclusively the Chinese (Simplified Characters) language edition. This edition is authorized for sale throughout Mainland of China. 本书中文简体翻译版授权由中国传媒大学出版社独家出版。限在中国大陆地区销售。

No part of the publication may be reproduced or distributed by any means or stored in a database or retrieval system without the prior written permission of the publisher. 未经出版者书面许可，不得以任何方式复制或发行本书的任何部分。

Copies of this book sold without a Taylor & Francis sticker on the cover are unauthorized and illegal. 本书封面贴有 Taylor & Francis 公司防伪标签，无标签者不得销售。

著作权合同登记号　图字：01-2023-4735

娱乐研究译丛

娱乐劝服心理学：模糊娱乐与说服的边界
YULE QUANFU XINLIXUE: MOHU YULE YU SHUOFU DE BIANJIE

编　　著	［美］L.J.什鲁姆（L.J. Shrum）
译　　者	陈广耀　李茂华　陈盈熙
策划编辑	曾婧娴
责任编辑	沈刘红
责任印制	李志鹏

出版发行	中国傳媒大學出版社		
社　　址	北京市朝阳区定福庄东街 1 号	邮　　编	100024
电　　话	86-10-65450528　65450532	传　　真	65779405
网　　址	http://cucp.cuc.edu.cn		
经　　销	全国新华书店		
印　　刷	唐山玺诚印务有限公司		
开　　本	787mm×1092mm　　1/16		
印　　张	20.75		
字　　数	407 千字		
版　　次	2024 年 9 月第 1 版		
印　　次	2024 年 9 月第 1 次印刷		
书　　号	ISBN 978-7-5657-3783-1/G・3783	定　　价	108.00 元

本社法律顾问：北京嘉润律师事务所　郭建平